傍晚掮亮一盏灯

Lighting Up at Sunset

泰戈尔家书

[印度] 罗宾德罗纳特·泰戈尔 ——— 著/绘

董友忱 ——— 编 译

SD 北京时代华文书局

将我所有都献给你

罗宾德罗纳特·泰戈尔和孩子们

相信这样一天定会到来，我朝着大路张望，我那三岁的可爱宝宝将成为二十岁的大姑娘。

目录

我翻阅了几封旧信——几点温馨生活的印记、几件回忆起的玩具，你很细心地悄悄地收起，将其放在家里。

你用你的全部思想、全部幸福开辟了通向未来的路，你并没有因此而获得荣禄。

第二卷

第三卷

即使身陷在风暴之中，也应该朝着新的海岸，义无反顾地奋勇前行。

淤滞之河的溪流迷了路，我那逝去的童年在何处。

它躲藏在何种砖砌的围墙里，被梦想的昏暗紧紧地缠绕住。

第四卷

黄昏的仙女

南亚次大陆最伟大的诗人、著名小说家、戏剧家、教育家罗宾德罗纳特·泰戈尔（1861—1941）一生中创作了60多部诗集、96篇短篇小说、15部中长篇小说、56部戏剧和大量散文。他笔下大量的书信，绝大部分未收入孟加拉文版的《泰戈尔作品全集》出版。

印度国际大学图书出版部从报刊和泰戈尔的亲人朋友处搜集到他的很多书信，并陆续编辑出版了《泰戈尔书信集》，截至2004年，先后出版了19卷，其中第一卷至第四卷收录了泰戈尔写给家人的书信。第一卷收录他写给夫人穆里纳莉妮的36封信和他夫人所写的10封信；第二卷收录他写给长子罗廷德罗纳特·泰戈尔的49封信；第三卷收录他写给儿媳妇普罗蒂玛的115封信；第四卷收录他写给女儿、外孙子、外孙女和领养的孙女的书信，共计125封。其中写给大女儿玛图莉洛达的书信5封，写给小女儿米拉的81封，写给外孙子尼丁德罗纳特的9封，写给外孙女依蒂达的10封，写给领养的孙女依蒂妮的19封。

我带领我的团队翻译完孟加拉文版的《泰戈尔作品全集》18卷（共计33册）后，便开始断断续续阅读诗人泰戈尔的这些书信。这些书信真实而生动地表达了诗人泰戈尔的真情实感和所思所想，字里行间洋溢着对家人的厚爱、关怀和对当时人生诸事的真知灼见。我觉得，泰戈尔的书信是研究泰戈尔思想、观点、品德的极其宝贵的资料，也是他留给后人的一份珍贵的文化遗产。我已经跨入耄耋之年，不可能完成19卷泰戈尔书信的全部翻译工作，于是决定将这四卷翻译成中文，并将其汇编在一起，定名为"傍晚捻亮一盏灯：泰戈尔家书"翻译出版，以飨中国读者。

董友忱

2023 年 6 月 27 日于北京

孟加拉历公历月份对照表

拜沙克月：在公历 4—5 月间春季

杰斯塔月：在公历 5—6 月间夏季

阿沙拉月：在公历 6—7 月间夏季

斯拉万月：在公历 7—8 月间雨季

帕德拉月：在公历 8—9 月间雨季

阿什温月：在公历 9—10 月间秋季

迦尔迪克月：在公历 10—11 月间秋季

阿格拉哈扬月：在公历 11—12 月间凉季

巴乌沙月：在公历 12—1 月间凉季

玛克月：在公历 1—2 月间冬季

法尔衮月：在公历 2—3 月间冬季

恰特拉月：在公历 3—4 月间春季

为了便于读者在阅读诗人泰戈尔家书的过程中理解孟加拉历的时间，我编写了孟加拉历与公历月份的对照表。孟加拉语中的月份与印地语的月份基本相同，所以在译写孟加拉月份时，也考虑到早年从印地语翻译的译名，因为印度通用的是印地语月份的名称。

印度自 1957 年起实行新历法，规定 1957 年 3 月 22 日为恰特拉月初一，即元旦，可是孟加拉国仍然实行旧历法，即仍然把拜沙克月定为元月。孟加拉历法中年份比公历早 593 年，在孟加拉历纪年上加上 593 就是公历的年份，例如，孟加拉历 1348 年就是公历 1941 年。

董友忱

2023 年 6 月

第一巻

序言 ————○

罗宾德罗纳特·泰戈尔在一生的不同阶段写下无数书信，它们是他作品的重要部分；诗人精神世界的许多奥秘就藏匿在这些书信里，构成他生平的众多材料也散布在这之中。迄今以书本形式出版的部分书信，要比发布在期刊上或为个人所收藏的部分少得多。

国际大学图书出版部决定，将所有这类分散的书信收集起来，以《泰戈尔书信集》的书名逐步出版。诗人在世时，已出版过由他亲自编辑的三本书信汇集：《残存书简》《帕努辛赫书信集》和《在途中及路边》。他对以上三本书中的信件进行了多处删改，它们都被收录在《泰戈尔书信集》各卷中，对于其中有关完全涉及亲人或非主要的部分，我们无权进行删除，对文字也不做任何修改；其中被作者删除的部分将用相应的符号标出。对于他的主要信件的词语拼写中一些微小的缺点都力争全部保留下来，写给个人的信件都标出相应的顺序号，按照书信中提到的时间或推测的时间顺序将这类信件收录在各卷中。

《泰戈尔书信集》第一卷收录了诗人写给夫人穆里纳莉妮女士的36封信。他妻子去世后，这些信件被诗人所珍视并长期保存着。直至目前，还未发现诗人写给他夫人的其他信件，或许有，但没有保存下来。

我们找到了穆里纳莉妮所写的3封信，将其收录在该书后面。我们没有再找到她写给诗人的信件。

在《泰戈尔书信集》本卷的编辑过程中，尊敬的印蒂拉女士给予了国际大学图书出版部特别的帮助。我们相信，在未来各卷的编辑中，我们还会得到她的协助，在此我们对她表示感谢。

贾鲁琼德罗·婆达贾尔焦

斯里尼克坦

1942 年拜沙克月 25 日

在泰戈尔博物馆的帮助下，这个版本中罗宾德罗纳特写给穆里纳莉妮很多封信的日期得以订正，并且据此对这些信件进行了重新编排。

在以前出版的版本中收录了穆里纳莉妮女士所写的3封信，在这个版本中又增补了她写的5封信，这些信件都保存在泰戈尔博物馆里。

在这一版本中收录了几幅相关的照片和手稿影印件。

在这一版本的后面增加了有关穆里纳莉妮的一些新材料。

1966年玛克月初一

在第三版中，增补了穆里纳莉妮女士写给罗宾德罗纳特的2封信、波棱德罗纳特·泰戈尔、奥毗甘女士、尼丁德罗纳特·泰戈尔、罗廷德罗纳特·泰戈尔写给穆里纳莉妮女士的信件，以及罗宾德罗纳特所写的几封信中有关穆里纳莉妮女士的部分内容摘录。

为纪念穆里纳莉妮女士100周年诞辰，国际大学出版了《穆里纳莉妮女士》一书，在本版本的附录中，收录了根据该书和其他一些主要资料撰写的一篇比较详细地介绍穆里纳莉妮女士的文章。

这一版本的编辑工作是在布林比哈里·森的指导下开始的，在这里应该特别提到他的帮助，在后续的编排工作中给予我们帮助的有绍彭拉尔·贡戈巴泰、迦乃·萨曼多先生、吉多龙窘·代博先生、久格丁德罗·婆乌米克先生、松科·高士先生和苏比摩尔·拉希里先生。

1993年拜沙克月

诗人泰戈尔的夫人穆里纳莉妮（1874—1902）

泰戈尔写给夫人穆里纳莉妮

我翻阅了几封旧信——

几点温馨生活的印记、

几件回忆起的玩具，你很细心地

悄悄地收起，将其放在家里。

在漫长时间长河中毁灭的激流

卷走了多少日月星辰，

你从它那里十分惶恐地

偷来这几件小东西将其收存，

还在心里说："谁都无权

拿走我的这些财富。"

如今它们会在何人那里获得住处？！

它们不属于世界任何人，但会永驻！

它们蕴含着你的温馨爱意，

难道今天就没有人能将你挽留住？

——《怀念集》

1902 年巴乌沙月初二

波尔普尔[1]

---

[1] 波尔普尔：位于加尔各答城西北 146 千米的一个小镇，也是火车站，其北面就是泰戈尔国际大学所在地。

1. 瞧瞧我现在能获得多少谋生的手段

亲爱的小媳妇：

正当我呼唤你的时候，回信已经寄到了，但不是在吉祥的时刻。即使我恳求，你也仍然保持着你自己的那种姿态，如果再责怪两句，你又该流眼泪了。这就是东孟加拉人啊。嘁，嘁，就像你提到的东孟加拉人——那个男孩子那样！在今天的这种时候来了一群人——你们的信件送达的时候，我正在进行重要谈话，我既不能拆开信看，也不能离开。还有一群律师和学校的老师也来了。所谈论的话题是，要把我的书运到学校里，可是我还没有拿到书啊。书在哪里呢？直到今天都没有送到，是你放在库房里了！我手头有一本《贤哲王》，我就把它送给了校董，还把我的一位姐姐[1]的《小故事集》也送给他了。校董的嗓子破了，所以我还给了他顺势疗法的一些药物——应该会很有效果的——他的嗓子即使不能痊愈，他的精神也会得到慰藉的。你现在瞧瞧吧，我坐在这里能获得多少谋生的手段！早晨一起床，我就坐下来写书，你想想看，一次我能赚多少钱！除去印刷的费用，也会有10至25个卢比。即使上下会有浮动，也会有钱赚的。你们只知道花钱，可是一分钱也不能带回家里来吧？昆久[2]写信来说，东西用具已经送到比拉希姆普尔了，大概，明天就可以从那里运到这里来。我们的洋先生后天来。那一天该是多么吉祥的日子啊！我是多么高兴啊！我的尊贵先生会来，我的那位尊贵先生的夫人也会来的。或许，会来我家里吃饭呢。也许，他会说："先生，我没有时间！"那我该多么幸运啊！我希望，他没有时间。但是一听说他要来吃饭，可是又没有时间，我

---

[1]　一位姐姐：指诗人的四姐绍尔诺库玛丽女士（1856—1932）。
[2]　昆久：昆久比哈里·丘多巴泰，是泰戈尔家族的田产管理员。

的盼望就落空了！有一次，我为贝莉[1]娃而感到很不安。你向贝莉娃提到我的名字，她就会吃两口东西。我如果不在，可怜的娃娃任何东西都不想吃。你要设法让贝莉娃心里安静下来。一看到我的羊毛刺绣画，她就能够认出我来——听到这个消息，我并不特别高兴。阿舒[2]说，有100卢比，他就可以让我活下来——他向你要过钱吗？

罗宾德罗纳特·泰戈尔

1890 年 1 月

萨哈贾德普尔

2. 病倒的我觉得灵魂离开肉体回家了

亲爱的小媳妇：

今天我们将会抵达一个叫亚丁的地方。很多天之后将会看到陆地。可是在那里我们却不能下船，担心在那里会被感染上一种传染病。到达亚丁后，还要换乘另一艘船，曾经出现过一场很大的麻烦。这一次，在海上我生病了，我还能说什么呢！三天来，我吃的那么一点点东西统统都吐了出来，头晕目眩，辗转反侧，身体不舒服，我一直都没有离开床铺，所以我在想，无论如何我都要活下去。星期天夜里，我的确觉得，我的灵魂离开了肉体，回到了焦拉桑科。你躺在大床的一侧，而贝莉娃就躺在你的身旁。我轻轻地抚摸着你说："小媳妇，你要记

---

[1] 贝莉：贝莉、贝拉、贝卢，都是诗人大女儿玛图莉洛达（1886—1918）的爱称。

[2] 阿舒：指阿舒多什·乔杜里，是诗人的三哥海门德罗纳特（1844—1884）的女儿普罗蒂葩（1866—1922）的丈夫，加尔各答高等法院的律师、法官。

住，今日星期天夜里，我离开了肉体来与你会面了。从英国回来后，我会问你：'你是否看见了？'"然后我吻了一下贝莉娃就走了。在我病倒的时候，你们是否常常想念我啊？我这颗忧郁的心常常想回到你们的身边。今天我只是觉得，再也没有像家那样的地方了——这一次回到家里后，我再也不想到任何地方去了。今天是我一个星期来第一次洗澡。可是洗过澡后，一点儿也不觉得舒服。一接触到含盐的海水，全身都感到黏糊糊的，头发卷成很难看的样子，就像被糨糊粘在了一起，浑身很不自在。我在想，只要我还住在船上，不管多少天，我都不会再洗澡了。到达欧洲，从现在算起还需要一个星期左右。这一次来到这里，双脚一踏上陆地，我就会得救的。那一天夜里，我再也不喜欢大海了。今天虽然海上很冷，轮船也不摇晃了，身体也不觉得有什么不舒服，但是我全天仍然躺在轮船甲板上面的一把大椅子上，不是同洛肯[1]聊天，就是思考问题或者读书。即使在夜里，我也在甲板上放上铺盖，躺在上面，我绝不想走进舱室。一走进舱室，全身都感到不舒服。昨天夜里，又突然下起雨来——我不得不把铺盖拖到雨水淋不到的地方。直到现在，霏霏细雨仍然下个不停。昨天有阳光的时间增多了。在我们的轮船上有两三个小姑娘，她们的母亲死了，她们跟随父亲去英国。看到这些可怜的孩子，我很同情她们。她们的这位父亲带着她们到处游荡，没有让她们穿戴整洁。她们也不晓得，应该怎么做和做什么。在下雨天她们出去散步，父亲阻止她们的时候，她们却说，她们很喜欢在雨中散步。这位父亲笑了一下，知道她们很快乐地在玩耍，也就不想再阻止她们了。看到她们，我就想起了自己的孩子。昨天夜里我梦见贝莉了——她仿佛来到了轮船上——她如此娇美地展现着自己，我还能说什么呢？你说说看，我回国的时候应该给孩子们带些什么东西？收到这封信后，你如果能写一封回信，那么，

---

[1]　洛肯：洛肯德罗纳特·巴利多（1864—1915），诗人的好朋友，1879—1882 年就读于伦敦大学，做过孟加拉邦和比哈尔邦等县的副县长。

看来，我住在英国，也是可以收到的。你要记住，星期二是往英国发信的日子。你要替我多吻吻孩子们——你还要接受我的吻。

罗宾德罗纳特·泰戈尔

1890年8月29日，星期五

暹罗 [1]

3. 但愿回来看到你健康发福

亲爱的小媳妇：

前天我给你寄过一封信。今天我又在写另一封信，大概，这两封信，你会一天收到——这有什么不好呢？明天我们就会到达陆地，所以今天我要给你写信。再次抵达英国，我就会有时间给你们写信了。如果由于交通阻隔，这一周信件不能送到，你也不要有什么想法。在轮船上写信不是特别困难，但是一旦登上大陆，我们就会到处转悠，什么时候住在什么地方，都无法确定，这时候就会有一两封信送不到。如果仔细计算一下，我们从前天起就已经抵达欧洲了，有时从远处可以看到欧洲大陆。我们这艘船现在正行驶在大海上，右边是希腊，左边是一个岛屿，轮船就在中间行驶。这个岛屿离我们轮船很近——上面有几座小山，山间有房舍，在一个地方还有一个很大的城镇，我用望远镜很清楚地看到了它的一些房子——在大海的岸边，那座白色城镇就坐落在青山的怀抱之中。最年轻的小媳妇，你就不想来看一看吗？有一天，你也应该沿着这条路线走一趟，知道吗？想到此事，你难道不高兴吗？你将来会看到所有这一切，这是你连做梦都想象不到的。这两天来，感到有点儿冷了，不是特别冷，但是我坐在甲板上，海风

---

[1] 暹罗：泰国以前的称谓。

猛烈地吹着，当时就觉得有点儿冷啊。于是我就穿上了一件薄薄的棉衣。今天夜里也不能再睡在轮船的甲板上了。洛肯睡在轮船甲板上，他的牙床肿了，因此他感到很不安。我们在这个时候来到这里，就会觉得有点儿冷啊——感到比住在大吉岭[1]还要冷。出去的时候，就会感到有点儿冷。我把很多没用的衣服和那个包装箱都交给二嫂给你带回去，这些东西你收到了没有？如果没收到，你去取吧。这些东西一旦落入吉祥天女的手里，它们就会进入二嫂的储藏室。我为贝莉买了一件衣服和镶边披肩，让二嫂带回去了，这几天你肯定收到了。那是一件很漂亮的红色衣服，我觉得贝莉娃穿上一定很合身，镶边披肩也是新式样——是吧？二嫂也给贝莉带回去两件她自己的衣服：一件蓝色的，一件白色的。贝卢拉奴[2]穿上会很合身的。她得到这种新款式的服装，大概会很高兴的。贝莉是否还会记得我？不知道我回来后看到这娃娃会是什么样子。这么多天来，大概她会说几句话了吧？她一定不认识我了。可能，我回来的时候完全是洋先生的样子，你们也都认不出我了。我的一个手指头被碰伤了，现在已经好了，但是留下了两个伤疤，因为伤得很厉害。过了很多天之后，前天我才开始洗澡，已经洗过两次了，后天我又安排去巴黎，在那里有一种叫作土耳其蒸汽浴的设施，卫生条件很干净，大概，你已经读过了我的《旅欧者书简》中的内容了。如果有机会，我想带你到那里去。我的身体现在很好，在船上每日三餐，看来，我因此胖了一点儿。小媳妇啊，但愿我回来后会看到你的身体健康发福。那辆马车如今在你手上，白天你可以出去转一转，只是注意不要撞到别人。昨天夜里，在我们轮船的甲板上举行了一场硬功夫表演——展现了各种有趣的功夫，一个姑娘表演了舞蹈，所以昨天夜里睡得很晚。今天我们将在船上度过最后一夜。

---

[1] 大吉岭：印度西孟加拉邦北部，喜马拉雅山南麓的一个城市，是避暑的胜地，夏天也有点儿冷，早晚需要穿毛衣。
[2] 贝卢拉奴：指贝拉。

我吻你们所有人。就此搁笔。

罗比

1890 年 9 月 6 日

在"马萨利亚"号轮船上

4. 替我吻孩子们

亲爱的小媳妇：

我们登上了一个名叫"埃菲尔铁塔"的巍峨铁塔，我给你寄去了这一封信。今天早晨我抵达巴黎。回到伦敦后，我会给你写信的。今天就到此为止。代我亲亲孩子们。

1890 年 9 月 9 日，星期二

巴黎

5. 梦见我把娃娃搂在怀里

亲爱的小媳妇：

今天我来到了迦利格拉姆村，花费了三天的时间，经过各种不同的地方。首先，经过一条大河，然后是一条小河，河两岸是郁郁葱葱的树木，看上去美极了！然后河面逐渐变窄，简直就像小水渠一样，两边是高耸的河岸、厚实的堤坝。后来在一处地方出现了可怕的激流，20 至 25 人一起来拖拉我们的船。那是一片广袤的沼泽，它的名字叫流动沼泽。水流经过这片沼泽注入河中。尔后，磕磕绊绊，经历了很多障碍，为了摆脱诸多的危险，我陷入了沼泽里——四周是潺潺的流水，中间是一丛丛水草和一个个土丘，就像雨季里一大片田地上积满了水，有时船就陷在淤泥里，大约经过一个小时或一个半小时的拖拉，才将船拖入深水中。还有可怕的蚊子。总之一句话，我很不喜欢这片沼泽。随后时不时地出现细小的河流，有时又会出现沼泽，就这样我才到达了目的地。还要经过这样一条我一点儿都不喜欢的道路，才能到达比拉希姆普尔。这里的一条河，河床里完全没有水流，上面漂浮着水藻，里面是一片雨林——散发着像农村池塘所散发的那种气味。此外，夜里我觉得会有相当多的蚊子，要是实在忍受不了，我就会从这里逃回加尔各答。收到我那可爱的贝卢拉奴的来信，我就想立即跑回家去。她还在为我担心，她的心境就是这样狭窄，她会怎么样呢？你对她说，我会给她带回来很多"奥特"和果酱。昨天夜里我梦见了这娃娃——我仿佛把她搂在怀里，非常可爱。她现在已经开始说话了吧？我觉得，贝拉在她这样的年龄已经能做出很多动作来。你们那里不冷吧？这里冷得我浑身发抖。只是昨天夜里停在一个封闭的地方，而且放下了所有窗帘帷幔，所以我才觉得暖和些。船上面的一些人，夜里一两点钟时哼唱的歌曲传到我的耳朵里："你要沉睡多久，醒来，醒来吧，心爱的人！"假如心爱的人在附近，那么，她就会来敲打木屋的。船夫们受到谴责而停止了歌唱，可是我的头脑却开始围绕着歌声旋转起来："醒来，醒来吧，心爱的人啊！"——头脑里开始感到不舒服了——最后撩起了窗帘帷幔，打开窗子，这一夜我只睡了一小会儿，所以今天我老是想睡觉。罐头类食品和酒类在我出生前为什么就不存在呢？！所有东西都捆成了包裹，现在还没有打开。你的弟弟来加尔各答后怎么样？你是否安排好了他的学习？月末应支付给别人的钱是否都发放了？大概，过15天左右我会从这里返回去——现在我还说不准。

罗宾德罗纳特·泰戈尔

1890 年 12 月

迦利格拉姆村

6.听了算命先生的话很伤心

亲爱的邱蒂 [1]：

今天上午，一名当地的算命先生来看我。整个上午时间，他都在纠缠着我，我摊开一堆材料，坐下来要写文章，可他喋喋不休地絮叨，使我什么也写不成。他看了我的黄道十二宫图和相关的星象，然后说我会有什么品性，你知道吗？我穿戴得很整齐、很英俊，白皮肤中掺杂着栗褐色，不是那种熠熠闪光的白皙肤色。太惊奇了！你说说看，这种品貌会怎么样呢？然后他又说了，我有积攒钱财的智慧，可是我不会积攒钱财，我会花掉很多的钱，但是我又会被指责是吝啬鬼，我的性格是有点儿好生气（大概，他看到了当时我脸上的表情才这样说）。我的命运很好。我会与我的兄弟们吵架，我帮助过的人会伤害我。我活不过60至62岁。即便我能活过这个年龄，我也绝不可能活到70岁。听了他的话，我感到很伤心。这就是全部情况。无论如何，你都不要为此而感到特别担心。现在什么都没有发生，你会再和我一起生活30或40年的。在这么漫长的岁月里，你要是不感到特别的烦恼，我就得救了。如果我那短暂的天宫寿命图真的存在，那寿命图就会在那位亲爱的先生那里，那么他就会将其展现出来。他说，我现在正值韶华——处于天师状态——在法尔衮月将会出现倒霉的状态。我不能确切地理解什么叫作天师状态。

罗比

1891 年

萨哈贾德普尔

---

[1] 邱蒂：音译，以下采用"亲爱的邱蒂"的译法。

穆里纳莉妮和罗宾德罗纳特

7. 白面饼比米饭更有营养

亲爱的邱蒂：

好了，我拜访了萨哈贾德普尔所有卖牛奶的人家，将他们生产的最好的奶油寄给了你。对此事我不再提及，你说说看，是出于什么原因？我发现，不断地获得无数礼物之后，你的感激之情慢慢地变得麻木了。每个月定期地收到15谢尔[1]奶油，你会觉得是很自然的，仿佛这是结婚前我同你说定的条件。你那位健忘的母亲现在如果仍然躺在床上，她也会觉得好吃，这种奶油对很多人都有益处。好啊。仆人有一种方便，偷吃优质奶油，他们也不会生病的。我这里的芒果几乎都熟了。这一次我觉得有两种芒果，一种芒果非常好，而另一种也不坏，

---

[1] 谢尔：印度重量单位，1谢尔约等于0.933公斤。

但不是那么好。两种你也都收到了吧。确切地说,已经运走一个星期了。看到我吃的东西,这里的人们都很惊奇。他们听说我不吃米饭,就认为我仿佛是在绝食苦修行。白面饼比米饭更有营养,他们没有这方面的概念。一位绅士来看我,有一次提起我吃东西的话题,他感到很惊讶。在萨哈贾德普尔流传着这样的看法:因为我不吃米饭,大家就认为我是一个十分虔诚的宗教信徒。在我的办事处是否记载着:不经过努力我就获得了好名声,并且还会得到一两件东西。

罗比

1891 年 6 月

萨哈贾德普尔

8. 逢雨季就用雨水洗澡、刷洗餐具吧

亲爱的邱蒂:

今天我正好在外地住了一个月。我发现,如果事情成堆,那么我可以不知不觉地在外地度过一个月时间。然后我的心思才会驰往家的方向。昨天傍晚的时候,这里有过一场小小的风暴。狂风的呼啸声,使我很长时间无法入睡。大概,你们那里也有过这样的风暴吧。昨日白天,还下了一场大雨。河水也上涨了许多。田地里的庄稼全都泡在水里了,如果水再上涨 1 英寸 [1],就会涌到我们的花园里。我查看了一下,那个方向的一块陆地也淹没在水里。姑娘们在自己家前面的水里擦洗餐具和从事其他日常劳作。按照文明的要求,身体的所有部分都应该用衣服裹严,甚至四五个手指头上面也要盖上衣袖,女人男人——大家都这样在街道上行走。炎热的时候这里缺水,而在雨季里

---

[1] 英寸:英美制长度单位,1 英寸约为 2.54 厘米。

情况恰恰相反。下雨的时候，站在我们这座三层楼房上，大概，也可以看到类似的景象。凉台上也会集聚大量的雨水，大概可以坐在木椅子旁边，很容易地用这些雨水洗澡、刷洗餐具等。在雨季，你如果也用这样的方法，那么就可以节省很多的劳动。你说说看，今天下午2点的时候，你是否登上屋顶晒台散步了？你告诉我，那些其他习惯，你是否还遵守。我很怀疑，大概你伸着腿坐在那把椅子上，轻轻地摇晃着腿，在悠闲地阅读小说。你常常头晕，现在怎么样了？

罗比

1891 年 6 月 20 日

萨哈贾德普尔

9. 我总是高声责备别人而后又很后悔

亲爱的邱蒂：

今天，在比拉希姆普尔当地的富翁——弗迪克·马宗达的诉讼案件中，被告方的律师在发言时说了一些攻击我们的话，也不写信进行解释，我没有收到一封通过邮局寄来的信，而且我坐在这里想，大概今天这个时候邮件也不会来了。像你们这样不知感恩的人，我从未见过，不让我及时收到你们的来信，故意拖延了一天，而我不论到什么地方去，一天内都会连续写三封信。但是，从今天起，我要坚持例行的做法：收不到你们的回信，我就不再写信了。我这样一直写信，只会毁坏你们的习惯——这样做，你们心里也不会萌生一点儿感激之情。如果你也有规律地一个星期写两封信来，那么，我就会意识到，这是对我足够的奖赏。现在我逐渐地相信，我写的信在你那里没有任何价值，而且你只给我写两行字，你都不内疚。这只有天神知道，为什么我竟然会这样愚蠢地认为，如果白天我给你写信，你可能会感到快乐一些；如果不写信，可能你会对我担心的。看来，这是一种傲慢，不过，我再不能保持这点儿傲慢了，从现在起我就奉献牺牲吧。今天傍晚的时候，我拖着疲惫的身体，坐下来写了这样一些话，也许，明日白天的时候我又会后悔。我会觉得，在世界上自己做好自己的事情，总比谴责别人要好一些，可是一遇到机会，我就会责怪别人的缺点，这是我的性格，由于你那不幸的命运，你也应该永远忍受我的责备。我总是大声地责备别人，而后心里又会感到后悔，不过谁都听不到。

罗比

10. 不管在什么地方，都能快乐工作、满意度日

亲爱的邱蒂：

从昨天起，这里不知怎么一阵暴风雨降临了，狂风大作，不时地下起雨来，天上乌云密布。气象预报员说，6 月 27 日，就是明天，会有一场毁灭性的大暴风雨，我心里多少有点儿相信。我希望，明日白天你们都从三楼下来，待在二楼的大房间里，可是我的这封信，你们后天才会收到。如果明天真的会有暴风雨，我的这个建议是毫无用处的。看到这种暴风雨即将来临，难道你们就不能凭借自己的智慧下来吗？如果发生什么事，那就听天由命吧。收到你昨天写来的信，我的精神变得有点儿沮丧。如果在所有各种情况下我们都能以坚强的毅力沿着简单的道路——真理的道路前行，那么心里就没有任何必要为别的不雅行为感到不安了。看来，如果做出少许努力，也能在心里做好这样的准备。我独自下定决心，我一定要努力这样做，以坚定不移的心态去完成自己的任务，而后不管谁说什么、做什么，我都不会受到一点儿影响。我不知道，我能完成多少任务。每天一个人若能亲自勤

奋地完成自己应该做的工作，这样自己对周围的人就不会产生不满的情绪。不管在什么地方，都能快乐地从事自己的日常工作，满意地生活度日。如果由于某种原因心里滋生不满情绪，你越是放纵它，它就越会无理地膨胀起来，这种情绪毫无意义。应该竭力这样想——尽力防止这种情绪产生，这是我能够做到的，我一定要这样做。那些不容易做到的事情，一想到天神的美好愿望，我也会以不可被压倒的意志去承担。除此之外，在这个世界上，再也没有任何方法能使自己成为真正快乐的人了。我也想过，我要把在什莱多赫[1]建造房子的重任交给尼杜[2]。他这一次回来，要对此事做一个决断。不管你多么用心地阅读书籍，我看至少有两本书你要读——《拉姆莫洪·拉伊》和《部长的加冕礼》——第一本在梵社[3]里可以借到，第二本在二层楼上可以找到。你若阅读了，就可以赐给我珍珠宝石般的语句啊！

罗比

1892 年 6 月 26 日，星期天

萨哈贾德普尔

11. 我差一点儿就没命了

亲爱的邱蒂：

今天我差一儿就没命了，整个船体差一点儿就沉没了。今天上午，从潘迪出发，我们拉起船帆，进入格莱桥下时，我们船的桅杆就挂在桥上了。这是非常可怕的事件，一方面船被水流冲着，而另一方面桅

---

[1] 什莱多赫：孟加拉邦东北部（现在孟加拉国的北部）的一个村庄，泰戈尔当年管理祖传田产的所在地。

[2] 尼杜：尼丁德罗纳特（1867—1901）的爱称，诗人泰戈尔大哥迪金德罗纳特（1840—1926）的三子，是泰戈尔最喜欢的三个侄子之一，其另一个爱称为"尼达"。

[3] 梵社：印度教一个反对偶像崇拜的新教派，由拉姆莫洪·拉伊（1772—1833）创建，泰戈尔家族的人大多信奉此教派。诗人泰戈尔还做过梵社的秘书。

杆挂在了桥上，桅杆开始咔咔地倾斜，一场巨大的毁灭性的灾难开始降临了。就在这时候一艘渡船开过来，把我接到渡船上，两个划桨手抓住船的缆绳跳到水里，游着将船拖到岸边。幸亏当时那艘渡船上、河岸上有很多人，所以我们才得救了，否则，我们根本没有办法活下来——桥下水流湍急，非常可怕。我不知道，我是否能游上岸来，但是船肯定会沉没的。在这一次航行过程中，遇到了两三次这样的危险。到达潘迪时，船的桅杆一下子挂到了榕树上，这样的危险也遇到过几次——在库斯蒂亚码头上竖桅杆时绳子断了，桅杆倒下来，福尔琼德[1]差点儿被砸死。船夫们说，这一次航行不吉利。彤云密布，所有的河川都波涛汹涌，看上去很壮观，但没有欣赏的时间，中午已过，这个时间我要去洗澡。在雨季要是不在河中漫游，就看不到河川的美景，可是雨季里在水中漫游几乎是不可能的。这一次就出了事。我要去洗澡了。

罗比

1892年7月20日

什莱多赫

12. 亲爱的，我的性格是爱吹毛求疵

亲爱的邱蒂：

今天离开什莱多赫之前，收到了你这封信，当时我的心绪不佳。一想到你们要来这里，我的心情就好起来，否则，我的心就飞回加尔各答了，而且回到加尔各答，我也无法忍受。此外，我的身体还不是那么好，因此我的心几乎总是希望能待在你们的身边，可是我很晓得，

---

[1] 福尔琼德：泰戈尔的船夫。

不管你们在索拉普尔能住多少天，对你们都有好处。我非常希望，孩子们能够集中精力学习，而且会很健康地回来。不管怎么说，尘世生活中的一切，不可能都由自己去完成。处在那种情况下会存在不熟悉的工作，只要是可以做到的，都应该尽心尽力地去完成——在这种情况下，除了做好工作，你说说，一个人还能做什么呢？小媳妇，你不要心怀不满情绪啊，那样的话，你就会觉得别人一无是处。应该面带喜悦，心怀满足之感，怀着一种坚定的决心，进入尘世生活之中。我自己就具有总是很不满足的性情，因此我经受了很多毫无意义的痛苦，但是你们心里必须装着很多的快乐，否则，就会觉得尘世生活一片黑暗。我们需要努力去达到自己的目标，不管多么遥远都要去实现，但是，邱蒂，你不要心怀不满足而抑郁不乐。你要知道，亲爱的，我的性格是爱吹毛求疵，为了使自己冷静下来，有多少时间我不得不坐在静谧的无人处，对自己进行多次劝解，这一点你是不知道的。你应该让我改掉这种吹毛求疵的毛病，不过你可不要再加入进来。如果这期间你们离开那里，那么，这一次我前往加尔各答时就会和你见面，我争取吧，如果你能和我一起去奥里萨，那才好呢。那个地方非常有益于身体健康。我曾经多次向我的父亲大人表达过我的愿望，他老人家多少也理解——尽管说过一两次，却没有结果——以前很希望在那里住些日子，可是没有实现。我现在觉得，这封信你会在索拉普尔地区收到。我今天出发，还是明天出发，即使日期确定之后，你们至少还要十来天才能收到信息，看看情况吧。船全天都在航行，已经是黄昏了，可是现在我们还没有到达巴布纳。到达那里之后，我还得乘坐轿子再前行大约将近6公里。

罗比

1892 年的一个星期一

什莱多赫，在水路上

13. 这样的丈夫全世界少见

亲爱的邱蒂：

今天 11 点钟之前吃过饭就出发，我们应该在途中一个官方驿站投宿过夜，然后，大概在明天傍晚，我们会抵达布里[1]。古普多女士[2]和她的几个小孩子也与我同行。他们的各种东西被捆成大小包袱，用牛车拉着运送。这三四天来，比哈里[3]先生也为出发做好了各种准备。古普多女士是一位什么都不会做的女人，收拾整理东西等工作，她都插不上手——她只是十分冷静地不声不响地坐着。她说："我什么都不会做，我的脑子里空空的。"我发现，比哈里先生在很多方面都很像我，是一位有性格的人。他做什么事情都很积极，并且善于思考，比如，多少天才能到达布里，别人即便要远渡七海十三江，也不会像他那样忧心忡忡。他只是不像我那样爱吹毛求疵、爱挑毛病，这种性格对他的妻子来说是极好的。他能以平静的心态默默地忍受着一切。我觉得，这样的丈夫在全世界都是很少见的。比哈里先生是一位非常顾家的人，他很爱孩子们，我见了很喜欢。他对我们也那样关心，就像是对待自己家里人一样，表现得特别有耐心，一点儿都不急躁。我们在自己家里生活，怎么做高兴就可以从容不迫地那么做。他这样关心我们，又显得很轻松、很自然，一点儿都不过分。他甚至能劝说波卢[4]改掉很多习惯。这个可怜的孩子即使是现在，也总是低着头，因害羞而红着脸，几乎不怎么吃东西。人们问他吃什么东西，他只是摇头。幸运的是，他们两个人一起用很多方法，才迫使他吃两口食物，否则，这么多天来他就该被饿瘦了。在路上若是两天我都不能写信，你也不要担心，而且你要记住这样一点，你不论从什么地方，在哪一天接到信，

---

[1] 布里：位于印度奥里萨邦，印度教的圣地，又是东部海滨旅游城市。
[2] 古普多女士：比哈里拉尔·古普多的妻子。
[3] 比哈里：指比哈里拉尔·古普多先生，他是诗人的朋友。
[4] 波卢：波棱德罗纳特（1870—1899）的爱称，诗人四哥比棱德罗纳特的唯一儿子，诗人最喜欢的三个侄子（尼杜、波卢、苏棱）之一。也被称为"波洛""波洛达"。

都会比起从布里接到信还晚两天，布里那个地方更远，你可能三四天都收不到信。

罗比

1893 年 2 月 11 日

从克塔克前往布里的路上

14. 我们夫妻二人伴随着雨声一起讨论音乐吧

亲爱的邱蒂：

昨天，从迪克森的家里又给我寄来了一张 182 卢比的汇票和信件，我不得不再一次提出我的真正需求，这样，我就从他那里借贷了 900 卢比。他是否给了你 400 卢比？直到现在为止，关于此事他在信中只字未提。从今天碧碧 [1] 的来信中我知道了你们的一些情况。她写道，你们几乎都去了她那里——我那最小的女儿 [2] 被二嫂抱在怀里，做出了各种动作，并且能发出不甚清晰的声音。我很想看看她，如果在阿沙拉月我去城外郊区度假，那么，这期间她会有很多变化的，并且会学到许多新知识。这个娃娃是否跟贝莉学会了唱歌呀？她的嗓音怎么样，好听吗？不要只教她 1、2、3、4 等音调，同时最好还要教他们学唱一些歌曲，这样，他们就会喜欢学下去，否则，他们就会慢慢感到厌烦。我还记得，在童年时代跟比湿奴 [3] 学习唱歌的时候，我对于练习 1、2、3、4 音调感到很讨厌。在他教我们唱新歌的那一天，我就感到非常快乐。你也不要一开始就和孩子们坐在一起，只让他们练习 1、2、3、4 音调。在雨季的某一天，当我回来的时候，我们夫妻二人一起伴随着雨声，

---

[1]　碧碧：泰戈尔侄女印蒂拉（1873—1960）的爱称，即泰戈尔二哥绍登德罗纳特的女儿。

[2]　最小的女儿：这里诗人所说的是他的二女儿蕾奴卡，小名拉妮，她生于 1891 年 1 月 23 日，此时 2 岁多。

[3]　比湿奴：指歌唱家和音乐教师比湿奴拉姆·丘多巴泰。

再认真地讨论音乐问题吧。比代普松[1]现在如何为你办事呢？他受到责备后，如今他的性格是否有些变化？这个可怜之人和他的美丽妻子在过了很多天之后才团聚，你要关心此事。你母亲那里有什么消息？

罗比

1893 年 6—7 月

什莱多赫

15. 处处需要花很多钱，还要为此争吵

亲爱的邱蒂：

今天吃过饭后，我一边打瞌睡，一边给你写这封信，然后倒下睡了一会儿，又开始工作。之后这里的几个主要工作人员带着大包大包的文件来了，向我问过安后，就望着我的脸仁立着。当时我正在酣睡，完全沉浸在幸福的梦境里。有一次，我曾经默默地想过，如果他们中间有谁高声唱道：

> 哎呀，我看你很想撩起眼皮，
>
> 可你的眼里为何蕴含着浓浓睡意？！

那么大概，这首歌我已经将其从第二版《虚幻的游戏》中完全删除了。可是我并没有看到，他们中谁有用这种曲调唱这首歌的心绪。一两个人都是用一种带一点儿哭泣的声调述说着，但是他们所述说的内容不是用沉睡的爱情细线编织的，他们希望增加薪俸。他们中的很多人还是孩子，除了霍久尔那双美丽的玉足，他们再也没有什么指望

---

[1]　比代普松：可能是诗人泰戈尔家里的仆人。

了，霍久尔是他们的母亲，也是他们的父亲。此外，他们以原来老承租人的名义制定了租税率，想根据利息的额度用分期付款的方式支付税款，并且要求他们每次支付的税款要规定一个合理的额度。这中间有相当多的怜悯情味和眼泪，很多人公开拍卖房屋家园，成为一无所有者，可是由此谱写的曲调也没有机会成为歌剧。不过，我看到了从他们那莲花般的眼睛里簌簌地流出了泪水。这样，吟唱诗人诗歌的歌声就会响起来。这样，观众、听众和读者的心里也会溢满泪水的！尘世生活就是这种样子！当我在海岸边和波涛汹涌的大海上写诗时还缺乏土地面积方面的知识，那时候无边的大海和无边的海岸都蕴含在 14个音节之间。而在大海岸边一个渺小的孟加拉人在写作，当时工程建设者正在商量工程报价、贷款和利息，诗人的妻子对这一切并不喜欢，看来她担心会亏损，于是就对丈夫的大脑状态产生了怀疑。我看诗情和生活这两者再也不会和睦相处了。在诗歌方面没有花一分钱（如果我不去印制书籍），而生活中处处都需要花很多钱，而且还为此进行争吵。我正在思考着所有这一切，船已经开进小河湾里，天空中乌云密布，刮起了夹杂着雨珠的湿漉漉的阴风，太阳几乎完全落山了。背后是一片娑罗树林，这使我一次又一次想起了焦拉桑科的屋顶、我那两把椅子和油煎食物。就让油煎食物见鬼去吧，夜里能搞到普通食物，我就得救了。大胡子厨师在船后边的小灶台上生起火，在制作一种食物。从那里不时地发出嗞啦嗞啦油炸食物的响声，而且可以闻到菜肴的香味，可是，如果下起雨来，一切都会变成泥浆。我吻你们所有人。

罗比

1893 年 7 月 7 日，星期五

什莱多赫

16. 任性地自寻烦恼就是自己伤害自己

亲爱的邱蒂：

今天，我从达卡一回来就收到了你的信。我把迦利格拉姆村的事情处理完，就安排去加尔各答。不过，亲爱的，你不要毫无意义地自寻烦恼。你要怀着平静、坚毅、满足的心态，努力应对一切事件。我总是默默地在努力，并且将希望变成生活中的现实。我并没有总是获得成功，但是如果你们也能够保持内心的这种平静，那么看来，通过彼此的努力就会获得一种力量，我也会获得快乐和宁静。诚然，你的年龄比我小很多，生活各方面的经验会受到很多局限，而且你的性格较之我更容易平静、包容和忍耐，因此，你很少非常细心地保护自己的心灵，避免种种遗憾。可是，一些重大的危机会不时地降临在所有人的生活中，忍耐的品格、满足的心态，都是很需要的。危机降临时我们会感觉到，因为每天遇到小小的损失和障碍、微小的打击和痛苦，我们的心情也会痛苦、沮丧。其实这一切都算不了什么，我们会相爱的并且会做得很好，不管什么时间发生什么情况，我们都会愉悦而高兴地完成相互间所承担的每一项义务。生命是很短暂的，而且祸福苦乐总是不断变化的。虽然失利、损失、受骗这情况很少遇到，但生活的重担也会逐渐变得令人难以忍受，而且心中的崇高理想受阻也不是不可能的，然而即使不出现这些情况，如果我们每天都生活在不满足和不安定中，每天在与各种小小的不利环境的冲突中过日子，生活就会完全失去意义。心胸宽阔宁静、善良的豁达、无私的大爱、无欲的业行——这才是人生的成就。如果你能做到很平静并能安慰周围的人，那么，你的生活比皇后还有意义。亲爱的邱蒂，如果你任性地自寻烦恼，你就是自己伤害自己。我们的绝大多数痛苦都是自己造成的。我对你絮絮叨叨地讲这么多话，你不要生我的气。你不晓得，我内心里是怀着何等强烈的愿望对你讲这些话呀。维系我与你的一条爱情、尊重、相互帮助的牢固的纽带已经变得很结实了，由它来维系的这种纯洁的平静和幸福，比起尘世生活中的所有人来都更多一些，因此我们每天的痛苦和失望更少。今天一种诱惑呈现在我的面前。男女年少时对于情爱的沉湎表现出一种疯狂，这一点你从自己的生活中大概也感受到了，年纪长大一些，在各种巨大的生活波浪的推动下，男女之间真正稳定而深沉的无声的情爱游戏才开始。随着自己生活阅历的增加，外部世界也逐渐向更大的外部扩展，因此当生活阅历增加的时候，作为一种心境——生活的孤独感就增多了，而且亲密的纽带就从四面八方将两个人紧紧捆绑在一起了。再也没有比人的心灵更美好的东西了，当走近内心进行观察的时候，当你与心灵直接面对面地相知的时候，真正爱情的最初的篇章才揭开。这时候就不存在任何沉迷，也没有任何必要把对方视为天神，在团聚或分别时也不会刮起狂热的风暴，而且不论在远处还是在身边，不论处于安逸或危险，也不论在贫穷或富有中，心里都会充满一种毫无怀疑的、相互依恋的、轻松而愉悦的纯洁之光。我知道你为我遭受了很多痛苦，当然我也知道，正因为你为我遭受过痛苦，或许有一天你会因此而得到一种崇高的欢乐。在承认爱情的宽恕和痛苦时而获得的那种快乐，是在满足对方心愿和自我满足中得不到的。今天我心中唯一的渴望就是，让我们的生活简单而朴素，让我们的周围环境宁静而充满欢乐，让我们的生活不讲究排场而充满幸福。愿我们的卑微而渺小的目标、高尚的努力是无私的，而且让我们把国家的事情看得比我们自己的事情更重要，即使孩子们逐渐远离我们的理想，我们俩也要坚持到底。我们要坚持人道主义的相互帮助和完全依靠生活中已经疲惫的心灵，美满地度过我们的一生。所以我热切希望把你们从加尔各答利益之神的石头庙里带到这远处寂静的乡村中来——在石头庙里无论如何都无法忘掉计较盈亏得失的自私自利的人；在那里，因为一些琐碎的事情总是感到委屈，最后不得不

罗宾德罗纳特和穆里纳莉妮
穆里纳莉妮怀里抱着第一个女儿贝拉

将生活的崇高理想挤压成齑粉。在乡村里，不多的东西就觉得足够了，而且也不会错误地把虚假说成真实。在这里很容易回想到婚礼上的誓言：

> 无论在欢乐或悲伤、亲爱或厌恶等
> 各种情况下都要在内心里互相接纳对方。

你的罗比

1898 年 6 月

什莱多赫

另：普罗摩特[1]、苏棱[2]和普罗摩特家里一个古吉拉特族朋友都在什莱多赫。

17. 人不能使物忧伤，物也不能使人忧伤

亲爱的邱蒂：

尼杜等人对于别人病痛的忧伤是无法忍受的，这是他们的本性。对此你怎么能冷漠处之呢？普罗富洛摩伊嫂子[3]唯一的儿子——她生活的唯一纽带毁灭了[4]，可是她还是那样日夜忙于做买卖赚钱，看到这种情况，大家既感到惊讶，又感到不悦，但是考虑到人的性格特点，我还是能平静地接受这种情况的，有些时候听到责怪声，可我还是想超然处之。应该从远处客观地看待，在我们外面的什么人在做什么。我们的痛苦、悲伤、冷漠、好感、喜悦、厌恶、饥饿、干渴——生活中所有这一切，都是我们身外之物；我们真正的"我"不在其中。如果能以旁观者的身份看待这些身外之物，那么，我们的修行就会圆满，做到这一点的确很难，不过还是应该时时处处记住这一点。当我们讨厌某个人的时候，当我们因为某件事情精神上受到打击的时候，就应该想一想自己的不朽声誉。一天夜里，我在客厅里睡着了，蝎子在我的脚上叮咬了一口，当时就觉得特别疼痛，于是我就竭力让自己感觉到我的这种疼痛、我的身体是我自己的身外之物，我就像大夫看待病人的病痛那样看待我脚上的疼痛，奇迹出现了——身体开始不那么疼

---

[1]　普罗摩特：普罗摩特纳特·乔杜里（1868—1946），诗人侄女印蒂拉的丈夫。笔名为"比罗波尔"。

[2]　苏棱：苏棱德罗纳特·泰戈尔（1872—1940），诗人最喜欢的三个侄子之一，他二哥绍登德罗纳特的长子，印蒂拉的大哥。

[3]　普罗富洛摩伊嫂子：诗人四哥比棱德罗纳特（1945—1915）的妻子，波卢的母亲。

[4]　唯一纽带毁灭了：指波卢的死亡。一次他和母亲乘车外出，一群穆斯林以为那是英国人的车，于是就对该车进行袭击，结果波卢头部受伤，后来他又染上肺结核，医治无效而身亡。

痛了，当这种疼痛在我精神上所造成的痛苦减轻的时候，我竟然能够忍受着这种疼痛睡着了。由此，我仿佛找到了一条新的解脱之路。如今在很多时候，我都能直接感悟到，苦乐福祸只是瞬息存在于我的身外之物，再也没有像这样能够使心灵获得宁静和慰藉的方法了。不过，应该时时刻刻牢记这一点，尽力使自己摆脱各种无法忍受的痛苦，有时即使无效也不要灰心丧气，让短暂的尘世生活毁坏不朽灵魂之宁静是绝对不行的，因为再也没有这样的损失了，这就好比是为了两分钱而丧失了十万元。《薄伽梵歌》中有格言说："人不能使物忧伤，物也不能使人忧伤；摆脱快乐、烦恼、恐惧和愤怒，是我的最爱。"明天是星期二，要为波卢举行丧礼。然后，事情一完，这一周就要动身出发。没有任何别的办法。诺根德罗 [1] 这期间结束杰索尔的工作就会回来的，不过，应该让他快一点儿回来，我们特别需要他。

罗比

1899 年 8 月 28 日

加尔各答

18. 书信交往与面对面交谈相比有独特性

亲爱的邱蒂：

你从贝拉的信里已经得到消息，今天我没有动身出发。我留在家里，在送递邮件的时间邮件到了——几封信都已寄到，不过没有接到你的信。即使我表面不盼望，可是我心里也会期盼，如果判断出错，你也会偶然写信来啊。住在远方的人的一种主要乐趣就是阅读书信。与面对面交谈的乐趣相比，书信还有一点儿特殊性。这种东西虽然渺

---

[1] 诺根德罗：诗人泰戈尔的内弟诺根德罗纳特·拉伊乔杜里，穆里纳莉妮的弟弟。

小，但是它的价值大，可以把几句话完全掌握在自己手里，可以将其保存，里面的内容不会消失。面对面说过的很多话语都会飘逝而去——即便是直接谈话会获得极大的乐趣，也不能将这种谈话带到别的地方去。实际上，人们的书信交往与面对面交谈相比，还有一点儿独特性，书信中蕴含着一种亲切感和深沉感，会使人感到一种特殊的快乐。你难道没有这种感觉吗？[1]

19. 对于死神的任何形象我都不再恐惧

亲爱的邱蒂：

现在你在做什么呢？如果你向你自己的沮丧情绪投降，那么，你说说看，在这个世界上你的命运会怎么样呢？即使活着，死神也会多少次来到我们的门前，在多少地方实施打击啊！再没有比死亡更令人不安的事件了！面对着悲伤、危险，如果你不学会依靠被你视为直接朋友的天神，那么，你的悲伤就会无尽无休。

尼杜现在还好，而且逐渐向好的方面发展。几天来，一位大夫一直整夜和我们在一起，常常给病人递药丸。昨天不需要了，所以他没有来，不过彻夜护理病人的任务就落在我一个人的肩上了。现在他的体温是99华氏度[2]，咳嗽消失了，哮喘也减轻了许多，脉搏有力，盼望的时刻到来了，但是还不能确切地说，一定会痊愈，还是应该做好应对一切情况的准备。从今天起，大夫在2点钟的时候才会来。这几天来，叫大夫来过四次，此外，夜里有一个人守候在病人身边。你只是因为悲伤而感到筋疲力尽，可我却为工作累得疲惫不堪。如今对于死神的任何形象我都不再恐惧，可是我却在为你担心——对你这种完

---

[1]　此信的后半部分没有找到。——原文注
[2]　华氏度：计量温度的单位，符号℉。华氏度=32＋摄氏度×1.8。

写意笔墨

全绝望的无助情绪，我感到很痛心啊！

罗比

1900 年 11 月

加尔各答

20. 没有任何权利对儿子寄托更多期望

亲爱的邱蒂：

我在努力驱除我内心里一直存在的一种为孩子们担忧的情绪。应该让他们在按照我们的理想所创造的环境中很好地成长、接受很好的教育，不过为此事总让自己的心情感到焦急不安，这是错误的。他们成为好的、坏的或者不好不坏的——各种各样的人，他们总会自己做自己人生中的事情。他们的确是我的孩子，但是他们是自由独立的，他们在从事着有苦乐有功过的工作、事业，沿着无限的时空之路前行。我们对他们所走的道路没有任何责任，我们只能完成自己的义务，但是我们不能悲伤地或满怀奢望地期待他们行为的结果。他们将会成为什么样的人，这都在天神的掌握之中，对此我们心里不要抱有过高的奢望。我对我儿子的那种疼爱，也只会成为最美好的希望，所以我的那份希望就蕴含着很多骄傲。我没有任何权利对我儿子寄托更多的期望。有多少人的孩子陷入了恶劣的境遇，对此我们是否会多少感到一点悲痛呢？不管谁在生活中做出多少努力，由于境遇的不同，其结果是各不相同的，谁都无法左右其结果，所以我们只能尽自己的义务，这一点掌握在我们手里，我们不能因为不同的结果而让自己毫无理由地激动伤心。我们应该拥有轻松地接受好坏这两方面结果的定力，我们应该随着日夜流逝逐渐地一步一步养成这样的习惯：当心情消沉的时候，就应该主动地控制自己，就应该意识到，尘世生活的一切苦乐福祸、成功失败都与我无关，我只是这个尘世生活中的一个新生命，在我的过去曾经逝去的那种无限的时间里，这个世界与我有什么关系呢！在我的未来，那种无限的时间还会降临，所有的苦乐福祸、好坏得失又在何处呢？！不论在哪里驻留多少天，我都应该用心地完成那里的工作，不需要再去奢望什么。应该处处保持愉悦的心态，应该让周围的所有人感到开心愉悦，让大家都怀有快乐而愉悦的心情，我会努力做到面带微笑和怀有平和的心态，而后即使我毫无建树，我也会毫不在意。通过积极努力使生活富有意义，而结果却完全掌握在天神的手里。只有尽义务，才会感到快乐，即使没有结果，也要保持快乐的心态——这是使心灵永远摆脱各种奢望、贪欲的唯一方法。

罗比

1900 年 12 月

加尔各答

21. 不能动手写东西，心里很着急

亲爱的邱蒂：

昨天没有收到你的信，今天也没有接到你的信，我准备发一份电报。然后我去洗了个澡，出来后收到了你的来信，但是此信不是你昨天写的，我没有看到任何消息，无法正确理解。

昨天普里耶先生[1]请诺根德罗和我们一起去他那里，从大约下午1点到7点半一直进行戏剧排练，然后应邀去普里耶先生那里吃饭，夜里很晚才回来。

昨天夜里，尼杜睡着了。他肝脏的疼痛几乎消逝了。今天的体温是100华氏度左右。大夫检查了他的肝脏之后说，肝脏小了很多。

下午，我们要演出。大夫——这个可怜的人也很想去观看演出，我给了他一张票，诺根德罗也要去看。大夫和诺根德罗明天早晨就要走了，让诺根德罗留在这里，工作会受影响的。

吉里什厨师[2]来了。他很会烹调英国式和孟加拉式的各种食品菜肴，但是他要拿很高的薪酬，不过，有他在，不管什么人来，都不必担心吃饭问题了。你说说你有什么想法？

这一次回来后，我就要在沙洲旁租一所临时住房，我知道你们很喜欢住在那种地方。这期间，如果尼杜好一些，我就派人送他去莫图普尔，这样我才能安心。

我会交代焦杜[3]，给你母亲寄去15个卢比。

比宾[4]好多了，但是现在他还弯着腰，不能做事——不过他已经能走路转身了。这个可怜之人这一两天内就要去什莱多赫了。你那位新来的小仆人做事情怎么样？如今，从巴乌沙月初一到初七，我都不

---

[1] 普里耶先生：普里耶纳特·森（1854—1916），诗人的好朋友、文学伙伴。
[2] 吉里什厨师：诗人新请来的厨师。
[3] 焦杜：泰戈尔家的会计。
[4] 比宾：诗人泰戈尔的老仆人。

能动手写东西，所以心里很着急。无论如何，明天我都应该坐下来写作了。

1900 年 12 月 16 日

加尔各答

22. 在你最近的来信里，我成了一个被怀疑对象

亲爱的邱蒂：

对于傍晚时间的你的情感，难道我就没有任何权利过问吗？难道我只拥有白天的时光？太阳一落山，我难道就不能再关注你的心态吗？你为什么不把你内心的想法写出来寄给我呢？在你最近三四天的来信里，我仿佛变成了一个被怀疑的对象，即使进行仔细的分析，我也说不清楚这是怎么回事，但是总觉得有一种什么东西遮盖着。算了吧！讨论内心里的细腻情感是不会有什么益处的，粗略而简单地接受一切现实比较好。

今天尼杜好一些了，还有一点儿发烧，普罗达波 [1] 先生说，朔日一过，发烧就会消逝。他认为，发烧一旦消逝，很快就可以送他去莫图普尔疗养。我认为，这种判断是对的。他的肝脏肿胀和疼痛减轻了很多。

昨天夜里，几乎一整夜我都在做梦，我梦见你在生我的气，而且你在对我述说着一切。若是我梦见的不是这样的梦，而是一个美梦，那该多好哇！当人在生活中处于清醒状态的情况下，就会遇到很多真实的烦恼，如果虚幻也在运载着不真实的烦恼，那么，就再没有办法了。由于这种梦境的余音在起作用，今天上午我的心情一直很坏，再加上

---

[1] 普罗达波：医生普罗达波琼德罗·马宗达。

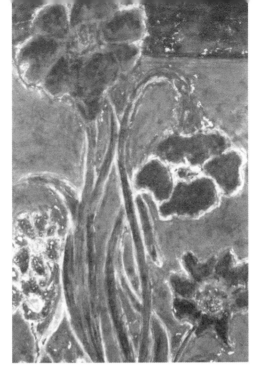

小花

今天整个上午一直有人来，我本来想写一篇文章，于巴乌沙月初七寄出去，可是在这种心情下我没法写下去。上午，在下面的房间我只写了两首祭祀类的诗歌。

罗比

1901 年 2 月 17 日

加尔各答

23. 接不到你的来信，心里空落落的

亲爱的邱蒂：

　　不论长短，也不论好坏，每天你总该给我写一封信来呀，可是你

为什么不写呢？邮差送递邮件时，接不到你的来信，我心里就觉得空落落的。今天我特别期待你的来信——我曾经以为，在今天上午你来的信中我会知道，罗廷是否会来，可无论怎么期盼，都没有接到来信，心里会有什么样的感受呢，就是很想见到你呀。明天下午我们要去波尔普尔，所以你就不要写回信了。你总会有闲暇的一天，我希望星期天上午我回来的时候，能收到你的一封来信。星期六，我将住在圣蒂尼克坦，那一天我也没有时间写信。

收租部主任的弟弟有什么消息吗？今天对尼杜的肝脏进行了检查，他的肝脏缩小了很多，现在只要他的咳嗽和体热消退，就安排送他去莫图普尔疗养。体热在一点儿一点儿地下降，朔日一过，他大概就可以动身了。

你们的菜园现在怎么样？有一些收获了吧？豌豆角几天可以摘一次？每天都要往大型抽水井里放置明矾吗？水清洁吗？婆罗门男女厨师表现如何？你对圣洁有什么想法，尽快写信来告诉我。巴乌沙月初七那篇东西是要刊用的，我在各种干扰的环境中一直赶写，如今还没有写完。现在我就去赶写那篇东西。

罗比

1900 年 12 月 20 日

加尔各答

24. 你不要为了让我高兴再过多地做什么啦

亲爱的邱蒂：

今天，一天内收到你的两封信，因此我特别高兴。但是我没有时间给上述两封信写回信。只是……今天我应该前往波尔普尔。我曾经给父亲大人朗读过我写的一部作品，他说一两个地方应该增加一些内容，现在我马上坐车去他那里，只有一个来小时的时间了。除了我心里深藏着对他老人家的敬爱，我再也给不了他什么。你不要为了使我高兴再过多地做什么啦，内心有敬爱就足够了。当然，如果你我一起参与所有的工作和思考，那就太好不过了，但是谁都不应该怀有这样的希冀。如果你能够和我一起参与所有的事务和所有的学习，那我会很高兴的。我想把我所知道的东西也都让你知道；我想学习的东西，你也能和我一起学习，那样的话就太幸福了。生活中如果两个人在所有事务中一起竭力前行，那么前行就会很轻松。我不想硬逼你去做任何事情，而且我担心，硬逼你那样做，会使你痛苦的。所有人都有不同的爱好、兴趣和权利，可你自己却没有。假如你让自己所有性格完全迎合我的愿望和爱好，毫无怨言地精心照料我，让我生活得甜蜜，竭力使我摆脱不必要的痛苦烦恼，那么，我就觉得，你这种努力的代价太大了。

罗比

1900 年 12 月 21 日

加尔各答

25. 午夜倒在床上就有了想念你们的闲暇时间

亲爱的邱蒂：

昨天我一回到家里，时钟就当当地敲响了中午的时间。上午教授歌曲的课一结束，我就急忙吃过饭，然后匆匆赶往舞蹈者的家里，去找奥摩拉 [1]。我看到赫什 [2] 正在为舞蹈者画像，还有一幅拉妮 [3] 的画像

---

[1] 奥摩拉：奥摩拉·达什（1873—1920），泰戈尔妻子非常疼爱的知心女友，也是诗人泰戈尔最喜欢的歌手，被誉为"泰戈尔歌曲宝库"。

[2] 赫什：绍什库马尔·赫什，画家。

[3] 拉妮：泰戈尔的二女儿蕾奴卡的爱称。

已经画好。我同奥摩拉有过书信来往,奥摩拉说过:"已经到手的东西,我为什么要放弃呢?"她要到我们家里来,讨论有关歌曲的问题。今天下午 3 点时我就到了他们那座三层楼房的家里,讨论甜食和甜蜜的话题。从那里出来,就去找绍罗拉[1],绍罗拉不在家,达罗科[2]先生和我四姐已经等待绍罗拉很长时间了,她还没有回来。四姐对我说:"明天上午你来这里吃饭,同时要教绍罗拉唱歌。"我表示同意。达罗科先生说:"吃饭前你到我那里去,谈一谈关于布里房子的事情。"——我也只好同意。今天早晨我一洗过澡,达罗科先生先就到了,随后四姐来了,然后苏棱到了,随后指导奥摩拉唱歌,结束这一切后我回到家里,教唱玛克月 11 日要演唱的那首歌,夜里结束了歌曲协会的事务,12 点的时候就该准备就寝了。这里的天空布满了乌云,夜里下了一场暴雨,天空又出现夏娃一样的云彩。在冬季里,我从没见过这样的彩云。在你们那里,可能也出现过这样的彩云吧。这个冬季的阴雨天,你们肯定很不喜欢——而我整天转悠,都没有机会感受好坏。下午当身体感到疲倦的时候,很自然,我的心就驰向你们那边,当时如果有车子,我就会驰骋在加尔各答那芸芸众生的丛林里,而我的整个思绪就在什莱多赫的几个房间里游荡。坐在行驶在加尔各答大街上的车子里,或在午夜一倒在床上,我就有了想念你们的闲暇时间——余下的时间只有喧嚣声。今天,在收到你的信之前,我不得不外出一次,所以早晨一起来,我就给你写信,写完信我要去洗澡,洗过澡就得去奔波。那一天我看到了绍多[3]的孩子们——看到了他们小小的圆脸,非常可爱。大姐玛克月 11 日之前就会来的,戈贡[4]等人玛克月初十也要来,大家

---

[1] 绍罗拉(1872—1945):爱称为"绍莉",诗人的外甥女,即诗人四姐绍尔诺库玛丽(1856—1932)的二女儿,她在文学、音乐等方面展现出多样的才华。

[2] 达罗科:达罗科纳特·巴利特,诗人的朋友。

[3] 绍多:诗人的外甥,他的大姐绍乌达米妮唯一的儿子绍多普罗萨德·贡戈巴泰(1859—1933)。

[4] 戈贡:戈格嫩德罗纳特·泰戈尔(1869—1938)的爱称,诗人的堂侄,他堂哥古嫩德罗纳特(1847—1881)的长子,创作型的画家。

都要去婆罗普尔。电灯已经进入戈贡的家里，既然他们那里已经有了电灯，几天内我们的空房间里也会开始亮起电灯的。不过今天奉献出很多亲吻，我要去洗澡了。

你的罗比

1901 年 1 月

加尔各答

26. 一点都不明白带毛料来有什么必要

亲爱的邱蒂：

昨天我去了苏棱那里。他现在觉得好了一点儿——现在普罗达波·马宗达在为他治疗。明天是朔日，所以，看来，朔日若没过去，他的体热不会降下来。二嫂昨天来接贝拉和蕾奴卡时还特别说，让她们俩住在碧碧的家里，没有什么不方便的，等等。你觉得怎么样？她们如此强烈地想去啊，如果去不了，她们会很失望的——这就是她们的梦想——让拉妮、罗廷、贝拉同诺根德罗一起去她们那里，将那里作为学习的第二课堂并不是坏事。星期二，玛克月初九她们会回来——看来，玛克月 11 日她们就可以同尼杜一起走。二嫂想知道他们乘坐哪趟火车去，并且准备派车去接她们。如果决定了，那么你要发电报来，否则，我就会认为她们不会来了。贝拉在碧碧他们那里住上两三天，我看没有什么不好。怎么都行，你认为怎么做好，就怎么做吧。二嫂想让我告诉你，她会雇请一个女仆，看来她可能很快将其派过来。她可以雇请到懂缝纫等技能的、具有良好品行的、信奉基督教的女仆。我问你，你需要吗？雇请女仆的工资钱是够的，我觉得，如果能雇请到这样的女仆，对你没有什么坏处。我们现在要去船上住，在船上你不会感到缺少仆人，有舵手，还有其他几个船夫，有你的弗迪克[1]，有年龄小的孩子，有老仆人比宾，有清洁工，这样就可以轻松生活了，没有点煤油灯的麻烦，没有提水的响声，没有打扫房间的活儿，只有吃饭、洗澡、漫步、睡觉。昨天午夜时分我回来了，整个白天的干扰就结束了。今天上午忙于去会见一些人并教唱他们歌曲，结束后就吃饭，然后坐下来给你写信。现在歌曲协会的一些人还会来缠住我教他们排练唱歌，在那里忙到4点，我还要去巴利贡吉[2]看望苏棱。我带去了充满智慧的往事书[3]，看见比宾带来了一块毛料和一盒胭脂。我一点都不明白，带毛料来有什么必要。在各种忙乱中我抽空给你匆匆写了这封信，没能很好地用心写。

罗比

1901 年 1 月 19 日

加尔各答

27. 我的心像月华一样温柔地播洒在你们身上

亲爱的邱蒂：

今天我来到了阿拉哈巴德，见到了苏菔[4]和她的母亲，苏菔同意前往什莱多赫，她母亲也表示同意，已商定经过加尔各答前往。我本以为我会遇到阻碍的，其实并没有，因为我做了很好的解释，所以她们娘俩都同意。后天也就是星期六，我们要动身离开这里。可怜的苏

---

[1] 弗迪克：库马尔卡利地区的著名富人。

[2] 巴利贡吉：加尔各答的一个富人居住区。

[3] 往事书：印度古典梵语一类故事书的总称，现存 18 部，例如《毗湿奴往事书》《湿婆往事书》《薄伽梵往事书》《鱼往事书》等。

[4] 苏菔：波棱德罗纳特·泰戈尔（1870—1899）的妻子萨哈娜女士（1885—？）的爱称。

棱从摩戈尔绍莱就同我联系过了，否则，我就要一个人孤零零地在旅馆里住上几天，那样的话对我来说就太痛苦了。

住在加尔各答时我的身体很不好，所以就来这里了。动身的那天，我吃了10粒奎宁就出发了，旅途中我得到了很好的休息，今天身体已经不再感到疲惫。

昨天夜里，车子启动之后，拉上窗帘，车里就变得漆黑，在外面却是皎洁的美好月光，我一个人坐在车子里，心里充满了一种温馨的甜蜜感。你那时在何处，做什么呢？是在屋顶上，还是在房间里？在想什么呢？我的这颗心就像月华一样，温柔地播洒在你们身上，我心里没有渴望和痛苦的激情，只有一种夹杂着欢乐和惆怅的幸福甜蜜感。

罗比

1901年1月31日

阿拉哈巴德

28. 菜地里长满蔬菜，甘蔗田扩大了很多

亲爱的邱蒂：

昨天在收租仪式的喧嚣声中，我没能给你写信。我是前天下午来到什莱多赫的，空旷的房子静悄悄的。我本以为，经过多日各种喧嚣嘈杂之后我独自回到房间会在寂静中感受到安逸。可是要独自住进一处大家都已习惯住在一起并且存留种种居住痕迹的地方，一开始思想却怎么也不能进入状态，特别是在旅途中感到车马劳顿，回到家时见不到任何人，见不到服务人员，见不到微笑的面孔和关照我的人，我就感到太空虚了。我想读书，可是根本读不进去，我出去巡视一下花园等处，回来后点燃了煤油灯，就觉得空荡荡的房间实在太空阔了。我一走进二楼的一个房间，就觉得更加空荡了。我走下楼来，拨亮油灯，

还是想读点儿什么，可是仍然读不下去。早早地吃过饭，我就躺下了，我睡在二楼西面的一个房间里，罗廷睡在东面的一个房间里。夜里通常都很冷，我往身上盖了一条毛毯，白天也相当冷。昨天举行收租仪式，安排了乐器演奏、祭祀活动等。晚上一群基尔侗歌手来到地产办事处，我聆听他们演唱基尔侗歌曲，直到夜里 11 点钟。

你的菜地里长满蔬菜，可是由于植株太密，茎秆都长得不太壮实，准备派人把你种植的蔬菜送一些过去。很多南瓜都从架上掉下来，堆在地上。尼杜派人送来了玫瑰花树的树苗，其中很多都已经开花，但是大多都是带刺的玫瑰——他被骗了。夜来香、栀子花、玛洛蒂、西番莲、梅赫蒂都开得很茂盛。哈苏花和哈娜花也开了，但是却不散发芳香，看来雨季里这类花就不散发芳香了。

我拿到了两把钥匙，可是我需要樟脑木抽屉上的那把钥匙，那里放着罗廷的出生证，需要查看那里面记载着的罗廷星象天宫图。收到此信后你把钥匙寄来。

请写信来告诉我，尼杜身体怎么样，普罗达波先生白天来瞧看过他吗？你要看着他按时吃药。

池塘里已经蓄满水，前面的甘蔗田扩大了很多。周围的农田一直到边缘都长满了庄稼，远远望去，分辨不出来哪些是蔬菜，哪些是庄稼。大家都在问：主母何时过来呀？听说你们不来了，这里的工作人员都打不起精神来。

绍罗特[1]再没有写信来吗？他那里有什么消息吗？让贝拉很文雅地给他写信。如果考虑不周，又怎么能写好信呢？根据我们长期以来形成的习惯，如果在信一开头写上"呈现在尊贵的莲花足下"也可以，

---

[1] 绍罗特：绍罗特库马尔·丘克罗波尔迪（1870—1942），诗人的大女婿，即贝拉（玛图莉洛达）的丈夫。

她要是已经习惯了，我们就不必担心了。如果需要这里的什么东西，写信来告诉我，我准备派人给你们送些酸奶、鱼类。

罗比

1901 年 6 月

什莱多赫

29. 不吃任何甜食，身体倒挺好

亲爱的邱蒂：

我想现在派人去收租钱，尽管努力了，可是还有一些租钱没有收上来，明天派人去收。我这里的芒果都快没了，如果不派人送一些去，那就不够意思。我们吃的都是平常的那种食物，这样身体倒挺好。婆罗门厨师会做什莱多赫地区著名的甜食——红色魅力饼（laalmohan）[1]。这种甜食尽管很有诱惑力，但我还是没有吃，我现在发现，不吃任何甜食，身体倒挺好，如果吃了，就会消化不良。我把昆久厨师带来了，你们那里的伙食怎么样？我这里只要有昆久和弗迪克在，工作就能平静地正常开展。如果没有比宾雷鸣般的大嗓门，什莱多赫就会显得死气沉沉，枯燥乏味。工作在继续，但是因为没有工作压力就觉得很安逸。比宾在这里，就觉得有很大的压力，整个生活仿佛被掀翻了一样，仿佛无论在何处谁都没有喘息的时间。我的愿望就是，不用说什么话，整个工作都在无声地进行，不用更多地操心，一切都在轻松地、井然有序地、有条不紊地进行着，按部就班而又缓慢地、静静地进行。应该承认，独自住在这里也有这样一种幸福感，周围不存在需要付出诸多努力和做大量协调的工作，在这种环境中精

---

[1] 红色魅力饼（laalmohan）：用炼乳制作的一种甜食。

神就会很放松。因为我一个人住在这里，生活中就不会有那样多的烦恼纷争，在这里我觉得很轻松。如今在我的周围，人们不再高声喧嚣、呼唤、喊叫，所以我的闲暇时间很多，也很宁静。上午我按时吃两个芒果，中午我用正餐，下午也吃两个芒果，夜里吃热烙饼和油炸食品，因为吃得简单，也很按时，感到饥饿时就吃东西，所以饥饿感就消逝了，也就不需要经常吃药了。不论怎么做，如果不能过很简朴的生活，那就不会在生活中感到真正的幸福快乐。在处理诸多事务中、在喧嚣嘈杂声中、在计算账目中想完全占据幸福快乐的位置，企图得到安逸，其结果是安逸反而会被打破。应该通过减轻外部事务的忙碌来加重内心方面的修养，即对人品的追求。如果在诸多微小的事务中能够使生活放下重负，那就应该放弃一些重大事务，人生之路在一些小的事物中也会变得复杂化，并且都与大家息息相关。我的生命内涵总是在为寻求空闲而激情满怀。这种空闲不仅是拥有天空、和风和阳光的空闲，而且是尘世生活的空闲、所需要的家具用品的空闲、苛求奢华欲望的空闲。吃穿用度等一切都要简朴、节制、有度有序，让周围环境轻松、宁静、少杂物；无客厅、无餐厅，也没有奢侈豪华的摆设；有床架和空床铺，有宁静和舒适，不与任何人竞争、对抗，也不反对任何人，如果能如此，生活就会使自己获得成功的机会。

罗比

1901 年 6 月

什莱多赫

30. 我很容易原谅那些敌视我的人

亲爱的邱蒂：

收租的喧嚣声沉寂下来后，我就着手写作。有一次，当我利用某种机会沉湎于写作的时候，我简直就像坐在河岸边钓鱼一样。现在这里的寂静环境赐给我一个完全安静的居所，生活中一切细小琐事再也不会触碰我了，我很容易原谅那些敌视我的人。我能很好地理解，在寂静的环境中你们为什么会感到压抑，假如我能把我的这种快乐感受传递给你们一部分，我会很高兴的，可是这种东西是无法传给别人的。离开加尔各答的人们，突然来到这种空寂的地方，最初几天，你们当然是会不喜欢的，而后即便能忍受，内心里也会觉得堵得慌。可是你说说，我能做什么呢？在加尔各答乱哄哄的人群中，我的生活毫无成就，因此由于心情沮丧就为每一件小事而烦恼，做不到从内心里原谅所有人，抛弃对立情绪，保持内心的平静。除此之外，在那里也没有适合罗廷等孩子们的学习条件，大家是何等心神不宁啊！所以你们猜不到，也不接受这种流放式的惩罚呀。以后有条件时再选一个比这个好的地方，我会把你们接过来的。不过，不论什么时候我都不会把自己的一切力量都埋葬在加尔各答。现在这里的整个天空彤云密布，天色黑下来，开始下雨了，我关上楼下房间四面的窗子和门，一边观赏这雨中景色，一边给你写这封信。从你们那里的二层楼房间是看不到这种美妙景象的。四周是昏暗笼罩下的碧绿田野，外面下着温馨的新雨，看上去美极了。在云使上面 [1]……我在写一篇文章。在这篇文章中，如果我能勾画出今天雨季暴风雨之日的昏暗景色，如果我能将我的什莱多赫那碧绿田野上面的这种昏暗景色永远留在读者的面前，那该多好啊！在我的作品里我要述说各种各样的问题。可是哪里有这种彤云密布、这种树冠的晃动、这种不停的大雨降落、这种被昏暗笼罩的苍天大地之交汇融合呢？何等轻松啊！寂静雨季的一天何等轻易地降临到这云雾缭绕的天空和这广袤无人的田野，在这个无须劳作的、乌云笼罩的、不见阳光的阿沙拉月中午降临了，可是在我这篇作品里没有

---

[1]　此处后面有小部分毁损。——原文注

留下它的任何痕迹。谁也不会知道，在哪一天漫长的闲暇时间，我坐在这栋寂静的房子里的什么位置，在心里编织了这些话语！一阵暴雨停止了，这时候就准备把这封信寄走。

罗比

1901 年 6 月

什莱多赫

31. 再过一百年，我们的痛苦欢乐和历史将会聚集在哪里呢？

亲爱的邱蒂：

洛伦斯[1] 今天上午来了。看来，这么多天来他在加尔各答喝了很多酒。今天上午，他还想在我这里喝一点威士忌酒，看到他这种丑态，我很难过。直到现在他都没能找到工作，我无法理解，他怎么会变成这种样子呢？当他说"我很遗憾没能见到米拉"的时候，我被感动了。他可能知道，我爱米拉，所以他才特别提到她的名字，不过我觉察到了。不管怎么说，到今天为止，他教我的孩子们已经有三年半的时间了。这一次，在加尔各答苏普罗迦什[2] 他们曾经借机对他进行过侮辱。

这里太热了，我的身体很好，只是夜里不能很好地安睡，很多天夜里我都睡不着，在月光下坐着，一点都不觉得冷。昨天我回忆起，你内心痛苦时就在这个屋顶晒台上度过很多黄昏和夜晚，我的很多痛苦回忆也与这个屋顶晒台相关联。如果很多夜晚我坐在月光下的这个屋顶晒台上，那么，我的心灵就仿佛被徐徐蒙上了一层薄雾。我现在

---

[1] 洛伦斯：威廉·洛伦斯，在什莱多赫教授诗人泰戈尔子女的英语教师。
[2] 苏普罗迦什：苏普罗迦什·贡戈巴泰（1883—？），诗人的外孙子，即诗人泰戈尔大姐绍乌达米妮的长孙。

观察到的世界就像海市蜃楼一样，一想起某件遗憾的往事，它就像荷花叶子上的水珠一样，很快就滚落掉了。我在默默地想，再过去一百年，我们的痛苦欢乐以及亲人们的所有历史将会聚集在哪里呢？此外，当我瞧看无限的星球世界并且面对面地将思绪置于那无限世界沉默的见证者所在方向的时候，一切痛苦欢乐瞬息间都变成了碎片，不知飘散到何处去了，也看不到了。

你的罗比

1901 年

什莱多赫

32. 到女婿家我该如何注意穿着打扮

亲爱的邱蒂：

你问一问你的女儿，到女婿家里去的时候我该如何注意穿着打扮。除了达卡出产的围裤、披肩，再也没有什么了。这里的人们知道，我是绍罗特的岳父，是《孟加拉观察》杂志的主编，是梵社的领导者，是世界著名的、受人尊敬的罗比·泰戈尔，他们的眼睛是会盯着瞧看我的穿着打扮的。每天黄昏时分，孟加拉人都成群结队地聚拢来，瞧看这个令人惊奇的有趣场面，绍罗特的家里已被挤得水泄不通——我现在觉得，应该脱掉达卡生产的服装，否则就不能制止人们不断地涌来。绍罗特一看到那么多人就害怕。听了你的话，我才陷入了这种尴尬境地。由于你的聪明智慧，贝拉的首饰被挤掉了。所以我现在决定，再也不能按照你的聪明建议行事了。在我们的印度教经典里也写到，女人的智慧是具有破坏性的。看来，经典作者的妻子们都曾经逼迫她们的丈夫穿过达卡生产的围裤。

看来，贝拉现在要下定决心自己来操持家务。如今的这种烦琐的穿戴打扮会耗费掉她白天的很多时间。所有这种蜗牛似的慢腾腾的修饰打扮，被她排除掉了。她的起居室不论设在哪里，她都喜欢。她还有这样一个梦想——傍晚的时间她会与绍罗特一起阅读《鸠摩罗出世》。不过，我还是很怀疑，在学习方面她是否会有某种程度的进步。

今天，太阳一升起来，四周就充满欢乐。我刚来这里的头两天，都是阴云密布的闷热天气。来到一个陌生的地方并且进入一种新生活的时候，这样的昏暗和闷热使内心很受压抑。这样过去几天后，今天阳光明媚，一切都呈现出赏心悦目的快乐景象。我看到这里一种奇怪的现象，在这次举办婚事的过程中，自始至终几乎都显现出嘈杂混乱和不顺畅的局面，此后这一切都顺利地过去了。你是怎么样想的，是否需要预订一辆车子啊？外出时如果遇上可怕的大雨，走在路上是会被淋湿的。我们向天神祈求，愿他们的生活不会发生任何困难、危险、不安、纷争。我看到绍罗特，就很喜欢他，他不讲究外表上的浮华，一切都蕴含在他的内心里。他有些腼腆，不善于表达，可见他的城府很深。他很爱贝拉，对她毫不怀疑。他勤奋刻苦，不懒惰；他做事又不够细心，显得有些散乱，不拘小节，也不看重钱财；他的东西随便乱放，还常常丢失，他对谁都不怀疑。他像个真正的男子汉，像个真正的男人一样不拘泥琐碎细节，所以我特别喜欢他。一旦投入工作，他的心态就恰恰相反，他做起所有数学计算、统计工作来，就像女人一样，总是注意微小的细节，并且对别人持怀疑态度，但是他知道尊重别人，又懂得如何与人交谈，但是缺乏直率。绍罗特的这种心态从外表上是看不出来的，这里的所有人都喜欢他，一句话，大家都承认，像绍罗特先生这样深受大家喜爱的人，在马贾法尔普尔是没有第二个的。在姑娘们的眼里，她们不喜欢心态轻浮而追求欢乐的人，男人应该具有宽宏豁达的心胸、不尚浮华的简朴和真挚的热情。在这方面，绍罗特要比心态轻浮的人好上千百倍。像他这样的男士，我是找不到的。你可能觉得他过于深沉，但在他的内心里还是充满幽默情趣的。

他很喜欢同贝拉及朋友们开玩笑。他不会像这里一些文明的男士那样，不分时间地点，在所有场合都表现得很轻浮。不管怎么说，你还是对绍罗特有些不放心，像他这样完全值得依靠的女婿，即使上千次地去寻找，你也找不到啊。此外，在家庭生活中，当然，他也会赢得尊敬的。现在，如果贝拉自己能够成为丈夫的称职妻子，那么，我就会了却自己的心愿。两周朔日的最后一天过去了。我心里牵挂着尼杜。你不要给我写回信了，你也不要把我的信件、书籍、报纸等寄到这里来。大概，我后天就会动身，先去波尔普尔看一下，下周一我就会回到家里。你把给我的信件寄到波尔普尔的老地址去吧。

你的罗比

1901 年 7 月 16 日

马贾法尔普尔

33. 娘家和婆家的习惯、情趣等是不一样的

亲爱的邱蒂：

我把贝拉留下了。情况不是像你们在远方所想象的那样。贝拉在这里很开心，她对新生活是很喜欢的，对此不必再怀疑了。对她来说，现在不再需要我们了。我已经想明白了，女儿结婚后至少一段时间应该远离父母，需要有同丈夫团聚在一起的机会。爸爸妈妈如果留在他们团聚的生活中间，对他们的团聚是有妨碍的。因为娘家方面和婆家方面的习惯、情趣等是不一样的，总会有一些差别的。在这种情况下，女儿如果待在爸爸妈妈身边，她就不可能完全忘掉娘家的习惯，就不能与丈夫完全融洽地生活在一起。一旦觉得需要，父母就会插手干预，为什么要那样做呢？在这种情况下，看到女儿快乐和幸福的情景，父母就会回想起自己的苦乐悲欢，难道需要用娘家的亲情关系去影响丈

夫家的关系吗？一想到贝拉很快乐，你就应该努力消除因分离而产生的痛苦，让自己的心态平静下来。当然，我现在要说的是，婚后我们若把他们带回来，绝不会有好结果。虽然在远处，关爱同样会永远存在的。大祭节的时候如果他们能够回来，或者我们去他们那里，我们就会享受亲密而新颖的欢乐。在所有的关爱中需要保留有一定程度的分离和独立性。彼此企图完全互相占有，是绝不会幸福的。拉妮如果也结婚，她去远方居住，那她一定会喜欢的。当然，最初两年她会留在我们身边，然后到了年龄，就应该把她送到远方去，为了她的幸福，这样做是需要的。我们的家庭教育、情趣、习惯、语言和情感与其他孟加拉人的家庭是有些不同的，所以我们的女儿们结婚之后就特别需要离我们远一点儿。否则的话，新环境中的每一件琐碎小事就会一点儿一点儿地使她们苦恼，对丈夫的尊重和依靠就可能松弛下来。像拉妮的那种性格，一旦离开娘家，她就会改正的，如果她一直同我们生活在一起，她以前的合群性格（association）就会失掉。你想想自己当年的情况吧。我和你结婚后假如我总是坐在花前月下，那么，你的性格和习惯就会是另一种样子。在对待儿女关系方面，我们也应该完全忘掉自己的快乐和苦恼。他们不是为了我们的快乐而生活的。他们的幸福和他们生活的成功，才是我们的唯一快乐。我常常回忆起贝拉童年时代的所有时光。我何等精心地亲手将她抚养成人。当时她被放在两个大靠枕的中间，她就觉得受到何等的虐待啊；同龄的孩子跑过去，喧闹声传到了她的耳边，她是何等贪玩的好孩子啊！我经常在自己花园街的家里给她洗澡；住在大吉岭时我夜里常常起来给她热牛奶喝；那时候我对她倾注了我最初的慈爱，我一次次地回忆起这些往事。但是所有这些往事，她都不知道，我也不让她知道，这样好。就让她毫无牵挂地融入新的家庭事务中，将自己的生活劳作全部献给那个充满忠爱、温馨的家庭吧！我们心里也不要有什么后悔遗憾。

今天回到圣蒂尼克坦，我就沉浸在宁静的思想之海里。我常常来这里，并不是多么需要，住在远方，就不会胡思乱想。我独自一人处在广阔无垠的天空之下，处在温馨的和风、明媚的阳光的包围之中，仿佛是在母亲的怀里吮吸着乳汁一样。

你的——

1901 年 7 月 20 日

圣蒂尼克坦

34. 今天的食物很丰盛

亲爱的邱蒂：

我已经抵达库什蒂亚，到达这里之后，在处理一件事务时我感到很失望。在这里我见到了我小舅子 [1]，但是没有见到我小舅子媳妇。昨天派他前往迦尸 [2] 他母亲那里去了，于是库什蒂亚镇就处在一种很安静的状态。他的床铺依然那样摆放着，衣柜里挂着很脏的衣服，可是他不在这里了！

他感受到像你母亲患痛风病时那样的痛苦，住在什莱多赫的时候他还好好的，可是一到库什蒂亚，他就患上了痛风病。看到你们的基奴拉姆那种神采奕奕的面孔、健康的身体，他就得到了一种满足感。他想和我商谈某一件事时就一次次来这里，还经常出去转悠，但是当他看到我在忙于写信，就会怀着沮丧的心情离开。

我现在等待着轮船。下午我要去什莱多赫。

在加尔各答新家的书柜里有藏书，书柜的钥匙在谁手里呢？我需要书柜里的几本书。

---

[1] 小舅子：指泰戈尔的小舅子诺根德罗纳特·拉伊乔杜里，穆里纳莉妮的弟弟，他的妻子是尼尔摩尔·侬蒂妮，又称诺莉妮芭拉。他们生育了一个女儿布尔妮玛，后来她与奥波宁德罗纳特的外甥绍彭拉尔·贡戈巴泰结婚。

[2] 迦尸：位于印度北方邦恒河岸边的城市，就是现在的瓦拉纳西城，也称贝拿勒斯。印度教徒心目中的圣城。印度教徒相信，在这里死亡后火化，灵魂可以升入天堂。

昨天半夜里，在加尔各答下了一场大暴雨。我需要动身外出，可是又没有办法启程！在这里三四天都没有下过雨，阳光火辣辣地照射着，炎热也并非特别不好。我应该到什莱多赫去看一看，那里的空气中弥漫着一种因沤黄麻而散发出的一股恶臭气味。

我送给你母亲一些奥洛菜[1]。我也送给了绍多一些。这么多天来，具有天赋的人们当然都去了波尔普尔。看来，你们都很忙，还常常出去散步吗？大概，久贡纳特[2]通过那些才智敏捷的人之手把你们的服装、水果、蔬菜、甜食等都送过去了。

今天的食物很丰盛。你母亲无论如何不肯放弃——经过多天的坚持，她能够让自己吃辣味炖鱼了。我以每天支付一个卢比的报酬雇请来了一位婆罗门小时工。我要在这里小住几天，所以我不得不支付给他这么多的工钱。比宾作为婆罗门的后代，他亲手做的饭菜怎么样？你说说看，吃了会有什么感觉？

罗廷的学习方面不能没有章法，对此你要特别注意啊。就写到这里，□□我提前告别。

你的罗比

1901 年

库什蒂亚，前往什莱多赫的路上

35. 一场暴风雨突然降临到这片沼泽地上

亲爱的邱蒂：

路上克服了许多困难，今天我才抵达这里。起初，头两天刮了两天的逆风，因此船就不能轻松地前行。船在缓慢地行进时会陷入沼泽

---

[1] 奥洛菜：南亚一种根茎蔬菜。

[2] 久贡纳特：泰戈尔家的老员工。

里。你知道，沼泽是一种特殊的海洋，四周的水域很辽阔，有时候看到被淹没的水稻秧苗头部在水中晃动着，有时一个个村庄就像一个个小岛一样露出水面，没有放牛的地方，没有人活动的地方。这个村子与那个村子之间的交通联系只能用独木舟和小划艇，你们在波尔普尔那样的地方是想象不到这种景象的。四周漂浮着藻类、水草，有时还会看到莲花和荷花的茎秆，所有这一切花草散发着一种芳香，在水中游动着一种会潜水的黑色般高莉水鸟，鱼鹰在我们头上盘旋着。黄昏，当看到四周那一望无际的平静的水面时，内心里就会萌生出一种淡漠的恬静感。在这里并没有海水波浪的千姿百态和水声轰鸣。四周呈现出一幅沉寂的空旷的画面，这中间只有帆船前进的嗖嗖声。头上那微弱的月光洒落下来的时候，我就仿佛置身于一种宁静的僵死世界之中。我熄灭了灯盏，将沙发拉到窗边，默默地坐在月光下，整个这片辽阔水域的宁静笼罩着我的心灵。第三天，西部的天边浓云密布，一场暴风雨突然降临到这片沼泽地上，幸运的是，当时我们的船正航行在稻田里，于是我们急忙抛下锚，设法让船锚抓住水下的泥土。暴风雨过去之后，我们又将船拖起来，可是这样航行不多时，暴风雨突然又过来了，这一次也很幸运，我们来到一处方便躲避的地方，否则，不知道风暴会把船刮到什么地方去。一到达这里我就获得消息，星期一我应该去高等法院，可是明天我必须离开。在加尔各答无数嘈杂声中很难找到给你写信的机会，所以今天我坐在这里给你写信。这些天来，我安静地处在一片宁静的完全无人的水上环境中，这对我的身体健康很有益处。我意识到，我那不幸的虚弱身体如果不能得到恢复，除了献身于水上，我再也没有别的办法了。写着写着，一场暴风雨又降临了——掌舵的船工急忙抛下船锚，将船停下来。回到加尔各答之后，大概会得到关于你们的消息。

你的罗比

1902 年

迦利格拉姆村

36. 越严格履行自己的誓愿，越容易成长为真正的人

亲爱的邱蒂：

来到什莱多赫之后，我的心绪有些激动。将要离开时这个地方就展现出十分壮美的景象，这就是我们的幻觉。痛苦和欢乐这两方面的回忆都与什莱多赫息息相关，但是欢乐更多一些。不过，现如今什莱多赫已经不是处于那么好的状态了。一切都被露水沾湿了，到 8 点之前都是大雾弥漫，黄昏之后就感到阴冷，井里和池塘里的水完全被污染了，四周弥漫着瘴气雾霾，我们正是在这种时候离开什莱多赫，否则的话，我们就会陷入危险境地，孩子们会染上疾病。波尔普尔要比这里清洁得多和健康得多。但是这里有无数的玫瑰花正在绽放，非常硕大的靓丽的玫瑰花。四周弥漫着阿拉伯相思树散发的花香。现将老朋友——什莱多赫的几朵阿拉伯相思树花连同这封信寄给你。

从这里寄出的小豆、豌豆、甘蔗糖和书箱子里装的东西，你收到了没有？小豆、豌豆等东西是给学校的。如果收获鹰嘴豆，也会寄给你的。

我想，我应该为使罗廷获得比较高尚的生活做好准备——不过，他自己也应该进行自我约束和艰苦的磨炼，越是严格而丝毫不差地履行自己的誓愿，他就越容易成长为一个真正的人。我们从童年起只注意努力去实现自己的愿望，其结果是，我们把我们的渺小愿望看得很重要，看得比伟大理想、最高真理、高尚人格，甚至比爱情和幸福都

悲哀的舞蹈

倦意时刻

期待初吻

我和你的岁月

重要，无论如何我们绝不能因为某人或某事而让这种愿望落空，即使工作受到损失、誓愿不能实现、亲爱之人的心灵受到比较严重的创伤，我们也不能让我们的那些渺小的愿望受到一点儿损害。当时就是这样企图去实现自己的愿望，实际上，这就是让自己遭遇失败，就是把自己的崇高人格作为牺牲品献给自己的空虚幻想，这样做不会有真正的幸福，只会存留过分自负的虚荣心。我们失去的东西，看来，再也无法挽回了。现在我们想把孩子们手中的东西奉献到幸福和神灵的手中，神灵悄悄地盗走了孩子们那种特有的骄傲、热烈的愿望、强烈的爱好、极大的吸引力，那么就用幸福感和坚定的英雄气概去美化他们吧，这就是我的希望。我们要严格地抑制自己放纵的一切欲望，以此来协助神灵实现那些隐蔽的道德规范，每一步都要抵制傲慢，我们不想让自己的傲慢赢得胜利。这样做，如果也毫无成效，那么，我就会知道，我的整个一生也是毫无成效的。

罗比

1902 年

什莱多赫

穆里纳莉妮写给丈夫及其他亲人

1. 娃娃太像你了，头发也很好 [1]

你们的照片我收到了。你的这一张很好，你的照片那么多，最好的就是这一张。这娃娃像你，趴着不起来，她的肤色有一点儿白。她太像你了，头发也很好，如果用梳子梳一梳，就更好看了。

2. 你寄一两瓶水果汁来就好了

厨师没有派人去，而且他也没去。你给他写封信吧。昨天，洋先生还没有来，他说要带一只公山羊来，尼杜要去打鸟，为此而焦急不安，我没让他去，把他留下来了。他的进食饮水真的停止了，每天给他喝鸡汤，他才得救。与此同时，绍什、戴尼尔等人都对厨师说，你能否寄一些需要的东西来。这里除了芥菜什么都没有，每天都吃不到香肠，你寄一两瓶水果汁来就好了。你让拉霍丽妮 [2] 的仆人也一起过来吧，我总是觉得后背不舒服，这一次我真的要陷入危险之中。不过你应该给她定个规矩。

---

[1] 第1、2封信是写给诗人泰戈尔的。保存在他大女儿玛图莉洛达收藏的书信夹里。
[2] 拉霍丽妮：奥寇耶琼德罗·乔杜里（1850—1893）的妻子，是女作家绍罗特库玛丽·乔杜拉妮（1861—1920）的另一个名字。

3. 这个姑娘稳重而平和，是个好人 [1]

贝拉：

过了这么多天之后，昨天我才把家里做的咸菜寄给你，苏棱回家了，他现在可能在家里多待几天。他岳母说，每天都去他们家。苏棱未婚妻的名字叫绍蒂，爱称"荷花"。这一次她已经参加了入学考试，现在还不知道她是否已经通过了考试。这个姑娘稳重而平和，是个好人，而且聪明。看上去她并不很俊美，中等吧。我们这位亲家母不错，年纪也不大，除此之外，她是个好人，而且为人很正直。以前我就认识这位亲家母，她是 W.C. 般鲁焦的外甥女。如果我们去参加苏棱的婚礼，你们若不反对的话，我就想带你一起去。新侄子媳妇现在还在这里，三四天内她就要走的。她已经写信告诉拉妮，正在教别人弹琴。你公公住在别的地方，是真的吗？今天吃过饭后，他突然说道："走吧，我和你一起去看看贝拉他们吧。"他忙于学校的事务，还亲自给学生们上课。我为罗廷买了一匹好马，他还不太敢骑。巴罗森小姐 [2] 正在我们附近寻找工作，但是我们这里缺少洗澡的设施，她留在了丹伊尔。她送给你一块桌布，我忘了带给你了。不过，你还是要写信对她表示一下感谢。

1902 年

4. 星期日奥鲁新添了一个女儿 [3]

父亲大人：

您的信我收到了。如果你们想来我这里，你们就在阿沙拉月初来

---

[1] 这封信是写给大女儿玛图莉洛达的。
[2] 巴罗森小姐：来什莱多赫教孩子们英语的女教师。
[3] 第4—6封信是穆里纳莉妮写给父亲贝尼马陀波·拉伊乔杜里的。

吧，这个月你们就住在这里。我们一切都好。你们大家都好吗？请写信来说一说。如果可以，那就请父亲大人寄一些海芋头和柠檬来。您要告诉姥姥[1]，星期日奥鲁[2]新添了一个女儿，他们都很好。您还要告诉姥姥，她来这里，要是住在他们那里，她就不会感到枯燥乏味了。请转达我的敬意。

穆里纳莉妮
1893 年 5 月

5. 很多天来父亲大人都在念叨海芋头

父亲大人：

诺根德罗的信我收到了。我们这里到今天连续三四天日夜都在下暴雨。你们那里是否也在下雨？我们大家都好。写信来说说你们怎么样。请接收我的敬意。

穆里纳莉妮

另：这期间如果有什么人来，请让他带点儿海芋头和柠檬来，或者通过邮局寄些来。很多天来父亲大人[3]都在念叨海芋头。我给姥姥写了一封信，您读给她听吧。

---

[1] 姥姥：这里和其他两封信里提到的"姥姥"，是指她的"姑姥姥"。
[2] 奥鲁：奥鲁嫩德罗纳特·泰戈尔（1863—1929），诗人大哥迪金德罗纳特的次子。
[3] 父亲大人：是指诗人泰戈尔的父亲代本德罗纳特。

6. 请向阿杜姑姥姥转达我的敬意

父亲大人：

您的信我收到了。听到阿杜姑姥姥[1] 的情况我很难过。请写信来告诉我，她现在怎么样。在她去世之前，也许我不能见她一面了——这是非常令人痛心的事情。请尽心扶持她吧，她为你们做了很多事。我们一切都好。请向阿杜姑姥姥转达我的敬意。

穆里纳莉妮

7. 我手头一个钱也没有了 [2]

绍多：

以前以我的名义从政府那里贷款 50 卢比，还有一天我收到了 40 卢比，合起来共 90 卢比，这个月你若是花不完，就留着下个月花吧。这个月要是花光了，我就没有可能再支付了。

穆里纳莉妮

月末结算什么时候出来？说好今天你要还我这笔欠款的，我手头一个钱也没有了。

---

[1] 阿杜姑姥姥：即指阿代苏多丽，她是罗宾德罗纳特的母亲沙罗达女士的姑妈，也是诗人和妻子结合的媒人。

[2] 这封信是写给诗人的外甥绍多普罗萨德·贡戈巴泰的，即诗人大姐绍乌达米妮（1847—1920）的唯一儿子。

8. 你们会晓得我是爱你们的 [1]

嘉璐:

过了很多天之后，我才收到你的这封信。你有个美丽的女儿，看来，你因为担心才没有给我发消息，你担心我会嫉妒的。听说她有一头美丽的秀发后，我就开始涂抹"昆多林"美发油，你女儿有一头潇洒的秀发，她看到我那脱发的脑袋就会发笑的，而我又会忍受不了。亲爱的，真的，我过于敏感，或许，因为我有一个漂亮的孙女，而我们就应该完全忘掉什么，见到你女儿，我会和她吵一架的，我和罗玛 [2] 是有感情的，因此，听说有谁比罗玛更美丽，我是不高兴的，当然，罗玛心里也会因此有点儿生气。不管怎么样，亲爱的，人们都在说，这个女娃娃 [3] 很美丽，不像罗玛也不像你。你要写信告诉我，现在你的心情如何。我很想看一看罗玛和她的妹妹在做什么，难道她们俩整天都在一起吗？在你的信里我得不到任何消息，现在你写信来说一说，罗玛在做什么，说些什么话，所有人都好吗？你写写吧，还有，你小女儿的情况，也写信来告诉我。即使我和她吵过架，可是我还是想知道，她在做什么，她怎么样，长什么样，调皮还是很安稳？你都要写一写。因为和她吵过一次架，所以我很多天没能见到她了。三弟、四弟的媳妇都好吗？如果你得知关于她们的消息，请写信来告诉我。我听说，诺鲁 [4] 他们很快要去迦尸，那样的话，我看你一个人在家里感到很孤独，不过你还有新姐姐 [5] 在。你三姐他们都住在别的住宅里。你的妹妹多鲁来了没有？现在哪个女仆在你身边？分娩的时候你感到痛苦吗？现在你的情况怎么样？你们的每一个信息，你都要告诉我，你晓得，我

---

[1] 第8、9封信是写给诗人的侄子苏廷德罗纳特·泰戈尔（1869—1929）的妻子嘉璐芭拉的。苏廷德罗纳特是诗人的大哥迪金德罗纳特的四子。

[2] 罗玛：苏廷德罗纳特和嘉璐的女儿。

[3] 女娃娃：这里指的是嘉璐的另一个女儿，罗玛的妹妹。

[4] 诺鲁：绍多普罗萨德·贡戈巴泰的妻子诺棱德罗芭拉的爱称。是诗人泰戈尔的外甥媳妇。

[5] 新姐姐：这里指的是普罗富洛摩伊，诗人四哥比棱德罗纳特的妻子。

是多么想知道啊！你很想喝酸奶，但是现在你不能喝——你要喝酸奶，我的孙女就会开始咳嗽的，那可不行啊！大概，她不再吃奶的时候，你告诉我，我会派人送给你很多酸奶的。他[1]对我说过："你派人送些酸奶来，苏廷喜欢喝。"我父亲他不喜欢喝牛奶，就不让儿子媳妇喝，这怎么行呢！特别是，你是我们家里的吉祥天女般的媳妇——你为我们所有媳妇的脸上增添了光彩。如今除了你的女儿，再也没有更美丽的男孩女孩了。你不要忘记做一件事情，你要告诉绍多，什么时候有人来或者新婆罗门厨师若来，你要对他说，你一定要把罗玛和小女娃两个女孩的身体尺码捎过来，小女娃的身体是包裹着呢，还是已经敞开了，你也要告诉我。你还要做一件事，如果巴利贡吉的裁缝离开了，你就送到他那里去，并且告诉他，我的裁缝哪一天来，就把尺码交给他，不过，如果有变化，尺码小了，还是大了，你要写信告诉我。罗玛的脚镯做好了吗？如果已经做好了，告诉我支付了多少劳务费，我会寄过去的，当时我没能很快寄过去。如果没有做好，你赶快催促做。苏廷有消息吗？他去没去高等法院？现在他的实习时间是否已经结束了？是否接手过什么案件？你告诉普代[2]不要再抱有到我身边来的希望了。他走了之后，我很好。我没有把吵架的事情对别人说，他可以留在四姐那里，我没有意见，此外，即使我不同意也不会阻止他们。我们大家都好，娃娃感冒发烧了几日，今天可以洗澡了，因此这几天我都没能给你写信。你们会晓得我是爱你们的。

穆里纳莉妮

1898 年

[1] 他：这里的尊称"他"指作者的丈夫，即诗人泰戈尔。
[2] 普代：仆人。

9. 芒果干加些牛奶吃不会生病

嘉璐：

　　你的信和罗玛的衣服我收到了。可是，这几天由于人声喧嚣嘈杂，就没有写回信，昨天波卢走了。现在已是黄昏时分，我才急忙写这么几句话。罗玛拉妮[1] 的衣服收到了，而由于我的命运不济，就在这时候裁缝因生病回家去了。我叫人去请另一个裁缝来，我看一看，他做得怎么样。我很想让罗玛拉妮穿上我定做的衣服，她会说这是奶奶送给她的，很想听到她这样说。我送她一个红宝石发卡，她要是戴上一定显得更好看。心里一想到这一点，我就感到非常开心。小拉妮那位尊敬的小叔[2] 将他自己的两件衣服寄给了她。我没能送给她什么东西，所以我感到很遗憾，裁缝如果能来，我就得救了。我让人给你送去两包芒果干，你加些牛奶吃不会生病的。次日我还寄去了一种大米，加牛奶做成米饭，很好吃——不足半公斤的大米加上两三勺牛奶，需要加水煮熟，再进行搅拌。今天再见。请向大拉妮和小拉妮[3] 转达我的美好祝愿。两包芒果干要放到阳光下保存。

1898 年

10. 松代什甜饼，我们特别喜欢 [4]

苏库马尔：

　　松代什甜饼、果酱、发面甜饼，我都收到了。看到发面甜饼，我们大家都惊呆了，我们从来没见过这么大的发面甜饼。我们特别喜欢

---

[1] 罗玛拉妮：对罗玛的爱称，"拉妮"孟加拉语意为"王后"，在女孩子名字后面加"拉妮"，表示对该女孩子的喜爱。

[2] 小叔：指穆里纳莉妮的小儿子绍明德罗纳特。

[3] 大拉妮和小拉妮：穆里纳莉妮亲切地称呼嘉璐的两个女儿为"大拉妮""小拉妮"。

[4] 这封信是写给诗人苏库马尔·哈尔达尔的，他是诗人泰戈尔三姐绍罗特库玛丽的二女儿苏普罗葩的丈夫。

松代什甜饼，当然，果酱也很好。你可知道，在我们这里，食品都是供给制的，鱼、肉等食品都是缺乏的。在这种情况下，收到这类礼物，就别提我们多高兴了。苏湿拉[1]、苏提[2]、克里迪[3]、迪奴[4]、诺莉妮[5]都在这里，我们大家经常聚在一起。我们曾经想过，你也许能让我们从这里走出去一次。我们想过要给你写信，我们去你那里，可是最后我发现带着孩子们去很不方便。

穆里纳莉妮

1890 年

圣蒂尼克坦

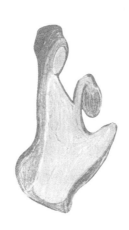

[1] 苏湿拉：诗人的侄媳妇，即他大哥迪金德罗纳特的长子迪本德罗纳特（1862—1922）的妻子，也被称为苏湿。
[2] 苏提：诗人泰戈尔大哥之子，苏廷德罗纳特的简称，比他小的称他"苏伊哥"。
[3] 克里迪：克里丁德罗纳特（1873—1935），诗人泰戈尔大哥的小儿子。
[4] 迪奴：迪嫩德罗纳特（1882—1935）的简称，诗人泰戈尔大哥的孙子，苏湿拉和迪本德罗纳特的儿子。他几乎会唱诗人泰戈尔的所有歌曲，所以被誉为"泰戈尔歌曲库"。
[5] 诺莉妮：迪奴的妹妹。

其他人写给穆里纳莉妮

波棱德罗纳特写给穆里纳莉妮

婶母:

现在你们的聚会结束了,可是我们还没结束。据说,只有一位成年的代表要来,但罗比叔叔[1]很偶然地说到要来此地的那个人的情况,那是一个半个以及两三个小"碎片"聚在一起。我听说,这位代表先生要带着家眷和孩子们来我们这里。在这之前,工程师代表先生有一次是从国外引进过来的,关于他的情况我已经知道,现在你又听到了这位代表的故事。婶母,你本应该来这里的。你看啊,他们来这里是找你的,那我们该怎么回答他们呢?从今天开始就要让智商高的人们牢记应该对代表们说些什么。第一个问题,你的名字是什么?然后,丈夫的名字叫什么?他们听了回答,都会觉得白天变成了黑夜,那个可怜之人记不住那么多的名字。第三个问题,他的工资是多少?此后还有第四个问题、第五个问题,哎呀,我的天哪!所以他们就会意识到,这么多的家里人是有需要的,等等,情况就是这样。只是因为你不在,所以就不热闹了。每一次婶母把人们的责任加到别人的肩上,然后享受毫无负担的宁静,这可太不公平了。当这位代表回家后,夫人要问

---

[1] 罗比叔叔:指诗人泰戈尔,"罗比"是家人对诗人泰戈尔的简称。

贵妇人半身像

起有关你的情况的时候，那么，这个可怜的代表该怎么回答呢？

一方面情况是这样的，另一方面听到了来自加尔各答的种种议论。罗比叔叔在别人的催促下，写了一篇解释性的短文。他作为《实践》杂志的编辑，对于我这个下属是亲近的，可是我从可靠的渠道听到了有关他健康状态的议论，这使我感到害怕，趁现在我们还有时间，请婶母赶紧采取应对措施吧。即使需要天神毗湿奴的帮助，也要写封信的，这里有一位很好的医生。我听到了尼达的一个好建议，即便那个医生的年龄很大——大概他也意识到了这一点。如果按照尼达的建议去做，编辑先生就不会遇到这种倒霉的事情了。

这期间焦绍和甘诺[1]两兄弟也被赶过来了。甘诺琼德罗[2]很会开玩

---

[1] 焦绍和甘诺：焦绍普罗迦什·贡戈巴泰（1874—？）和甘诺普罗迦什两兄弟的简称，诗人的外甥，即他三姐绍罗特库玛丽的两个儿子，皆少年夭亡。
[2] 甘诺琼德罗：诗人泰戈尔童年时代的教师。

笑，他没有被赶走，这是很幸运的。不能怪罪可怜的焦绍。他的头脑很正常吗？水肿的人的手都容易被刮破的，这并没有什么值得惊奇的。尼达的工作对他来说足够多了，他的手艺已经成熟了，为什么还要让孩子们做这一切呢？

在加尔各答，我听说婶母发烧了。这里从昨天开始又冷起来。要是我们都发烧，那就好了。今天中午刮起大风，河水波涛汹涌，沙尘飞扬，人们甚至看不清自己面前的东西。

我告诉你一个新消息，罗比叔叔那一天突然获悉他成为《国会》的编辑。这个消息你此前就知道了吧？

今天嫂子们来吗？罗廷德罗纳特·泰戈尔在管理地产吧？我听说贝莉常常写很长的信寄来。

代表们走了之后，婶母将会收到这里的一份详细的结算账单。

波卢

奥毗甘 [1] 女士写给穆里纳莉妮

1. 罗比叔叔今天开始吃黄油了

亲爱的小婶：

姑娘们在你身边为什么都这么顽皮，我说不清楚。

收到你的来信我很高兴。可是你在我的名字上面加了一个很坏的称呼，因此我责怪你。小婶，我什么时候责怪过你吗？我责怪你还是赞

---

[1]　奥毗甘（1874—1895）：泰戈尔的三哥海门德罗纳特八个女儿中的老三。

美你，你问一问波洛哥哥就会知道的（我不能作为证人）。你一点儿都不相信我吗？难道我就那么坏？除了责怪，我就什么也不能做吗？在信里我没有写，因为我的心情……一个很有趣的人……在这里使我很激动，此外再加上你，我都站不起来了。我会发疯的（从前就有过很多次）。亲爱的，你只是让我的这封信堆满连篇的废话（真的！）。女友，谁在委员会里会成为装饰品，听到了什么你应该对我说一说。这一次我不应该成为装饰品，这种情况曾经有过，我很幸运还活着，在我这样的年龄要做的就是保护生命。苏伊哥很不幸，遭受了极大的痛苦，他刚刚摆脱了流行性感冒。多少重担落在了他的肩上！一方面是《实践》杂志的任务、女友会……另一方面是三天直挺挺地站着监督舞台的搭建——很恐怖啊！大概，他后来都站不起来了（他一定能站起来的）。我的孩子很善于幻想，你说波洛达是非常善良的男孩子。谁不说他很善良呢？大家都说他很善良。你也说，我们也说。波洛达傍晚的时候带我们去散步。有一次你曾经在一片沙滩上迷了路，现在我们就是在那片沙滩上散步。那一次绍尚苛[1]陪伴着你。波洛达说，他和你一起出去总是提心吊胆（你是否在背后责怪他？）。我发现，你不论去哪里都要栽树。看到栽过的这些树的痕迹，还有你的鞋印，罗比叔叔就说："看到这痕迹我就想大哭一场。"我说，我用一次又一次哭泣的泪水濡湿鹰嘴豆，开始给予他很多的安慰。这样他就沉默了。罗比叔叔从今天开始吃黄油了。他很善良（否则又能做什么呢？能做又怎么样呢？），不用恳求他。他听说了你的命令，他执行了。这里的地产收租人给我们带来了木苹果、榴梿等。罗比叔叔会把这些东西让人带给你的。同时还会带去一些饮料，还有巴布达鱼。我很喜欢吃巴布达鱼。每天他们都会送来巴布达鱼。今天就到

---

[1] 绍尚苛：是诗人罗宾德罗纳特妻子的女仆。

此为止吧。你写信来说说贝拉怎么样。敬礼！再见。

你钟爱的奥

法尔衮月初四，星期一

什莱多赫

另：信中"（）"里的话都是波卢亲笔加写的。

2. 罗比叔叔说你去拯救印度了

亲爱的婶母：

难道人就该这样写信吗？你一张信纸也拿不到吗？致使你用破损的半页纸写信。如果你这样给我写信，我倒是不在意，但如果你给别人这样写信，大概由于不喜欢你这样写信，他就会气愤地将信撕掉。我们住在异乡外地，可能缺少纸和笔。你说说，你们缺少什么呢？难道就该这样给人写信吗？一想到需要纸和笔，你们就能拿到。这一次苏伊哥哥也用破纸给我写了信。我对他很生气。亲爱的，你说说看，你为什么不给罗比叔叔写信呢？一天收不到你的信，罗比叔叔心里就会不安的。他每天都给你写一封信，而你难道就想不到应该给他写信吗？太没有道理了。可怜的罗比叔叔在忍受着这一切。他从不对任何人说什么。我的父亲很善于幻想，每天晚上他都在我们这里制造许多的麻烦。婶母，你每天上午或夜里很容易做这样一件事情，你可以坐下来写信。你为做这件事连5分钟的时间都没有吗？你曾经写过这样的话："我现在成为一个忙于做事的人"，这就叫忙于做事的人吗？写信也是一件很重要的工作，你知道吗？你应该放下所有工作，首先做这件事情，这是你应该做的事情，不要轻视应该做的事情。连续两天收到你的信，罗比叔叔就十分开心。看到他很开心，我们心里就特别高兴。有时他竟然高兴得跳跃着唱起歌来。你看啊，婶母，听到这样的消息，你不高兴吗？罗比叔叔说："我每天都拼命地写信，而另一个人住在外地，她怎么样呢？谁都得不到她的消息。她去拯救印度，可是我的状况如何呢？难道她都不想了解一下这方面的情况吗？"我现在说实话，罗比叔叔在说这番话的时候，我是很生你的气啊。亲爱的，我说，你怎么没有一点儿同情心呢？算了，不说这些了。我不想再和你吵嘴了。从现在起，请你每天给罗比叔叔写封信吧。

婶母，我的话你可能不相信。波洛哥哥的话你一定相信。但是，亲爱的，我说的是实话。我把信给波洛哥哥看了，他说："你就让我在信中加一些注释。"我根本不同意。不过一个人强行这样做，你说说，我又有什么办法呢？我就让他加写了，而我对他说，不要瞎编乱造。他说，编造一点儿，才会有意思呢，那样才好。婶母写了什么，他都会看到的。他让我也编造了一些。我晓得，你是不会相信我说的话的。看了波洛哥哥加写的这些东西，你会相信的，想到这一点，我就让他加写了。尽管我说的都是真话，可是我的话你是不相信的。亲爱的，这些东西也没有必要相信，我的命运不好。你说说，我又能做什么呢？谁都不相信，谁都不写信来，等等。

波洛哥哥的手巾的确每天都是湿的。我不知道，他是在哭泣。在你的信里我看到了，这一次你对他讲了各种事情。我要给他看小鸟，安慰他，让他忘掉痛苦。今天我把你的这封信读给波洛哥哥听了，当时我瞧了一下他的脸，他的两眼浸满了泪水。看到这种情况，我急忙把这封信揉成团儿扔掉了。应该让罗比叔叔放弃乘船航行。现在时间已经晚了，做完事，我又该坐下来谱写歌曲了。

亲爱的，工作上的事儿都做完了，黄昏也降临了，太阳正在落山。波洛哥哥他们要出去散步了，我今天就不去散步了。我独自一个人坐在这里干什么呢，我就给你写信。每天傍晚我们都出去漫步遛弯儿，来到大船上聚会。某些天我们还唱歌、弹奏乐器。亲爱的婶母，你要

风景画

是能来这里该多好啊！

　　有两三天白天，我们都没有去接触那艘小船，只是到了夜里，我们才去那里睡觉。它可怜巴巴地独自躺在沙滩的一边。波洛哥哥和二姐特别喜欢小船。我一点儿也不喜欢，我特别喜欢大船。现在二姐他们整天都待在大船上，晚上步行走回来。现在应该说，他们喜欢大船了。

　　罗比叔叔说："我们在这里很好，我们不回加尔各答了。"即使我们在大船上住过一年，我们也还会继续住下去的。我们回去的时候，就会看到你们有多少变化。你们也会发现我们有很多变化。现在女友会由苏伊哥哥管理，情况很好。好吧，就让一些幼稚的事件出现吧。一个大人都不在，怎么行呢？罗比叔叔在场都不会有任何嘈杂声。女友会的情况如何？来信说说。我们在这里参加了一次婚礼。罗比叔叔竟然做了如此的安排，他在谈笑中制止了婚礼价格的上涨。如果你在这里你也不可能不笑的。

今天热起来了。寒意正逐步离去。暑热若是完全降临，最好是开着门睡觉。在沙滩上放上四条腿的床，坐在上面可以讲故事，非常好。波洛哥哥今天又阅读了我的这封信，想加上两句话，可是今天我再也没有勇气让他这样做了。婶母，这样做只是为了你。亲爱的，我不能再写下去了。现在我要去准备做饭了。我的心绪也在向那方面驰骋。那么，亲爱的，今天就再见了。贝拉他们怎么样？来信说说。此致敬礼！

你钟爱的奥毗甘
星期二

3. 罗比叔叔根本就不想结婚

亲爱的婶母：

在所有的信里你为什么说我是顽皮的女孩？请你说说，我在你身边都做了哪些顽皮的事情？如果我做过这类事情，亲爱的，那我就请求原谅。……若是我知道有过这种情况，那我就永远不会再写信了。亲爱的，直到现在为止，除了说我顽皮，你从没说过我是吉祥女人，所有女孩在你面前都是吉祥的女人，不幸的我究竟做了什么错事呢？……你对诺鲁嫂子说，我学会了很多很好听的歌，诺鲁听了后完全被感动了。波洛哥哥如今白天夜里都在唱歌，出去散步或倒在地上也在唱歌。我看到，他唱着唱着，两眼闪烁着泪花，当我们问他的时候，他却什么也不说，直到今天我们都一点儿也不理解波洛哥哥内心里的感受。……可是我也很苦恼。婶母，我在罗比叔叔那里学会了很多歌曲。……我实事求是地说，你是一位非常贤惠的女人。我经常对罗比叔叔说，婶母是位很贤惠的女人。罗比叔叔听了很高兴。我现在说给你听听，罗比叔叔做了一个什么样的梦。据说，大概你也会怨恨某个人。

所有这些话都是隐瞒不住的。亲爱的，你说说该怎么办，最好是回避。作为家长的爷爷要让他结婚。罗比叔叔根本就不想结婚。爷爷却坚持。一切都谈定了。正准备结婚的时候，罗比叔叔却从睡梦中醒过来了。就这样，你得救了。你就不必再走入一夫多妻的家庭。……这期间要是多娶一两个小妾，大概，对你也不会有什么伤害吧。听说那个女人很好。不过罗比叔叔绝不会放弃你的。看得出来，他和你是何等恩爱呀。

你每天都会给罗比叔叔写信，说说看，你都写了些什么内容？罗比叔叔这两天都没有接到你的信。今天他又是多么痛苦啊！亲爱的，波卢哭泣的时候，你就会写信安慰他。我对你说了这么多，你都一点儿也不理解。我再也没有什么消息告诉你了。此致！

你疼爱的奥毗甘
星期二
什莱多赫

4. 一直在想会收到一封长长的信

亲爱的婶母：

我们今天来到了什莱多赫。我们在帕德玛河上玩耍了很长时间才回来。听说我们在帕德玛河上玩耍，你大概是不相信的，不过，你会从波洛哥哥那里得到有关这方面的情况。就这样，在玩耍中我们度过了中午的时光，然后我们回到什莱多赫，罗比叔叔去办事处了，而我们三个人又划着小船到对岸去游逛，谈论了很多有关你的话题。游逛了很长时间才回来。一回到家里，就剩我一个人了……就这样，亲爱的，我的心情靠写信是不能表达的，只有回到家后才能对你说清楚。接到我的信，你会有一点儿惊奇，是吧？你也根本没有想到我会给你写信的。当然，大概你会说，那个奥毗甘，她还会给某人写信的。你是不会将你们的这种信念驱赶出你的心外的，如果驱除了，对我来说，就会有些尴尬的。算了，这些都不说了。现在你说说，我是不是一个贤惠的女孩子？两三天过去了，我在寄给波洛哥哥的信里给碧碧写了一些话语。我一直在想，我会收到一封长长的信，我不知道情况会怎么样，我第一次给那些我从来没有写过信的人写信的时候，我就感到很难为情。当时在给苏伊哥哥写第一封信时我也感到很困窘，所以就闭着眼睛捏着鼻子瞎写一气。苏伊哥哥现在怎么样？完全康复了吧？诺鲁嫂子从穆拉达巴德回来了吗？亲爱的，我还能写些什么呢？已经过了10点钟，大家都去睡觉了，我也要去睡觉了。家里所有人都怎么样？请写信来说一说。今天我们从母亲那里连一封信都没有收到。我还能做什么呢？请转达我对所有人的敬意。转达我对贝拉的爱意。那么，亲爱的，今天就此搁笔。

你们疼爱的
奥毗甘

尼丁德罗纳特写给穆里纳莉妮

婶母：

过了很多天之后，今天终于收到你的一封信，简直无法形容我是何等的高兴啊！很多天来我都试图给你们写信，可是我怎么也站不起来，我写这封信时手还在发抖，看到这封信的时候你就会明白的。现在我没有什么不舒服的地方，腿脚的疼痛已经消失，只是有一点儿发烧而已，我拄着拐棍能走半个来小时。现在我还不能确定能否去你们那里，我可以和罗比叔叔一起去，或许，在这之前我也能去，但是我在想，这样是否会给你们增添某些麻烦？我去了，家里还有富余的地方住吗？有一次我很想去看望大家，然后我想去迦尸，或者还是去别的什么地方，我可以住下来。我会同你们见面的——这样的希望完全没有了，无论如何总得做点什么。看来，这一次行程我是错过了。罗比叔叔如果不来，那我就再也没有什么话可说了。你、贝拉、拉妮几天前给我写来的那些信，我连一封都不能阅读了，当时信中的字句我都看不见了，这期间有一天（不知怎么了，一下子）我就很想找出所有这些信件来。在这里我一刻也不想再住下去了，大姑妈那里大概也不方便，现在我去哪里呢？此时如果一下子能够确定下来，那就好了，首先我要去你们那里，然后我去哪里呢？我的心非常渴望去看望绍明 [1] 先生。他的顽皮有多少发展呢？有别人捎来的什么消息吗？久格迪什达 [2] 是否获得了他侄子的职位？今天我不能再写了，没有地方写了。我希望能够尽快得到有关你们的消息。

尼杜

星期一

罗廷写给母亲穆里纳莉妮

1. 今天要去观看马戏团表演

膝下敬禀：

妈妈，您的信我昨天收到了。我经常去看望尼杜哥哥。我从波尔普尔买了油、鲜花和玩具。没有买到奥尔甜果。今天我要去观看马戏团表演。明天是献祭节。因为明天我要去观看献祭节仪式，所以今天我就把这些东西都准备好了。星期五是碧碧姐姐的生日。贝拉如果准备

---

[1] 绍明：泰戈尔的小儿子绍明德罗纳特。

[2] 久格迪什达：就亲戚关系方面讲，是诗人泰戈尔的舅舅。

送些什么，就让她快点送过去吧。昨天夜里尼达睡着了，热度也退去了，今天是 100 华氏度，其他日子是 101 华氏度。普罗达波先生来看过了。已经约定好他今天要来检查尼杜的心脏，到现在他还没有来。先生明天是要走的。苏湿嫂子为什么没有写信来？因为她身上长了虱子，大概又很忙，所以就没有写信来。我们一切都好。写信来说一说，你们都好吗？

罗廷
星期三

2. 在杂草中间可以采集到一种花

妈妈：

我收到了姐姐赐给我的兄弟吉祥痣祝福 [1]。……贝拉姐姐同时还写来一封信。她在信中写道，在我收到衣服的第二天，她还会寄些吃的东西来，可是我并没有收到。过了很多天之后，我都没有收到您的信。我们前往加尔各答不会很迟的——还有 5 天吧。今天这里下雪了，就像食盐一样的小颗粒，而且特别冷。你曾经对我说过，在杂草中间可以采集到一种花，我想把这种花带回去。普罗蒂葩姐姐 [2] 说，如果将这种花带到火车站，所有花的叶子就会脱落的，所以我就只带一种草花回去。我就在这里停笔吧。

罗廷
蒙特塔格别墅
1896 年 11 月 18 日，星期二

---

[1] 吉祥痣祝福：印度有一个节日，在迦尔迪克月（公历 10—11 月间）月圆日的第二天，在这个节日姐妹要在兄弟的前额上点画檀香膏，即吉祥痣，以此表示祝福。
[2] 普罗蒂葩姐姐：普罗蒂葩苏多丽（1866—1922），泰戈尔的侄女，即他三哥海门德罗纳特八个女儿中的老大，泰戈尔家族中第一位靓丽的美女。

3. 今天我要去波尔普尔，会遇到一点困难

儿膝下敬禀：

　　妈妈，昨天夜里我抵达这里。火车车厢直到乃哈迪都是空着的，然后上来一个白皮肤的人。可是很幸运，他是洋先生的朋友。昨天尼达的咳嗽减少了很多。我去爷爷那里问安了。今天我要去波尔普尔。会遇到一点困难，从下午1点到4点，空闲着没事干，在轮船上度过。会见了新嫁过来的小母亲[1]。你给了我12个卢比，其中10个卢比15个安纳[2]支付了火车费和轮船费。还剩下1个卢比和1个安纳。家里所有人都好。写信来说一说，你们都怎么样？

罗廷

加尔各答

星期五

---

[1]　**小母亲**：这里是指诗人四嫂普罗富洛摩伊、比梭德罗纳特的妻子、罗廷的四伯母。
[2]　**安纳**：印度的货币单位，1个卢比等于16个安纳，1个安纳等于4个派士。

附录

泰戈尔在写给朋友们的书信中回忆穆里纳莉妮

1. 她让我通过怀念使生命余下的时光富有意义 [1]

亲爱的朋友：

天神赐给我的悲伤如果是毫无意义的，那么难道还会有这样的欺骗吗？我俯首接纳这种悲伤。她 [2] 总是用自己的生命帮助我，她也让我通过怀念使我生命余下的时光富有意义。对她的美好怀念每天都伴随着我的所有幸福的劳作，并赐给我力量。

忠于你的

罗宾德罗纳特·泰戈尔

1902 年阿格拉哈扬月 18 日

2. 她把你看作自己的孩子 [3]

……收到你的这封信，我的心很是感动。你在这里住了短短的几

---

[1] 这封信是写给迪内什琼德罗·森的。参见泰戈尔《书信集》孟加拉文版本第 10 卷第 10、11 页。

[2] 她：指作者的妻子穆里纳莉妮。

[3] 这封信是写给绍多龙窘·巴苏的。参见孟加拉文版《罗宾德罗纳特和特里普拉》一书，第 69 页。

天，就了解她那颗慈爱的心。她的性格充满母亲般的温馨，而且她把你看作自己的孩子。你要来这里的学校上学，你会感受到她的关心和照顾的，因此，她曾经热情地期待着你的到来。如果你住在她身边，你从来都不会感觉到自己缺乏母爱，这是毫无疑义的。

天神把悲伤赐给了我，就不会使这种悲伤毫无效果——他会让我通过这扇悲伤之门踏上幸福的坦途。

你的幸福渴望一直存留在我的心里，经历过所有艰难坎坷、欢乐痛苦，你要向着圆满人性的方向前进。你要准备好，让自己一生都为祖国谋福利，这是我对你的衷心希望。

1902 年阿格拉哈扬月 18 日

3. 如果您能够奉献出这样一笔钱款 [1]

亲爱的朋友：

天神把我赶出了家门——现在我不得不接受乞讨生涯。我在您的门下提出这样的请求，您应该承担圣蒂尼克坦梵学书院一个学生的费用负担，不太多，一年 180 卢比。如果您能够奉献出这样一笔钱款，那么，每一年的阿格拉哈扬月作为纪念我那位前往另一个世界的妻子的幸福献礼，我就会很满意的，因此天神也会让您幸福的。

您的
罗宾德罗纳特·泰戈尔

---

[1] 这封信是写给一位不知姓名的人士的。参见绍久尼康陀·达斯著的《罗宾德罗纳特的生活与文学》（1988 年孟加拉文版），第 93 页。

4. 我的诗歌都是以男娃娃的名义写的 [1]

朋友：

看来，您也要让我的女读者去劳动吧？她 [2] 提供的两个名字是正确的，但是关于她的委屈，从我这方面有两句话要说。我的这些诗歌都是以男娃娃的名义写的，主要的原因是，写作的人 40 年前也是个男娃娃，不幸的是，他不是女娃。从这个男娃娃出生的古老的历史中所摘录的东西，就成为她写作的财富，当时她的女娃意识还不是那么清晰。除此之外，还有一种情况，男娃和他的母亲之间存在那样一种甜蜜的关系，这种关系就成为我的家庭回忆中最后的温馨，当时没有女娃——这个男娃当时就成为他妈妈卧榻宝座上被宠爱的"小皇帝"，因此在写作的时候男娃和男娃母亲的那种情感就像日落后彩云那样绚丽灿烂，被这种落日般甜蜜的霞光和色彩所吸引，我的泪水就这样戏耍起来，我无法抑制它们。

1903 年斯拉万月 25 日

5. 天神不会使我的悲伤毫无效果 [3]

亲密的朋友：

天神不会使我的悲伤毫无效果，他会使我的极大损失富有意义，这一点在我的内心里已经觉察到了。他让我从我的学校的一个年级走入另一个年级……

1902 年阿格拉哈扬月

[1] 这封信是写给摩希多琼德罗·森的。《国家》杂志，《文学专号》1971 年版，第 46 页。
[2] 她：信中的"她"是指诗人泰戈尔的妻子。
[3] 这封信是写给摩希多琼德罗·森的。《国家》杂志，《文学专号》1971 年版，第 42 页。

6. 作为厨师的罗宾德罗纳特·泰戈尔谁都不会知道了 [1]

尊敬的年轻女士：

……很久以前的一天，纳多尔的伟大王公来到帕德玛河岸边，来到我的船上做客。我跟他说，每天我们都要用完全新的食物招待他。米拉的母亲 [2] 也参与了这种谋划之中——她能制作非常好吃的菜肴，但是筹划新食品的责任就落在了我的肩上。所有这些食品的清单连同制作方法都记录在我妻子的笔记本上了。这个笔记本落在了我大女儿的手里。现在她们两个人都销声匿迹了。我的这项伟大发明也消逝了。作为艺术家的罗宾德罗纳特·泰戈尔的名字可能还存在，作为厨师的罗宾德罗纳特·泰戈尔，就谁都不会知道了。

哥哥

1931 年 11 月 5 日于大吉岭

7. 每天我为他筹划一种新的食品 [3]

尊敬的年轻女士：

……有一次，纳多尔的伟大王公久格丁德罗作为我的客人，在帕德玛河岸边的沙滩上度过了一段时光，每天我都为他筹划一种新的食品，而烹制食物的重担就落在了她 [4] 的肩上，她的制作也为她赢得了一些声誉。她把这一切都记录在一个笔记本上了，这个笔记本由我的大女儿保存着——她也不在了，笔记本也不见了。那位孟加拉居民一直在享用这种食品，并且会为此而感到高兴。现在它的制作方法已经

---

[1] 这封信是写给赫蒙多芭拉（1894—1976）女士的，她是诗人泰戈尔的崇拜者、宠爱者。见孟加拉文版泰戈尔的《书信集》第 9 卷第 115 页。

[2] 米拉的母亲：是诗人泰戈尔的妻子穆里纳莉妮，米拉是诗人泰戈尔的小女儿。

[3] 这封信是写给赫蒙多芭拉女士的。见孟加拉文版泰戈尔的《书信集》第 9 卷第 211 页，

[4] 她：指诗人的妻子穆里纳莉妮。

失传了，只剩下几首诗歌了。此致。

哥哥

1933 年 10 月 22 日

8. 让穷苦的男孩子免费到圣蒂尼克坦梵学书院读书 [1]

尊敬的先生：

因为我与您非常熟悉，所以我就萌生了信任感，于是我就躲避羞愧来到您的身边进行一次乞讨。我让几个穷苦的男孩子来到圣蒂尼克坦梵学书院免费读书，我们准备在朋友们中间彼此分担他们的生活费用。如果您能承担一个男孩子的生活费用，那就是对我的帮助。计算一下就可以知道，每个男孩子每个月吃饭开销大约 15 卢比，也就是说一年需要 180 卢比。每一年的阿格拉哈扬月，为了收取这 180 卢比的年度赠款，我都会来到有爱心的人士们的门前。我在对您说这番话时是不会感到难为情的，因为我是怀着我那已故妻子的美好愿望来进行这种乞讨的。

还有一句话，我以前已经说过了，我希望您能参加这所学校的工作。没有你们的咨询和协助，这所学校的建设就不会牢固。此致。

您的

罗宾德罗纳特·泰戈尔

1902 年阿格拉哈扬月 13 日

---

[1] 这封信是写给希棱德罗纳特·德多的。参见 1981 年 4 月出版的孟加拉文版《罗宾德罗的思想》第 65 页。

奥摩拉·达什在写给女友印蒂拉的书信中
关于穆里纳莉妮的部分

编者按："国家之友"吉多龙窖·达什[1]的妹妹奥摩拉·达什与罗宾德罗纳特及其一家的关系非常亲密。诗人的妻子穆里纳莉妮女士是她亲爱的女友。喜欢音乐的奥摩拉·达什有一副好嗓音，她成为诗人特别喜爱的歌手。罗宾德罗纳特热情地教她演唱自己的歌曲，就这样她演唱的很多歌曲都做了录音，因此她就赢得了演唱泰戈尔歌曲的第一位女艺术家的声誉。山迪代波·高士先生在他的《罗宾德罗纳特歌曲杂论》（1972年孟加拉文版）一书中列出了录制21首歌曲的清单。

奥摩拉·达什的妹妹乌尔米拉女士在她的《诗人的亲爱女人》回忆录里描绘了她与穆里纳莉妮女士友情的美好情景。在罗宾德罗纳特的一首歌里也引用过这种描写，布林比哈里·森所编辑的《罗宾德罗之路》第2卷里收录了自己外甥女萨哈娜女士所写的《与诗人的密切交往》，从该书里摘录了相关的评论如下：

> 舅妈与诗人妻子的感情最深。她称她为婶母。在罗宾德罗纳特的歌里有这两位女友在一起倾心交谈的一个画面，这首歌是这样的：

> 噢，女友，亲爱的女友啊，
> 我的希望就是像你们那样述说心里话，
> 伸着两条腿坐在角落里悄悄耳语，
> 有时笑有时哭，面面相觑。

> 这首歌的歌词我听舅妈亲口说过，我也多次听她唱过这首歌。

---

[1] 吉多龙窖·达什（1870—1925）：孟加拉族人，被誉为"国家之友"，印度杰出的政治家、法学家。

1. 再也没有了像婶母这样的朋友了

亲爱的碧碧：

今天舅舅来这里，我听他说你给他写过信，说婶母[1]的情况非常不好。就算从如此遥远的地方获得详细的好消息，也很难安慰自己的心绪。今天我的心情如此不好，我还有什么可说的呢。这封信送到你手里之前会发生什么事呢，只有天神晓得。我待在旁边两天什么都没能做，这种痛苦简直无法释怀。在家庭生活中我的朋友很少，像婶母这样的朋友，我再也没有了，而且也不可能有了。由于某种原因心里烦恼的时候、不安的时候，我就跑到婶母那里去，如今再也没有第二个可去的地方了。碧碧，你可能不知道，因为与爸爸妈妈生气，我多少次跑到婶母身边，住了多少天啊。像这样无争吵的宁静环境，在任何人那里我再也没有居住过。我对婶母提出过多少任性的要求、有过多少次捣乱，我还能说什么呢！我想我可能成为一个虚伪而不幸的人，但愿天神保佑我不会那样啊。我白天、晚上都很忙。我没有勇气给贝拉、拉妮写信，所以我才给你写信，如果你不是特别不方便的话，就写两行来吧；如果你让她们俩写信来，那就太好了。还有什么我要写呢，我们大家同样都很好。你要快点儿写回信来哟。那今天就再见。

奥摩拉

1902 年 11 月 23 日，星期六

莫图普尔

---

[1] 婶母：指诗人的妻子穆里纳莉妮，她就在奥摩拉写信的这一天病故。

少女的舞蹈

2. 我的这个伟大的庇护所毁灭了

亲爱的碧碧：

昨天我收到了你的信。尽管我有充分的准备，可读了前三行后，就再也读不下去了。最后一次见到她的那天，我提醒我的内心说，她再也醒不过来了，这件事我也对你们说过多次了。大家都看到了，我也看到了，我不晓得为什么感到如此沮丧。算了吧，恐惧担心使我的胸膛瑟瑟颤抖，这一切都过去了。自从昨天接到你的信后，我是怎样度过这些日日夜夜的，只有天神知道啊。没有谁能够理解我的这种痛苦，如果去了天堂的灵魂，听觉仍然和我们在一起，如果她具有理解能力，那么，她就会理解的。绍明是我最喜爱的孩子——婶母常说："你对绍明有很多要求，他长大后我要对他说啊。"

我很想跑到贝拉、绍明他们身边去，和他们一起享受她的很多温馨和疼爱。如果能够和他们一起流眼泪，就会得到很多的安慰。我离开她很多天了，住在那么遥远的地方，可是我心里总是在想，我有一个避难所，一个可以依靠的人。这种想法听起来很不正常，我算她的什么人呢？可是那是什么样的避难所，我如何解释呢？有一次她来到波尔普尔后，就给我写信说："奥摩拉，现在你来我的静修院看看吧。"我对她说："我当然要去看看啊，您能在您的静修院里给我留一个位置吗？如果有一天我在哪里都没有安身之处，我就到您身边去。"她写信说："你什么时候相信在我的身边不会有你的地方呢？"长期以来我常常在想，因为爸爸妈妈都不在了，如果什么地方我都找不到庇护所，如果我自己的兄弟也不能给我提供庇护所，那么，我就去我身边的那个唯一的庇护所，我就再也不会回来了，这样才是可靠的。碧碧，我的这个伟大的庇护所毁灭了。由于某种原因，如果心里感到有些不安，如果感到有些痛苦，我就想跑到婶母身边去，我就会和她一起度过那一段时光，这就是所有这些天来我心里所想的事情。就让我去她身边的往事成为遥远的过去吧。写完这封信，我获得了很多的安慰。如今再也没有谁的身边可以去了。同焦拉桑科的联系结束了。听到我车子的响声，还有谁会站在楼梯旁边用笑脸迎接我呢？得知她已经来了的消息，那一天我要是没能去她那里，她会何等难过啊！要是她知道那一次会我让她处于很尴尬的状态，她会何等难过啊！玛克月降临了，玛克月11日一切欢乐喜庆都结束了。那一次——玛克月11日，因为罗比叔叔没有把婶母带来，我就对罗比叔叔非常生气，我说过如果知道婶母没有来，我就不会同意唱歌的。碧碧，现在即使再生气，我们也不能把她带回来了。我现在像疯子一样责怪自己心里涌现出来的种种念头。可是，当我想到我的痛苦是何等渺小的时候，十天内都不能忘掉，十年内我总会忘掉的——贝拉、绍明他们的那种缺失感哪一天会结束呢？一想到他们，就觉得我自己的痛苦微不足道了。我不能去想象罗比叔叔的状况——何等幸福的家庭毁灭了。很多人曾经认为，罗比叔叔是很不幸的，他不得不把这样一个很不般配的妻子娶到家里来，她是怎样的人，不亲密地接触，谁都不可能了解。罗比叔叔娶了一位什么样的妻子，过了这么多岁月，很多人都明白了，现在大家都逐渐意识到了。一些无所事事的人、没有任何生活目标的人——他们的死亡对任何人都不会有损失，这样的人随处可见。像我们这样一些无丰富内涵的无用之人，过着不劳而获的生活，失去了家庭生活的珍贵价值。为什么谁都不谴责这种现象呢？我不知道，毁灭一个家庭，让几个孩子成为失去母亲的无助者，难道这就是美好愿望的实现吗？不过，仔细想一想，我就要说："就让她的美好愿望实现吧。"或许可能，如果在这个家庭中生活，就必然会遭受很多痛苦和磨难。她是一位有贞节的贤惠女人，摆脱了所有痛苦磨难之手，生活在快乐富贵之中，她走入了那个没有痛苦、没有悲伤的不朽的世界。毫无疑问，像她这样的人一定有适合的地方。今天我感受到的这种极度的悲伤会逐渐地减弱，虽然理解这一切，可是我的心灵还是在号啕恸哭。在这里我一刻也不想再住下去了。我要埋头于各种事务工作之中。现在我在做着这一切，可是手不听使唤、脚没有力气，总觉得那个方向变得空虚了。罗比叔叔、米拉、绍明他们那种悲伤的形象，总是在我周围游荡。昨天夜里我做了一个梦，罗比叔叔对我说："奥摩拉，你怎么不来看望米拉、绍明啊？"我根本无法忘掉罗比叔叔那忧伤的目光。那位仙逝之人带来了宁静，现在唯一的希望就是天神的怜悯。那位作为无助的孩子们的庇护所的人走了，我请求：就让天神那无数的怜悯甘露降临到他们的身上吧。请保佑那位失去母亲的母亲永远安息吧！你和我都没有任何才能。罗比叔叔现在在哪里，他怎么样？来信说说。请把有关贝拉、罗廷他们的一切信息告诉我。碧碧，很希望接到你的信，接到你的信我会很高兴的。没有谁理解我的痛苦，所以我就更加痛苦，我没有勇气给贝拉写信。我整天觉得，多少往事一点儿一点儿地涌上我的心头，我还有什么要说的呢？因为我身处遥远的外地，所以我就更加感到痛苦。算了，想不出什么办法了，我还能做什么呢！我期待着你的来信，今天到此为止，再见吧。

奥摩拉

1902 年 11 月 26 日，星期三

莫图普尔

3. 所有亏欠之情今生今世无法偿还

亲爱的碧碧：

你的这封信我收到了。我心里十分焦急地期待获得孩子们的消息。我接到了罗比叔叔的一封信。信很简短，他在信中告诉我，他望着孩子们脸的时候多次想到了我。他并没有特别描写关于孩子们的情况。因为想到了我，所以他才写了这封信，我认为这就足够了。阅读了这封信，我就清楚地明白了他的心境。我还清楚地记得你在信里所提到

的那枚戒指。在绍明出生的一年前，那一次我和他们都在什莱多赫，一天夜里我们都坐在船上靠近窗子的位置，我从自己手上摘下来戒指，给婶母戴上了。关于那枚戒指我有很多话要讲。过了很多天之后，她指着那枚戒指对我说："你看，你的这枚戒指，我一天也没有摘下来。"这枚戒指一直到最后都戴在她的手上。我从来都没有去很好地理解，我与婶母是什么关系。一方面，她作为我的一个朋友——这样的朋友从来都没有过，而且也不会再有了；另一方面，我对她就像对待母亲一样尊重爱戴。她的确很年轻，可是我从来都没有觉得她年少。在她还活着的时候，我从来都没有理解我是很爱她的——如今这种爱成百倍地增加了，我每天一点一滴地所受到的她的所有关爱，一起涌上我的心头。应该吃到的东西我都吃到了，有多少应该完成的任务我在完成，我忙于那么多的事务，整天我都在应酬，空闲时间我就感到很压抑。感到如此孤独，我还能说什么呢？我的心非常焦急地想去看望孩子们。离开这里的时候我又想，他们是否会住在加尔各答呢？要是住在焦拉桑科，我怎么去呢？若是晚两天，就没有人可派去打听消息了。我特别担心拉妮，她的身体很不好，此后这种悲伤会使她感到最为痛苦。这个姑娘最容易伤感。有一次，她饲养的一只鸟死了，她就非常伤心。她对谁什么都不说，一个人不住地默默哭泣，她的性格是很内向的。贝拉已经有了家庭，她的情感都在丈夫及其亲人方面，她有婆婆，可以弥补一些母爱的缺失感。米拉和绍明都还小，他们感受母亲缺失感的能力现在也还不够强。罗廷尽管已经长大了，可他毕竟是个男孩子——由于忙于读书学习和各种工作，就往往有忘却失去亲人的机会。我觉得拉妮会是最痛苦的，因为住在巴利贡吉，对于发生的事情她不能真正很好地理解。要是去了焦拉桑科，她会很痛苦的。罗比叔叔有一次对我说："我们如果去波尔普尔，那我就让米拉和绍明去和你住在一起。"我当然什么都没有说，若是我自己有房子，那我就会把拉妮带到我家里去。这里有开阔的田野，我当然相信，这里的空气有益于她的身体健康，如果来到这里的任何一个地方，很短时间内她的身体就能够康复。如果你认为这样做不合适，你就什么也别说。有一次罗比叔叔谈到让米拉到我这里来的话题，所以我才敢写信告诉你。假如贝拉他们认为有一位大姐应该做的事情，我认为那就是我应该做的事情。可即使有这样的想法，又会怎么样呢？如果我能做一些小事情，我也会认为那是很幸福的。我因为很多缘由亏欠婶母的情，所有这些亏欠之情，我今生今世是无法偿还的。碧碧，你说说，我还能给你写什么呢？如果把全天心里想过的事情都写出来，我想我会发疯的。婶母那副慈祥的形象日夜在我心里转悠——我以为，回去还会看到我最后一次所看到的小婶那副形象，因此我的心就焦急地想回去。后来回忆起与罗比叔叔那副忧伤面孔相关的一切，就简直无法忍受啊！长期以来我们不是都住在一起吗？每天不是也都写一封信吗？不过还是常常萌生一种希望：某一天她还会来加尔各答，我们会见面的。算了，想起那些往事，也不会有什么结果，可还是不甘心，所以我还在喋喋不休地述说。所有人出生后，就会有死亡。那些对此感到遗憾的人，也不会有什么妨碍，他们总会倒下的。现在我坚信，死亡并不是我们最后的归宿，还有更高的地方，如果那地方不合适，人就不会告别尘世生活。人都在为此进行选择，否则，小婶生命的最后时刻就不会到来。她如此匆忙地结束尘世生活的原因是什么呢？我觉得，她这个家庭生活圆满了，她前往那个不可见的世界是合适的，她在很短的时间就获得了这种圆满，她带着新的生命去了更高的世界。我不知道她是否与我们还有某种联系，但是我总是觉得，那些先离去的人总是在看着我们和我们所做的一切事情，我们却没有办法看见。我不知道，我死了之后，我是否能见到他们，因为谁都不知道，我是否在什么地方做过罪恶之事，我是否有资格去他们那里。可能，因为我对你说得太多了，所以我使你厌烦了。若是住在附近，我们就可以闲聊议论，现在我们只能通过书信进行交流，我自己都不知道，我是否在胡诌瞎扯。今天如此多的往事一起涌进了我的脑子里，我常常觉得头脑非常疲惫，但是我不想为婶母的离去而一味痛苦，因为我相信，不论她在哪里，都会处于完全宁静之中，我只是为那些活着的人感到痛心，罗比叔叔这样一个幸福而平静的家庭被毁坏了，这才是痛苦，这种痛苦无处排解啊。你叫我写信，所以我想到什么，就一股脑儿地写了，否则就没有第二个人可以被我抓住，对其说两句话啊。今天就此告别。写信来说说，拉妮怎么样？伟大的拉妮女友也会好。我希望你们都很好。

奥摩拉

1902 年 12 月 4 日，星期四

莫图普尔

亲爱的先生：

　　在阿格拉哈扬月 24 日，即下个星期日那个吉日良辰，将为我的亲密朋友——尊敬的罗宾德罗纳特·泰戈尔举行幸福的婚礼。为此若您能于上述之日的晚上光临焦拉桑科的代本德罗纳特·泰戈尔府邸第 6 号楼观赏婚礼，我和我的亲属将十分感激。

此致

忠于您的

罗宾德罗纳特·泰戈尔

其他人的回忆和书信中关于穆里纳莉妮的部分

编者按： 穆里纳莉妮女士在她那短暂的一生中以为大家服务的劳作和热心待人的品格，赢得了亲人和朋友们的心。投身于内室家务劳作的这个女人以自己的情爱和服务也完全征服了诗人泰戈尔的心；穆里纳莉妮夫人仙逝之后，他在自己所写的《怀念集》的一些诗里和《献祭集》等书里，以悲戚之歌表达了深沉的内心之痛。一些直接接触了解穆里纳莉妮女士慈爱之心的人中也写过对她的回忆录。在此从不同时期的刊物和书籍中摘录部分，收录于此。

1.迪金德罗纳特·泰戈尔的一首诗

> 黑夜正在消逝。明月孤独地坠入虚空，
> 时刻等待着太阳的升腾，
> 在不合时宜的时间她用几枝失去芬芳的
> 夜来香匆忙地织成一个花串，
> 今天将其献给罗比表示祝福：
> "愿不被责备的金色穆里纳莉妮
> 成为对你那五彩画笔的奖赏！
> 就让她惊奇地落座在铺垫上。"

——《嫁妆多么滑稽》的最后部分
《婆罗蒂》1883 年杰斯塔月，第 64 页

2. 霍里丘龙·般多巴泰 [1] 著作摘录

在库尔纳县南小区的一个村庄有一个舒克代波家族，其后裔贝尼马陀波·拉伊乔杜里的第一个孩子，就是婆波达丽妮（穆里纳莉妮）。她出生在 1876 年 [2]。……在穆里纳莉妮玩耍和做家务的时候，大家观察到穆里纳莉妮的一个性格特点，那就是她具有一种赢得伙伴们好感的能力，这种性格没有权威所有的那种炽热的压力，而具有亲和女友的友善品格又使她变得温柔、具有容忍性，所以女伴们都服从她的指挥，同她玩耍和交往都很友善，从没发生过冲突。……

在南小区的这个村庄，甚至在这个村子周围 2 英里 [3] 的范围内，都没有高年级小学。村子里只有一所初级小学，穆里纳莉妮在这个学校里开始读书学习，她在这里顺利地学完了一年级的课程，但是由于担心社会中的责怪，对她来说就没有可能到遥远的考试中心去参加考试。她虽然还怀有继续学习孟加拉语的愿望，但还是就此停学了。……

1883 年阿格拉哈扬月 24 日星期天，穆里纳莉妮和罗宾德罗纳特缔结了美好的姻缘纽带。当时罗宾德罗纳特是位 22 岁的青年，穆里纳莉妮女士的年龄是 11 岁 [4]。媒人是罗宾德罗纳特的舅舅布罗金德罗纳特·拉伊的姑妈阿代苏多丽。按照通行的风俗，新娘的父亲建议将新郎接到他家里去举行婚礼，大哲 [5] 告诉他，还是应该按照原始梵社的规矩在加尔各答举行婚礼。虽然这个提议被接受了，但是大哲还是派自己的工作人员绍达依德·马宗达带着各种玩具、服装、首饰前往南小区女方的家里。遵照大哲的吩咐，绍达依德安排人在村子里制作了各种甜食点心，派人送到女方及其邻居们的家里。这大概就是"向

---

[1]　霍里丘龙·般多巴泰（1867—1959）：曾经为泰戈尔祖传地产的管理员，后来一直在国际大学协助诗人办学，他是大型孟加拉语词典《孟加拉语词库》的编撰者。

[2]　此处有误，应为 1874 年。

[3]　英里：英美制长度单位，1 英里等于 5280 英尺，约合 1.609 公里。

[4]　此处有误，应为 9 岁多。

[5]　大哲：人们对诗人泰戈尔的父亲代本德罗纳特（1817—1905）的尊称，其意思是"伟大的贤哲"。

女方祝福"或"相看"的社会惯例。大哲认为，这是属于家族分支内的通婚，这个婚姻不是乱伦。在财富和学识方面，尽管拉伊乔杜里家族与泰戈尔家族不是门当户对，但是大哲大人对于这桩婚事并没有异议。按照显贵家族的风俗，在焦拉桑科家里的梵庆大厅举行了婚礼。大哲同被邀请来的亲戚朋友们一起为自己的小儿子完成了最后的社会责任。

姑娘在娘家的名字叫"婆波达丽妮"，因为这个名字与罗宾德罗纳特的名字不协调，婚后就被改为"穆里纳莉妮"了。诗人所幻想的罗比－穆里纳莉妮的婚姻关系，应该是永远值得赞美的，所以大家就觉得，这个名字是诗人的创造，是诗人幻想的产物。诗人所喜爱的名字"诺莉妮"总是在他的内心里回响。不管怎么说，"婆波达丽妮"在媳妇的生活中变成了"穆里纳莉妮"——这个名字为人们所熟知。诗人在《毗湿奴派诗歌》中用各种色彩描绘了"可理解的女伴"形象，这一形象不是他凭空幻想出来的，那是他真实感受的结果；诗人所创作的那个形象，就是诗人夫人在家庭生活中从事各种活动时所呈现出来的真实形象，这是显而易见的。

穆里纳莉妮在娘家所学到的知识是很少的，同泰戈尔家族里的媳妇和姑娘们所掌握的知识相比，是微不足道的。受过良好教育的天才诗人能获得这样珍宝似的妻子虽然是罕见的，可是当时他并不觉得。但是美好的命运到处都是存在的，所以大哲对于这次联姻是没有任何理由不同意的，诗人也不敢挑战父亲大人的权威。可是为了使妻子成为真正理想的妻子，诗人安排新媳妇去学习英语，甚至同意小媳妇前往罗雷陀修女会学校去学习。

这期间，诺根德罗纳特来到姐姐身边，在一所英语学校里读书。姐姐休息时也在学习，他就常常帮助姐姐。有时候他就向姐姐解释一两个英语词的含义，给姐姐讲解课文的意思。

安排了妻子的英语学习之后，诗人并没有撒手不管。他摘录了《罗摩衍那》等经典中那些简单易懂的梵语诗句，让妻子学习基本的梵语知识，为此他聘请原始梵社里的著名学者赫姆琼德罗·比代罗特诺先生来教授妻子梵语。根据诗人的指示，比代罗特诺就用孟加拉语向她讲解《罗摩衍那》中一些故事的诗句含义，而他的女学生听了他的讲解，就将其翻译成孟加拉语。就这样她翻译了《罗摩衍那》中的一些故事。

波棱德罗纳特很喜欢梵语，他常常向小婶讲解梵语诗歌、剧本中的诗句，并将其翻译成孟加拉语，讲给她听。就这样，借助翻译和波棱德罗纳特的讲解，听他背诵诗句，穆里纳莉妮女士对梵语词义的理解拓宽了很多。

罗廷德罗纳特将他母亲用铅笔亲手写的一个笔记本送给了泰戈尔纪念馆，他以为，这个笔记本是母亲所写的《罗摩衍那》译文手稿。打开笔记本，我发现，那里面写的不是《罗摩衍那》的译文手稿，而是《摩诃婆罗多》《马奴法论》《伊沙奥义书》《卡迦塔奥义书》等经典的译文手稿。……

诗人如今虽然不是总在家里，但他还是这个家的主人。结婚之后，他在父亲这座富丽堂皇的宅第的固定房间里住了一段时间。当时泰戈尔之家是人数众多的大家庭——大哲的儿子、儿媳妇、孙子、孙女、女儿、外孙子、外孙女等亲戚都住在这里，一座三层大楼是不够的。

对诗人来说，在享受富有诗意的生活方面不会有任何妨碍。有一次他就想，到伽吉普尔某个寂静的地方去住一段时间，在享受大自然美景的环境中，他的诗人生活会有收获的。怀着这种愿望，于1887年末，他决定前往伽吉普尔。在解释做出这一决定的原因时他写道："从童年时代起，我就有一个浪漫的幻想——前往西部印度去看一看。……我听说，在伽吉普尔有一处种植玫瑰的田野。这一梦想强烈地吸引着我。"

现在罗宾德罗纳特已经有了一个小家庭了，妻子穆里纳莉妮女士和幼小的女儿贝拉。诗人带着这一家人来到了伽吉普尔。在这里住着

眷眷

他的一个远方亲戚戈贡琼德罗·拉伊，他是这里鸦片管理局的一名主要工作人员，他很容易地为诗人一家舒服而幸福地居住到次日做好了一切安排。

携带家眷来到伽吉普尔居住，是诗人世俗生活中第一个重要的阶段。一方面，对一个妻子来说，在自己的家庭生活中按照自己的愿望享有丈夫之爱是很自然的。住在庞大的泰戈尔家庭中，诗人妻子的这种愿望是无法得到满足的，单独住在伽吉普尔，家庭生活最初的这种愿望第一次实现了。另一方面，处于青春鼎盛时期的诗人，现在也是第一次享有自己妻子的爱情，他有了伴侣的形象、爱人的形象。他说过："我是用希望、用语言，也用情爱塑造了心中的形象。"

…………

穆里纳莉妮女士住在什莱多赫地产办事处大楼的时候，一个名叫穆拉·辛赫的旁遮普人哭泣着来到她的面前，讲述了自己的悲惨境况，可怜巴巴地恳求道："夫人啊，请给我一点儿事儿做吧，请您保护我啊，不然的话，我和我的全家人都会饿死的。"穷苦人可怜巴巴的恳求使夫人那颗温柔的心很痛苦。罗宾德罗纳特当时不在什莱多赫，而且当时等待也是不可能的。于是她就叫穆拉·辛赫做了地产办事处楼房的看门人，工资每月15卢比。这位穷苦人的苦难因此而消除了。

穆拉·辛赫身材高大，而且体型匀称优美。为满足高大身体的需要，他一天两餐能吃掉4谢尔粗面粉做成的食物。一个月之后，他发现，他的这么一点工资都被他吃光了，根本没有钱寄回家了，所以他非常难过。此事渐渐传到穆里纳莉妮女士的耳朵里，她就把穆拉·辛赫叫来，想听一听他伤心的缘由，于是他就把自己的一切不幸都告诉了穆里纳莉妮。从那一日起，富有同情心的穆里纳莉妮，每天从自己的家庭储藏室里拿出4谢尔面粉给他。工钱增加了，但是面粉仍然像以前一样供给他。

这个时期穆里纳莉妮在办事处楼房附近开辟了一个菜园，菜园由她照管，闲暇时间她也带领姑娘们在菜园里干活儿。凡是地产办事处的工作人员带家眷住在附近的，她就派人将菜园里的蔬菜送到他们的家里。泰戈尔从家族公共基金里为低工资的工作人员支付工资，并为他们安排集体伙食，穆里纳莉妮每周两次派人为他们送蔬菜。

穆里纳莉妮女士要离开什莱多赫的那一天，泰戈尔地产办事处的工作人员和雇员都很悲伤，特别是夫人要离开的时候，穆拉·辛赫竟然哭了起来！由于穆里纳莉妮的怜悯，一些人从前的苦难已经成为过去。这一天对他们来说简直就像送别杜尔伽女神像回归河府一样隆重。穆里纳莉妮来到所有悲伤的人们面前，用温柔的话语安慰他们说："你们放心吧，我还会回来的，我永远不会忘记你们的！"听了这几句温馨的话语，大家多少得到了一些安慰。这种慈爱具有何等魔幻般的力量啊！

大哲的小弟弟诺根德罗纳特的寡妇妻子——特里普拉荪多丽，是大哲儿子、儿媳妇们的婶母。她不居住在焦拉桑科的宅邸里，她住在比尔吉多拉的一栋房子里。大哲大人把这栋房子给了她。特里普拉荪多丽常常来焦拉桑科看望亲人们，同年轻的侄媳妇们聊天、玩耍，尽管和侄媳妇们很亲近，但是她一直不肯喝水，同最亲的家人们这样反常的交往特别令人惊讶。不过，这是有一个原因的，这也是一个秘密。大哲大人曾规定每个月给予这个兄弟媳妇1000卢比的生活费，后因为传闻她可能用某种手段谋害儿媳妇的生命，就不再发给她每月的生活费了。这种毫无根据的怀疑深藏在特里普拉荪多丽的内心里。

实际上，大哲出现如此让人难以想象的怀疑心态，完全是他对于女人们的内心世界缺乏正确判断力所致。不管怎么说，这种怀疑就在孩子们这位婶母的举动行为中深深地打上了烙印。大哲那位善良的出纳员每月依然给她发放生活费；我从他口中听说，婶母愿意领取1000卢比的支票，并且总是对支票进行特别的检查。

有一次，婶母来到了焦拉桑科，穆里纳莉妮不让她走，强行把她留了下来，并且说："婶子，您一次又一次来这里，每一次都不吃什么东西。我亲自给您做甜食，今天您必须得吃点儿啊。"侄媳妇这种欠考虑的强制性的热情使这位婶母陷入了困境，她以各种理由向侄媳妇进行种种解释，但还是摆脱不了侄媳妇的盛情挽留。意识到婶母很勉强的窘态，机警的侄媳妇没有拖延时间，当时就将盛满各种甜食的大盘子递到了婶母的手上；侄媳妇这样快地做好食物，婶母就没有办法再说"不吃了"，于是她就拿起盘子，把甜食分发给身边的几个媳妇一些，然后吃掉了盘子里剩下的部分。如果甜食里掺杂有致命的毒药，大家都会中毒的——媳妇们立即明白了，婶母给大家分发食物的举动蕴含着这种怀疑的意图。思想顾虑消除了，怀疑并没有消除。消除怀疑还需要走漫长的路啊。

在波棱德罗纳特结婚的时候，他的母亲普罗富洛摩伊女士一再赞美她的小妯娌穆里纳莉妮，她写道："波卢的婚礼十分隆重。……我的小妯娌穆里纳莉妮女士也参加了，给予了各种方面的帮助。她喜欢同亲人们愉快地聊天，她的心灵很朴实，因此家里所有人都很爱她。"

为了让儿女们接受教育，诗人开办了家庭学校，他带领全家人住在什莱多赫的地产办事处的时候，穆里纳莉妮常常制作甜食，派人送到地产办事处分发给工作人员。有时还邀请某个特别的工作人员来办事处招待他们。她的性格很随和。

在诗人的性格中，请朋友们吃饭是他的一种乐趣。有一天，诗人邀请他的亲密朋友普里耶纳特·森中午来他家吃饭，但他竟然忘了将此事告诉妻子，不仅如此，就连他自己也忘了。中午家里所有人都吃过饭了。诗人吃过饭后回到自己的房间休息，就在这个时候普里耶纳特应朋友的邀请走进了诗人的休息室，一看到朋友，诗人意识到自己的严重过失。他对朋友表示欢迎，请他坐下来，就去告诉妻子事情的原委。稳重睿智的妻子让他去同朋友聊一聊，稍等一会儿。她用自己那双善于烹调的灵巧之手，很快就做好了饭菜，还做了一些甜食，盛放在食盘里，通知诗人请客人到餐厅用餐。诗人带朋友走进餐厅，看到饭桌上已摆满了食物，一切都准备好了，饭菜没有任何缺憾。看到这一切，诗人心里充满了感激，并且意识到妻子操持家务的能力。由于精明的女主人的聪明才智和操持家务的能力，朋友用过了午餐，诗人这次请客的差错才没有暴露。

尽管朋友不太多，但是前来诗人家里拜访的人也不少。这类邀请朋友来家做客出现的差错也不止一次，因为意识到诗人漫不经心的毛病，穆里纳莉妮女士总是备有各种甜食，这样，朋友来的时候就不会在食物方面出现不足。被誉为"国家之友"的吉多龙窨是诗人的好朋友，他经常来诗人家里，而且一边上楼梯一边会叫着"婶娘，我太饿了"。婶娘总是有准备的，她总是用充满慈爱的话语和满盘的食物招待吉多龙窨用餐。这种慈爱的景象是多么温馨啊！

诗人和洛肯德罗纳特在伦敦留学期间都是科利先生的学生，他们两个人之间的同学友情特别值得讲一讲。洛肯德罗纳特经常来看望诗人，热心的诗人夫人总是十分热情地款待他。

善良的品格总是一视同仁地对待客人。波棱德罗纳特和尼丁德罗纳特总是喜欢待在他们这位婶母的身边；婶母就像爱自己儿子一样爱他们，这种真诚的慈爱是很感动人的。

在表演各种优美角色方面，穆里纳莉妮女士具有一种特有的天赋。大祭节的时候，有一次在位于花园大街的绍登德罗纳特[1]的家里演出罗宾德罗纳特创作的戏剧《国王与王后》。穆里纳莉妮女士就扮演了剧中纳拉扬妮的角色，以前她从来都没有演过戏，纳拉扬妮这个角色，她表演得完全符合人物的性格。

奥波宁德罗纳特[2]在《家里人》一书中写道，剧院的男女演员们

---

[1] 绍登德罗纳特（1842—1923）：泰戈尔的二哥。
[2] 奥波宁德罗纳特（1871—1951）：泰戈尔的堂侄子，即诗人三叔吉林德罗纳特的孙子，他的堂兄古嫩德罗纳特四个儿子中的老三，是印度著名画家。

去花园大街的泰戈尔家里观看演出，而且几天后在埃玛蕾尔特剧院进行演出，在这次演出中女演员们都令人十分惊奇地模仿了泰戈尔家的那次表演。

在诗人的心里的确萌生过在教室里获得知识的渴望，但是他根本不想盲目地模仿现存的教育模式，所以怀有自己教育理想的罗宾德罗纳特·泰戈尔决心按照自己的理想建立一所学校，并且于孟加拉历1308年巴乌沙月初七在圣蒂尼克坦建立了一所理想的学校——梵学书院。早在什莱多赫居住时，诗人就按照自己的理想建立了家庭学堂，这所书院就是家庭学堂更成熟的延续。巴乌沙月初七，诗人接受了大哲的训教，就在这一天建立了书院，所以这个日子是诗人一生中值得纪念的具有历史意义的日子。

建立这所书院的时候，诗人的经济状况特别困难，他常常借债，承担着学校开支的重负，就在这时候，为筹措书院所需要的经费，他卖掉了位于布里的一座别墅。穆里纳莉妮女士变卖了自己的首饰，帮助诗人办学。……

诗人的妻子成为他书院工作的好帮手，根据学校的规章制度，她认为关心照顾学生们的各个方面是自己应尽的责任。为了不使男孩子们感到痛苦，她亲自承担起为男孩子们制作饮食的重担，关心照顾他们吃饭就餐，她就像母亲关爱自己孩子一样，照顾这些男孩子。在我参加这所学校的工作之前，听自己的一位家人说："书院的教授们和男孩子们本应该生活在快乐幸福之中，可是这种幸福快乐，起先是享受不到的。罗廷德罗纳特那位心地善良的母亲每天就为书院的师生们制作各种食物，在任何方面都不曾出现过差错。"

为了从童年起培养少年们兄弟般感情、良好举止、严守规矩、简朴生活等书院倡导的优秀品质，并且为完美地保持学校的教育方式，穆里纳莉妮女士付出了艰辛的操劳，她那羸弱的身体承受不了沉重的负荷，结果她的健康遭到了损害，渐渐病倒了。为了治疗，她被送回加尔各答，尽管请有经验的医生进行治疗，可是致命的疾病一点儿也不见好转，书院母亲的生命之光渐渐熄灭了。

"大地母亲女伴"的生命结束了。拥有公公、丈夫、儿子、女儿、女婿的金子般的家庭生活毁灭了——家庭女主人走了。

将近两个月，穆里纳莉妮女士卧床不起。诗人坐在她的病榻旁，就这样长期地护理着患病的妻子，即便是某一位幸运的长寿女人，这样的护理也是很少享有的。当时花钱雇一位女护理员也不是不可能的，在这种情况下为了不给病人增添痛苦，诗人一直亲自护理妻子，直到她生命的终结。当时还没有电扇，诗人就手里拿一把扇子，一日又一日地为患病的妻子扇风。诗人这种不知疲倦的、直到妻子生命终止的护理，成为夫妻恩爱的最好典范。

孟加拉历 1309 年（公历 1902 年）阿格拉哈扬月初七星期天深夜，穆里纳莉妮女士去了另一个世界。妻子的生命结束后，诗人离开了她的病榻，独自走上了屋顶平台，彻夜在屋顶晒台上度过。听到儿媳妇的死讯，大哲说道："我不为罗比担心，他会以读书写作而打发时光，可是苦了小孩子们。"

穆里纳莉妮病倒的时候，她的续姑妈拉姬洛基来加尔各答看望她。尽管她是续姑妈，但是她对待穆里纳莉妮就像亲姑妈一样，真诚地疼爱她。那时候这个侄女对她说："姑妈，我病倒了，孩子们很痛苦，没有人照顾他们，如果你能够担负起照顾他们的重担，我就放心了。"姑妈记住了侄女的这番话。从那一天起她就留在了这个家里，承担起照顾孩子们的责任。我看到，在圣蒂尼克坦诗人泰戈尔的新家里，她担负起管理这个家庭生活的责任，开始照顾培养孩子们。当时米拉和绍明还都是娃娃。

由于妻子的逝世，离别之痛沉重地打击了诗人那颗充满恩爱的心。他为怀念妻子创作了《怀念集》，在他那些以忧伤的语言书写的诗歌里回响着他内心里的悲痛之声。

《诗人的故事》中《穆里纳莉妮》一节

1954 年版

3. 印蒂拉女士的回忆

如果回忆起家庭的往事，首先就应该说一说家庭的组建或联姻。那时候，杰索尔县是泰戈尔家族未来家庭主妇们的主要来源地。因为那个地方是"不洁净的"[1]婆罗门家族的中心。我听说，那里的姑娘们以美貌而著称，即使派遣老女仆去，也会志愿地选择那里的姑娘。按照以前的老习惯，为罗比叔叔寻找对象，也应该是他的年轻嫂子们，也就是说，我母亲和新婶娘同久迪叔叔及罗比叔叔一起前往杰索尔。毋庸赘言，这次杰索尔之行也没有把我们兄妹俩排除在外。我的舅舅家就在杰索尔的诺棱德罗普尔村。我们俩在那里住过。大概，那是我一生中第一次观看农村景象。后来对农村也没有更多的体验。舅舅这个大家庭有一个很大的院子，四周建有四栋单独的房屋。……我们俩虽然没有直接参与为小叔物色对象的队伍，可是我们还是听说了一些情况。他们在南小区陈古迪亚附近的一个村子里去寻找，并且在那里找到了一个合适的姑娘。大概，当时在杰索尔已经没有美女了，因为即使这样去寻找，罗比的嫂子们也没能找到理想的对象。尽管看到了

---

[1] "不洁净的"：正统的印度教徒认为，作为最高种姓的婆罗门是不能接触低种姓的人和洋人的，若接触了，就被玷污了，成为"不洁净者"，而泰戈尔家族从其祖父开始就同英国人做生意，所以将成为"不洁净的"婆罗门。

一个很年少的女孩子，也不合适。最后，他们选中了一个比较年少的姑娘——她是焦拉桑科办事处的工作人员贝尼·拉伊乔杜里先生的女儿。她在娘家的名字叫婆波达丽妮，后来嫁到婆家以后，她的名字就改为穆里纳莉妮，大概是为了与新郎的名字相协调。尽管她相貌不够俊美，但是品德高尚，她在后来的生活中把婆家的所有人都视为自己的亲人，这一点那时候大家伙都是知道的。

这一次的杰索尔之行播撒下的种子，在公历1883年就有了收获。罗比叔叔那时候的年龄是22岁，当时他和我们一起住在孟买的迦罗亚尔港口。因为住在那里，所以从家里传信来，叫他回家去完婚。……

前面我已经讲到小婶，因为她内心充满慈爱，并且具有招人喜欢的合群的品格，所以她很容易就把家里所有人视为自己的亲人。我觉得，杰索尔的姑娘们一般都具有这种优秀品格，特别是小婶，她在烹调、待客方面是位能手，这种品格也遗传到她的小女儿米拉的身上。我听说，住在圣蒂尼克坦的时候，为了给书院的男孩子们生火做饭，小婶最后累病了。我还听说，罗比叔叔为了视察田产住在什莱多赫的时候，纳多尔的大公等人常常去他们家里做客，当时什么甜食都买不到，小婶就亲自制作各种好吃的菜肴和甜食，客人们享用后都非常满意。

《回忆罗宾德罗》，1973年孟加拉文版，第54—56页

4. 奥波宁德罗纳特·泰戈尔的回忆

罗比叔叔还没有结婚。大家都劝他说："你结婚吧，现在结婚吧。"罗比叔叔不同意，沉默地低着头。最后，大家一起劝说，他才同意。罗廷的母亲是杰索尔地区的姑娘。你们都知道，她的名字叫穆里纳莉妮，这是结婚之后给她起的名字。我母亲说，她以前的名字是由"达丽妮"组成，大概，听起来觉得不太美。那时候那个名字也很好，为

诗人泰戈尔与家人（1909 年）

左起：小女米拉、长子罗廷德罗纳特、罗宾德罗纳特、儿媳普罗蒂玛、长女玛图莉洛达

什么要换呢？现在我明白了，很可能穆里纳莉妮这名字与罗比叔叔的名字很和谐。

　　身上涂抹了姜黄，就意味着此人是新郎。他的哥哥嫂子们还要举办婚前宴。那个时候哪个家庭的某个男孩子身上如果涂抹了姜黄，就要请他到各家去赴宴。第一次招待他进餐，就是婚前宴席。此后，他就连续几天应邀出席这种婚前宴会。在罗比叔叔涂抹姜黄仪式之后，我母亲就邀请他来我家赴婚前宴。我妈妈很高兴，杰索尔县的这个姑娘，即罗廷的母亲，从亲戚关系上论，是我妈妈的妹妹，所以这次婚前宴办得非常隆重。婚前宴就设在我的大姑妈迦东比妮女士的房间里，罗比叔叔坐下来进餐，面前摆满了各种食品，特别丰盛。姑妈们坐在罗比叔叔的周围，这种场面是我们亲眼所见的。罗比叔叔披着一件硕大的披肩，是红色的还是绿色的，我记不清了，不过非常华丽耀眼。一看就会意识到，罗比叔叔的这身装束打扮，看上去简直就像德里的皇帝一样。当时他已经被称为诗人，姑妈们就问他："怎么样，见到你媳妇了吗？喜欢吗？新媳妇怎么样？"罗比叔叔低着头坐着，一点一点儿地往口里送食物，因为害羞一句话也没有说。那种场面你们都没有看到，所以你们就无法理解——而我们都看到了。

《家里的亲人》，1970 年孟加拉文版，第 106—107 页

5. 赫姆洛达·泰戈尔[1]的回忆

　　罗宾德罗纳特的婚礼是在冬季阿格拉哈扬月举行的，即在孟加拉历的 1290 年（公历 1883 年）阿格拉哈扬月 24 日。婚礼是在他的家里举行的，他没有去岳父家里迎亲。泰戈尔家里大小男子的婚事都由

---

[1]　赫姆洛达·泰戈尔（1874—1967）：泰戈尔的侄媳妇，即诗人的大哥迪金德罗纳特的长子迪本德罗纳特（1862—1922）的第二房妻子。

父母亲来操办。这被称为他们首先要做的大事，也是最后要做的事情。罗宾德罗纳特是其父亲大哲大人的最小的儿子，他母亲已经过世——他父亲不喜欢热闹场面，当时他住在喜马拉雅山区。那么，谁来操办他的婚事呢？罗宾德罗纳特的婚礼是按照最普通的方式举办的。没有豪华隆重的场面，家里有一件贝拿勒斯出产的披肩——家里有男孩子结婚，这件披肩就成为新郎的标志性服饰。罗宾德罗纳特从自己家里西面的走廊里走出来，进入内室参加婚礼——内室是家里女人们活动的场所。身披那件新郎服饰的罗宾德罗纳特走进来，站立在一块低矮的木板上。新婶子的一位亲戚，大家都叫她"大甘古利媳妇"，她向罗宾德罗纳特表示欢迎。她身穿一件用金丝线镶边的黑色贝拿勒斯纱丽。

在举行婚礼的时候，新婶子显得很虚弱。一个农村的姑娘，一点儿也不了解城市女人的举止做派。她和什么人结婚，此人何等奇妙，她与之结婚的人叫什么名字……这一切，她一概不知。新娘被引进来，围绕婚礼主持人转行了七圈，最后新郎新娘走进婚礼大厅。家里一些未出嫁的大姑娘也跟随他们走进来，我也和他们一起走进来。婚礼大厅的一侧是我们就座的位置，我坐在那里，亲眼看到了向新婶子馈赠礼物的场面。

馈赠礼物之后，新郎新娘进入洞房。罗宾德罗纳特的新媳妇来了之后，预先为她指定了一个下榻的房间，洞房就设在这个房间里。在洞房里坐下后，罗宾德罗纳特就开始玩起了恶作剧。往陶罐簸箕里装谷物的仪式开始了，这个仪式规定要将大米等粮食装满陶碗。罗宾德罗纳特没有完成装谷物的仪式，而是将陶罐都一一倒扣过来。他的小婶母特里普拉苏多丽对他说道："罗比，你这是在做什么？这就是你做的装陶罐仪式吗？你为什么要把这些陶罐都反扣过来呢？"

罗宾德罗纳特是在自己的家里，他自己是新郎，他没有去岳父家里迎亲，所以他没有害羞胆怯的理由。罗宾德罗纳特说："婶子，你不知道，一切都被颠倒了，所以我才把这些陶罐也反扣过来。"

罗宾德罗纳特是位能言善辩的人，所以谁都说不过他。他的婶子又说道："你唱一支歌吧。你那么会唱歌，在你的新房里还有谁能唱歌呢？"

罗宾德罗纳特的嗓音当时是何等动听啊！没有听过他唱歌的人，是不知道的，我们亲耳听过，我们很幸运哪。现在一切都被遗忘了，不过，我听到的都留在我的记忆里了。

新房里响起了歌声：

> 哎呀呀，可爱的美女，
> 你是何人，那么靓丽而沉稳，
> 圆月的华光
> 让这容颜光彩照人！
> 欣赏这美貌啊，
> 都不想回转眼神，
> 我不晓得这美女是谁人，
> 是博学之女还是飞天降临。

做完恶作剧，罗宾德罗纳特就凝望着婶子唱起歌来，可怜的婶子只能默默地看着罗宾德罗纳特胡闹，她用盖头蒙着脸，低着头坐着。当时罗比叔叔又唱起了一首歌，我已经不记得歌词了。那一天时光是在那里度过的。

婶子几乎是我的同龄人——她只比我大一岁，所以后来我们与她建立起很友好的感情，经常同她讲述我们孩提时代的故事。新婶母的一个外甥女妮罗佳经常住在焦拉桑科的家里，她也是我们这伙聊天姑娘群中的一位少女。婶子结婚三个月后还发生过一件事，我不能不说一说。姑母的第一个女儿希龙摩伊结婚。中午的时候举行涂抹姜黄仪式，我们应邀都去参加了。吃过饭已经 2 点了，那个时候加尔各答博物馆里有一个新的展览，这也是加尔各答首次举办展览。3点的时候大家正准备出发，我们也准备回家去。小婶也要和二婶一起去参观展览。婶子穿一件浅黄色的纱丽，上面是红色的纹理，纹理上是用金丝线绣成的图案，显得非常娇媚。俗话说："身沾喜气精神爽。"姑娘们都打扮得很漂亮，瘦弱的小婶当时也变得神采奕奕。罗宾德罗纳特不知从什么地方突然闯进来，他手里拿着一个盘子，里面装着一些甜食。看到小婶这一身穿戴打扮，罗比叔叔恶作剧般地唱了起来，使小婶子感到很突然：

> 你让心灵花园里的鲜花绽放，
> 女友啊，请睁开眼睛望一望！

这种高亢的歌声传入所有人的耳朵里：

> 请徐徐地走进我的心灵，
> 你用甜蜜的微笑表达爱情。
> 你让心灵花园里的鲜花绽放，
> 女友啊，请睁开眼睛望一望！
> 这欢笑令心灵哭泣，你欢笑吧。

《罗宾德罗纳特的婚房》，《当代》，

1957年拜沙克月号，第9—21页

不论是在为歌谱曲，还是在诗歌用韵方面，诗人从不墨守成规，在家庭生活中，他也不想让自己和自己的家庭去走传统的幸福模式的老路。诗人的妻子若是给孩子们穿上贵重衣服，诗人就会向她解释说："如果孩子总是处在大人的监护中，那么，他们就不会成人，由于习惯的作用，孩子身上就会聚集很多毛病。我现在努力要做的就是，让子女们很好地长大成人。"听了丈夫的话，诗人的妻子既感到高兴，也感到骄傲，但是在她内心里还是隐藏着用贵重的服装打扮孩子的愿望，这一点从周围人们的只言片语中也透露了出来。不过，实际上，她还是按照丈夫的理想去做了。

诗人很想使自己适应一般人的日常生活习惯，如果做不到，他就会很难过并且感到惋惜。为了适应一般人的生活习惯，他想打破自己的习惯。圣蒂尼克坦的学校建立之后，为了住在学生们中间，诗人在现在图书馆一边的一栋房子里住了很多时日，和孩子们一起吃饭——吃一样的饭菜。

就性格方面而论，诗人的夫人很不喜欢过分地打扮自己，很少佩戴首饰，与大户人家的媳妇相比，她更喜欢穿很普通的衣服。除此之外，诗人的高尚情操、爱好也对她产生了潜移默化的影响。

"远离奢华享乐，不用化妆品"是那个时候诗人口里常说的一句话。诗人对于姑娘们使用人为的方法进行化妆，描眉、涂抹眼黛、用各种色彩修饰打扮自己、佩戴大量首饰等，都持谴责的态度。他常说，不文明国家的人们才往脸上"乱抹乱画"，姑娘们往脸上涂脂抹粉，难道想把自己打扮成不文明国家的人吗？

在我们的恳求下，有一天，诗人的夫人佩戴上了一对有英雄图案的耳坠，这时候诗人突然闯进了房间。诗人一进来，她由于害羞就用两只手盖住了自己的耳朵，我们怎么拉扯，她也不肯将手放下来。她很少佩戴首饰，这一次佩戴了有英雄图像的耳坠，她就感到非常难为情。她常常劝说与她同龄的媳妇们梳妆打扮，但是她自己却从不打扮——这就是她的想法。"大侄子们和大外甥们都在我身边转来转去——我又怎么好意思打扮自己呢？"——这就是她自己常说的一句话。

诗人，是父亲最小的孩子，他有几个年龄比他大一点儿的外甥和年龄相仿的侄子。

有一次，诗人的妻子在他的衣服上缝上了金纽扣，想在诗人生日的那一天让他穿上这件衣服。诗人看到了，就说道："啧、啧、啧，男人穿金戴银——难为情啊！这是你们的美好情趣！"于是诗人的妻子就把金纽扣拆下来，缝上了一般的纽扣。有过三四次类似的经历，诗人都是用了这样的规劝方法，就是为了尽到责任。诗人的喜好有别于一般人，要理解这一点需要时间啊。

在学校开办之前，很长时间诗人的一家和我们都一起住在圣蒂尼克坦书院的一栋老旧的茅草房里。操持家务的重担都落在了诗人妻子的肩上，我的任务就是帮助她做家务，我丈夫的任务就是采购家庭生活所需要的食品等东西、管理支出账目。饮食是非常好的，诗人妻子一天也没有停止过制作饭菜和甜食。诗人常常对妻子说："你每天都坐下来写呀写呀，我看到了，需要奶油，需要精制面粉，需要米粉，要准备制作甜食。你需要多少东西，你就得到多少东西，这可太有趣了。"他提到我丈夫的名字说："他从来不会说'没有'。不管需要多少东西，他都会提供的。有像他这样的管家，有像你这样的媳妇，我们的生活会怎么样呢？两天内就会感到手头拮据的。"诗人妻子在提到她侄子（我丈夫）时说："他懂得生活，和他一起干活儿感到快乐，你为什么要操心这一方面的事情呢？"

诗人妻子的烹调手艺是非常好的，她亲手做的美味佳肴和各种甜食好吃极了，她总是亲手为诗人制作各种甜食。一些吃过一次她亲手制作的钦拉甜卷、酸奶蛋糕、芒果蜜饯的人，就永远不会忘记。纳多尔以前的大公——已故的久格丁德罗纳特·拉伊吃了诗人夫人亲手制作的酸奶蛋糕赞不绝口。

诗人对于发明一些新烹饪方法的兴趣也不小。大概，他对妻子烹饪技术的兴趣更大。人们多次看到，诗人坐在正在烹饪的妻子身边的一把藤椅上，指导妻子用新的方法制作食物，他不只是指导，而且还兴致勃勃地教妻子用新作料和新方法制作新的食物。最后，为了故意激怒妻子，他就会骄傲地说："看到你们的劳作，我就想如何给你们制作一种食物。"他还假装生气地说："谁会和你们一起做事呢？在做一切事情上你都争强好胜！"

诗人在生活中就自己的饮食方面常常制造一点麻烦。有时他会吃得很少，他身边的人为此就不能不担心。你若担心，你就会说，诗人喜欢什么，就让他根据自己的心愿去做吧。出生时他的身体就很健康，随着年龄的增长，他的身体更健壮，所以他的身体很容易忍受这种折腾。家里人的观念是这样的：如果漠不关心，诗人就因为减少食物而损害健康，所以他们就认为这是件很麻烦的事情。诗人不是在寻找身体需要的食物，而是在寻找心灵所需要的食物，对于这一点，当时人们还不能清楚地理解。家里人只是关注他的身体健康，他们总是为他着急担心。看到他吃的食物越来越少，我们就多次对诗人的妻子说："婶子，你怎么不劝劝叔叔多吃一点呢？"诗人妻子说："你们不知道，你越劝他，他就越固执。以前，因为不吃东西，身体虚弱，上楼梯的时候由于头晕摔倒了，起来后，他自己会接受教训的。他不是一个肯听别人劝的人。"

诗人多年来一直吃素食。妻子去世后，诗人在家时就吃素食，他甚至常常不吃粮食，只是吃一点油炸鹰嘴豆、油炸大豆度日。那时候因为工作需要，诗人不得不前往波迪绍尔。诗人的岳母当时离开位于杰索尔县境内的弗洛多拉——她自己的村庄，住在儿子的工作地点——波迪绍尔。她亲自做了炖咖喱鱼等菜肴，招待自己的女婿，诗人没有说"不吃"。诗人在那里想到，岳母的女儿不在了，怕她心里难过，于是就控制了自己饮食的偏爱。与他同行的仆人回来后，向我们讲述了下面的情况："在这里，巴布先生（诗人泰戈尔，译者注）对于吃的东西如此挑剔，可是在波迪绍尔，他岳母给他做什么他就吃什么，一句话都不说——因为那是岳母做的！"

仆人们心里高兴时，就会在诗人面前轻松地讲话，诗人总是喜欢他们这样，他根本就不喜欢仆人战战兢兢地做事。

　　一天下午，诗人坐在圣蒂尼克坦一栋茅草房二层的茶桌旁喝茶，家里已经为叔叔准备了很好吃的甜食，诗人突然说道："我再也不需要家里做的甜食了。"我明白了，叔叔想起了婶子亲手做的甜食，他心里很痛苦。诗人总是抑制着自己内心里的痛苦，不知为什么那天这样痛苦的话语从他口里说了出来。

　　如今已经到了抛弃物质享受的时期。诗人所走的是一条抛弃家里一切陈设的道路，家里人同诗人一起沿着这条道路行进。对于生活中的伴侣，他还有另一方面的考虑。从一开始，诗人从内心里就对背负着物质的重担感到深恶痛绝。他默默地意识到，那些身体虚弱的人无法承担起获取物资的重担，为此他们会感到痛苦。诗人离开家，几次前往别的地方去建设住宅。出发的时候诗人口中常说的一句好话就是："放弃无用的东西，不要带它们一起上路。"看到家里生活所需要的大型直立切刀、斧头、刮刀、托盘、平底锅、圆形锅、剜刀、长柄汤勺这些沉重的东西，诗人就感到非常困惑，他很激愤地说："为什么要携带这些东西？"诗人认为，随身携带两件衣服出门就挺好。

　　出门在外，女人们总是想多带一两件做家务要用的工具，在男人们看来，那些东西是根本不需要带的。男人会说，为什么要增加负担呢？女人们的想法是，如果不带的话，需要用的时候就不凑手了。在外出的时候几乎所有家庭主妇都会背着自己的先生多带一两件常用的东西。诗人的家庭也不例外，诗人的妻子也会偷偷地多带几件用具。在背后，她常常开心地对我们说："孩子啊，你看，和这样的人怎么持家过日子呢？扔掉一切，我们就走，可是到了一个地方，大量的客人来了，就会陷入尴尬境地。诗人的客人可不少，那时候叫你拿酥油糖饼来，拿糖果蜜饯、油炸包、油炸点心、油炸面饼来，少了这些东西怎么行呢？大量餐具也是需要的。没有烹调用具，这些东西又怎么能做出来呢？这话跟谁说呢？"

为了实现自己的理想，诗人的心是坚定不移的。在各个不同的时期他为实现自己的理想不顾自己的身体，甚至损害了自己的健康。由于追求理想，说不定在什么地方、在什么时候，诗人会陷入某种危机之中。诗人妻子的内心里一直深藏着这样的担心。诗人和诗人的家庭是一体的；诗人如果陷入危险，他的家庭自然也会遭遇危险。

　　关注丈夫和子女的身心健康，是妻子和母亲的自然本性，所有母亲、妻子内心里都有这样的想法，这种想法就会驱使她们走保险之路。男人四处乱放东西，女人就为其收拾整理，她们就这样生活。不论在家里还是在家外，男人和女人这种心理的矛盾，就是创作奥秘戏剧的特殊一章。

　　听到诗人口里说"放下，放下；扔掉，扔掉"，诗人妻子就会说："要想不做家务事，带着儿女们过日子，那就要装扮成乞丐。总之一句话，那样是不行的。"丈夫和妻子之间心里的隔阂是不可能长期存在的，一方的情感融入另一方是很自然的，诗人妻子不可能不受到诗人思想的影响。

　　热衷于教育的诗人在忙于建立自己理想的学校的时候，诗人的妻子就成为他这项事业的助手。她亲自承担起为学生们制作饮食的任务，她想用慈爱来培养学生们。学校开张还不到一年，学校的这位母亲——诗人的妻子就病逝了。她过早地离去了，诗人的家庭破碎了。诗人坐在妻子临终的病榻旁，亲自进行护理，那种情景至今仍然留在家里所有人的记忆里。将近两个月他一直守在病榻旁，亲自护理，一天也没有把护理妻子的责任交给雇请来的看护人员。

　　贤惠的妻子当然知道，能够得到丈夫的护理是何等幸福啊。诗人对妻子的爱在她临终的病榻旁以绝佳的形式表达出来。那时候国内还没有制造出电风扇，诗人就手持扇子夜以继日地为妻子扇风消暑，一刻也不停。雇请来的女看护当时就在房间里走来走去，第一次进入诗人的房间，那是她的越轨行动。

妻子病情严重的时候，诗人就把孩子们留在圣蒂尼克坦的学校里。诗人妻子在烦闷的时候多次对他说："你总是对我说，睡吧，睡吧，你把绍明留在学校里，离开他我能睡着吗？你不明白我的心情啊！"这位母亲最小的孩子绍明，当时还是个幼子。诗人解释说，他的学校是关心照顾孩子们的合适场所。诗人无法忍受让孩子母亲的死亡阴影留在孩子们的记忆里。

诗人对孩子们的爱是无法度量的。诗人的第一个孩子是女儿，作为父亲，他就像母亲一样，用母爱承担起抚养孩子的责任。妻子当时尚年少，诗人似乎不相信并且担心妻子不能对第一个孩子进行全面照顾，诗人就自己给孩子喂奶、穿衣服、换床单等——这一切我们都亲眼见过。

孟加拉历 1309 年阿格拉哈扬月初七（公历 1902 年 11 月 23 日），星期天，在圣蒂尼克坦梵学书院成立 11 个月之后，诗人的妻子就离开了人世，年龄只有 28 岁。那一天我生病了，躺在病床上。那时候我自己不能够前往，夜里我丈夫回来说："婶子亡故了，叔叔登上了屋顶晒台，禁止任何人走近他。"我听说，诗人几乎一整夜都在屋顶晒台上走来走去。诗人的父亲大哲大人当时还在世，他在得知小儿媳妇亡故的消息时说："我不为罗比担心，他会以读书学习和创作来打发时光，我只为那几个小孩子感到痛苦！"诗人妻子穆里纳莉妮女士，离开公公、丈夫、儿子、女儿、女婿组成的家庭走了——诗人的家庭破碎了。从此之后，诗人就带着这个破碎的家庭继续前行，直到现在都是如此。

如今他成为背负着无数破旧负担的诗人，今天国际大学进入了一个大发展的时期，他的这个破碎的家庭也结束了。

《家庭生活中的罗宾德罗纳特》，《侨民》，1957 年巴乌沙月号，

第 302—307 页

6. 乌尔米拉女士[1] 的回忆

我的姐姐经常去焦拉桑科，有时在那里住上两三个月，我很羡慕，但是我又不敢说。有一天她对我说："你跟我去焦拉桑科吧！"那一天我仿佛摘到了天上的月亮，那是长期所盼望的一天。我要去焦拉桑科啦！我以前听说过的那个家庭的多少往事、多少故事都是不真实的。那一家的姑娘媳妇们看上去都像仙女一样，她们用牛奶沐浴，用牛奶般的植物汁液涂抹苗条的身体；多少首饰、多少漂亮的衣服，她们平时都穿戴——这些传言都是不真实的。我要去的那个家庭，我会亲眼看到他们所有人，我还要讲给女伴们听！我还想做什么呢！最重要的是我要瞧一瞧诗人的爱人。那一天的情景现在我都记得。姐姐带我走到了那个人的身边，说道："婶子，这是我的小妹妹。"诗人的爱人疼爱地把我拉到她的身边，问道："你叫什么名字？"她穿一件很普通的纱丽，我没有看到她身上佩戴首饰，我大胆地望着她的脸——这就是诗人的爱人啊！罗宾德罗纳特的妻子，看上去并不那么美。我又仔细地瞧看了一下。于是我就发现，她的整个脸面透露出一种慈祥的诱人魅力，闪烁着一种母亲般的光泽。看了一次，我还想再看啊。从第一次见面的那一天起，我就喜欢上她了，此后我就常去那个家，有时我也和姐姐一起住下来。我开始逐渐认识到，她是一位很不一般的女人。看到她那母亲般的气质，我陶醉了，仿佛她不仅仅把我看作她自己的孩子，而且把亲戚朋友、男女仆人等所有人都看作是自己的亲人。她从来都不化妆打扮。诗人是大哲大人的最小的孩子——侄子、侄媳妇们中有人和她同龄，有的年龄比她小。但是诗人的爱人非常明白这种关系的重要性，她是"婶母"，是"舅妈"，在这些大姑娘、大小子和媳妇们面前，她怎么能打扮自己呢？——她仿佛就是这样的

---

[1] 乌尔米拉女士：乌尔米拉·达什（1883—1926），"国家之友"吉多龙窖的四妹。她是奥摩拉·达什（1873—1920）的妹妹，她们俩都是穆里纳莉妮的亲密朋友。她写有《诗人的爱人》一书。

心态。她常常做菜做饭，招待人们用餐，自己就感到很快乐。我的哥哥常常去她家，一上楼梯，他就大声叫道："婶子，今天我可是还要吃你做的食物！"她就会立即走进厨房，制作各种食物。诗人有一个习惯，一上楼梯就高声叫着"小媳妇，小媳妇"。听到他这样呼叫，我就觉得很有趣，所以直到今天我都记得。

诗人是一位很善于品尝食物的人。食物不仅是为了填饱肚子，而且在艺术家的心目中还要有足够的营养，看到他吃的食物就会明白这一点。他不仅是位喜爱品尝食物的人，而且还是位善于鉴赏食物的人。我的二姐也会做食品，她做过各种食物招待诗人。有一天她做了一种甜食，在我们孟加拉邦叫它"埃洛切洛"，即"甜辣烙饼"。诗人吃了这种甜食很高兴，就想知道它的名称。听了这甜食的名称后，诗人皱着鼻子厌恶地说："这样好吃的东西怎么叫这名称？我给它起个名字吧，就叫'甜圆饼'吧。"从此之后这个名称就在我们家里流传开来。

那个时候他创作了很多歌词，同时还为歌词谱写了曲子。他在大凉台上走来走去，最后突然大声叫道："奥摩拉、奥摩拉，你快点儿来学会这首歌吧，我马上就会忘掉的。"

诗人的爱人大笑道："奥摩拉，你什么时候见过这样的人啊，他自己竟然会忘掉自己谱写的曲子？"

诗人常常就这样回答说："不平凡的人们所做的一切都是不平凡的，小媳妇啊，就你不晓得啊！"诗人的妻子对我姐姐是很有感情的，两个人一聊起来就没完没了，诗人自己对此很好奇。有一天，发生了一件什么事，诗人就坐在他房间的书桌旁边写东西，而诗人的爱人和我姐姐就躺在他们卧室里的床上闲聊起来，她们俩完全沉浸在聊天中，谁都没有发现诗人什么时候进来，已经站在床边了。

突然从床头响起了他的声音："我还要站立多久啊？我就不睡觉了？"一听到诗人的话语，我姐姐就从床上跳下来，慌忙地跑掉了。诗人当时哈哈大笑，并且说道："奥摩拉，哦，奥摩拉，你不要跑，可不要摔倒啊！"姐姐跑回自己的房间，捂着脸倒在了床上。第二天早晨，诗人看到她，微笑着说："你怎么那样害羞啊？我可是分享到了那件事的快乐了。"所有这些故事，有些是我亲眼看到的，有些是听我姐姐说的。……

在诗人的爱人身上有一种东西是非常靓丽的，这种东西就是她人生路上的曙光，一直照耀着她前进的道路——那就是她对公公的无限尊敬爱戴和信赖。我多次听她亲口说过："凡是不符合父亲大人意愿的事情，我是绝不会做的。"她曾经和诗人这样争辩说："父亲大人不喜欢的事情，我是绝不会做的。"或者说："父亲大人还健在，我怎么能够做这种事情呢？"这仿佛就是她人生的主要格言。我觉得，在大哲诸多子女中他最喜爱的，是他的这个最小的儿子。他对这个儿子的媳妇也很慈爱，对罗廷就更加疼爱，罗廷的肤色黧黑，这一点大哲是根本不承认的。他常说："你们说什么呢？罗廷比罗比白净。"在他面前尽管没有人敢再提起此事，可是在背后这却成了人们的笑柄。

但是诗人的爱人对于诗人是拥有绝对权威的，诗人很怕她，她的自尊心态也是很强的，为打破她这种自负心态，诗人花费了很多功夫。但是她却没能超过她的二女儿拉妮，拉妮是位具有惊人个性的女孩，她就像是有着女苦行者心态降生到这世界上来的！造物主的很多奇思妙想，真是无法理解啊！拉妮不仅看上去很美丽，而且她那双眼睛里还蕴含着这样一种情感，由于这种情感的存在，谁都无法改变她的观点看法——从孩提时代起，她就不喜欢梳妆打扮，梳头是她最讨厌的一件事；对于饮食，她是非常冷漠的，鱼肉，她一口都不吃。在这些方面她是很固执的。当她以傲慢的姿态低着头站着的时候，谁都不要想去改变她，因此她也经受过相当多的管教。她的母亲有的时候就感到焦急不安，她常说："怎么就生了这么一个怪异的女孩，我真拿她没办法啊！"但是拉妮即使遭受责备、管教、惩罚，也毫不动摇。不过，诗人对他的这个女儿特别疼爱，也很理解她。他同自己的爱人和我的姐姐常常谈到拉妮。他常对我姐姐说："你婶子、你们，谁都不理解她。在她身上蕴含着一种伟大精神，而你们谁都看不到。"当拉妮在开阔的屋顶晒台上快乐地奔跑的时候，和风吹拂着她那满头的秀发，你就会觉得，她就像一匹充满朝气的骏马，在自由而欢乐地奔驰着。关于拉妮有两个事件，一直在我的心里熠熠闪光。尼杜先生是很爱拉妮的，她每一次过生日，尼杜都送她很贵重的礼物。有一次，拉妮过生日，我们也都去了。从"雷德利之家"送来了一个箱子，里面装着尼杜先生的礼物—— 一件很贵重的连衣裙，是带有镶边儿的丝质的连衣裙。看到这件连衣裙的款式，大家都高兴而热情地赞美起来。于是就把拉妮叫来，帮她穿在身上。她惊愕地站在镜子前面看了一会儿。她一下子用手抓住腰带，又转过脸来，她撩起连衣裙的下摆，又转过脸来，随后很快地解开腰带，把连衣裙脱下来，扔在一边，扭过脸去伫立着。这边于是就喧哗起来，她母亲把我姐姐叫来，对她说："唉，奥摩拉，你去看看你那个不寻常的妹妹在闹事呢。我现在怎么做才能够挽回尼杜的面子呢？"她还说了一些其他话语，等等。我姐姐将拉妮拉在怀里，将她带到隔壁房间，让她坐在长沙发上。姐姐搂着她的脖颈，将她的脸藏在自己怀里。过了一会儿，姐姐说："拉妮妹妹，你这样做不好啊。你母亲很痛苦啊，你尼杜哥哥听说了，不知道他该多么难过呢。"她抬起头来，睁开忧伤的双眼，凝视着姐姐的脸，说道："奥摩拉姐姐，他们都知道，我不喜欢这些东西，穿这种服装，我感到很难受，可是他们为什么强迫我穿呢？"

还有一次，从田产所在地运来一些鱼，大家都跑过去观看，当时有两条很大的鱼还张着大嘴在呼吸。大家都在思考怎么样用这条鱼做成美味佳肴。拉妮也走过来，站在旁边，忽然她高声痛哭起来："哎呀，妈呀！你们竟然要吃这两条鱼！它们现在还活着呢！"说完，她就用双手捂住眼睛，跑进隔壁的房间里，趴在床上痛哭不止。

有一天，诗人走进来，说："小媳妇，拉妮的婚事已经定下来，只有三天的时间了，第四天就要举行婚礼。”

诗人夫人惊讶地说：“你说什么呢？现在你就要把女儿嫁出去？”

诗人说：“小媳妇啊，我挺喜欢那个小伙子，他看上去很英俊，性格又温柔而坦诚。拉妮是个要强的姑娘，她女婿如果不好一点儿，怎么行呢？绍登[1]结婚两天后就要去英国。等他回来的时候，拉妮也就长大了。”

诗人夫人说：“在三天之内，怎么能做好一切准备呢？”

“能做好，能做好，一切都会做好的，在加尔各答城难道还会遇到困难吗？只要你心里高兴，去张罗，小媳妇，一切都会搞定的。”也真是这样。不过，拉妮的婚礼并没有搞得很隆重。但是拉妮内心里并不是很愿意接受这种联姻，她皱着眉头表示不悦。听说婚礼之后新郎就要出国，她倒多少有点儿放心了。在婚礼的一切活动中，她都像吉祥仙女一样默默地低垂着头。……

总之一句话，简直无法确定，有多少往事回忆涌上心头啊。不管怎么说，我觉得诗人夫人若不是过早地逝世，那么，诗人圣蒂尼克坦静修学校的计划就会全面地得以实现。

男孩子们离开家，来到这里后就得到自己的新家，得到了母爱，生病时得到了照顾护理，苦乐悲欢都会得到同情。诗人因为缺少这一切而感到很无助啊，有一天我终于明白了他所说的这种情况。当我要把我儿子留在圣蒂尼克坦的时候，他就对我说：“你们的孩子都是需要被关心照顾的，他们怎么能留在这里呢？在这里会受很多苦的。我可以给予他们各方面的知识，但是我不能给予他们母爱。罗廷的母亲已经走了，在这一方面不能再帮助我了。”她已经去世很久了，可是当时诗人就感受到了这种缺憾。

诗人的爱人仙逝多日之后，不知什么原因，诗人家庭生活发生了

---

[1]　绍登：绍登德罗纳特·婆达恰尔久（？—1908），拉妮的丈夫。

一场短时间的骚乱。那时候有一天他对我二姐说："你看，奥摩拉，人死了，就完全丧失了一切，与活着的亲爱之人就完全隔绝了，这一点我是不相信的。她离开我已经这么多天了，但是当我遇到某一个问题而且我不能解决的时候，我就感到她依然在我身边，不仅如此，而且即使现在我遇到困难问题，她仿佛也在帮助我解决问题。现在我心里对此也毫不怀疑。"

《诗人的爱人》，《国际大学学刊》，1945 年拜沙克—阿沙拉月号，

第 244—245 页

7. 罗廷德罗纳特的回忆

爸爸在他自己的房间里读书写作。妈妈带着我们几个孩子们操持家务。因此，当我回忆起童年往事的时候，更多的是回忆起妈妈的故事。她自己有五个子女，她的家庭生活面更广阔。尽管她是这个大家庭的小儿媳妇，可是她却是焦拉桑科家庭的真正女主人。大家都喜欢跑到这位婶母的身边来，讲述他们的悲欢苦乐。她对待所有人都一视同仁，她为大家的痛苦而痛苦，为大家的欢乐而欢乐。她从不发号施令，而是以慈爱赢得了大家的欢心。所以小孩子们尊敬爱戴她，大人们也疼爱她。在所有孩子们中，妈妈特别喜爱波卢哥哥。妈妈从来没有上过学，可她在爸爸身边获得了各种教育。波卢哥哥从很小的年龄起就陶醉在文学的情味里，他阅读某一本梵文、孟加拉文或英文的书籍时，要是不把这些书的内容讲给他婶母听一听，他是不会甘心的。由于经常听波卢哥哥的朗读，母亲对这三种语言的文学有了很好的了解。波卢哥哥对我就像对待自己亲弟弟一样，特别疼爱，他是我少年时代的榜样。我总是跟在他身后转来转去。妈妈给我洗澡，但是我总是跑到波卢哥哥那里去梳理头发。……

在我们三层房间的前面，有一个很宽大的屋顶晒台，中间还有一个高高的平台，就像是这座楼房的露天客厅。男女孩子们整天在那里嬉闹玩耍——他们那种铜铃般的悦耳童声在四周回荡。太阳落山之后，仆人们搬来长长的靠枕床垫，将其铺在高台上，姑娘们就在床垫上坐下来。当时还没有饮茶的习惯。妈妈会做各种甜食，那一天她就把在家里做好的东西拿出来，分给大家吃，在夏天还增加用芒果制作的饮料。……

在父辈开始举办"娱乐聚会"时，我已经长大了一点儿。所以我清楚地记得这种聚会。这种聚会没有什么固定规矩，就是15—20来个朋友聚在一起。这种聚会是由爸爸和波卢哥哥倡议举办的，虽然对于参加人员没有什么要求，但是与会者大都是作家、诗人、艺术家、歌唱家和演员。……聚会的习惯是这样的：每个月轮流由一个人邀请其他人到自己家里来，那一天就在邀请人的家里聚会。尽管准备有丰盛的食品，但这仅仅是一个目的，朗诵诗歌小说、表演短剧、唱歌和演奏乐器——这才是主要目的。

……有一次该轮到爸爸发邀请了，家里开始忙碌起来。爸爸指示妈妈要采用完全新的办法招待客人，不要用传统的旧方法，应该根据每个人的特点去招待他们。尽管做了指示，爸爸还是不放心，于是开始讲解应该如何采用新的方法进行烹调。妈妈陷入了困境。她虽然没有反对，但还是按照自己的想法开始做了。爸爸总是认为招待客人吃饭是唯一的目的，即便饭菜都做得很好也不行，餐具、食品摆设、房间的装饰，这一切都应该很讲究。进餐之处的周围环境应该展示出艺术家的手艺。妈妈开始考虑烹调问题，其他人都在关注房间装饰方面的问题。……

1897年发生了大地震，这样的地震在孟加拉还从来没有发生过。就是在这时候，在纳多尔召开国大党孟加拉邦代表会议。作为邀请者——纳多尔的大公，邀请我们家的所有人到他那里去做客。男人们都去纳多尔了。过了两天，就发生了大地震，加尔各答城摇晃得很厉害，很多房子坍塌了，也有人被砸死了。妈妈下楼的时候瓦片从房顶上掉下来，砸在了妈妈的头上，我们把她搀扶到一楼的一个房间，让她躺下了，她为别人担心的痛苦要比自己的伤痛更厉害。家里一个男人都不在，没有办法知道他们在纳多尔怎么样。火车停开了，电报也打不过去。……

爸爸认为，了解《罗摩衍那》《摩诃婆罗多》和《往事书》故事，是儿童教育的一个主要部分，但是当时他们手上没有这样的书籍。那个时候爸爸心里就萌生了出版《罗摩衍那》和《摩诃婆罗多》简约本的愿望，即对语言进行一定的改写，删除插画和不现实的事件，只保留一些主要的故事。缩写《罗摩衍那》的重任交给了妈妈，而缩写《摩诃婆罗多》的重担交给了苏棱堂哥。爸爸告诉苏棱哥哥，应该依据迦利普罗松诺·辛赫翻译的版本进行改写。关于《罗摩衍那》，爸爸对妈妈说，应该根据梵语原本进行压缩性的翻译。在学者赫姆琼德罗·婆达贾尔焦的帮助下，妈妈从头至尾阅读了《罗摩衍那》，并且开始翻译起来。爸爸对妈妈的译稿进行了必要的修改。妈妈把译稿写在一个精装的笔记本上，常常朗读其中的一部分给我们听。在临死之前，妈妈没能完成这项工作，不过只剩下小部分。遗憾的是，爸爸死后，他的所有文件书稿都移送到泰戈尔纪念馆了，当时就没有找到那个笔记本。

……住在什莱多赫的时候，爸爸很关注我们的读书学习，在其他方面，妈妈尽力教我们学习做各种家务工作。她的方法很新颖，星期天她给所有婆罗门仆人们放假。家庭生活中的所有劳作都由我们来承担。我对于烹调工作很感兴趣，对于讲解如何烹调，妈妈这位女厨师的目光常常有独到之处，别人谁都不能干涉！

在写作间隙，爸爸常常聆听别人唱歌。他从加尔各答把奥摩拉姐姐带过来，白天奥摩拉姐姐和妈妈一起在厨房里做饭做菜。奥摩拉是制作达卡各种美味菜肴的能手，妈妈跟她学会了所有这些菜肴的做法，而妈妈教她制作杰索尔地区各种素菜的方法。一到晚上，大家都放下一切工作，聚在一起听她唱歌。船夫们把一艘小船系在大型平底船上。我们匆匆吃过饭，就经过窗子爬到那艘大船上，坐下来，苏棱哥哥手里拿着一把诗琴，解开一艘小船的缆绳并且将其划至河中央，抛锚停下来，随后演唱开始。轮到爸爸和奥摩拉姐姐演唱的时候，他们就一首接一首地唱起来。开阔的水域一望无际，一直伸展到天边，萦绕的歌声伴随着水流的波涛声，仿佛传播到很遥远的某个地方，二者在那里融为一体了。那歌声受到大河对岸树木的阻挡，其微弱的回声又传回到我们的身边来。夜渐渐深了，四周一片宁静，此时船只已经停止航行，波浪撞击着大船船身，并且伴随着水流不断地发出唰唰声。月光洒落下来，河水熠熠闪烁着微光，有时一两艘渔船划过来，船夫们一边摇着船橹，一边唱着帕提亚利曲调的歌谣。在歌会结束之前，我已经在妈妈的怀里睡着了。

爸爸整天在他自己的房间里写作，妈妈禁止我们到他那里去，每当写作的兴致高涨的时候，他连吃饭都顾不上了，妈妈很生气，但是生气也没有用。我想起了一件事：爸爸把编辑《婆罗蒂》的重担放在绍罗拉姐姐的肩上了，可是即便这样，爸爸的责任也根本没有减轻。被要求写东西的重担同样压在他的身上。每个月绍罗拉姐姐都会写信来，提出要求，要求爸爸为《婆罗蒂》写一部喜剧，可是爸爸没有时间。对绍罗拉姐姐来说，没有长篇作品是不行的，她实在没有办法，于是就在报纸上发表声明说，从下个月起《婆罗蒂》杂志开始连载罗宾德罗纳特的一部喜剧作品。小说家普罗帕特库马尔·穆科巴泰代表《婆罗蒂》给爸爸写了一封信，将此声明告诉了他。接到信后爸爸最初有些生气，但是他又不能让绍罗拉姐姐陷入困境，于是就立即着手写起来。"我去写东西了，吃饭的时候你不要叫我。"说完，他就坐下来写作了，因为吃饭要花费很多时间，所以他就顾不得吃饭喝水，整天都在写作。妈妈有时把果汁和饮料放在他的书桌上。当每个月快要到寄发稿件的时间，爸爸就不吃不喝，沉浸在写作之中。有一次，那个月的连载部分刚写好，爸爸就对妈妈说："我的这篇东西已经写好了。我马上去加尔各答。"听了这话，妈妈一点儿都不感到惊奇，她知道，他的某一部作品一写完，他都要读给他的文学朋友们听的，否则他是不会安心的，他的这种习惯一直坚持着。这部小说当时的名称是"独身者协会"，后来出版单行本时采用的名称是"天定情缘"，看来，这个名称爸爸不是特别喜欢，于是就还是将这部长篇小说定名为"独身者协会"了。

爸爸带着写有这部作品的笔记本去了加尔各答。由于吃饭不规律和超强度的脑力劳动，这一次他变得如此虚弱，以致他在上第三层楼的房间时摔倒在楼梯上失去了知觉。这件事发生之后，他吃饭的时间就不自由了，他必须听从妈妈的安排。

……让我住在学校里——妈妈是不喜欢的，她认为，学校食堂的婆罗门厨师竟给我们吃些不洁净的食品，所以她很反感。但是爸爸特别希望我和其他同学一样，住在学校的宿舍里，所以妈妈就再也没有表示反对。星期三是假日，妈妈尽力弥补内心的遗憾，那一天，她在家里亲自做好饭菜，和我一起去宿舍招待所有住校的孩子们。虽然妈妈这样定期给我们做好吃的，但当时我们还是不满足，我们更喜欢成群结队地去妈妈的库房里偷偷地拿东西吃，妈妈后来虽然知道了，但也不说我们。

当时，我们在圣蒂尼克坦还没有单独的住房，我们就住在书院客舍的第二层楼，厨房在远处。妈妈很喜欢做菜做饭，所以她就在二层走廊的一个角落里安放了一个炉子。假日她亲手做些好吃的，招待我们大家。妈妈会做各种各样的甜食，我们知道，在妈妈那五斗橱柜里总是储存有相当多的诱人的东西，我时不时地带领同学们来这些取之不尽的宝库里偷吃东西，从来没有被捉住过。妈妈几乎总要试做爸爸提出的各种新的甜食，有一次，妈妈做了一种新型的甜饼干，名称叫作"波里般陀"。这种甜食既好吃，又好看，那时候这种食品传到了很多人家，于是就开始流行起来。不过，有一天，当爸爸对妈妈说要做马诺科丘甜圈的时候，妈妈却面带微笑地表示反对，但是妈妈还是做了，做好之后一看，这种食品好极了，比一般的甜环饼更好吃。爸爸经常提出这种新颖的要求，妈妈也总是积极地尽力按照爸爸的要求去做。

在加尔各答，妈妈生活在亲人们的关爱之中，处在一个大家庭的环境里，所有人都喜欢妈妈，她是焦拉桑科家里的真正女主人。因此，离开加尔各答，来到圣蒂尼克坦住下来，对她来说并不是很快乐的，临时住在客舍的几个房间里，没有办法井然有序地安排家庭生活。不过，对她来说，不管有多少困难，她都是面带微笑地接受所有这些不便，开心地支持爸爸做好学校的工作，为此她个人做出了不少牺牲，每当出现特别需要的时候，她就一件件卖掉自己的首饰，把钱交给爸爸。到了最后，除了手腕上的几只手镯和一条项链，再也没有剩下任何首饰了。妈妈曾经拥有大量的首饰，除了结婚时买的首饰，还有她婆婆送给她的很多旧时代沉甸甸的首饰，为了弥补圣蒂尼克坦学校的开销，她把这些首饰全都卖掉了。爸爸自己一些有价值的东西也早就卖掉了。他建立的这所学校，并不是他一时心血来潮的产物，长期以来形成的教育理想在他心里就以梦想的形式呈现出来，他想通过建立学校将自己的梦想变为现实。他不仅仅是位理想主义者，而且还是一个实践者，不把自己的这种理想变成实践他是不会满意的。为此就要做出牺牲，还会遇到很多困难，对于这一切爸爸没有充分的思想准备，妈妈自愿地承受了这种牺牲的一部分。我们的亲人们为此责怪过妈妈，并且认为爸爸缺乏一般的常识和做事欠考虑。长期以来，爸爸、妈妈（她活着的时候）都不得不忍受家里人对这所学校的非议和反对。

在圣蒂尼克坦住了几个月后，妈妈就觉得自己的身体不好，当她完全病倒的时候，就安排把她接回加尔各答去治疗。爸爸当时在加尔各答，他给我的堂哥迪本德罗纳特写了一封信，让他把我妈妈送回加尔各答。将妈妈从波尔普尔送回加尔各答的全过程，由于一个小小的原因，我长期难以忘怀。妈妈躺在车厢里，我靠近窗户坐在她的身边，凝视着窗外——有多少一排排棕榈树，有多少野生的灌木丛，有多少竹林围绕的一个个村庄，从眼前迅速闪过，有时映入眼帘的是一个牧童无忧无虑地坐在一头大水牛的背上。所有乡村的美景，在我眼前就像电影的画面一样，一一闪过。短暂的时间里映入眼帘的是寂静的原野中间一个破败的只有一半水的池塘，水不多，上面却覆盖着无数的白莲花。看见这一切景象后，我如此喜欢，于是我就叫妈妈观看。此后多少年过去了，每一次从波尔普尔前往加尔各答的时候，我都要观看那个长满莲花的池塘。如今我只看到，池塘里已经没有水了，池塘已被泥土淤积，它与田地已经持平了，在那里再也没有莲花绽放了。

　　一到加尔各答，妈妈的病情就加重了。大夫们不能诊断出妈妈得的是什么病，于是爸爸就开始用顺势疗法为妈妈治疗。那时候著名的医生——普罗达波·马宗达、D.N. 拉伊等人不断地来我们家，他们都很尊重我爸爸，他们认为，爸爸同样会用顺势疗法进行治疗。在与爸爸商量后，他们为妈妈制订了治疗方案，于是就采用了他们的治疗方案，爸爸不知疲倦地护理妈妈，可是妈妈的病还是不见好转。我现在怀疑，妈妈患的是阑尾炎。当时，社会上对于这种病一点儿都不了解，也没有发明手术的方法予以治疗。

　　在妈妈去世的前一天，爸爸把我带到妈妈的房间，让我坐在她的床边。当时妈妈已经不能说话了。我们只是望着她，两眼不停地流眼泪。那是我和妈妈最后一次见面。那天夜里，爸爸就让我们兄弟姐妹都到旧楼的三层去睡觉了，我们彻夜都没有入睡，大家都是在忧虑担心中度过的。凌晨的时候，天还没有亮，我走上凉台，凝望着红楼方向，整座楼都被黑暗所笼罩，沉寂而宁静，那里一点儿响声都没有，我们立刻明白了，我们的母亲不在了，她已经被运走了。

那一天直到夜里，为表达哀悼，来这里的人们络绎不绝，因为爸爸无法平静地与所有人交谈，所以他离开了，可是他以何等痛苦的心态克制着自己，我们是能理解的。一个月来，他昼夜都在护理妈妈，由于不让雇请护理员，他疲惫得身心交瘁，接踵而至的是悲痛。大家都散去的时候，爸爸把我叫去，将妈妈经常穿的一双拖鞋交给我，并且说道："这鞋我交给你，由你来保存吧。"说完这两句话，他就默默地走进了他的房间。妈妈的这双拖鞋现在被精心地保存在泰戈尔纪念馆里。

母亲过世几天之后，我们就去了圣蒂尼克坦。爸爸在工作的间歇时间，坐在无人处写了一些诗来表达自己悲伤的心境。后来这些诗稿出版了，书名为《怀念集》。

《回忆父亲》，1966年孟加拉文版，第79—82页

8. 米拉的回忆

妈妈在我的记忆里尽管不是很清晰，但还是像影子一样存在着，这里可能是现实与想象混杂在一起了，我来说一说我的一点儿印象。

妈妈有一个好名声——做饭能手。爸爸喜欢让她做各种菜肴和饮料来检验妈妈的手艺。有一个时期，爸爸把我们带到什莱多赫——帕德玛河岸边一艘名叫"帕德玛"号的木船上。当时久戈迪什琼德罗特·巴苏教授和纳多尔的大公久根丁德罗纳特·拉伊经常来什莱多赫。他们很喜欢住在帕德玛河上的那艘木船上。我们家有两艘船，所以，他们来了也没有什么不方便的。一艘船的名字，在前边我已经提到了；另一艘的名字就是"阿特莱"，我们这里另外一个地区有一条阿特莱河，因此就给这一艘木船起了个"阿特莱"号的名称。

我记得，久戈迪什琼德罗特教授特别喜欢吃甲鱼蛋。甲鱼在帕德玛河岸边的沙滩上挖坑，然后就在那里产蛋，根据它们在沙滩上留下的足迹，人们就知道埋甲鱼蛋的地方。那些可怜的甲鱼怎么会明白这一点呢？久戈迪什琼德罗特先生特别喜欢吃甲鱼蛋，甚至在回加尔各答的时候还要带走很多。

久戈迪什琼德罗特和久根丁德罗纳特来什莱多赫的时候，爸爸就让妈妈做各种新的菜肴，吃着妈妈亲手做的菜肴，他们特别开心。后来我长大后，就从他们口里多次听到他们对妈妈所做的饭菜的赞扬。妈妈不仅因为会做饭菜而赢得了好名声，而且她的外甥和外甥女们、我的堂兄弟们及其妻子们都很爱她。我有一个表妹曾经遗憾地对我说：“舅妈走了之后，与舅舅家的联系就中断了。”

我们从什莱多赫回到了圣蒂尼克坦。我们就住在那里的客舍里。我记得当时那里的一个情景——妈妈坐在一个小小的晒台边，在一个高高的灶台上做饭，她的姑妈拉姬洛基（我的姑姥姥）一边切菜一边讲故事。

还有一个情景我也记得：在圣蒂尼克坦家存放车子库房的二层楼房门廊屋顶上，放着一张桌子，上面亮着一盏灯，妈妈手里拿着一本英文小说，一边把它翻译成孟加拉语，一边读给姑姥姥听。因为我也喜欢听故事，所以有的时候我也坐在她们身边听妈妈读故事。我一次又一次地听那个故事，那本书中的一个女孩的名字巴尔芭拉不知怎么进入了我脑海里，对此我感到很惊讶，我当时正是对浪漫故事感兴趣的年龄。可是，我觉得，妈妈讲故事的姿态和声调中蕴含着一种忧伤，这在我幼小的心里留下了深深的印记，所以巴尔芭拉这名字就留在我的记忆里。

几天之后，妈妈就病倒了，于是就把她送回了加尔各答。我们就在现在被称为“缤纷楼”的房子里住了下来。那时候我们不叫它“红楼”，而是称它为“新家”。红楼的房间有一个特点：它的一面墙全是宽大的衣柜，与顶棚一样高。在衣柜的玻璃上画着红色的荷花，而在另一边的是空着的，那里安装着一扇薄木板门，那门的上头和下面都是空洞。在饭店里常常可以看到这样的门，用手轻轻一推，门就开了，随后又立即关上。这样，一个大房间就被分成了三部分，变成了三个小房间。一个房间我们住，在最西边的那一个房间让妈妈住，因为那里比较安静。在我们家的前面是戈格诺哥哥家的高大楼房，所以风是吹不到我们新家的任何房间里来的。在这栋房子里当时是没有电扇的，所以只能用芭蕉扇子扇风，除此之外，流动的风一点儿也没有。身体有病的母亲住在这种无风的房间里，不晓得该多么痛苦。但是我听大嫂赫姆洛达说，爸爸坐在妈妈身边，整夜拿着芭蕉扇为妈妈扇扇子。

《回忆往事》，1986 年孟加拉文版，第 16—18 页

9. 奥伦普罗迦什·般多巴泰 [1] 的回忆

因为我与绍明在一起度过了一些时光，所以我的一生就很容易地获得了另一个人的关爱。直到今天我都记得，一天上午结束了学习后，绍明、我和我们的老师久格侬德先生都陶醉于打板球之中，就在这时候，我看见在沿着运动场旁边的路上走过来两位有身份的女人。随后我知道了，她们是绍明的母亲和姑妈。绍明放下球板，向她们跑去，我拾起滚落在地上的板球，也跟在绍明的后面跑过去。我为什么也跑过去，现在说不清楚了——大概是，那时候我觉着，不论绍明做什么，我也都喜欢去做，我只跑了不太远的距离，就看见绍明已经跑到他姑妈的身边，他的姑妈把他拉到怀里，亲切地爱抚着他，我停下来脚步，突然站住了。我意识到，我为什么也跟着跑呢？这里没有人会把我拉

---

[1] 奥伦普罗迦什·般多巴泰：泰戈尔的小儿子绍明的同学。

在怀里啊。我用双手捂住眼睛，不晓得在那里站立了多久，然后，我就感觉到绍明的母亲来到我的身边，把我搂在怀里，当时我再也无法平静下来，泪水从我的双眼簌簌流下来，就这样，绍明的母亲，也就成了我的母亲。那一天，她终止了自己的散步，带着我回到了她自己的房间。那一天，几乎所有的时间我都是在她身边度过的，然后，我就在她的怀里睡着了。从此之后，我经常到她那里去，就睡在她的卧室里。绍明的母亲不仅成了我的母亲，而且我们都把她看作我们圣蒂尼克坦梵修书院的母亲。她有多少次来到我们书院的厨房，为我们做了多少种好吃的呀！我记得，在那时候我们都会高兴得手舞足蹈起来。每当她招呼我们去吃饭的时候，我们都控制不住自己的激动心情。

《回忆圣蒂尼克坦》，《侨民》杂志，1940 年帕德拉月号，第 571—572 页

10. 焦根德罗库马尔·丘多巴泰的回忆

……有一件事如果不提的话，对静修书院的描述就会是不完整的。我听我的同学提棱[1]说过，有一次他发高烧，罗宾德罗的夫人听说之后，就派一个仆人把他从学生宿舍接到她自己的身边。高烧持续了3—4天，那时候只能给他喝一些牛奶和西谷米粥。10 岁的男孩儿拒绝喝西谷米粥，罗宾德罗先生的夫人就坐在他的身边，一边用手抚摸着他的后背，一边向他解释说："我的小天使，我亲爱的，你吃一点儿吧，那样的话，你的高烧就会消失的。"就这样她一边劝说，一边让他喝西谷米粥。书院里某一个孩子病了，她都会把生病者接到自己的身边，亲自对患

---

[1] 提棱：提棱德罗纳特·贡戈巴泰（1893—1978）的简称，诗人小女婿诺根德罗纳特的二哥，童年是在圣蒂尼克坦泰戈尔身边度过的，他是一位多才多艺的艺术家，善于绘画和表演，又是电影艺术家，拍摄过许多部电影。

病的孩子进行照料护理。后来我发现，每当提梭在讲述诗人夫人往事的时候，他的眼里总是溢满泪水。

《国际大学的萌芽》，《侨民》杂志，1939年玛克月号，第510页

11. 绍多龙窖·巴苏的回忆

……暑假结束之后，诗人带领一家人离开什莱多赫，回到了圣蒂尼克坦。诗人夫人穆里纳莉妮女士，很喜欢亲自烹调食物招待其他客人。他们的长子罗廷德罗纳特和学校的同学们吃住在一起，所以，她常常为孩子们做午饭。可是她病倒了。她身体特别不好的时候，诗人就把所有的孩子带回了加尔各答。

《回忆罗宾德罗在特里普拉》一书中的《罗宾德罗纳特与特里普拉》一节，
《侨民》杂志，1940年帕德拉月号，孟加拉文版第86页

布罗金德罗基绍尔说："那是一次非常美好的体验——也是极好的感受。"他永远不会忘记诗人夫人的关怀和疼爱。诗人夫人为他做过多少种食物招待他，对待他就像对待自己的儿子一样。诗人也常常建议她制作各种各样的菜肴。更加奇妙的是，布罗金德罗基绍尔说过："诗人向夫人提供许多制作菜肴的方法。"他是何等快乐而又无拘无束地在什莱多赫度过了那些日子，今天回忆起来，他仍然感到很迷恋。特别是，通过诗人夫人的温柔的话语和亲切的呵护，他已经体会到自己成为这个家庭的一个成员了。

《回忆罗宾德罗在特里普拉》一书中的《罗宾德罗纳特与特里普拉》一节，
孟加拉文版第78页

……孟加拉历 1309 年（公历 1902 年）阿格拉哈扬月初七，诗人的夫人逝世了，当时她才 28 岁。虽然贤惠的妻子不在了，但诗人并没有停止为诗歌吉祥天女服务。罗宾德罗纳特那种感悟天神的不同寻常的品格是奇妙感人的。伟大的王子布罗金德罗基绍尔以满怀悲伤的心情给诗人写了一封信，他在信中清晰地表达了自己内心对诗人妻子的怀念之情，特别提到了他在什莱多赫度过的那些日子。他说："她是何等的慈祥可亲，她是多么快地接纳了我——在她那充满温情的纱丽的覆盖下，我们那虚假的贵族面具脱落了，直到今天我都深切地感受到她的缺失。"从加尔各答回到圣蒂尼克坦后，诗人就立即写了回信……

摘引自《现代》一书，第 105—106 页

12. 普罗摩特纳特·比湿的回忆

可以说，这所学校就是一个家庭书院。这里的学生也不像学生的样子，他们在这里主要是男孩子和女孩子，他们离开自己的家来到这里，加入了这个家庭书院，是为了读书学习，这就是她的观点。可以说，在圣蒂尼克坦的办学初期，这所学校就融入诗人的家庭。他的夫人就成为孩子们的母亲；罗宾德罗纳特的儿子和其他学生在吃住方面没有任何区别，教师们也加入了这个家庭。诗人的夫人去世之后，学生的人数增加了，这种家庭式的感情也就削弱了。但是这种家庭意识就是圣蒂尼克坦学校的一个主要特点。

在这里，需要讲一讲有关诗人夫人的一两件事。在罗宾德罗纳特伟大人格光辉的笼罩下，这位值得赞美的女人的天赋完全被掩盖了。但是，在创建圣蒂尼克坦学校的过程中，她用自己的协助、力量，甚至在艰难的岁月以变卖自己的首饰来帮助自己的丈夫，这种情况在家

庭生活中是很少见的。在这所学校创建的最初历史上，写下了他们慈爱温馨回忆的金色字符。如果诗人夫人还活着的话，这种家庭式的学校一定会更加美好。

《罗宾德罗纳特和圣蒂尼克坦》孟加拉文版，第141—142 页

相关资料

在罗宾德罗纳特的书信和个人谈话中，有时直接地、有时间接地提到了夫人穆里纳莉妮女士。他给自己的朋友普里耶纳特·森亲笔写了一封邀请函，请他参加自己的婚礼，信中显露出了滑稽和嘲笑，本书刊印了泰戈尔这封邀请函的手稿。这封邀请函除了寄给自己的朋友普里耶纳特·森，还寄给了某些其他朋友，从摘录如下的诺根德罗纳特·古普多的材料中就可以了解这一情况——

> "我参加了泰戈尔的婚礼。他寄给我一封很有特点的邀请函，在这封邀请函里他写到他的一位好朋友罗宾德罗纳特·泰戈尔要举行婚礼，这场婚礼是在罗宾德罗纳特自己的家里举行的，而且是一件很平常的事情，只有为数不多的朋友参加。"

（Nagendranath Gupta, "Some celebrities",
The Modern Review,May 1927,P543.）

到老年时，罗宾德罗纳特在写给梅特蕾伊女士的回信中以闲聊的形式谈到了他的婚姻，现从《罗宾德罗纳特在芒布》一书中摘录如下：

> "我的婚姻没有什么故事。嫂子们开始加紧逼迫我的时候，我就说：'你们想怎么做都行，我没有什么意见。'于是她们就去了杰索尔，我没有去。我说过，我哪里也不去，就在这里举行婚礼。所以婚礼就在焦拉桑科举行了。"
>
> "怎么，您没去杰索尔举行婚礼？"
>
> "我为什么要去呢？难道我一点儿尊严都没有吗？"
>
> "太傲慢了！"
>
> "就算是吧，她们都不是像你们一样的现代女人，所以就都来了！"

虽然他不喜欢谈论他的个人问题，但是他晚年在噶伦堡同梅特蕾伊女士谈论国际大学的时候，也常常涉及他的家庭和回忆自己的夫人穆里纳莉妮女士。现将相关部分从梅特蕾伊女士的《罗宾德罗纳特在芒布》一书摘录如下：

    ……我付出了如此多的辛劳才把这所国际大学建立起来。由于我缺乏办学的资金，难道就不能维持下去吗？你不知道，为维持办学还要付出多少艰辛——那些岁月是多么痛苦，那时候小媳妇甚至把她的首饰都拿出来了。四处借了很多钱，从家里做好饭菜，送给孩子们，没有谁肯资助孩子们——只好禁止别人雇车来上学。我从国内一些爱国者那里获得了帮助。而当时一个接一个的死亡悲伤接踵而至，这种痛苦的历史终于结束了。人们都知道，她是一位善良的好人。我已经成为一个完全没有财产的人，在我的生活中没有任何老爷似的做派。小媳妇也不得不承担起许多重担，我知道她对此事是不放在心上的。

梅特蕾伊女士写道：这些身体和精神方面的痛苦都是属于他个人的，对此他长期以来都一直保持沉默，很少听到他亲口讲述关于家庭生活方面的事情，不过，现如今他倒是有时会提起。特别是他常常讲起他开始在圣蒂尼克坦工作时候的那些往事，就仿佛他仍然面临着那种极其痛苦的局面。他不是苦行主义者，并且像其他诗人一样，不让生活飘浮在虚幻快乐的追求上。他还不得不承担起居家过日子的生活重担。他常常说：

    我们不曾成为像你们现在这样的大人物。我看现在你们还是感到不满足。我的薪俸只有200或250卢比，带回家后我统统交给小媳妇，就完事了。她高兴怎么花就怎么花，她管家里的生活，我从来不考虑这方面的事情。

    ……每个人所有的生活安排、读书学习、联姻嫁娶，甚至因三个孩子死亡而带来的悲痛，都由她一个人来承受。在她（穆里纳莉妮）死亡之前，贝拉就已经结婚。我做了所有的一切，但是我没有陷入家庭琐事之网，我远离琐事。我负责对孩子们的培养，对他们的教育，但是这仿佛就是智力方面的任务，我如同一般男人一样，做评论、宣传这种智慧方面的事情。为了让罗廷他们读书学习，就开始创办圣蒂尼克坦的学校。当时她当然还健在，并且也参与了我的这项工作，那时候我们不像现在孩子们那样极端，我们也没有举行现代化婚礼，也没有什么人来出席婚礼，我们只有一种很深沉的相互尊敬的关系。她很希望成为我圣蒂尼克坦事业的帮手，特别是现在，也就是在她生命的最后阶段，她特别热心地参与了我的工作。可是现在她不在了——不久她就患上了可怕的疾病。……

……她走了，当时我一刻也没有休息。圣蒂尼克坦的事业开始了，手里没有一分钱，债台高筑，我的压力很大，还有没完没了的事情要处理。当时没有以自己的苦乐为中心，关闭心灵之门，哪里还有休息的机会呢？二女儿躺在阿尔莫拉的重病病床上，我又不得不一次又一次地扔下她，去料理圣蒂尼克坦的工作，来去匆匆。可是，你知道最痛苦的是什么吗？就是没有任何可以对其倾诉这一切的人。家庭生活中的事情成堆，……听不到正确的建议，有的只是说说而已，只是为了说教。真想遇到这样一个可以对其倾诉一切的人啊，可是再不会有这样的人了。当生活的这场战争已经开始爆发，工作的负荷在增加，女儿正在走向死亡之路的时候，最痛苦的就是，没有这样一个可以向其倾诉一切的人……

当穆里纳里妮女士躺在濒临死亡的病榻上时，由于对即将面临死亡而感到忧伤和恐惧，诗人的内心变得如同刀绞般疼痛和不安。从诗人焦丁德罗莫洪·巴格吉所写的《罗宾德罗纳特与时代文学》一书中可以看到，在这种情况下罗宾德罗纳特是如何保持了非凡的忍耐力和男子汉的气概的，将其相关部分收录如下：

诗人的个人高尚品德和他的内心的世界，那时候我看到了，现在我要来说一说。这一个方面也如同他的天才一样，触动了我的心灵。诗人的夫人逝世的那一天我正在他的家里。如果突然进入一个即将死亡的病患者之家，就立即离开那里走掉，那是不符合我们孟加拉民族习惯的，也是不礼貌的行为。更何况当时鉴于我与诗人的那种关系，看到他家里女病人的这种状况就马上离开，也是绝对不可能的。整个上午我都坐在那里，昔日的种种景象呈现在我的心幕上，这些往事虽然久远，但我还是一一回忆起来，一个人不管多么伟大，都无法逃避命运之手，面对着病痛已无法判断大小或好坏之别的情况。就在那时候纳多尔大公久格丁德罗纳特也来到那个地方。

……诗人有时来到楼下，并且与大公说两句话，或者，如果医生来了，他就陪同医生上楼去了。他那些日子的形象留在了我的记忆里。他话语很少，他那张深沉而英俊的脸仿佛在竭力控制自己，眼里没有泪水，鼻子里也没有发出深长的叹息，微红的脸盘上呈现出一种犹如即将来临的阿沙拉月干旱无雨的僵木表情，时不时地表现出少许缅怀和无法言喻的痛苦形象。望着他那张毫无表情的脸，我就觉得，我不知道什么是难以忍受的痛苦，这种痛苦就深藏在他内心里。中午12点的时候诗人又去了楼上。大公也让我回到了我的住所。

穆里纳里妮女士过早去世后，诗人是如何承受着这种痛苦的打击的，我们可从当时迪内什琼德罗·森和大公的王子布罗金德罗基绍尔写给代博波尔马的两封信里了解到。现将这两封信从《泰戈尔书集第十卷》和《罗宾德罗纳特与特里普拉》(1961年版)两本书中录入如下：

儿童诗集的大部分诗歌都是为娃娃写的。在编辑该诗集的时候，这件事吸引了编辑摩希多琼德罗·森夫人的目光，罗宾德罗纳特得知后就给摩希多琼德罗·森写了一封信，在这封信中透露出诗人对穆里纳莉妮女士的怀念。现将此信相关部分从《国际大学学报》1971年迦尔迪克月号摘录并收入该书中。

泰戈尔家里的媳妇——诗人大侄子比棱德罗纳特的夫人普罗富洛摩伊女士，在《侨民》杂志1930年拜沙克月号上发表了《我们的往事》

一文中描写了作为家庭生活中的主妇穆里纳莉妮的品格，这一部分内容也很值得我们缅怀：

　　波卢的婚礼（1896）十分隆重。……我们的小妯娌穆里纳莉妮也参加了并且在各方面都给予了帮助。她很喜欢与亲戚、朋友欢聚，为大家做各种开心愉悦的事情，她那颗心很淳朴，所以家里所有人都很爱她。

普罗富洛摩伊女士的《我们的往事》，

《侨民》1930 年拜沙克月号

　　曼摩陀纳特·高士曾经谈到了穆里纳莉妮的表演（《诗人夫人穆里纳莉妮女士》，第 19 页）。印蒂拉女士所写的关于回忆舞蹈的部分收录如下：

　　《国王与王后》这部戏剧曾经多次上演过，其中第一次演出有一点儿特殊性。

　　……这栋房屋（比尔吉多拉）虽然狭窄，但它与我们当时的很多回忆有关。在它的一层宽敞的凉台上第一次搭建了舞台，并且演出了《国王与王后》。剧中的男女角色是这样安排的：

　　比克罗姆——由罗比叔叔扮演

　　苏米特拉——由我母亲（甘丹侬蒂妮）扮演

　　代博德多——由我父亲（绍登德罗纳特）扮演

　　纳拉扬妮——由婶母（穆里纳莉妮）扮演

印蒂拉·乔杜拉妮女士的《回忆罗宾德罗》

穆里纳莉妮生平年表

1874 年 3 月：出生于库尔纳县小南庄乡的福尔多拉村，父亲贝尼马陀波·拉伊乔杜里，母亲达卡耶妮。

1880 年：在本村学堂开始上学，读完一年级。

1883 年 12 月 9 日：结婚，当时她 9 岁多，而新郎罗宾德罗纳特 22 岁，在焦拉桑科的大哲大厦举行传统的婚礼。

1884 年 3 月 1 日：根据大哲指示，进入洛雷多之家学习英语。

1884—1885 年：在洛雷多学习 1 年。

1885—1886 年：根据罗宾德罗纳特的意愿，回到大哲大厦，跟随学者赫莫琼德罗·比代罗特诺学习梵语。

1886 年 10 月 25 日：第一个孩子贝拉（玛图莉洛达）出生。

1887 年：加入绍尔诺库玛丽女士组建的"女友会"和"艺术庙会"的"女子会"，被选为"女友"。

1888 年 3—4 月：跟随丈夫和幼女贝拉前往伽吉普尔居住。在这里泰戈尔创作了《心声集》26 首诗。

1888 年 11 月 27 日：第二个孩子罗廷德罗纳特出生。

1889 年 10—11 月：在诗人二哥绍登德罗纳特的家里（比尔吉多拉）第一次演出诗人泰戈尔创作的剧本《国王与王后》，穆里纳莉妮在该剧中很成功地扮演"纳拉扬妮"的角色。

1889 年 11—12 月：同丈夫儿女一起前往什莱多赫，住在帕德玛河上的"帕德玛"号船上。

1891 年 1 月 23 日：第三个孩子拉妮（蕾奴卡）出生。

1891 年 4—5 月：同丈夫及儿女们第一次前往圣蒂尼克坦，住在起初建造的楼房二层楼上。

1891 年 5—6 月：从圣蒂尼克坦回到加尔各答。

1892 年 5 月：第二次前往圣蒂尼克坦。

1892 年 11 月 7 日：带领孩子们同侄女印蒂拉前往泰戈尔二嫂甘丹侬蒂妮的私人住地绍拉普尔。

1893 年 1 月 12 日：第四个孩子米拉出生。

1894 年 12 月 13 日：第五个孩子（最后一个孩子）绍明德罗纳特出生。

1897—1898 年：第三次前往圣蒂尼克坦。

1899—1901 年：住在泰戈尔家族地产管理处所在地什莱多赫。

1901 年 4—5 月：第四次前往圣蒂尼克坦。

1901 年 6 月 15 日：大女儿贝拉与比哈里拉尔的儿子绍罗特琼德罗·丘克罗波尔迪结婚。泰戈尔的父亲大哲赠给新郎 10005 个卢比的嫁妆费，以此表示对他们的新婚祝福。

1901 年 8 月 9 日：11 岁 6 个月的蕾奴卡与绍登德罗纳特·婆达恰尔久结婚，大哲送给新郎 4 枚金币，以此表示祝福。

1901 年 8—9 月：第五次前往圣蒂尼克坦。

1901 年 10—12 月：第六次前往圣蒂尼克坦居住。

1902 年 3—5 月：第七次，也是最后一次前往圣蒂尼克坦居住，照顾静修院的学生们。

1902 年 6—7 月：在圣蒂尼克坦患病。

1902 年 9 月 12 日：回到加尔各答治疗。

1902 年 11 月 23 日：在焦拉桑科大哲大厦病逝，年仅 28 岁，泰戈尔当时才 41 岁。

第二巻

罗廷德罗纳特·泰戈尔（1888—1961）

泰戈尔写给长子罗廷德罗纳特

1. 你不要轻视自己

罗廷：

我相信，你现在的学习很好，并且你能全面谨慎地遵守各种规章制度。你是按照什么规则进行学习的，现在我没有这方面的任何消息。我希望你日夜都住在学校里。如果你经常来往于圣蒂尼克坦的家里，就会分散你的精力，你不要忘记你是学校的学生。面临着某科考试如果你都不积极准备而自由行动，不抓紧学习，那么，你自己就会受到很大的损失。长期以来你已经养成了严格的读书习惯，你应该仍然坚持那样做。你在绍迪什[1]身边学习用英语写作，如果你不练习，学习过的一些东西两天后就会忘掉的。现在你有一位很称职的文学老师，在这种机缘中你如果不能萌生掌握文学知识的渴望和情味，那么学习就会是失败的。你现在的年龄正是成长的年龄，现在你自己要做的，就是提高自己，不要沾染各种坏的毛病——这是我希望看到的。现在是我应该从各个方面摆脱出来、获得闲暇的时候了。我的生活幸福现在主要就寄托在你的身上，你的榜样和学识，你的品行和责任感，将会庇护我们现在的家庭。你要在自己的心里持有明确的好坏标准，不管别人说什么、做什么，都不要因此而动摇自己的信念。你不要让

---

[1] 绍迪什：绍迪什琼德罗·拉伊（1882—1904），诗人，国际大学有才华的年轻教师，可惜英年早逝。

走失的苦恼

现在那种老爷似的、追求享乐的、因财富而傲慢的迷茫心态触碰自己。你的生活应该简朴，不要应邀去王公贵胄之家，而应该迈步走进贫困人家的茅屋，不论去哪里，都不需要隆重接待你的场面，也不要因此而感到羞耻。外空而内实，才是印度的理想，你应该接受这种理想。

你不要轻视自己，不论什么东西，也不论什么人，都不要让他们改变你。当你在他们身边的时候，不要学习他们的样子，你自己应该身体力行，树立自己的一种形象。

迄今为止，在我们的家里以各种方式保存有伟大的理想，但在我们家里现在的男孩子身上，这种理想正在遭到破坏。现在我还看不到哪个男孩子适合承载我们家庭的荣誉。……我看不到哪一个有理想、有能力的人能把自己的国家变得伟大，并为此肯努力奋斗，努力学习。应该保护我们这个家庭，不要让其走下坡路。因此，不要去加入当今的政党，要在心里持有伟大的目标，自己应该做好承担伟大重任的各种准备工作。为此就需要学习、需要奋斗、需要克制、需要自我牺牲精神、需要坚持不懈地寻求外部合作和学习榜样。我们的国家是伟大的，你降生的这个家庭也是伟大的，我们的祖辈贤哲们是伟大的，你要时刻记住这一点，努力把自己变成一个有用的人，天神会帮助你的。

阿尔莫拉 汤姆逊旅馆
1903 年

2. 监狱成为文明社会中经常发生、无法预防的精神及生理疾病

亲爱的孩子：

让诺根德罗[1]去学习农学很好。在当地学习制陶技术不合适。在这里只有一个公司，而且由于缺乏资金，该公司的情况很惨淡，不能用自己的资金开展工作。因此，你带他去学习一些这样的科学，他就能够同你们一起工作。此外，诺根德罗因此会成为一个很有能力的男

---

[1] 诺根德罗：诺根德罗纳特·贡戈巴泰（1889—1956），诗人的小女儿米拉的丈夫。又简称"诺根"。1907 年 6 月 28 日赴美国留学三年之久，毕业后去英国和德国旅游，此时他向诗人讨要路费，所以诗人让儿子给他寄路费。他于 1911 年 2 月 3 日回国后，诗人让他在什莱多赫协助罗廷管理田产和农业银行。此人记忆力极好，但他极其自私，十分固执，不通情理，还有一些粗野无礼。他居住在焦拉桑科的时候制造了很多纠纷和不和。他又十分贪婪，私自动用泰戈尔家族的钱款和农业银行的钱为自己购买房产，诗人为此特别生气。米拉已无法忍受他的恶习，最后和他离婚，后去了英国，死于伦敦。

人，你要为此事特别尽力。……

为《政治家报》募集资金的活动已经结束，所以我不能再寄钱了。从现在起我也停止给《致敬母亲》报寄钱了。那是一种很好的报纸，可是如果把奥罗宾多·高士[1]关进监狱，那么，我就不知道该报的境况如何。看来，他不会从监狱里获释的。在我们国家的监狱里服刑，展现出人性的自己的特点。如果不能终止监狱的恫吓，我们的恐惧感就不能消逝。三四个人一起走进监狱，已经成为一种常态，一点儿都不会觉得有什么奇怪。就像我们患疟疾一样，有时我们遭受痛苦，有时我们会康复，有时我们还会死亡，监狱就成为我们文明社会中这样一种经常发生的无法预防的精神疾病和生理疾病。

我们学校现在已经有80名学生。大祭节假期之后，还可能会来30或40名学生。建立严格秩序的问题已经被提出来了，但是现在还没有建立起来。学校的很多规章制度较之以前成熟多了，教授和主讲教师的教学能力和觉悟都已经提高了，那些特别关心学生的教师，都在非常努力地工作。现在正值雨季，比较多的学生病倒了，为此教师们做了很多护理工作，遭受了很多痛苦，但是，他们非常轻松愉快地承担起这项他们不喜欢的艰苦工作，因此我们才得以摆脱这次极大的危机。……

愿天神赐福给你们。

罗宾德罗纳特·泰戈尔
1907年帕德拉月初九

---

[1] 奥罗宾多·高士（1887—1950）：出生在加尔各答，政治家、哲学家，印度国大党激进派领袖。1905—1911年积极参与了反对分裂孟加拉的运动，1908年被印度殖民地当局逮捕。

大自然

3. 如果不能完全习惯，生活就会成为痛苦的内容

亲爱的孩子：

昨天夜里，我们来到这里。来到这里后，感到很好。……

在你媳妇身上有很多好的东西，比如说能全面鼓舞大家，这本来是你的责任，如果你没有考虑到这一方面，那么以后你也不会有机会了。普罗蒂玛走进你的新家，现在在你要让她的生活转过脸来，让她沿着这条道路前进。所谓家庭生活，应该如何理解，家庭生活的理想是什么？首先在心里应该形成印象，这段时间如果能够轻松度过，如果不能使生活变成完全习惯的形式，那么生活就会成为痛苦的内容。我已经从财物和家庭生活中摆脱出来，这一切都是属于你的，你应该享受这一切，你应该承担起家庭的重担啊！如果你不将这一切置于个人利益和享受之上，而是将其建立在高尚的情感之上，从各个方面不知疲倦地唤醒你们自己奋斗的精神和力量，让你们的全部光辉在知识、修养和幸福中闪亮，让懒惰、痴迷、松懈、丑陋、混乱无立足之地，那么，我简直无法描述，将会出现何等宏伟快乐的生活。这种宏伟美好的生活，应该由你们两个人共同来建造，所以从现在起就应该沉思静想。即使我内心想为你们做些什么，现在对我来说也不可能了，也不会做好的，因为所有人都有自己独特的自由，自己生活和家庭的问题是不用别人来干预的。所有的幸福、痛苦都应该是由自己通过努力作为或不作为来营造——如果来自外部的任何思想进行强行干涉，那就会成为痛苦的原因，那样做是不会幸福的。我的生活领域是在别的地方，那个领域我已经建造起来，现在我还是应该继续建造，我的生命也会变得成熟的。对你们来说，这样的家庭才是属于你们的，你们自己要建立这样的家庭。应该从错误、失误中找到一条道路，并要沿着这条道路抵达自己要去的地方，任何人再来干涉你们的这种创作活动都不对，地方任何人都无权进行干涉。你是受过教育的，而且已经是成年人，你的工作领域也已经准备好了，这也正是你通过一次次新的考验，努力朝着使工作取得成绩的方向前进的年龄。考虑到这一切，我决定放手让你们亲自去做这一切，我也因此获得了闲暇休息的时间，我一点儿也不想妨碍你们的工作生活，我不应该从外部以某种形式把我自己的意愿强加给你们，如果那样做，一切就会变得复杂起来。将自己的影响力强加在我自己都不会享用的东西上面是没有道理的，所以你要完全按照你自己的心愿去安排家庭生活和支配财产，你根本不要顾及我这方面，发展了，是属于你的；衰落了，也是属于你的。你自己的世界，要由你自己创造，你要用这种方法发挥你的所有能力，你的幸福就蕴含在这里。

不过，有一点你应该记住。你已经完成了学业，已经准备收集生活道路上所需要的路费，已经走进了家庭生活，但是你媳妇还没有做好准备，现在她还没有经验，关于宇宙社会、关于她自身还缺乏知识，在这一方面你和她还没有站在同一个水平线上，所以你应该承担起提高她思想的重任，你要供给她生活所需要的各种食粮。在她身上蕴含有各种能力，你的责任就是不要让她的任何一种能力泯灭。在这里她是你的学生，你是她的导师，你应该把她作为一个人来全面地看待，不能够仅仅把她看作是家庭主妇和生活伴侣。在她身上具有一些特殊的能力，如果由于不尊重而使其中的某一种能力遭到损坏，那么她所有的品格就会受到打击——这一点一定要牢记。你不应该只从自己的兴趣、爱好和需要方面去看待普罗蒂玛，你应该让她自己全面地提高自己，这也是你要承担的责任。在普罗蒂玛内心里的深沉性格中有一种慈善情感，因此她就会有一种力量。从家庭生活方面人们不是每一天都能够理解她的需求，但是如果不去鼓励普罗蒂玛发展身上存在的这种情感，那么长此以往她所有的个性就会变得虚弱不堪和营养不良，你绝不要忘记这一点。

　　我再没有什么要说的了。愿你们的家庭生活美满，到处充满阳光，就让你们的家庭生活到处充满美好而幸福的圣洁之光，我完全相信，这也是我的希望。我已经把家庭生活的权利全部交到你们的手里。我衷心地祝福你媳妇：愿她的内心和外表闪烁着吉祥之光，愿天神的愉悦使她的整个生活幸福而美满，我的儿媳妇将会用她那双善于劳作的、不知疲倦的幸运之手消除她家庭生活中一切毫无生气的慵懒和丑陋，你要让她的家庭生活到处闪烁着幸福而高尚的理想之光。

罗宾德罗纳特·泰戈尔

1910 年拜沙克月 19 日

4. 我也一次又一次地做过错事，每一次都受到了惩罚

亲爱的孩子：

　　如果你们为了给予松多什[1]特别帮助而打算开办 Dairy 公司，那么，

---

[1]　松多什：松多什琼德罗·马宗达（1884—1926），诗人泰戈尔的文学之友、著名作家绍琼德罗·马宗达的儿子，曾在圣蒂尼克坦就读，后成为那里的工作人员。他是诗人泰戈尔之子罗廷德罗纳特的同学。他还是农学和饲养牛的专家。

我相信，你们还没有很好地进行全面的考虑。我们国家开办过很多大公司，没有哪一家公司获得过成功，其主要原因就是在相当多的情况下找不到可以信赖的人才。不论我们做什么工作，投入了多少资金，安排设施多么成熟，我们还是找不到合适的人员。因此，在一开始小规模地开展工作是合适的，最初不需要很多人，一开始就要获得用双眼观察所有工作的机会，并且要逐渐地培养人才。一切工作开始的时候，都需要花费很长时间进行考察，为了解工作的全部细节和遇见可能遇到的情况，最初是需要一些时间的。在其他国家他们投入了资金，可以等待20年，也许会亏损，可是如果能逐渐获得四分之三的利润，那么，他们都会冷静的。但是在我们国家任何人都没有这样的耐心，在某一天投入了资金，第二天就想伸手获利，如果有几天拿不到利润，那么就会萌生各种怀疑，就想换人，就会采取各种措施。一些人所占有的股份多，他们就总想插手公司的事务。从学校开始直到经商都是这样，我们的任何工作都没有章法。

你可能有这样的怀疑，松多什在这里所做的工作没有任何益处。查看一下账目，就可以看到，账目上我没发现没有收益。应该很好地查看所有账本和工作情况，如果发现没有希望，那么才可以相信那是毫无信心的结果。

这些话语从远处是很难解释清楚的，如果你把普罗摩特带到这里来，那么就可对所有这些问题进行适当的讨论了。你们也不认为，是我很希望把松多什束缚在学校里，这样就最好不过了，所以我们应该看一看。你们陷入一片争吵声中，就不能清楚地理解这件事，你们都幻想安排的场面越浩大，其效果就会越宏伟，有多少天我曾经陷入居民区的喧哗之中，我也一次又一次地做过错事，每一次我都受到了惩罚。我参加过很多次隆重的集会，我们自己人开设了国产货物的商店，遭受到比较大的损失。从印度储备基金会借了1000卢比，至今我都感到很后悔，国家教育协会已经公布了这一情况，现在我都感到汗颜。

我成为国家基金的一个主要借贷者，所以我觉得自己是个有罪之人。起初为做一件大事，就做了一些准备，每一次全国都充满信心，而后来就不得不为厄运感到羞愧。现在我已经能清楚地意识到这一切努力都以失败告终。现在我心里还有一点儿不怀疑的是，在我们国家，如果要想使某件事情获得成功，那就要独自小规模地开始做起来，避开人民的视线，慢慢地培育它壮大，这是最好的方法，也是顺其自然的途径。特别是那些缺乏资金的人，应该谨慎地做事，他们也没有能力承受学习做事付出的损失。一开始就让松多什卷入一场巨大的失败之中，让他陷入一场危机是不好的。因为即使无所作为，他在家里家外也都会受到责备的。我们是穷人，所以就怀有不可能实现的理想，这种理想由于不可知的原因如果无法实现，那我们就归罪于承担重任的人；如果出现亏损，比如瘟疫导致牛的死亡，或者发生某种不幸事件，那么，大家就会说，松多什什么都不懂，他是个骗子。这种责任难道就应该都推到他身上吗？某人很自由、很平静地开创了某一项事业，当对这项事业不再担忧亏损的问题，而且确实有获利希望的时候，邪恶的野心就紧随担心者身后，我不认为这是好现象。

你就吩咐人把诺根德罗的路费寄过去吧。你来的时候把米拉也带来吧。

罗宾德罗纳特·泰戈尔

1910 年 4 月 7 日

5. 应该努力改造不好的土壤

亲爱的罗廷：

听说你带你媳妇已动身前往什莱多赫，我很高兴。你们走的是达姆科迪亚大路呢，还是经过库斯蒂亚？你们一定要乘船来。我们都在河边沙滩上，你们是否也来这里呀？中午的时候，坐在木船里会觉得很热，在上面的甲板上铺上干草，要经常洒一些水。那些历史书籍如果在米拉那里，现在就不要寄给我了，等我回加尔各答时我再到她那里去取吧。

你们要为实验室购买发电机一事不会有什么困难，你要了解它是多大马力，去问一下焦格绍尔，大概他会告诉你的。同时还要购买双份灯具、风扇、水泵。

巴特纳大学的历史学教授焦杜·绍尔迦尔来了，他告诉我，在戈亚有一片土地不长庄稼，所以荒废了，什波普尔的一个学生考察了土壤，在那里种植了凯沙里豆子，获得了丰收。现在他四周的农民在他们那些撂荒的不好的土地上种植凯沙里豆子，获得了很好的收益。在你们那里还没有考虑土壤的问题，应该努力改造不好的土壤。在那些非常缺水的地方种植澳大利亚的一种什么树，在印度的某些地方获得了特殊的成效，这种树还是牛的饲料。如果能知道这种树是什么，就可以在波尔普尔地区努力种植。

我不知道松多什突然收到电报后前往加尔各答做什么去了。经过仔细考虑，我现在知道，松多什在波尔普尔也可以很容易地找到获得月薪 200 卢比的工作。在这样的地方，在某一家公司里做事合适吗？从小事做起，经过自己的努力逐渐地做成一项大事业，是需要接受相应的教育的。首先，投入很多资金，以确保他获得相应的利润，是需要疲于奔命的。研究印度的情况是需要时间的，而在这段时间里，庞大的资金是不愿意白白坐等的。……

爸爸
1910 年

6. 我很想知道陶器能否以家庭作坊的形式进行生产

亲爱的孩子：

在波尔普尔有一家稻谷脱皮加工厂，我们这里特别需要引进这样的工厂。这个乡村是稻谷之乡，这里生产的稻谷要比波尔普尔多。

我想以5—10卢比为一个股份合伙耕种这里的土地，如果这个工厂能够开办起来，那么就可以同他们一起开始做些相关的工作。从我们的银行贷款，在这里就可以很容易地进行稻谷脱皮加工工作，诺根德罗和贾诺基两个人都相信，他们是能胜任这里的这项工作的，而且这项工作是会对佃农们有益处的。

你去看一看那家工厂。

我想过，以后可以让这里的农民学习一种什么手工业技术。在这里除了稻谷，不产别的东西，他们这里只有黏性很强的黏土。我很想知道，陶器这种东西能否以家庭作坊的形式进行生产。你去了解一下这方面的情况，也就是说，用一个小型焚烧炉让一个村子的人一起做这项工作是否可行。穆斯林使用这种陶器，他们如果能够制作这种盘子、碗等等，那就好了。

还有一件事，那就是教农民学习做伞。如果能够找到一个能教农民学习做伞的人，那么就可以在什莱多赫地区开展这项工作。

诺根德罗说过，要是能在这里找到会做苫盖房顶陶瓦的陶工，那就会很有益处。人们想用铁皮盖房顶，可是搞不到，如果能够得到瓦，就方便多了。

不管怎样，你要去打听一下有关稻谷脱皮加工厂、制造陶器的转盘和制造伞的教师的消息，不要忘了。

明天我要去拉多亚尔分部视察，从那里再到迦摩达分部看一看，星期四可能出发去什莱多赫。

罗宾德罗纳特·泰戈尔

1911 年或 1912 年

7. 美好的关爱会涤荡尘世生活的一切污泥浊水

亲爱的孩子：

一来到这里，我那种难以忍受的疲惫和虚弱就消失了，我很多天都没有得到如此沉静的安逸了，我到处转悠去寻找这种东西，可是这种东西就在我身边，在生活的喧嚣声中我却把它忘了。一段时间以来我就觉得，死神已经向我射来了最后一箭，我告别尘世生活的时刻到来了，可是死亡者的影子也是不朽的，这么多天以来，我认识了不朽。遗憾的是，14 日我又要离开这里去发表演讲，现在所有这些集会、发表演讲根本就不是我的工作，这个问题我又无法向别人解释。所有人都认为，这是尘世生活的需要，但是贪欲者们不知道，还有一种比这种需要更大的需要。我承认被束缚了，但是现在我也不懊悔。

愿你们两个人的生活新颖而无瑕，愿你们的结合神圣而幸福——你们美好的关爱会涤荡尘世生活底层的一切污泥浊水，愿你们就像荷花一样向着开阔的天空之光亮的方向全面绽放——这是我的真诚希望。如果你们在一昼夜间连一刻都不能把自己奉献给比自己年长的人，如果你们在四处转悠过程中所有的时间都只在照看自己，那么你们就会遭遇可怕的骗局，自己的所有财产就会减少，最后丧失殆尽。你每天都应该从天神那无尽的怜悯宝藏中获取力量充实自己的心灵和生命，应该对天神说："请向我展现您那怜悯的外貌吧，请赐给我幸福！"否则的话，最后什么都保不住、什么不会有。

你们的轮船何时起航，你们是否得到了确切消息？麦克米兰人的那笔款若没收到也不必担心。既然我们已经授权普罗摩特为代理人，这个时期就应该让他进行学习研究。……

在船上、路上和码头上时刻都要穿好衣服，你就穿我那套适合夏天穿的棕褐色或炭灰色的衣服吧，那套黑色礼服被邀请时再穿。如果要对那条双层厚披肩做修补，那就将它染成棕色，还要把我的一条围巾带来，把它围在脖子上，就看不到里面的衣服了。

帕德玛河的河床变得很宽。现在到这里来，先坐汽船到巴布纳，然后再乘木船来这里就方便了。坐轿子比较辛苦，乘坐木船大约只有两天的路程，今天上午我就待在木船上。

我们应该保留德欧科尔的那块土地并且再向其周围扩大 10 英亩 [1]，我希望在那里为我的病弱的学生们保留一块呼吸新鲜空气的地方。

爸爸
1912 年

8. 要记住请裁缝的事

亲爱的罗廷：

如果决定演出《拜贡特的书稿本》[2] 而不演出《征服》，那么，从今天开始就可以进行排练了，也就是说，应该完全把台词很好地背诵下来。如果决定演出《征服》，那就由奥吉特 [3] 扮演老妈妈也行。

---

[1] 英亩：英美制地积单位，1 英亩约合 4046.86 平方米。

[2] 《拜贡特的书稿本》：和下面提到的《征服》《初春月圆日》都是泰戈尔创作的剧本。

[3] 奥吉特：即奥吉特库马尔·丘克罗波尔迪（1886—1918），出生于现在孟加拉国的弗德普尔，圣蒂尼克坦学校一位多才多艺的年轻教师，在文学、歌曲、表演等方面都很出众，1904—1910 年在圣蒂尼克坦工作，是泰戈尔传记的最早作者，写有《罗宾德罗纳特》和《诗学巡考》，是关于泰戈尔的两部重要著作。

如果可以让奥吉特参加《初春月圆日》的演出，也不坏——演唱就方便了。利用这几周的假期让他到波尔普尔来行不行？我在想，要是让他扮演琼德罗哈什[1]就挺好。这一次唱歌的人应该多一点儿。

我已经考虑过了，今天让绍莫[2]的舅舅同我一起回来，再也不能耽搁了。因为他们都不来，谁演什么角色就定不下来。明天要派他与苏堂殊一起去。需要两三个人伴奏，你不要忘了。要记住去请裁缝，需要制作帽子。

罗宾德罗纳特·泰戈尔

1915 年

9. 找一找我那本写有诗歌的白色笔记本

亲爱的孩子：

我的那本写有诗歌的白色笔记本找不到了，你找一找看，我是否放在加尔各答了。那里面写有很多首新诗，我没有复制本。看来应该给卡罗麦科尔爵士准备一把伞，因为他来时正是炎热的时候，如果他出来视察学校，那么是需要打伞的。

Sylvain Levi 给剑桥大学的教授安达森写了一封信，我复制了那封

---

[1] 琼德罗哈什：《初春月圆日》中的人物。

[2] 绍莫：指绍门德罗纳特（1901—1974），泰戈尔大哥的孙子，即苏廷德罗纳特的长子。

信的这一部分，你送给普罗摩特和莫尼拉尔看一看：

I have not yet,I think,thanked you for your paper translated from Tagore's Bengali.I perused it with great pleasure.I am telling only the plain truth when I say that.I have never seen anything about metric that can compare with it.It is full of original and deep thoughts and if ever we enjoy peace again,I shall try to write a note on it,as the subject it peculiarly interesting to me.

（我想，我还没有感谢你把泰戈尔的孟加拉文作品翻译成英文。我怀着十分愉悦的心情仔细地阅读过了。我现在说的只是朴素的真理，我要说，我从来没有见过任何可以与之相媲美的其他韵律。它充满了原创的深沉思想，如果我们还要享受和平，我就要写一个评论报告，将其作为对我来说特别有意思的主题。）

这些东西现在还没有收到。

罗宾德罗纳特·泰戈尔

1915 年 3 月

10. 即使你在外骑自行车，我也会害怕

亲爱的罗廷：

最近几天来，我心里出现了一种烦躁的情绪，这是一种身体的病态，这种情况在我身上逐渐变得清楚了。我觉得其原因有两个。

首先，近几天来，毫无疑问，我患上了一种神经衰弱症。当我的耳朵和头部右侧感到疼痛的时候，我就意识到这不是一种好的兆头。不论我做什么事情，我都十分努力地去做，但是心里却毫无缘故地感

到一种深切的疼痛和不安。

此后尤楠大夫为此给了我一种药 Aurum（欧润），具有很强的缓解作用，我不理解他为什么给我这种药。

迦乃先生[1] 说，这种药会损害我的身体。我相信这种药的效果，我耳朵的疼痛确实消失了，但是这种药在精神方面的效果却缠住了我。我将精神方面的症状写在下面：

Melancholy,with inquietude and desire to die.Irresistible impulse to weep. Sees obstacles everywhere.Hopeless,suicidal;desperate.Great anguish. Excessive scruples with conscience.Despair of oneself and others.Grumbling, quarrelsome humour.Alternate peevishness and cheerfulness.

（忧郁，带着不安和想死的愿望，到处都是障碍，怀有绝望，有自杀的绝望、极大的痛苦、对自己和他人感到绝望，抱怨、争吵、幽默，时而乖戾，时而欢快。）

在治疗病案中记载了我身上出现的所有症状：死亡的念头和死亡的愿望昼夜都在缠着我。就觉得我什么也没做，而且也不会做，我的生活一开始就是痛苦的，对其他所有人都是冷漠的和漠不关心的。后来我去了拉姆戈尔，从那时起我的良心一直受到可怕的打击，关于学校、地产、家庭、国家等方面，我都没有尽到一点儿责任，我毫不犹豫地抛弃了我所拥有的一切，完全变成了一无所有的空壳，而且将我家的所有人拖入了完全彻底的被抛弃之列；我对自己的一无所有和家庭越来越厌恶，而且我一直觉得，在这种生活中我没能实现自己理想的时候，我就应该死去，应该用新的生命再去进行新

---

[1]　迦乃先生：迦乃拉尔·古普多，那时圣蒂尼克坦国际大学的教授。

的奋斗。我的内心里弥漫着这种深沉的黑暗，所以我对于我非常喜爱之人的诸多不友好和不幸的念头不断地在我的幻想中一次又一次起伏翻腾，我无法使其平静下来。

你们的家庭生活会美满、会圣洁的，会成为实现仁爱的家庭生活，我儿媳妇作为家庭的吉祥仙女，会使你们的家庭充满玉液琼浆——我一直怀有这样的希冀，所以当我的心态被扭曲的时候，我就无缘无故地、毫无证据地开始觉得，正是在那里，我的愿望失败了；就是在那里，仿佛某个敌人闯了进来。我就觉得，你所做的一切仿佛都是出于某一种痛苦、出于一种缺憾。像这种浑浑噩噩的心态，我从来都不曾有过。相反，我是一个能自然保持镇静心态的人。我对你们任何人从来都不想入非非，因此从你们童年时代起，我就给你们无数的自由，可是现在我的心里却萌生了极大的恐惧，即使你在外骑自行车，我也会害怕，你会跑到什么地方遇到危险，要是你稍晚一点儿回来，就会觉得你遇到了什么危险。我想不明白，那种冷静而无忧无虑的心态怎么会突然变成这样子呢？现在我的心绪完全朝着相反的方向驰骋——就这样日日夜夜抓住你们不放，这真是毫无道理的和可笑的。因此心里就萌生出对自己的蔑视。长期以来，按照我自己的性格，我主张让每一个人都走自己的路，但是今天我却强迫你们为实现我自己的理想而开始表现出一种强烈的焦虑，这是非常令人惊奇的。昨天晚上有片刻时间我看到了，透过这种黑暗出现了一缕光亮。我相信，从现在开始我会摆脱这种可怕的幻觉之网，重新恢复我的本性。今天我仿佛从外部看到了我的这种患病症状超越我本性的几种情况，翻开 *Materia Medica*（《药物治疗》）一书，看到了这种 Aurum 药物产生的症状与书中的描写是一致的，我彻底惊呆了，书中的描写完全符合我的症状。我一直想自杀，生活中我感觉不到一点儿乐趣。我所接触过的一切仿佛都被我撕得粉碎、被我抛弃掉了。怎么会成为这样一种完全被颠倒的人呢——这是我的一个新的体验—— 一切都被罩在一个噩梦的大网里了。你们不要害怕，我不会崩溃的，这种药物还在我的体内。你告诉我儿媳妇，叫她就像对待她的一个病孩子一样来看待我，并且要心里明白，我对我在这种状态下所做的一切是没有责任的。不过，在这种迷幻的状态中我给她带来的痛苦，我是永远不会忘记的，但是当然也要让我儿媳妇心里知道，这个人并不是我。你们不要再为我担心。几天来我平静地坐在苏鲁尔的屋顶上，毫无疑问，我还会让我那恒久的心绪回归的，我曾经朝着死亡的洞穴方向走过，毫无疑问，我还会重新走进从里面射出来的阳光里。

罗宾德罗纳特·泰戈尔

1915 年

11. 在放弃生命之前，我应该使它完美

亲爱的罗廷：

我已经来到了什莱多赫。……

过了很多天之后，又接触到流水和碧绿的田野，获得了宁静，我仿佛又恢复了自己的本真，我想在这里长时间住下去。住在寂静之地，大自然之手的呵护对我来说是很需要的——因此，我的心灵如此焦躁不安，渴望冲破生活和家庭的一切罗网，逃往遥远之地。对我来说，就非常需要某一个陌生的遥远之地的宁静，所以，尽管前往日本等国的建议一次又一次受阻，但我的心灵还是不停地转悠。我已经过了同家庭一起奋斗的年龄——在放弃生命之前，现在我应该使它完美。

如果我要在什莱多赫住上比较长的时间，那么，就需要一些书——这一次我带来的书很少。你去找找下列书目，能找到多少，就给我寄来多少。

Viscount Haldane's "The Pathway to Reality" 2 Vols（霍尔丹勋爵

的《通往现实的道路》（2卷））

The Gifford Lectures（《吉福德讲座》）

The Interpretation of Radium, by Frederick Soddy（《镭的解释》，
弗雷德里克·索迪 著）

Recent Advances in the Study of Variation——Heredity and Evolution,
by Robert H.Lock（《变异研究的新进展——遗传与进化》，罗伯特·H·洛
克著）

这些书籍的出版者是 John Murray（约翰·默里公司）。New Man
（《新人》）在那里你当然找不到，你去台卡罗书店探听一下消息。

你们的俱乐部，还有学校，现在运行得怎么样？缤纷剧场的工作
进展得很好，因此你就想逐渐地放手了。你是否收到了 Woodroffe（伍
德罗夫）的回信？

罗宾德罗纳特·泰戈尔

1915 年 7 月 18 日

近日我要寄信给迦瓦古吉[1]，打听一下他的地址，快点儿寄给我。

12. 我的讲演将被提供 12000 美元的报酬

亲爱的罗廷：

从美国发来了一份电报说，将为我的讲演提供 12000 美元的报酬。
我已经写了回信，确定了去美国的具体计划。我现在意识到，之所以

---

[1] 迦瓦古吉：Kawaguchi（川口），日本旅行家，写过一本关于西藏的书。

已经确定去那里，是因为我就不必为花费担心了。我已经决定要去美国，而且还要带安德鲁兹[1]去，否则，对我来说，遇到的麻烦会很大的。应该走太平洋，借道日本比较便宜和轻松。因此你去打听一下消息，快一点儿给我们订两张去日本的船票。拜沙克月初一的次日我从这里出发。预订轮船舱室总共需要 200 卢比，你去筹措吧。

罗宾德罗纳特·泰戈尔

1916 年

13. 海风对我很有益处

亲爱的孩子：

随信一起寄去了关于仰光的描述，你把它寄给普罗摩特。星期三下午 4 点的时候我们又回到轮船上。几天来我们一直生活在 P.C. 森一家人的关爱之中。我曾经多次想过，这一次很好地参观了缅甸，觉得很惬意，就再也不想去任何地方转悠了。这里的乡村有很优美的地方，在这样的地方走到某一座佛教寺庙的旁边，如果能够静静地坐下来，我就会获得很惬意的安宁。

有两个挪威人登上了我们的轮船，他们要到新加坡去，和我们同住在一个舱室里。这样除了对我们提供方便之外，倒没有什么不方便之处。船长把他自己的浴室等设备都让给了我。那里很舒适，那个房间除了我任何人都不准使用，船长也不用，所以就太方便了。这几个房间都在甲板上面，所以除了吃饭的时间，我就不必到下面去洗漱。两个挪威人也很善良，他们对我说，在这种战争时期，经过塞尔维亚、

---

[1] 安德鲁兹：指查尔斯·傅立叶（1871—1940），英国人，阅读英文版《吉檀迦利》后十分喜欢，随后成为泰戈尔的追随者。他抛弃国内高工资和优厚待遇来到印度任教，参加到国际大学教学等工作中。

沐浴归来

罗马尼亚前往挪威、瑞典是最方便的，因为现在根本就没有旅游者。此外，这里的铁路线路离战场比较远。每个人的花费才将近600卢比，不过，如果不能在美国赚些钱，走这个路线也负担不起。

离开仰光到现在为止，大雨一直下个不停，从今天上午起，天空放晴了，而且显得很美，和风吹拂着，大海很平静。

穆库尔[1]在很好地工作着，在大海上他没有任何不舒服的感觉，所以他就很投入地进行工作。皮尔逊[2]也在很努力地工作。安德鲁兹特别投入，但是如果皮尔逊不投入，一切到了安德鲁兹的手里就会变得杂乱无章，我对此是无法忍受的。

---

[1] 穆库尔：穆库尔琼德罗·戴（1895—1989），是著名画家奥波宁德罗纳特最喜爱的学生之一。最初他跟自己的母亲学习绘画，后来进入圣蒂尼克坦美术学院担任绘画教师，1916年陪伴诗人泰戈尔访问日本和美国。后来成为著名画家。

[2] 皮尔逊：指威廉·乌因斯坦利（1881—1923），英国人，曾经在牛津大学和剑桥大学攻读科学和哲学，后来在加尔各答教会大学任教。结识诗人泰戈尔后，抛弃优厚的待遇，来到国际大学执教，成为诗人好友，一生追随诗人，学习孟加拉语和泰戈尔文学，翻译过诗人的一些诗歌和《戈拉》等著作，陪同诗人访问过欧洲、亚洲、美洲的许多国家。1923年在意大利旅行时不幸从火车上坠落身亡。

今天傍晚的时候，预计到达槟城（乔治市），明天全天都待在那里，傍晚的时候又要动身。从现在到抵达日本之前又要面对大海的寒冷了。这种海风对我很有益处，因此大概我的身体也会变得强壮一些。

在阿拉哈巴德的时候，我曾经给金达摩尼先生[1]写过一封信，同时把它放在布尔了，你通过印度快递按照阿拉哈巴德的地址寄出去吧。

罗宾德罗纳特·泰戈尔

1916 年拜沙克月 18 日

14. 我开始翻译《牺牲》和《国王与王后》

亲爱的罗廷：

按照计划昨天夜里就会抵达香港码头，可是由于起初海水的逆流很强，此后从昨天起频繁地下起雨来，所以今天上午轮船还没有到达香港，可能下午的时候会到达的。

我尽可能不睡在舱室里，我已经习惯睡在甲板上，如果去下面，我就会气喘吁吁。昨天夜里一直这样下着雨，哪里都找不到躲避的地方，我躺在床上，左右翻身折腾了好久，然后站起来唱歌，在夜里 1 点半的时候，我实在找不到别的办法，索性走进舱室里躺下来。

今天上午，雨还在继续不停地下着，看到这种情况，在这种阴雨天，我就不想下船去逛香港城了，皮尔逊和我的那位伙伴当然还是会下船去城里转悠的，不管是暴风雨还是发生什么情况。我不晓得，我的某一位朋友是否会被拘留。如果被拘留了，他也会很快地转悠回来。看来，某一家报纸的编辑可能会见我的。

轮船离开香港要开往上海。也就是说，再过 9 至 10 天我们才会

---

[1] 金达摩尼先生：金达摩尼·高士，《印度新闻》的业主。

到达日本。船长说，6月1日我们会到达日本。即使延迟到达，我也不会有什么意见。因为走海路（除了暴风雨）要比乘汽车舒服。这几天，我是在平静和安逸中度过的。我开始翻译《牺牲》和《国王与王后》——当然我做了很多压缩和删改。这次海上航行如果能够持续很多天，我就可能翻译很多的作品。在日本停留的时间有限，因此在离开日本之前，我就不会有在那里撰写讲演稿的时间了——看看吧。

我与这艘轮船的乘务长进行了一次问答对话，我把这次对话的打印稿寄给你，如果你感兴趣的话，你可把它寄给《绿叶》杂志发表。到达日本后可能会得到你们的消息，因为书信在这艘轮船达到之前很早就到了。转达我对你媳妇和米鲁的祝福，代我亲亲娃娃。

罗宾德罗纳特·泰戈尔

1916年杰斯塔月初九

15. 她们跟着我的车子奔跑

亲爱的罗廷：

刚才收到你们的来信，我就放心了。今天这里的佛寺欢迎我去瞻仰，明天我们应邀要去横滨，在那里应酬所有这些事情需要很长一段时间。今天从寺庙里出来的时候，我看见一群女孩子站在大街上，我向她们问好之后，她们非常高兴。她们跟着我的车子奔跑，我们把车子一停下来，她们就十分热情地把我们的车子围起来。这里的姑娘们都很优秀、很坦诚，而且具有一种温柔美和虔敬的情怀。今天我在寺庙里用孟加拉语发表了演讲，请木村将其翻译成日语。日本的学生对我表现出极大的热情。在这里所有人都说，我的到来、谈话和演讲给日本带来了一股清新的激流，东京大学各学院的院长对此也都深信不疑，听了我的讲演，大家都很受鼓舞。我在这里的艺术学院还做了一次关于艺术的讲话。我现在把这个讲话稿寄给你们。你寄给普罗摩特，让他翻译成孟加拉语在《绿叶》杂志上发表。你争取最好也能在英文 *Modern Review*（《现代评论》）上发表。我还撰写了一篇比较长的讲演稿。*Kokko* 杂志以前出版过的那几期我要是能够搞到就好了。一个箱子已经完全装满了，而且很重啊。你们的缤纷剧场还存在吗？是怎么运作的？写信来说说。这一期的《绿叶》，我怎么没有收到啊？愿天神赐福给你们。

罗宾德罗纳特·泰戈尔

1916 年杰斯塔月 31 日

16. 这里集聚了很多人来听我演讲

亲爱的罗廷：

因为达罗卡纳特·泰戈尔小巷——这个地址太长，我们从这里发电报的时候，就发往圣蒂尼克坦，所以你们要去久格达侬德[1] 那里获取我们抵达的消息。我们去美国的时间推后了，9 月 15 日从这里动身。从美国给我的代办处（Lyceum bureau）发来的电报说，在 10 月之前到达美国，就会有损失。每一次讲演大约可以获得 1500 卢比的报酬——如果我能讲四次，那也不坏。我已经开始撰写讲演稿了，在我现在所住的这个地方，我得到了犹如国王所受到的那种关照。我从来都没有想过，我会来到如此美丽的地方，他们让我在这里住到 9 月之前，为此做了紧凑的安排，即使去了别的地方，也要赶紧回来。我要把穆库尔[2] 留在日本——在这里有很多东西需要学习。安德鲁兹要回国。我

---

[1] 久格达侬德·拉伊（1869—1933）：教授科学知识的教师，也是诗人知名的家庭教师。
[2] 穆库尔琼德罗·戴（1895—1989）：国际大学美术学院的学生，1916 年陪同诗人访问日本，后来成为著名画家。

带绍门德罗和皮尔逊去美国，就可以了。……今天我前往东京一所私立大学发表了演讲，这里集聚了很多人来听我演讲，这些人都说，我的演讲对他们特别有帮助。

那个 *Kokko* 杂志每一期一印出来，这里的一位富人就会送给我的，不需要去购买。这里的一些杰出的绘画应该复制，为此大概需要花费上千卢比。

6月15日我通过"土佐圆号"邮船把几件东西寄回去了，你去打听一下消息。船长是我的老熟人，你都收到了什么东西，告诉我。我祝福你！

罗宾德罗纳特·泰戈尔

1916 年

17. 全世界都应该正确地了解我们的国家

亲爱的：

今天是8月22日，8月31日我们将动身去美国。在这个日期安德鲁兹正乘船回国，你会从那里获得关于我们的所有消息，通过"土佐圆"号邮船一次寄给你很多东西，你收到了其中的什么东西？我需要知道消息。我本来想让我的伙伴同安德鲁兹一起回国，但是他不想离开我，我想过了，就让他看看这个世界吧，那样他就会成长为一个真正的人，我的未来也需要一个扶持我的人同我一直在一起，他就能为此做好准备。这期间画了一两幅日本风格的画，这里的绘画大师们看了都很赞许。我们新孟加拉绘画艺术还是有一点儿长处的，需要勇气将其发扬光大，这种想法一次次在我的心中萌发。我们都倾向于从

无形象的他

很小的方面做起。横山大观[1]和下村观山[2]的画作一方面尺寸很宏大，另一方面又非常靓丽。周围环境没有什么东西，画家头脑中的理念最清晰而有力地在画布上表现出来了，欣赏这种画不需要集中精力去观看。看不到什么地方有昏暗、模糊不清和各种色彩混杂的现象，大幅雪白的画布上有很多的空白处，其中有一幅画表现得很有力度。依德拉尔如果来这里，他一定会理解这方面的情况。很需要他们中间有人来这里呀，否则，我就担心，我们的艺术会成为躲在角落见不得人的东西。格戈嫩德罗纳特和奥波宁德罗纳特他们俩哪儿都不去，但是难道依德拉尔也没有可能来吗？来到这里之后，我就明白了一个情况，在绘画领域没有人能够与他们相媲美。今天我们在横山大观家里做客，看了穆库尔的画儿，衡山大观非常高兴。他说如果穆库尔在日本留学两年，那么，他就能成为一位著名的绘画艺术家。也许，结束美国－欧洲之行后，我们还要经过西伯利亚的铁路再一次到这边来，因为在这一次出行中我还要到中国去看一看——我从那里多次收到了邀请。两个月后这里一位名叫"新井"的优秀的艺术家要去加尔各答，你要安排他住在缤纷楼里，至少6个月。你可以让他住在新家一角的那个房间，还可以让他和你们一起用餐，每月应该向他提供津贴100卢比。你要告诉奥波宁德罗纳特，6个月支付给他600卢比不算多，不过，如果依德拉尔他们肯向那个日本画家学习在很大尺寸的画布上用日本的毛笔作画，那么，我们的绘画艺术就会有很大的提高。那位日本画家的愿望是，他要把画印度画作为他生活的一种追求。如果他住在你们那里，那么在这项事业上是会对他有很多帮助的。困难的是，这个人不懂英语，你们的日本雇员可以为他做翻译。此外，在教授绘画的

---

[1] 横山大观（1868—1958）：日本近代著名画家。1889年起受业于东京美术学校（现东京艺术大学）日本画系，并师从桥本雅邦等人，特别受校长冈仓天心的垂青。
[2] 下村观山（1873—1930）：日本著名画家，为东京美术学校（现东京艺术大学）的首届毕业生。毕业后留校任教。1898年随着校长冈仓天心辞职，下村观山与横山大观及菱田春草等创立了日本美术院。

过程中，画笔的实际操作要比语言更有用。如果你们喜欢他，那么你们可以留他一年或两年，那样的话，学生们都会成为握画笔作画的大师了。我复制了下村观山和横山大观的两幅大型画作——需要花费大约 1500 卢比——我会从美国把钱款寄过去的。但是我知道，应该把这种大型的屏幕般的画作放置在什么地方，当然，放在缤纷楼的大厅里是不会有什么障碍的，但是所有这些东西日夜混杂在一起，画作会被毁坏的，特别是在阴雨天不要将其放在外面。新井会告诉你们应该如何保护绘画作品。这批画作复制完，大概今年就会运过去，然后我就会安排寄给你们，很想和安德鲁兹一起将很多东西寄回去。你告诉我，你已经收到什么和没有收到什么。我从这里获得了一些暗示，看来美国人对我的讲演是充满热情期待的。我拿到这笔钱款，首先要偿还给安德鲁兹三千卢比，还要偿还达罗克先生[1] 从大学借来的那三万卢比，为此我们还要支付百分之八的利息。我把欠款寄给你的时候，你不要用于其他方面的开支。你寄来的那三千卢比我已经收到了，但是那笔钱是作为购买麦克米伦书籍的款项。麦克米伦付给的那笔钱款，你收到没有？

久格达依德一个时期写信来说，学校的那套厨房灶具完全不能用了。你去查看了一下没有？如果还能够正常使用，那我们就特别省事了，否则就要白白花掉很多钱。

最近三四天内我们要到这里的一所女子学校去做客，我们大家都很好，我非常喜欢日本这些女孩子，像她们这样的女孩子，我在任何地方都没有见到过。我有一个强烈愿望，这次回国后我要在苏鲁尔的家里开办一所很好的女子学校。在美国如果销售书籍能获得足够的钱款，而且如果我能将其带回国，那么我还是会做这种工作的。不过，看来在我生命结束的时候，全世界都应该正确地了解我们的国家，对

---

[1] 达罗克先生：达罗克纳特·巴利多先生。

我来说，如果对印度的幻觉完全被打破，那就好了。……就让天神赐福给你们所有人——这是我的希望。我有关绘画的想法，你告诉奥波宁德罗纳特他们吧，并且转达我对他们的祝福。

罗宾德罗纳特·泰戈尔

1916年帕德拉月初六

18. 很想买一套理想的餐具寄给你

亲爱的罗廷：

你将这些信件按照相应的地址分别寄出去。通过安德鲁兹的手寄给你的那些信件收到了没有，望告。奥迦库拉[1]小姐送给我一个非常好的做米饭的锅，你用吧。今天到了东京，我很想买一套理想的餐具寄给你。这种餐具透明轻巧、经久耐用，而且很美观。我睁大双眼去寻找，也没有找到盘子。石头器皿很重而且容易沾染脏物，也容易破碎——日本的所有这种餐具都很实用。如果你觉得需要，那么，你就给奥迦库拉写信，请她在这里买一套给你寄去。还有多少东西想购买呀！假如能把这栋日本楼房和它的全部日本家具都带回去，那该多开心啊。

欧洲人和我们只是将生活同家具、器皿杂乱地混淆在一起，不能使生活变得很美好。如果我们再一次经过中国、日本返回印度去，那么，我们就会很想把这里的这类家具带回去一些。不过，日本女人就不会像欧洲人那样做，任何人都不像她们那样如此美好而井然有序地使用这些东西。如果皮尔逊能与一位日本姑娘结婚，那我会很高兴的，那样的话，我就会永远感受到她的那种关心和她所做的美好之事。这一

---

[1] 奥迦库拉：Okakura（冈仓），日本人。

次，几天来作为这所女子学院的客人，我看到这些女孩子内心的厚道、朴实、温馨和尊重别人，皮尔逊、穆库尔、安德鲁兹和我，所有人都非常惊叹。这种情况在欧洲女孩子们的身上是看不到的，这一点她们也是不得不承认的。看到她们的善良情操中的这种品格，我感到十分满意，这不是我想象不到的。安德鲁兹每天都不想离开我片刻，这一次他却要离开我们，留在轻井泽了。他会与我们分离很长时间，尽管如此，他也不肯离开那里。

罗宾德罗纳特·泰戈尔

1916 年 8—9 月

19. 只为本民族利益的那种狭隘意识的时代已经结束

亲爱的：

给奥吉多的这封信，你就按照它上面的地址寄出吧。信中的地址是"May Cottage Kurseong"。这封信寄到的时候大概是 11 月中旬。那时候大概他不会在 Kurseong，莫伊特罗 [1] 大夫大概知道他的常住地址——对他说过，他会寄往指定地方的。

面对频繁的讲演，我从一个城市转悠到另一个城市。我的代理人两代都做这项工作，他说，他安排过许多人发表讲演，但是他从没见过如此之多的人来聆听讲演。由于缺少位置，一些人只好回去了，我觉得恰恰是在这时候造物主把我赶到这地方来了。现在看来，我的思想会在大学生中间产生特别深广的影响，看到他们如此热情，我很开心。

绍门德罗 [2] 现在要回去。大概，他会在巴乌沙月回到国内，我交

---

[1] 莫伊特罗：迪金德罗纳特·莫伊特罗医生。
[2] 绍门德罗：绍门德罗琼德罗·代博波尔马，原国际大学的学生，后为特里普拉邦的教育部长。

给他 1000 卢比，这笔钱是他在路上需要花费的。我想，从安德鲁兹那里借了 3000 卢比，绍门德罗回国后会偿还这 1000 卢比的，你不要忘了提醒他。

除了花销，我手里还有 30 万卢比，我会寄给你的。我从达罗克先生那里借的那笔款，现在已经贷给加尔各答银行，1916 年到期，因此明年这笔款就可以还给我们，你可以收到每个月的利息。除了这笔还贷的款项，还积累了一些钱，那就供给学校使用。在这里有一所很不错的医院，并且还想开设技术部，所有房间都需要加盖混凝土房顶，否则某一天会失火的。我相信学校所需要的钱款会凑够的。

对我来说，这样转悠是很辛苦的，这一切我都在忍受，因为我认为，这是要我承载着向他们传达造物主话语的指示。后来我心里还存有这样的意识，圣蒂尼克坦学校应该成为印度与世界联系的纽带，在这里应该建立全人类的人文科学研究中心。只为本民族利益的那种狭隘意识的时代已经结束，现在正在祈祷建立未来的世界人类大同，首先需要在波尔普尔这片广阔的土地上将其建立起来。要把这个地方建成汇集全球所有民族新闻信息的中心——这就是我心里的计划，全人类第一面胜利的旗帜将会在这里树立起来。打破来自世界各个国家傲慢枷锁的束缚，这就是我垂暮之年要做的事情。为此造物主不提供任何信息，突然让我的航船驶向西方的码头，在我的生活中，在这种不期而遇的事件中就有他的愿望，这个我必须接受。

为能看到米鲁的女儿我的心常常焦急不安，你抽空把她的照片给我寄来。同安德鲁兹一起寄给你们的东西，你收到了没有？愿天神赐给你们幸福！

罗宾德罗纳特·泰戈尔

1916 年 10 月 11 日

洛杉矶阿勒汉德里亚宾馆

20. 苦难和侮辱会成为我们的精神财富

亲爱的孩子：

今天我收到了你的一封信。我住在穆蒂女士的家里，我不会再住很多时日，要连续转悠去各地进行演讲，人们很喜欢听，虽然我演讲的内容与该国人们的观点完全相反，可是直到今天，他们中没有人说过反对我的言论。我希望，在这里我的这轮讲演结束后，我的这些讲话能够留在这一群人的记忆里。结束这里的工作，现在看来还需要 5 个来月，也就是说要到来年 4 月。然后要去旧金山发表讲演，我已经收到他们那里发来的邀请。如果欧洲的战争不停，那么，我们就从旧金山返回印度。直到今天，我都看不到战争很快结束的迹象。我非常希望，回国之前能够再去一次英国，并且在那里我要做几次讲演，但是，看来这种可能性是不会有了。

我照常给你们写信，但是我听说我在新加坡写给你们的那封信很长时间都没有寄到你们手里，我写信的热情就完全消逝了。尽管由于检查员插手，在个别事情方面遇到了障碍，但是我断定，从现在起我要讲的那些话语，都是讲给西方人听的。谁都没有能力堵塞我的言路。我已经把全世界看作是我自己的国家，这里的人也都愿意接纳我，他们较之自己国家的人更把我看作是自己人。在离开尘世之前，我已经感受到并且承认自己与全世界的亲密关系，因此我才意识到自己的生活是有意义的。在我们孟加拉邦的一个角落里刮起了一股全世界性的风潮，我们所有人都应该感受到这种风潮。在这里，拉姆莫洪·拉伊 [1] 被全人类的道德之光所唤醒，在这种清晨黎明中呈现出孟加拉邦新觉醒的第一缕霞光。在这种光照中奏响了世界的乐曲，这是我们的乐章，这是即将到来的人类历史新世纪的乐章。

---

[1]　拉姆莫洪·拉伊（1774—1833）：印度教社会的改革者，梵社和新印度大宪章的创始人。他的真实姓氏是"般多巴泰"。他通晓英语、法语、乌尔都语、希伯来语、希腊语和拉丁语。将外国的许多宗教书籍翻译成孟加拉语。

曾经有一天，久伊多诺[1] 把我们变成了毗湿奴的信奉者，这种毗湿奴的信奉者没有种姓，没有种族。有一天，拉姆莫洪·拉伊把我们带入了梵的世界，在那个梵的世界里，没有种姓，没有种族。就让孟加拉邦的精神时刻向所有国家传播，就让孟加拉邦的声音成为所有民族的声音，成为全人类的声音。我们那句"向母亲致敬"的口号不是孟加拉邦的赞歌，而是对所有母亲的赞歌，如果今天我们第一次吟唱这首赞歌，那么在未来的新世纪里，所有国家都会高喊这句口号的。在国大党的代表会议上那些吹奏笛子的人，无论如何都不会明白，我们孟加拉邦真正奋斗的目标是什么。我们不论经受过多少苦难、贫穷、侮辱，都会铭记在心。如果我们承认，这一切苦难和侮辱是人类历史中最宝贵的财富，那么苦难和侮辱会成为我们的精神财富。造物主让我们抛弃国家概念，为什么？我们要成为所有国家观念的冷漠者——我们要高唱着伟大人类赞歌，沿着人类造物主的康庄大道阔步前进。在这个世界上，我们不是国王，不是士兵，不是商人，我们是云游四海的比丘——我们的佛陀曾经是比丘，我们国家那些最受人景仰的贤哲是比丘——他们没有在脖颈上佩戴财富的枷锁，所以他们获得了自由，并且赋予他人以自由，他们从造物主那里获得了贫穷——最高荣誉的花环。今天我们也是贫穷者，我们是大路上的行者，我们的国家在哪里，种姓又在何处？那种行路的权利，那种一无所有的骄傲，我们又怎么能拒绝呢？当我们傻呆呆地凝望着被造物主赐给财富和荣誉的那些人的时候，却完全忘记了自己的尊严。他们还是他们，就让他们享受造物主赐给他们的东西吧，可是造物主赐给我们的东西是有限的吗？而那些用真实的目光注视着自己那些巨额财富的人们，正处在不朽人生的黄昏落日之际。

　　我们正在死亡，仅仅因为我们没有国家，所以我们就在某个角落

[1]　久伊多诺（1486—1533）：苦行学者，现代毗湿奴教派爱国主义思想的奠基人。

里栖身，就是我们在客厅里的角落，我们在会议委员会的角落，我们在追寻的角落，我们在宫廷里的一个很小的角落。

造物主把我们从国家里赶出来，因此我们不会生活在安逸中，但是我们还是会生活在阳光下，我们把伟大的世界当作自己的家园。对我们来说，财富不是自由。尽管如此，我们看到很多现象，孟加拉邦那些国家意识的淡漠者将会散布在世界的各条道路上，我们不会待在某一个角落里。你看吧，这么多角落，这么多建筑，没有人能让久格迪什[1]住在某一栋楼房里。他的科学口号不是躲在角落的科学口号，他把物质和精神、物理科学和生命科学等一切科学融合在一起，从东方到西方，唱响了摆脱束缚智慧的伟大赞歌，就是他打开了智慧之门，而且这扇门再也不会轻易地被关上了，他的团队中的人还会继续前进，路上不会再有位置了。这期间就让那些卖一两角钱一份报纸的人躲在角落里成群结队地争吵吧、大喊大叫吧，谁都不会听到的，因为成功者的号召已经传到了孟加拉邦那些奋斗的人们中间。

我知道，乌马丘龙[2]不能活下来，不过获悉他死亡的消息，我心里很难过。从很小的时候，他就在我身边长大成人，他的生活与我的生活已经融为一体。对他来说，扶持照顾我已经是很轻松的事。一些人承担了我们日常生活中诸多琐碎的重负，减轻了我们多少负担啊，由于他们不在了，我才很清楚地意识到这一点。这一次回国后，由于

---

[1]　久格迪什：久格迪什琼德罗·巴苏（1859—1937），世界著名科学家。
[2]　乌马丘龙：诗人非常喜爱的仆人，他为人朴实厚道，从小就被诗人家里收养。诗人的夫人去世后，他就承担起为诗人做饭的任务，诗人很喜欢吃他做的饭菜。

乌马丘龙的缺失，我的生活将会遇到多少困难啊，我现在就能想象得到。我自己的需要是很少的，可是这些需要如果得不到满足，那么生活就会陷入混乱。如果某一位客人来我家里做客，我就可以很放心地让乌马丘龙担负起招待客人的责任，他就会快乐地、面带微笑地招待客人们吃饭喝茶。此外，虽然他有过一些过失和错误，但他总是热心地照顾我。这种亲切的暖人心的事情逐渐地集聚在我的心里，新的雇员不论做了多少工作，我从他身上都感受不到那种亲切温暖。支付工钱可以得到别人的劳动，但是却得不到贴心的服务。算了，生活还是会照样地继续。……

　　我收到了印度出版公司出版的《文汇集》《相识》和《家庭与世界》三本书。《四个人》和《鸿雁集》现在还没有印出来吗？还有我的那套豪华版的《诗书集》怎么样了？《鸿雁集》复制稿已经送到摩尼拉尔那里了，难道现在还没有印制出来？你告诉摩尼拉尔和印度出版公司，我的书如果不能在确定的出版日期印制出来，在版权方面就会遇到很大的麻烦。在世界范围内我的书都按照规定的日期出版，为什么我不能批评孟加拉文学领域的这种新规则呢？穆库尔进入了芝加哥的一家绘画工作室，学习蚀版技术，在蚀版技术方面他具有一点儿与生俱来的能力。皮尔逊将他的一两幅蚀版作品寄给了伦敦的 Muihead Bone（缪尔黑德·博恩），博恩写信来，给予了十分热情的赞美。他如果能够很好地学会蚀版技术，那么，对我们国家来说就会有一种新东西了。在这里，有一位年轻的波兰雕塑家，我们去了他的工作室，此人的能力令人吃惊，他与穆库尔很投缘，与他相识，对穆库尔会很有帮助的。因为这个人不是一般的人，总有一天他会成为世界著名的人物，这是毫无疑问的。如果穆库尔能留在这样真正天才的艺术家身边，就会开启他的智慧之门。眼看着穆库尔的思想变得很成熟了，现在他的想象力大大增加了。

　　我的这封信寄到的时候，大概在那一天，那位日本艺术家就该抵达你们那里了。如果情况如此，那么，你就把他送到波尔普尔去，他将会在那里教学生们绘画的。我们应该给予他每月100卢比的报酬。

我总是在挂念着戴波洛[1]，谁晓得他的情况怎么样啊？如果我能把这里的那位波兰雕塑家带回印度，那一定会对戴波洛有帮助的。他已经表达了非常想和我一起走的热情，这个人既擅长绘画，又精于雕塑，我还听说他很会唱歌。

般吉姆[2]给我写了信，他要参加你们加尔各答的汽车制造厂，直到现在我还没有给他写信，我去底特律发表讲演的时候会见到他的。如果能得到般吉姆，对你们的工作会很有帮助的。他打算12月走，这里的所有人都对他很尊敬，在福特汽车厂他干得很出色。愿天神赐福给你们！此致。

罗宾德罗纳特·泰戈尔

1323年（孟加拉历）迦尔迪克月初十

芝加哥耶利斯大街2970号

C/O. 穆迪女士

1916年10月28日

21. 准备坐下来写讲话稿

亲爱的孩子：

听说现在你们的身体都很好，我就放心了。来这里后，我很好。我本来打算，在国大党开会的时候我用英语发表一个讲话，现在准备坐下来写讲话稿，但是今天我心里已经没有那种积极性了，此外，我

---

[1] 戴波洛：艺术家纳拉扬·迦什纳特·戴波洛，曾为圣蒂尼克坦国际大学学生。

[2] 般吉姆：般吉姆琼德罗·拉伊，曾担任过国际大学的教授，加尔各答照明设备公司前负责人。

觉得自己的力量也在减弱。这一天什么都不做，就想这样懒散地度过。这样很美好的一天也度过了，这期间，应拉玛侬德[1]先生的要求，我用孟加拉文写了一篇文章，这是一篇关于当前时局问题的文章，*Manchester Guardian*（《曼彻斯特卫报》）也想让我写一篇有关此问题的英文文章，所以我就想用英文给他们写了一篇。

近两三天内，我要去加尔各答待两三天。很多天我都没有得到贝拉的消息了。……出版社给我寄来五套精装版的《诗书集》，一套10卷本的大书，因为是很重的东西，所以我就没有再给你们寄去。……

还没有安排从库什蒂亚把那台发电机运回来吧？

什莱多赫花园里的树木花卉长势如何，你去看过了没有？如果杂草丛生，你要安排人将其清除掉。从外国移栽过来的那棵尼姆树长多高了？还有那些橘黄色的茉莉花树长得怎么样？池塘里的水质怎么样？你想把库什蒂亚管理处的办公楼卖掉，好啊，为它要耗费很多毫无意义的开销，要缴纳的税款也没有减少。

罗宾德罗纳特·泰戈尔

1917年迦尔迪克月22日

22. 我希望贝拉一路走好 [2]

亲爱的：

从昨天起，我这思绪就为去加尔各答而犹豫不决。可是今天我的心脏非常虚弱。我知道，贝拉走的时刻到了。我已经没有力量去她身边看她了，在这里我可以把思绪置于生死之外，但是在加尔各答却没

---

[1] 拉玛侬德：拉玛侬德·丘多巴泰（1865—1943），著名新闻作者，长期担任《侨民》杂志编辑，1924—1925年在国际大学任教。

[2] 贝拉一路走好：贝拉于1918年5月13日病逝。

有这样的躲避处。在这里，我希望贝拉一路走好！我知道，我再也没有什么可做的事情了。

罗宾德罗纳特·泰戈尔

1918 年 5 月

23. 想买普里耶先生的藏书

亲爱的：

普里耶先生的藏书我想买过来，把这些书运回家里去，列一个书目清单，那就好了。然后你要去看看，确定一下价格。所有法语和其他语种的书籍，我们不要，只要梵语书籍。孟加拉语的书籍，他也有很多，从这些书籍中挑选一些，可以放在这里的图书馆里。

关于《古鲁》剧本的印刷问题，你要提出要求，告诉普罗帕特就行了。

罗宾德罗纳特·泰戈尔

1918 年

24. 不要担心事业会被毁掉

亲爱的罗廷：

看来，从这里获得一笔钱款也不坏。迄今为止，一切都进展得很顺利。这一次如果你们能和我一起出去旅行，那会有好处的，因为将来我们要与这些人合作。现在我们已经走出去，站在外面，今天圣蒂尼克坦已经面对着整个印度，现如今在这里隐藏一些什么是不行的，应该建立起这样一种机制，在任何角落里都可以获得整个印度的精神。

巴马纳吉 [1] 恳请我们去英国，他非常希望我和你们同他乘坐一艘船去英国，5月29日可以上船，他已经为此做好了一切准备。

现在应该考虑这件事。第一个情况是，我们的静修院正在觉醒，现在从印度四面八方都有人来，很多事情已经开始做起来，但是还没有结束，我们在前进，不要让所有人落在后面，不要担心事业会被毁掉。

尔后如果我和你两个人都不在了，那么，巴马纳吉就会担心很不方便。他说，安德鲁兹还在，但是依靠安德鲁兹不行。

以后，钱款会到手的，这笔钱款谁来花费？用它做什么？如果交到最高领导者的手里，事情会怎么样就很难说了。

一方面，我为普罗蒂玛的身体感到很不安。我觉得，你应该带她到亚利桑那等某一个干燥的地方去住一段时间，否则，她的病情某一天可能就会加重的，特别是前一次生病把她折磨得很厉害，因此她的肺部可能很虚弱，现在如果注意警惕，危险就会过去。因为心里惦记着普罗蒂玛，所以我的精神几乎总是处于焦虑状态。

另一方面，我们大家都把米拉放在一边不管，她的情况怎么样，我也在挂念啊。

你想想看，我内心里所有这些难以确定的事情应该怎样去解决啊。在英国和欧洲待几个月回来了，如果我还要去美国讲演，那么可以获得很多的钱，并且你们也可以在那里留住一段时间。如果去美国，也便于你获取很多你想了解的信息。

不管怎么样，你们两个人如果能够很快来这里一次，那就可以很好地商量一下。我听说，普罗蒂玛的身体不太好，在这种情况下，就不应该让她感受婚礼的喧嚣吵闹。你们两个人如果能在纳格普尔相聚，

---

[1] 巴马纳吉：孟买的著名富豪。

然后再来这里，那么对她来说就比较好，不管是否让她去英国，都可以安排她来这里或别的什么地方。当然，你还要考虑你自己，还有关于田产管理方面的工作。4 月 17 日我要去博罗达，20 日回到这里来。在 20 日或几天之后，你如果能来这里，就可以商量这些事情，来或不来你都要打电报来。知道米拉的消息，我就放心了。我的护照放在波尔普尔那个青铜箱子里，你带来或者寄过来吧。我处在十分犹豫之中。

1920 年 4 月

孟买卡夫广场区克拉巴

25. 请放弃绝食抗议

亲爱的罗廷：

我按照 Presidensy Jail（中央直属监狱）的地址给纳兹鲁尔·伊斯拉姆 [1] 拍发了一份电报，我写道："请放弃绝食抗议，我们的文学需要你。"从监狱的备忘录中没有查到这个地址。也就是说，他们那里的人不想把我的电报交给他，因为即使纳兹鲁尔不在中央直属监狱，他们也一定知道他被关在何处……

罗宾德罗纳特·泰戈尔

1920—1921 年

---

[1] 纳兹鲁尔·伊斯拉姆（1899—1976）：著名孟加拉语诗人，反抗殖民主义统治的战士。

整天看着你

之倦屈在你的心上

苦难的日子将要告终

阴影的心情

26. 我的愿望是为圣蒂尼克坦购买土地

亲爱的罗廷：

你的来信很多天后才寄到这里，我已经收悉。从戈格嫩德罗纳特和绍莫棱德罗纳特[1]的来信中，我已得知普罗蒂玛的消息。我不知道是否能够很容易地买下吴迪的那栋房子，我在那里的时候如果收到了你的这封信，那么我就能很准确地获得消息。在那里有很多王公的很多房子，如果我想购买，我能买到，可是若不能与这些王公们见面，就很难做出决定。比吉亚纳村有一栋房子，波比利村也有房子，如果我不经过孟买去那里，我就能确定是否可以购买。不过我觉得，你们可以很好地住在孟买的迈特兰，我今天就往迈特兰写信。房子如果能定下来，我就给你们打电报。我现在这样转来转去，要获得消息，看来至少也需要十一二天。已经确定，我要经过孟买去各地做讲演。这期间我寄给你的钱款你肯定都收到了。我的愿望是，为圣蒂尼克坦购买土地，或者用其他方法形成有固定收入的机制，以应付花销。家乡人用这样的视野来看待圣蒂尼克坦，即再也不能让她继续保持悲惨可怜的样子了。你们中谁若是能和我一起过来，你们就会明白，乡下人的热情和尊敬是多么高涨，我只有为此而感到恐惧和汗颜，而不是快乐。我不得不这样到处转悠和劳作，但是我来到南部印度是有意义的。如果不来，那是不对的。如果圣蒂尼克坦不是真实而永恒的事业，那么我也不会为此到处奔波并且感到汗颜。我们的教授不像外面的人那样看待此事。因此我感到很痛心。

罗宾德罗纳特·泰戈尔

1922 年法尔衮月初一

特里吉纳波利

---

[1] 绍莫棱德罗纳特（1870—1951）：泰戈尔的堂侄，即堂兄弟古嫩德罗纳特的次子，也简称绍莫罗，喜欢文学、音乐、绘画，很有才华。

27. 那样的话，在国际大学就能开设中国语言专业了 [1]

亲爱的孩子：

你当然从埃尔姆霍斯特的来信里得知了一切消息，在这种熙熙攘攘、喧嚣吵闹的环境中，安不下心来写信。

在这里可以得到很好的关爱，我觉得，我们同这里的一些人会相处得很融洽，应该把夏斯特里先生 [2] 派到这里来，听了我们的建议 [3]，他们都特别高兴，他们也同意从这里派教授去国际大学，那样的话，在国际大学就能开设中国语言专业了，还便于从中文典籍中翻译那些已经丢失的梵语书籍。关于此事你从现在开始就要与比罗拉兄弟们 [4] 谈一谈。除了夏斯特里先生，谁还可以做这项工作？在北京有一位通晓梵文的俄罗斯学者。从我们那里如果能来一个不很重要的人，就可以把他带走。这位俄国教授在他们的大学里教授梵语课。还有一项紧迫的事情就是建设那所比罗拉慈善堂客舍，再不能耽搁了。从这里第一次去的学生如果由于缺少关怀而处于困境，因而感到生活不方便，那么就会损坏我们学校的名誉。

夏斯特里先生还想带一个人来，要设法找到一位印度商人作为同行的伙伴，他们在轮船上就可以自己做饭了，如果做不到这样的安排，他一天也过不下去。在这里每个月有 200 卢比，就会过得很轻松。如果还有一个人作为他的同伴和他一起来，那么所有花费总共 300 卢比就行了。但是孟加拉男孩子在这里住上几天，就会因为想家而哭鼻子。在这里有很多印度人，对夏斯特里先生来说不会感到很不方便。看来，到 5 月末我们都会待在这里，然后，大概 6 月在日本，此后去爪哇、泰国、柬埔寨等国，结束旅程。在 7—8 月，也可能在 9 月中旬，我

---

[1] 这封信是诗人泰戈尔在访问中国杭州期间写的。

[2] 夏斯特里先生：梵语大师比图舍克尔·夏斯特里（1858—1957），泰戈尔的朋友，于 1904 年来国际大学任教，是泰戈尔最喜欢的教师之一。

[3] 我们的建议：这里指杭州的大学与国际大学教授和大学生的建议。

[4] 比罗拉兄弟们：富商久格尔基绍尔·比罗拉及其兄弟们。

们回国，我估计就是这样。今天是拜沙克月初一。转达我对静修院所有人的祝福。

罗宾德罗纳特·泰戈尔

1924 年拜沙克月初一

中国杭州

28. 你考虑一下，在这种事情上我应该怎么做好

亲爱的：

　　由于吉多龙窘[1]病逝，我应该前往加尔各答，我心里萌生出一种激动。阿舒先生逝世时我曾经与全国人民一起参加了哀悼活动，你考虑一下，在这种事情上我应该怎么做好。特别是我与吉多龙窘多次发生过争论，此事仿佛谁都不记得了，我心里对他有过一点儿反感，再没有什么了，所以我觉得应该去加尔各答他们家里看一看。如果必须去参加追悼会，那我也应该说几句话。收到此信后，你把你们商量的意见快点儿告诉我。关于此事我也给普罗山多[2]写了信。

罗宾德罗纳特·泰戈尔

1925 年阿沙拉月初四

圣蒂尼克坦

---

[1] 吉多龙窘：吉多龙窘·达什（1870—1925），政治家，国大党的领导人之一。

[2] 普罗山多：普罗山多琼德罗·莫赫兰比什（1893—1972），统计学家、数学家、物理学家，1921—1931 年来圣蒂尼克坦工作，是诗人泰戈尔很喜欢的人，1926 年偕妻子拉妮陪同诗人访问欧洲许多国家。夫妻二人在诗人生命的最后日子一直陪伴在他身边。

29. 去空气和水都比较好的地方住些日子

罗廷：

听到你们身体不佳的状况，我心里就感到忐忑不安。很多天前我就觉得，应该让普罗蒂玛到一个空气和水都比较好的地方住些日子。若能去帕德玛河岸边的沙滩，那就最好不过了，但是那里缺少医生，而且去那里的道路又很难走，所以那样安排是不可取的。无论如何我都希望，前往瓦尔特亚尔是有益的。在这里，人们正在准备欢度月圆日的多尔节 [1]，为简化初春月圆节的庆典，计划在这里的芒果园里演出节目，所以我相信会组织得很好的。但是因为普罗蒂玛不会住在这里，所以就觉得这是一种特别的缺憾。现在到这里来的只是一些参观者。……现在的很多时间，我都是在男女孩子们中间度过的，感觉很好。在斯里尼克坦要发表的那篇讲话稿，我重新写过，并且已复制过了，你告诉我还应该做什么。

罗宾德罗纳特·泰戈尔

1927 年法尔衮月初七

30. 我现在已经力不从心了

亲爱的罗廷：

这一次的旅行被取消了。安德鲁兹就要回去，你会从他那里听到一切消息的。上下火车、轮船等连续折腾，重新策划去新的地点——我再也承受不了这一切了。这一次，我做了很多努力之后发现，非常紧张地做很多的事情，现在已经让我力不从心。在这一方面，西巴尔特的教师们写信来说，明年 4 月安排我去讲演比较好。如果能让身体

---

[1] 多尔节：这是孟加拉人洒红节的称呼，也称"霍利节"。在这一天人们相互往对方的脸上、身上抛撒红色粉末，表示祝福。

得到休息，我就慢慢写讲演稿，那么，最后写完了，我就会放心的。安德鲁兹已决定要去美国，他是想为国际大学募集一些资金。有关此事你可以给他提供点儿合适的建议。我们从这里乘船去马德拉斯，然后从马德拉斯乘坐火车回加尔各答。这里已经是季风雨季，我希望这一路不会太热。

你们最后还是从日内瓦回来了。这样，你们在瑞士还去看过什么地方？

安德鲁兹今天晚上启程。

罗宾德罗纳特·泰戈尔

1926 年 6 月 5 日

科伦坡斯拉巴斯提（Srabasti）

31. 身体没有恢复之前就不要着急回来

亲爱的罗廷：

现在我在圣蒂尼克坦，不想离开这里。这个雨季，世界的任何地方也不会像这里这样优美，而且在这个雨季，哪里都不会像加尔各答，特别是像焦拉桑科那样令人讨厌。尼尔罗东先生建议为我的身体进行透热疗法治疗，所以普罗山多他们硬把我拉到加尔各答来了，要对我进行两个月的这种治疗。我心里很不情愿，不过还是应该去啊。今年这里连续长期干旱之后，第一次下了几天大雨，四周都泡在水里了。

这期间，以《最后一首诗》[1] 为书名的一部中等篇幅的小说我已经写完了，是在路上一边走一边写的，住在班加罗尔时才最后完稿。《侨民》杂志支付 1000 卢比，把书稿买去了，一个月后出版。这部小说

---

[1]　《最后一首诗》：和下面提到的《纠缠》都是泰戈尔创作的长篇小说。

我们这一伙人都很喜欢。

《纠缠》在中间的一个地方停了下来。如果什么时候又有兴趣，那就换一个书名，将它的另一部分再设法写出来。奥布尔波[1]要把《纠缠》翻译成英文，他对此事很有热情，但是他是否会翻译，我还是有点儿怀疑。

关于学校的改革仅仅是在进行讨论，争论、辩论没完没了，但是，看起来，这所学校还是要在原来起步的地方存在下去。

你们的身体没有恢复到以前那样就不要着急回来。

罗宾德罗纳特·泰戈尔

1928 年 7 月 25 日

32. 美丽的大花园里又生机勃勃了

亲爱的孩子：

……透热疗法的治疗已经开始了，需要几个月吧，过几天就会明白怎么样。因为要治病，于是就把我拉到加尔各答来。焦拉桑科人太多，闹哄哄的。最后，从昨天起，我就到穆库尔那里去住了。

在他这栋毗邻博物馆的别墅里，有一个美丽大花园，天空辽阔，由于孟加拉当局那种愚蠢而残暴的统治，人们常常闯进来侵扰，甚至在昨天上午征税官来了，现在才把他们打发走，可他们还捎信来说，还会来捣乱的。

征税官今天还要带着他的夫人去圣蒂尼克坦。我从这里派人送去了食物，让厨师好好烹调制作。他们在那里不会超过两天，我说过，

---

[1] 奥布尔波：奥布尔波库马尔·琼德（1892—1966），他和他的三个兄弟都是泰戈尔最亲近的人。他曾就读于圣蒂尼克坦，后去英国牛津大学读书，回国后在多所大学任教，是泰戈尔最喜爱的教师之一，曾陪伴泰戈尔访问日本和加拿大。

把他们安置在北寓所二层楼我的房间里。

今年在孟加拉邦雨水很丰沛。在波尔普尔起初遭遇了如此的干旱，现在倒反过来了。你们花园里的所有花树原本都已干枯——快旱死了，所以我应该对它们负责啊——可是现在花园里又生机勃勃了。这场大雨对土地的影响会持续很多天的。

米拉借助这场好雨，经过辛勤劳动，建起了她的花园，短短几天来，她的花园获得了很大的发展。

在圣蒂尼克坦，正在经历一场诸多事务方面的改革。现在那里的教授们都在负责地思考安排自己的收支。……这个时候你不在这里是非常好的。我一点儿也没有干预这件事。……

罗宾德罗纳特·泰戈尔

1928 年 8 月 9 日

四色斋

33. 在穆库尔家度过的时光很惬意

亲爱的孩子：

在这里——在穆库尔的家里，我度过了一些时日。从这里到大夫的家不很远，所以住在这里很方便。房舍环境也很好，四周都是花园，前面有一个很大的池塘，有许多高大的树木，离大街比较远，就不觉得像住在加尔各答那样。前面有一个凉台，坐在那里看着树木天空，感到很惬意，特别是在这个雨季，焦拉桑科非常令人讨厌，在那里的小胡同里某些地方，积水已没膝盖，人也相当多，在这里也不是完全没有那种情况。今天我结束了医生每日的治疗，可是明天我要回焦拉桑科了，一两天后我要动身去圣蒂尼克坦。在这里给我进行透热疗法治疗，不是针对我的虚弱，而是针对我排尿有点儿困难，前列腺现在也缩小了。

普罗山多、戴本 [1] 今天来了，有关学校改革的争论还没有结束。我说过，应该尽可能地从头到尾重新构建，看看吧，会怎么样。

过了这么多天之后，雨下得少了一点儿。今天是帕德拉月 12 日，在往年这样的日子，都清晰地展现出秋天的景象了，可是今年直到现在阴雨天还没有完全过去。我听说，在波尔普尔现在乌云已经消散了。……

罗宾德罗纳特·泰戈尔

1928 年 8 月 30 日

34. 画作在这里的出版公司出版是否可行

亲爱的：

……《柳编托盘》也被称为《右手腕上系彩线 [2]》，如果确定在这里出版印制，那么为此还需要做什么，你去了解一下。这些画作可能也会在加尔各答印制，但是在那里印制文字部分就太浪费了。你斟酌一下画作在这里的出版公司出版是否可行。

《孟加拉语简易读本》版本清样收到了，我会很快开始校对工作的。

……博罗达的讲演稿一写完，我就准备对《吉祥天女的考验》修

---

[1] 戴本：戴本德罗莫洪·巴苏大夫，巴苏科学宫的主管。

[2] 右手腕上系彩线：印度的民俗，每年的斯拉万月月圆日，妹妹要给兄长手腕上系彩线，以此表示祝福。

改润色，增加歌舞含量。

罗宾德罗纳特·泰戈尔

1929 年 11 月 25 日

北寓所

35. 学生们常常来这里聆听我的讲话

亲爱的罗廷：

我觉得你能够从阿里亚姆 [1] 那里获得一切消息，所以我就不写信了。大家听了在这里的讲演都很高兴，这一消息你肯定听说了。我心里还是感到恐惧，因为婆基尔 [2] 在圣蒂尼克坦的时候常常恐吓我说，牛津大学的人都是严厉的批评家，他们阻止我来这里发表演讲。但是我一点儿也没有感到痛苦。学生们也常常来这里怀着尊敬的心情聆听我的讲话。这期间有一天，我去了伦敦，就有关当前的印度问题发表谈话。讲话稿已经印制出来了，我觉得你已经收到了。迈克尔·萨德勒先生是著名的绘画鉴赏家，所以就请他来看一看我的画，缪尔黑德·博恩也在场，他们看了都非常喜欢，博恩说，如果不是用很差的毛笔画在很差的纸上会更好。一方面他们想在伯明翰画廊举办一个展览，另一方面罗森斯坦写信来说，在伦敦正在筹划一个展览。两三天内画展就会在伯明翰开始。

今天是我在这里的最后一次讲演，明天我要去色利奥凯，6 月 3 日在彭俱乐部聚餐，然后应该去伦敦与罗森斯坦筹备画展。我希望在 6 月 5 日商讨能结束，然后我能去雷纳德那里。你对雷纳德说，如果

---

[1] 阿里亚姆：E.H. 阿尔焦纳耶科姆，当时国际大学的教授。原名为威廉姆斯·阿里亚姆。后来改信印度教，改名为阿尔焦纳耶科姆。他是陪同诗人泰戈尔于 1930 年访问欧洲、美国的随行人员之一。

[2] 婆基尔：贾汗吉尔·婆基尔，当时国际大学的教授。

他能够安排我与本恩（Benn）以及麦克唐纳（Macdonald）会面，我会很高兴的，关于此事我不想让安德鲁兹插手了。我与吉尔贝特·穆雷（Girbert Murray）有过很多交谈。有一封关于印度的信函，他已签过名，很快会从牛津发出的。……我现在不能确切理解，在印度正在发生什么样的事件，我曾经看到过达卡发生的杀戮事件，那都是政府所为。今天在那里还邀请哈维尔参加晚宴。

罗宾德罗纳特·泰戈尔

1930 年 5 月 26 日

牛津

36. 一切都完美无缺，一切征兆都很美好

亲爱的孩子：

　　这里的聚会很热闹。当然，你会从奥米耶[1]那里获得更详细的消息。由于他的到来一切都非常顺利，否则就会一团糟。

　　塞利格博士（Dr.Selig）是一位很好的人，他全心全意地照顾我。昨天我的讲演很成功。我觉得那些画的命运也不错，这里很著名的女艺术家凯绥·珂勒惠支看了画展感到很惊奇。展厅里的工作人员说完全出乎意料。他们建议在德累斯顿、慕尼黑也应该举办画展。我会见了两位美国富人，他们都喜欢。看来，一切都完美无缺，一切征兆都很美好。我同爱因斯坦进行了交谈，奥米耶记录下了这一切。今天上午我与一群人进行了很好的讨论交流。阿里亚姆强行阻止了奥米耶，因为他快累死了。这是很不恰当的做法。5 至 6 幅画放在了文明陈列

---

[1]　奥米耶：奥米耶·丘克罗波尔迪（1901—1986），国际大学教授，曾经就读于巴特纳大学英语系，获硕士学位，后获得牛津大学哲学博士学位。1924—1933 年为诗人泰戈尔的文学秘书。1930 年陪同诗人访问过德国、丹麦、苏维埃俄国、美国，此后于 1932 年又陪同诗人访问波斯和中东。

馆里，都是奥米耶带来的。有一幅很好的风景画，Rivieree（里维埃）看过了，惊叹得不能控制自己，他觉得仿佛看到了一些码头的衰败景象。

我很想知道，你的身体经过大夫治疗怎么样了，我迫切地想了解。看来，蒱蓓[1]那里的一群伙伴都不错。这一次在德国，塞利格博士给予我很多关照。我已经发现，在所有这些地方结识的女性朋友是最有用的。在巴黎有维克多利亚，在这里有塞利格博士，甚至还有更多。我觉得，在她的帮助下，即使在美国也会得到诸多方便的。阿利亚姆为我获得这些便利而感到骄傲。……好了，奥米耶来了，现在我再也没有什么担心的了。

如果你能停止服用那些上瘾的药物，我相信，一定会对你有很大的益处。

罗宾德罗纳特·泰戈尔

1930 年 7 月 15 日

柏林 Harnack Haus

37. 这件事可不是微不足道的小事

亲爱的罗廷：

在日内瓦，蒂娜夫人（Madame Dina）说，她和一个女人有过一次意外的谈话，她的丈夫是印度人，为怀念丈夫，她决心捐给印度一项慈善赠款。有关此事她询问我的时候，我对她说："您自己觉得怎么捐赠合适，您就怎么捐赠吧。"她从自己那方面说，她想把捐赠用

---

[1] 蒱蓓：诗人对领养的孙女侬蒂妮（1921—1995）的爱称。诗人的儿子罗廷德罗纳特和儿媳普罗蒂玛没有生育，他们于 1922 年抱养了古吉拉特族的女孩。诗人非常喜爱这个孩子，并且赐名"侬蒂妮"，常称其爱称"蒱蓓"（法语词"poupee"，意为"洋娃娃"）或"蒱蒱"。

于电灯和饮用水方面。她的愿望是，不仅让圣蒂尼克坦，而且也让周围村子里的人都能用上电灯和饮用水。为此事她还与海里[1]进行过交谈，大家都相信此事能实现。她还说，除了这一大笔捐赠外，她还要为延长人们的寿命支付一些费用。你会明白，这件事可不是微不足道的小事。类似这样的捐赠，她已经给予她周围十一二个村庄了。只要能够用上电灯和饮用水，即使再也得不到什么东西，我这次来欧洲也是有意义的。

……奥米耶说，要从这里带一位主讲教师给小学部，你的意见如何？我觉得不能够接受，即使带回去了，我认为某一天也会遇到困难的。我相信，让提棱担当这一职位会更好，因为他是自己国家的人，起初某些人可能会不尊敬他，但是这种心态是很不好的，不应该提倡，像他那样具有经验和教过书的人，在这个国家是不容易请到的。

已经决定星期三去莫斯科。看看吧，会有什么感受。多数人都是很有热情的。

你根本不用着急回国，我在12月就能回去，然后再看看吧。大夫难道就没有说，再过个把月，紧张的情绪就会逐渐消失？在这之前你无论如何都不要回国。

这里已经有点儿冷了。

得知国内的消息后，我的心情很不好。我的信在斯培克特多尔按时发出去了。

罗宾德罗纳特

1930年9月5日

---

[1] 海里：已故的海里·廷巴斯博士，斯里尼克坦的健康卫生部主任。

* 自古以来，人类文明都是靠一群不出名的人来维持 [1]

罗廷：

我终于来到了俄罗斯。我在这里所看到的一切简直令人惊叹不止。这个国家与任何别的国家相比毫无相似之处，这里的一切完全是另一种景象。他们不加区别地唤醒了全体人民。

自古以来，人类文明都是靠一群不出名的人来维持的，他们人数众多，而且是负重者；他们没有时间关心自己，只靠国家的一点点财产维持生活。他们吃不饱、穿不暖，很少有受教育的机会，还要为别人效劳；他们付出的劳动比其他人都多，而受到的侮辱也比其他人多。他们遭受着病痛和饥饿的折磨，在老爷们的棍棒和皮鞭下生活，一切舒适的生活福利都和他们没有缘分。他们是文明的灯座，头上顶着蜡烛，笔直地站立着——为那些上层人物带来光明，而在自己的身上却沾有流淌下来的滴滴蜡油。

长期以来，我一直在思考着他们的问题，我觉得他们只好如此。如果没有一群人生活在下层，那么，另一群人就不可能高居上层，何况又必须有人生活在上层。如果没有人生活在上层，人类就不会高瞻远瞩；像动物似的生存绝不是人类的命运。人类文明就是要更多地获取生活资料，一切优美的文明果实都是在空闲的土地上收获的。为了人类文明，一部分人就应当来保护这种空闲。所以我常常在想，应当尽一切力量来关心那些不得不在社会最底层从事劳动的人，关心他们的健康、教育和福利，因为他们的生活条件或健康状况都是很差的。

然而，困难的是，只靠怜悯是不可能创造出任何永恒的东西来的；只从外部进行帮助，就会使人逐渐堕落。只有在平等的基础上，才会有真正的援助。无论如何，我是再也想不出更好的解释了。但是如果说，

---

[1] 这封信摘自《俄罗斯书简》，参见《泰戈尔作品全集》第10卷，第774—776页。此信没有收录在诗人给儿子的书信集里，不进入原文书信集排序。

只有让大多数人堕落和丧失人格，文明才会发展——如果认为这种论点是天经地义的，那么我心里就会产生反感。

你想，英国不正是靠饥饿的印度的食物来养肥自己的吗？许多英国人认为，永远供养英国，这是印度的成就。在他们看来，英国要强大起来，还要在人类社会中承担大量的工作，而为了实现这个目标，即使永远奴役一个民族，也算不了什么过错；即使这个民族缺吃少穿，那又有什么关系呢？英国人有时出于怜悯，也稍微改善一下他们的境况，他们的境况现在是有所改善了，但是100年过去了，我们既没有教育，也没有卫生保健，更谈不上什么福利了。

在每一个社会的内部，这种情况大体上都是相同的。一个人不会向他所不尊敬的人伸出援助之手。一旦涉及自己的切身利益，他们就必然会进行殊死搏斗。在俄国，人们正在努力从根本上解决这个问题。现在还不到评价最后结果的时候，但是在这里我所看到的一切，已经使我感到惊叹了。教育是通向解决我们一切问题的最广阔的坦途。到目前为止，人类社会中的大多数人并没有受教育的机会。至于印度，她几乎完全丧失了这种可能。在这里，我看到他们以令人惊奇的热情在普及教育，这不能不使我感到惊愕。教育的发展不仅体现在数量上，而且还体现在它的广度和威力方面。为了不使任何人感到自己是孤立无援和无所作为的，他们付出了多大的努力，做了多少工作啊！不仅在白俄罗斯，而且在中亚半开化的民族中间，他们也正在以迅疾的速度普及着教育。为了使这些民族攀登科学高峰，他们正在进行不懈的努力。在这里，到剧院观看优秀歌剧和大型话剧演出的人非常之多，而且在观看演出的人们中间，农民和工人又居多数，他们在任何地方都不会受到侮辱。在这期间，我参观过他们的几个公共机构，到处都看到了他们那种精神振奋的神态和充满自尊感的喜悦。不必说，我国人民缺乏这种精神状态，就是与英国工人阶级相比，也有天壤之别。我们在圣蒂尼克坦想做的一切，他们正在全国范围内付诸实施。我们的工作人员如果能来这里学习几天，那是很有益处的。我每天都把在这里看到的一切情况与印度加以对比，并且在想，我们已经取得了一些什么成绩，本来可以取得一些什么成绩。我的一位美国朋友哈里·廷布雷斯大夫，正在研究这里的卫生保健制度，他发现这种制度的优点之后，就感到十分惊讶！可是，我们那个病魔横行、到处充满饥饿、不幸而又十分可怜的印度又怎么样呢？几年前，这里人民的境况与印度完全一样，但是在很短的时间内，这里却发生了惊人的变化，而我们却深深地陷入了停滞的泥潭。

我不是说这里没有任何缺点，这里还存在着比较严重的缺点，而且他们将来还会遇到困难。简单地说，这种缺点就在于，他们把教育制度变成一种模子，而按照模子铸造的人性是从来不存在的——如果科学理论不与活生生的人的头脑相结合，那么总有一天，不是这种模子破产，就是人的头脑僵化，而且人就会变成会动的木偶。

我看到，这里的孩子们都分担一定的工作职责，一个小组负责室内清洁卫生，另一个小组负责管理财物，等等；他们亲手完成各项任务，只有一个辅导员。我长期以来一直想在圣蒂尼克坦实行这些措施，其实也不过是制订了计划，实际上并没有做什么工作。其中的一个原因就是，教育部门把通过考试看成是最终目的，而其余的一切都被忽略了，也就是说，其他方面的好坏都无关紧要。我们的思想太懒惰了，超越职责的事情是一点不肯做的。此外，从童年起我们就已经习惯于死背书本。制定规章制度没有任何用处，因为规章制度的制定者对于这类事情都不怎么热心，人们又怎么会对它们重视呢？这里所进行的农村工作和教育，正是我多年来所梦寐以求的，只不过他们的工作更加富有成效、更加主动，工作人员所采取的措施更加明智而已。我认为，很多工作都需要依靠强壮的身体，一个被疾病折磨得瘦弱不堪的人，很难能以充沛的精力从事工作；在这个寒冷的国家里，人民筋骨都很结实，所以他们的事业就容易向前发展。只按人头来统计我国劳动力的数量是不正确的，因为他们并不是完整的劳动者。

1930 年 9 月 20 日

莫斯科

38. 一个很小的宁静角落，对人来说就是最好的安乐窝

亲爱的罗廷：

我怀着很不情愿的心情在吃力地赶路，身体也很疲惫，但是当我来到这里的时候，如果不经过努力就返回了，我心里就会永远存有一种遗憾。对于募集钱款之事，我总是怀有一种天生的腻烦心绪。大概你知道，美国现在正经历一种非常紧张的时期，富人们也恐慌，他们自己的大学都很贫困。在这种情况下，募捐是否还有一些希望是值得怀疑的。现在洛克菲勒在欧洲，11 月底回来，我与他有一次会面，这就意味着我要走上到处乞讨之路，我却不知道，尔后结果会怎么样。到目前为止我所做的一点工作，只是希望获得一点点捐赠。也就是说，可能会获得一些学术奖励款项，但是还不能填饱肚子。当然不能说，这只是序幕。现在，进入实际工作领域的时间还没有到来。因为这里的富人们 10 月中旬都散布东方各地去了。这期间在波士顿博物馆已经准备举办我的绘画展览。两天内就会开展。在纽约也要搞画展会更好些。这里的人们是否喜欢还不好说。那些请我去做客的人是喜欢的。这个地方也很优美，天空蔚蓝，阳光明媚，和风习习。

无欲无求的心态不时地袭上我的心头。我要坐下来作画，我要做我能做的一点事，我不抱更多的希望。但是应该让生活过得很简朴、很优美而轻松。这一次俄罗斯之行的体验让我深入地思考很多问题。在诸多因素中就有对自尊心的伤害，我很清楚地看到了这一点。从那里回来，我进入官员们的豪华排场中的时候，我一点都不喜欢"布列门"

号轮船的奢华和浪费，每天都使我的心情抑郁不悦。财富的重负何等巨大啊，又是何等毫无意义呀！生活进程不管多么复杂，都能使其多少变得简单些。在美国我不会得到宁静，可是热爱和尊敬这里的人并不困难，在这个国家有很多善于思考的人，同他们建立联系是有益处的。可是我在想，一个很小的宁静角落，对人来说，就是最好的安乐窝。外面的事情我做得越大，我就越觉得内心羞愧。心灵只是在寻找闲暇时机，何时我才能真正让自己独自享受闲暇啊，得不到闲暇，就不会感到快乐。"快乐就是最简约的美。"

罗宾德罗纳特

1930 年 10 月 14 日

马萨诸塞州威廉斯敦

39. 我相信，绘画将成为我未来的一条光明之路

亲爱的罗廷：

　　没有什么理由担心了，医生说过让我静静地躺着。我静静地躺在床上，我挺好，腿脚的胖肿也消退了，疲惫等等的不舒服感也没有了。根据医生的建议，我于 12 号乘坐意大利的一艘轮船，经南部的路线，到 Cannes（戛纳）下船，需要十来天。奥米耶会告诉你确切的行程日期的。四五天之后，搭乘日本"马塞"号轮船前往科伦坡，从那里换乘另一艘船回加尔各答。如果我愿意的话，我可以乘坐日本轮船第二次去日本旅游，在那里待两周。日本轮船公司接到东京的命令，让他们特别关心照顾我——这样的待遇，在其他任何轮船上是得不到的。

　　这期间我从波士顿得到消息，参观画展的人很多，也开始销售我的画作了。总之，还是有希望的。

　　你如果从你们那里给安德雷写信，我们到达码头的时候他们中有

人去那里，就可以帮助我们。因为阿里亚姆要参与我的画展事宜，需要留在那里。对奥米耶来说，跑上跑下布置展览是困难的，特别是租用科斯托姆房舍遇到了些麻烦。

还有一件事情，需要一些彩绘墨水和纸张。我从德国带来了一些绘画用纸，法国的彩绘墨水最好，需要大瓶装的墨水，否则两天就用光了。如果能给他寄去5磅，那么大概就够他用几天了。现在我相信，绘画将成为我未来的一条光明之路。

这里的其他消息也是值得期待的，至少不应该回到半途而废的状态。有一个很大的方便之处，那就是不会让我再跑来跑去了，躺在床上可以面对面地交谈。鲁弗斯·约翰斯说，他们不会与洛克菲勒进行交谈，我也不必等他了。一旦向医生请下假来，我就去费城，在那里我要与科耶卡尔德商谈一些合作之事。

我的医生是位很严厉的人，最初他就把安德鲁兹从这个街区赶了出去，他说，他这个人一走进房间就喋喋不休地说个没完没了，让你感到疲惫，这绝对不可能。现在安德鲁兹住在另一栋房子里。

你自己的身体现在怎么样？如果还需要在欧洲住上一些日子，那我就先走，你不要着急。如果需要的话，我也可以和你们一起到南欧某一个比较暖和的地方去居住一些时日。按照巴迪医生所建议的那样，你若回去——回国后又处于繁杂的环境中，你的身体若再垮下来，那你就会后悔的。

罗宾德罗纳特

1930 年 10 月 24 日

康涅狄格州纽黑文市曼斯菲尔德大街 30 号

40. 如果拉紧旧事物的绳索不放，它就会变成绞索

亲爱的罗廷：

现在我在费城。大概，你从格林小姐那里已得到消息，正在进行接触交谈，会获得一些结果的，就寄托希望吧。要是把画作带到这里来，可能也会卖掉一些。最寄托希望的地方就是纽约。在那里画展也筹办得很好，是戈维尔筹办的，在那里销售画作的希望要比其他地方大，因为那里的人们都没有正统的气质，他们会欣赏新艺术作品的。在波士顿，人们也并不是对我的画作不感兴趣，只是看来他们还是有些困惑，除此之外，波士顿是跟着英国人亦步亦趋，而在康提恩塔尔就不是那样，他们对印度并不怜悯，不过还是卖了一些画。很久我都没有获得阿利亚姆的消息了——大概他在纽约吧。星期一我们要去纽约。在纽约和费城如果能够卖掉一些画，手里就会有些钱的。

你在来信中谈到了地主土地占有制的情况。永远不再依靠地主土地占有制而生活的日子一定会到来的。长期以来，我一直在心里谴责这种东西，现在我的谴责就更加强烈了。长期以来思考的东西，现在我在俄国看到了它的形象，因此，我为经营过田产而感到羞愧。我的思绪已经离开了上层宝座来到了下层，遗憾的是，我从小就是靠别人的劳动长大成人的。……

如果卖掉我们加尔各答的房子完全不感到痛苦，那么卖掉它又有什么错呢？那样的话就会感到轻松很多。我想起了我父亲大人的一件往事：有一天，他是怀着何等强烈的信心卖掉了大部分财产，让生活水平突然降低到何等低的程度。在童年我们是在那种看不到月光的昏暗岁月中长大的。生活资料是相当少的，但是我们内心里并没有感到缺少什么，还总想减少家具，现在也正是这样。

国家的历史在这方面已经揭开了新的一页，将会发生许多翻天覆地的变化，在这种时候，只要我们能减轻负担，问题就会变得容易一些。从根本上改变生活进程的日子已经到来了，我们将以满怀喜悦的心情

来迎接这种变化。谁要是更多地陷入各种罗网，他就会遇到更大的困难。当苦难的一天到来的时候，迎上前去将其接受比当作负担更好，因为这样就可以减少痛苦的负荷，不应再去进行无谓的争吵。在这历史发展的关键时刻，大家都会受苦，现在已经在受苦了；希望避免危急，过安宁的日子，只不过是一种错误的幻想。只要我们在思想上有所准备，只要我们从自己的方面摆脱旧事物绳索的束缚，那么，我们自己就可以养成新的习惯，这并不是什么困难的事；如果拉紧旧事物的绳索不放，它就会变成绞索。

在欧洲我已经获得了一点儿经验，从这些经验中我意识到，我对于绘画还是有信心的，所以我心里就觉得很高兴。你所承担的那份工作，其价值并不是微不足道的，那种价值你从外面可能接受，也许不能接受。应该提到，这项工作是很重要的和有意义的，这是我唯一想到的一件事情。我很理解这一点，我们最大的一项事业是在斯里尼克坦。应当如何来拯救国家呢？小范围地在那里解决这个问题，就是我们的义务。假如你也来到俄国，你一定会学到很多方面的经验。不管怎么样，我还是收集了一些材料，回国后可以进行研究。应当完全忘掉自己！更重要的工作已经摆在我们的面前。

罗宾德罗纳特

1930 年 10 月 31 日

41. 病痛消失了，无数鲜花在盛放

亲爱的罗廷：

最近几天因为生病，于是就取消了巴黎之行，但是，在人们面前和面对报纸媒体那么多的采访，我的身体也没有显得怎么不好；相反，病痛现在倒消失了，总的感觉身体还好。这里开始冷了，很多时

候都很寒冷，甚至在白天的时候也刮风，常常不得不关上窗户，哪里都不想去了。尽管如此，可以说在这里现在没有太多的人来访了。去任何别的地方，我都是被硬拉着去的。现在圣蒂尼克坦的景象还像阿沙拉月那样吧——四周一片碧绿，睁开眼睛就可以欣赏无数鲜花在盛放。……

罗宾德罗纳特·泰戈尔

1931 年

42. 在这里静静躺着也挺好

亲爱的罗廷：

今天从医生口中得到有关你的一切消息，我就放心啦！我已经登上了木船，但是天空出现了要下雨的迹象，别的地方就不想去了。乘船出行和处理各种事情，会使身体更加劳累，也没有益处。这一次就觉得头疼得比较厉害，现在我都忍受不了啦。头脑若是过于疲劳，心情就不好，于是对一些微小的事情和世俗事务都没有兴趣。奥尼洛 [1] 因为他爸爸病了，就匆匆赶往加尔各答了，阿利就承担起替我写书信的责任。那些讲演稿都写完了，翻译、修改我也做了，正是因为做了这最后的工作，我的头才痛得厉害，我也因此感到精疲力竭，现在休

---

[1] 奥尼洛：奥尼洛克马尔·琼德（1906—1976），曾经就读于国际大学，后成为教授，是泰戈尔的私人秘书，1938—1952 年担任国际大学教育学院院长。

息了，就没有什么可担心的了。我很想乘坐木船出去走一走，不过，在这里静静地躺着也挺好。……

罗宾德罗纳特

1933 年 10 月 21 日

43. 这栋泥土房子看上去很美

亲爱的孩子：

拜沙克月 25 日 [1] 那种乱糟糟的场面结束了。随即开始了新建房屋的竣工仪式。这栋泥土房子看上去很美。为在墙上做塑像，依德拉尔那一伙人几天来日夜连续奋战，夜里也挑灯工作，村子里的人们热情最高，由于他们的积极劳作，才能做好泥土房顶。在村子里，到处堆积着干草稻秆，用起来很方便。泥瓦匠建起了这栋房子，他自己的一栋泥土房子也已经打好了地基，这就意味着，他心里有信心，建造这栋房子是不需要花费很多钱的。一想到这件事，我就非常开心。他在圣蒂尼克坦获得的这一荣誉，比他所付出的很多努力都重要得多。

今天，到现在为止，我们这里还没有下雨。天气热得像着了火一样，高达 114 华氏度（大约相当于 45.5 摄氏度——译者注）。今天如此燥热，我再也受不了啦。下午的时候，身上就觉得像发烧一样，昨天我去了加尔各答。

一方面，在那里由于供水系统在没有经验的人的操控下出现了故障；另一方面，由于干旱燥热，供水量减少了。我曾经担心过在放暑假之前会出现水荒，但这种局面还是设法度过了。

---

[1]　拜沙克月 25 日：这天是诗人泰戈尔的生日。每年国际大学的师生们都举行各种庆祝活动，此举诗人不喜欢，所以他称其为"乱糟糟的场面"。

我还没有决定是否要到外地去。梅特蕾伊[1]一次又一次地请我到她那里去，但是我不想去。在布里，杜卢族家里的人很多。我也不想带着警察的命令去大吉岭。乘坐汽车前往西隆，一路上会很麻烦的，我也不喜欢，所以，这期间什么时候下雨，就回圣蒂尼克坦去，那就最轻松了。那栋泥土房子比起其他房子来要凉爽得多。……

爸爸

1935 年拜沙克月 29 日

焦拉桑科

44. 圣蒂尼克坦的理想已经逐渐被抛弃，我有点儿不开心

亲爱的：

雷纳德[2]关于斯里尼克坦的想法，依然像以前那样有益，听了之后我说不出有多么高兴。确实觉得能很容易从他那里获得援助，事业又不会有什么损失，这是毋庸置疑的。那些对自己的收入从来不担心的人喋喋不休地说，无论在哪里兴办教育事业，都不必考虑收益问题。孟加拉人的这种不作为的思想在那里一直得到支持，可是办教育如果不得不倚靠自己的收入时，就要考虑并且应该考虑收益的问题，这才是办教育的主要部分。这一点，这些人根本不会理解，因为迄今为止他们没有陷入过危机。

前天，奥布尔波来了，我听他说，他想在圣蒂尼克坦建设一个伦

---

[1] 梅特蕾伊：梅特蕾伊·达什古普多（1914—1990），是诗人最尊敬的教授、著名哲学家苏棱德罗纳特·达什古普多的女儿。她美丽而多才多艺，是最崇敬诗人的女性之一。丈夫是著名科学家莫诺莫洪·高士。婚后她同丈夫移居北部孟加拉山区。诗人多次应邀去她茫布、噶伦堡的家里避暑。

[2] 雷纳德：L.K. 埃尔姆赫斯特·雷纳德（1892—1974），英国农学家，他敬佩诗人的人品，深爱诗人泰戈尔，于是来到泰戈尔身边，为斯里尼克坦的振兴和发展做了不少工作。1924 年 4—5 月陪同诗人泰戈尔访问中国。著有关于泰戈尔一书 *Poet and Plowman*（《诗人和农夫》）。

敦样式的渡口码头。听了之后，我有点儿不开心。圣蒂尼克坦的理想已经逐渐被抛弃，这就是一个例证——百分之百的英孟混血之人，大都是势利小人，他们渴望过天堂世界的生活。他们这种颓废心态如果在我们中间传播，那么，我们会走向何方呢？大学的事业在圣蒂尼克坦逐渐开辟出一条不分民族和种族的康庄大道。怂恿鼓励高级律师阶层孩子们的洋人做派，难道是我们应该承担的任务吗？他是要在圣蒂尼克坦开辟一条把教育的最终目标引向英国模式的道路。未来之风如果吹向这种令人失望的方向，我也不会说什么，但是我在内心里知道，我在死之前要与其断绝关系。

离开木船，我回到了这个陆上的家里。在木船上住了很久了，在船上可以看到开阔的天空，呼吸新鲜的空气，所以我感到很舒适。布丽 [1] 在学习舞蹈，怎么样了？

爸爸

1935 年 6 月 4 日

45. 今天我来到这个新家

亲爱的罗廷：

这几天我心里一直焦急地挂念着普罗蒂玛。接到你的信，我就放心了。我记得很多天前我做了一个梦，梦见一个人说，普罗蒂玛患了流行性感冒，她走上帕德玛河岸的沙滩上，就停下来不走了。在回顾这个梦境时我发现了那是个误会，有什么关系呢？我当时以为这里的所有人都去了孟买，我要乘坐波迪绍尔的木船前往什莱多赫，很长时间我都没有去那里，心里渴望离开这里。……

---

[1] 布丽：诗人的外孙女，即米拉的女儿侬蒂达的爱称。

今天我来到这个新家，如果不来，这个房子最后就不可能完成。没有什么特别不顺利的。除此之外，我很快就要去加尔各答。你们如果不乘船离去，那我们就会见面的。……

爸爸
1936 年

46. 即使有一千个愿望，我的心灵也不会做出回应了

亲爱的罗廷：

我已经丧失了承载重担的能力，但对我来说，将这种重担强加在别人肩上，我会感到很痛苦的，并且这也是我为此而感到非常难为情的原因。所以，较之无所作为，我倒很想写一份向社会道歉的声明。即使不能清楚地向所有人说明情况，我也不能否认对大人小孩等所有人应该承担的善意责任，可是即使有一千个愿望，我的心灵也不会做出回应了。你不能再迟疑或犹豫了，我的身体已承担不起责任，心脏也变得虚弱了。我也不会再承担秘书的职责了，我想完全休息。你如果想对声明的语言做一些修改，那你就修改吧，但是应该尽快发表。我已经把孟加拉文版的声明发给《划时代报》和《欢乐市场报》了。……

爸爸

47. 让我休息几天吧

The growing infirmity of my age compels me at last to appeal to the public kindly to release me from the responsibility of correspondence and numerous other claims causing constant strain upon my body and mind when they urgently need rest.

Rabindranath Tagore

（随着年龄的增长，我的身体越来越虚弱，这迫使我最终向公众发出呼吁，恳请他们在我急需休息的时候，把我从那些不断给我的身体和精神带来压力的信件和无数其他要求的责任中解脱出来。

罗宾德罗纳特·泰戈尔）

或者

The constant strain of attending to my correspondence is growing too painful for the present state of my health which,at last,compels me to appeal to the public kindly to relieve me if I claim a much needed rest for the few days that still remain to me.

（不断地处理那些给我发来的信件，给我增加越来越多的痛苦，我的健康现状，最后迫使我向公众呼吁：为减轻我的痛苦，我恳求让我休息几天吧。）

48. 大暴雨令人心胸开阔，看着就很舒畅

亲爱的罗廷：

你们走后有几天特别闷热，后来几天每天下午都电闪雷鸣，狂风暴雨不断，闷热完全被赶跑啦。如此令人心胸开阔的大暴雨很久都没有下过了，看着就很舒畅。在身上加了暖和的外衣，上山的心情一点儿也没有。

这几天我都在指导《雨季礼赞》的排练，我还写了很多首新歌。可是只靠我做事是不行的。普罗蒂玛要是在的话，那就好了。……

爸爸
1938 年 9 月 20 日

49. 心里萌生出对宇宙法则的强烈谴责

罗廷：

我来这里的时候是满怀希望的——苏棱正向好的方向发展。今天读了碧碧的信，心情很是压抑，我明白了，苏棱已经无力与死神搏斗了。他还在遭受如此多的折磨。经受各种痛苦之后，他的生命结束了。我一想到一个人遭受如此的命运，还要经受如此多的痛苦，心里就萌生出对宇宙法则的强烈谴责。我心里感到非常痛苦。你要尽可能快地安排他那部书的出版，让他死后也能看到。那部书中尽管还存在着语言上的瑕疵，但是那部书是非常好的，这是毫无疑义的。

来这里之前我陷入了很大的困境，如果再迟一点儿，可能会受到致命的伤害，但是我还是一次又一次地躲避了危险。那一天我决心给苏棱寄去 500 卢比，然后我就参加会议去了，否则的话，我就会背负着创伤走出去。……

爸爸
1940 年 4 月 24 日
芒布
1940 年 4 月 25 日（邮寄日期）

罗廷德罗纳特简介

罗廷德罗纳特·泰戈尔（1888—1961）是诗人泰戈尔的长子，是他五个孩子中第二个孩子。他上面有一个姐姐玛图莉洛达（1886—1918），他下面有两个妹妹蕾奴卡（1891—1903）和米拉（1893—1969），还有一个弟弟绍明德罗纳特（1896—1907）。

罗廷最初所接受的教育是家庭教育，后来在父亲于1901年12月22日所创建的圣蒂尼克坦梵学书院接受最初的启蒙教育和中等教育。1906年，父亲让他前往美国伊利诺伊大学学习农学，希望他学成回国后帮助自己振兴农村事业。罗廷没有辜负父亲的希望，回国后在诗人泰戈尔经营地产的北部孟加拉地区，帮助父亲实施振兴农村的计划，为此付出了辛勤的劳作。

第一次世界大战结束前夕，诗人泰戈尔制订了创建国际大学的计划，罗廷就协助父亲实现这一计划。1918年12月22日在圣蒂尼克坦为国际大学奠基，罗廷来到父亲身边，承担建设国际大学的工作，1921年国际大学正式成立之后，他承担起遗传学的教学工作，他总是精心备课，他的实验课教学深受同学们喜欢。

罗廷具有科学家的气质，但是他的思想确实属于艺术家之列。圣蒂尼克坦的北寓所布局、房舍和花园的建设，展现出罗廷德罗纳特艺术家的匠心和才华。

我作为研究、翻译泰戈尔的学者，多次访问过印度西孟加拉邦，参观过国际大学的所在地——圣蒂尼克坦。北寓所是一个坐北朝南的院落，院门朝南，最北边的建筑是墨绿斋，是一座土坯平房，在其东南不远处是北斋，是一座二层小楼，后来在其正南方不远处又建起一座砖瓦平房，取名为"重建斋"。北寓所内最大的建筑是"高起斋"，它位于北寓所的西侧，是一座坐西朝东的三层楼房，高起斋的西侧是花园，北面是洗浴房。院落东侧是郁郁葱葱的高大树木。从南门到墨绿斋是宽阔的道路。北寓所是一个非常美丽的院落。

从国际大学创建时起，罗廷就担任父亲的秘书，是这所大学的主要工作人员。诗人泰戈尔仙逝后，罗廷就承担其管理这座大学的重任，不久被任命为副校长。国际大学最初是诗人泰戈尔创办的一所私立大学，因此经费非常困难。他担任副校长之后经多方努力，国际大学于1951年获得了印度中央政府直属大学的地位，就由中央政府每年为该大学拨款，这样就解决了办学的经费问题。他主持国际大学的工作只有两年多时间，1953年他突然辞去国际大学副校长的职务，离开了圣蒂尼克坦。

罗廷德罗纳特是一位躲在人们背后默默做事的人，不喜欢张扬，不喜欢大声喧哗，更不喜欢宣传自己。他一生都为父亲的成就而感到骄傲，然而，他自己不仅具有谦虚谨慎、尊重别人等多方面的优秀品格，而且他还是一位具有多方面才华的科学工作者，是园林、农学等方面的专家。他毕业于美国伊利诺伊大学农学专业，获得过农学方面的学位；在园林建设方面，独具慧眼，与其他建筑师设计建造了国际大学的北寓所；他用英文撰写了一本回忆录——*ON the Edges of Time*，此后用孟加拉语将此书扩充改写成《回忆父亲》；他刻苦学习过梵语，翻译过马鸣的名著《佛所行赞》；他在木工工艺和皮革工艺方面也展现出过人的创作才能。

罗廷还是一位毫无贪欲之心的人，国际大学在运作的过程中经费相当紧张，诗人泰戈尔几乎变卖了自己所有的值钱之物，其夫人甚至变卖了自己的首饰，资助丈夫办学。当时参加国际大学工作的所有人员和教授只拿一点微薄的工资，可是罗廷德罗纳特多年在国际大学工作，从来没有拿过工资。他和夫人普罗蒂玛一直过着清贫的生活，毫无怨言。

罗廷德罗纳特所做的另一项值得后人永远铭记的一件大事，就是在圣蒂尼克坦筹建泰戈尔纪念馆。从青年时代起罗廷就利用空闲时间开始收集手稿、书信等有关父亲的生活、工作等方面的资料，从父亲的一些朋友和崇拜者处收集到父亲的大量手稿、书信、照片、画作等。

父亲逝世后，罗廷怀着对父亲的崇敬心情投身于建设泰戈尔纪念馆的工作。尽管当时国际大学的经费十分困难，但他还是竭尽全力办成了这件大事。泰戈尔纪念馆主体建筑完工后，他把收集到的父亲的手稿、书信、画作等全部材料都奉献出来，这样就极大地丰富了泰戈尔纪念馆的收藏。

罗廷和妻子普罗蒂玛没有生育，他们抱养了一个吉拉特族的女孩，诗人泰戈尔为其取名"依蒂妮"（孟加拉语义有三：一为"女儿"，二为"神奇的小牛"，三为"杜尔伽女神的另一个名字"），全家人对其疼爱有加。依蒂妮有过两次婚姻，她第二次婚姻的丈夫是牙科医生吉里塔里·拉拉（？—1990），他们在圣蒂尼克坦附近的宝石村有一栋房子，名为"阴凉之巢"。他们生育一子——苏依东（1953— ），后者与绍米达结婚，育有后代二人——尼兰窨和普罗迪克，现如今他们住在班加罗尔。

董友忱

2023 年 6 月 26 日

于北京寓所

第三卷

普罗蒂玛（1893—1969）

泰戈尔写给儿媳妇普罗蒂玛

出版者说明

现已收集到罗宾德罗纳特写给他的儿媳妇普罗蒂玛的信件 67 封，已于孟加拉历 1349 年阿格拉哈扬月第三次出版。这部书收入信件 115 封，是经过增补和重新修订过的新版本，而且书稿说明部分也有增加。我们相信，这部书的出版，对于那些尊敬爱戴罗宾德罗纳特的学生和研究者是大有裨益的。

1. 你的书写会逐渐变得更漂亮，你要为此努力啊

亲爱的孩子：

儿媳妇，昨天一整天我们都顶着逆流同大河进行激流搏斗，夜里才到达什莱多赫。

这里的事情相当多，现在我还不能确切地说在这里要待几天。

不过我心里还是着急，怕影响你的学习。我来这里时已同奥吉特说过，让他教你。你的学习还在照常进行吧？英语课本的第一部分已经有啦，我还给了你另一本书，你能读懂吗？那本书读起来不比英语课本难，相反会轻松一些。

你要在赫姆洛达身边学习一些诗歌和散文[1]。你的书写会逐渐变得更漂亮，你要为此而努力啊。

我对你还有一个建议，你要每天怀着虔诚之心向天神祈福。

过了很多天之后我来到了帕德玛河上。今天早晨明媚的骄阳升起来了，大河的水位已经接近河岸，我坐在船顶上祈祷时我的内心里充满了阳光和美景。坐在这河水、陆地、天空之间，我的内心里感觉到了他，所以我特别惬意。很多天以来，我就想在这里——在这样一个安静而又一尘不染的环境中心无旁骛地住上一些日子，可是那位天神却不给我放假，没有办法呀，他现在把工作交到了我的手里。愿天神赐福给你。

衷心祝福你的

罗宾德罗纳特·泰戈尔

1910 年阿沙拉月 23 日

邮寄：1910 年 7 月 7 日

诺迪亚什莱多赫

2. 你就到你小叔子那里去学习吧

亲爱的孩子：

儿媳妇，今天我听说奥吉特的眼睛发炎了。那你就不要到他那里去学习啦。眼睛发炎，看东西会很模糊的。都出去这么多天了，松多什一定回来了。你就到你小叔子那里去学习吧，他会认真地教你的。

这几天我都在忙于这里的工作，我还要乘船到两个地方去转一转，然后，这里的工作一结束，我就要去迦利格拉姆。这里有时下雨，有

---

[1] 你要在赫姆洛达身边学习一些诗歌和散文：诗人泰戈尔的侄媳妇赫姆洛达做过刊物的编辑，有文学修养。

时出太阳，每天河水都在上涨。现在你大概是住在下平房[1]吧？你跟赫姆洛达还在学习一些孟加拉语吧？

乌马丘龙蹦蹦跳跳地来这里，很想吃石斑鱼，但是他的命运不佳，这一次石斑鱼就是不上网。本来罗廷可以捕一些池塘里的小鱼，可乌马丘龙又不喜欢吃，他为此就跑到办事处来，还真吃到了。他去了迦利格拉姆，在那里也不会搞到石斑鱼，但是他那种嘴馋的痛苦却在那里消逝了。拉波诺[2]怎么样？愿天神赐福给你！

内心祝福你的
罗宾德罗纳特·泰戈尔
1910年阿沙拉月25日
邮寄：1910年7月7日
诺迪亚什莱多赫

3. 忍受着因死亡或活着的人之间断了联系而造成的别离

亲爱的孩子：

儿媳妇，收到你的这两封信，我很高兴。

我们现在的确不在什莱多赫，因为要紧急处理各种工作，我乘船到处转悠。我整天都在佃农的家里或管理人员的办事处里，所以我没有一点儿空闲时间。我刚刚洗完澡回来，坐下急忙给你写两行字。即使是刚刚吃过饭，也会有人来，此后直到夜里，都不会有时间。

这里的工作结束后，还要去迦利格拉姆，然后回波尔普尔休假。回去后，我会看到，我的儿媳妇已成为英语方面的学者，不管怎么说，

---

[1] 下平房：位于圣蒂尼克坦南部方向的一栋砖瓦房。诗人的大哥迪金德罗纳特（1840—1926）从1906年起直到逝世都住在这栋平房里。这栋平房现在的名称是"迪久－比拉姆"。
[2] 拉波诺：拉波诺蕾卡·古赫塔库罗达，国际大学教授奥基托克马尔·丘克罗波尔迪的妻子。

在你小叔子身边学习名词和形容词，你肯定会有很大进步。

我收到了松多什从加尔各答给我寄来的信，他一到那里就发烧了，这么多天过去了，可能他已经康复，又回到波尔普尔了。

这一次我去加尔各答，会见了松多什的母亲，她心里受到了很大的打击，婆拉[1]的死亡，让她承受了这样的打击，此外，得知松多什和希隆[2]建立亲密关系的消息，对她来说简直就是致命的打击。因死亡而造成的别离，她已经在忍受着如此的痛苦，可是活着的人之间若中断联系，对一个母亲来说，忍受这一切也是很困难的。特别是，在她的儿子们中现在除了松多什，她再也没有什么可依靠的人了。在这种不幸的日子里，突然从什么地方冒出来一个像希隆这样的一个女孩，母亲长期以来的希望彻底破灭了，难道还有像她这样不幸的女人吗？看到她的情况，我感到非常痛苦。

内心祝福你的

罗宾德罗纳特·泰戈尔

1910 年 8 月

4. 我会无忧无虑地生活在真爱的大海之中

亲爱的孩子：

儿媳妇，昨天夜里我们已抵达波迪绍尔，一来到这里，就收到你的这封信，我很高兴。

根据工作要求我才来这里，这种说法不完全正确。

当我被人们缠住的时候，大大小小的各种纠缠就从四面八方涌

---

[1] 婆拉：绍逻吉琼德罗·马宗达的爱称，斯里绍琼德罗·马宗达之子，松多什的兄弟。
[2] 希隆：是在国际大学就读的女生，是梵语学家基迪莫洪·森的朋友普罗松诺库马尔·森之女，该女生与松多什相爱。

来，把我围住了，各种不良小人成群成伙地聚集在一起，我的洞察力和感知力就变得麻木了，当时我的心情就是急于想逃到一个什么地方。为了把自己全部献给那位无辜而纯洁的人——那位我平生最眷恋的人，我在内心里这样哭喊着：我就想去一个很遥远的地方，在那里住很久很久。我的精力越是分散在各种交谈、各种事务中，我就越是怀着深重的痛苦清楚地意识到，她离去了，我也不会有长久的存在和满足了，没有她，我是根本不行的。我知道，她永远也不会再满足我的需求了，但是我还是双手合十地希望到某一个宁静而神圣的无人的地方，凝望着她失去的方向——我只能说："母亲，母亲，你好狠心哪！请不要再打击我了——你不要再打击，不要再打击我了。可以将我留在好与坏的矛盾中，只是不要再让我承受来自四面八方的打击就好。"当生命抛弃犹豫，变得无欲而神圣的时候，我就会留在人世间，留在寂静的无人之处，我就会无忧无虑地生活在那种无底的真爱的大海之中。当噩梦之网所笼罩的这种黑夜结束的时候，心灵就急切地期待着那个充满霞光的早晨的降临——在所有苦乐、所有喧嚣、所有忘我的环境中，这是心灵唯一的真正渴望。但是长期以来我都让生命置于如此多的虚幻、如此多的虚假罗网的纠缠之中，今天生命已经冲破这种罗网，挣脱出来了。尽管如此，还是需要继续冲破——如果能够解开家庭生活中的物质方面的、欲望方面的所有症结，那么，我今生的誓愿也就结束了。沐浴过后穿上清新的服装，显得轻松而美观，就应该从此告别并离开这里，到她身边去——请天神发发慈悲吧，让所有愿望都完全结束吧。就让那位神圣而高尚的人在你们中间，也在我的家庭生活中顺利地现身吧——这就是我的衷心希望。你内心的那种纯洁美好的光辉在那里闪亮的时候，从你那本性的纯洁和娇媚中一定会绽放出明亮而温馨的光辉，我对此毫不怀疑。你走进我的家门，就是为了用你那纯洁之手点亮那盏圣洁之灯。你将用你那圣洁的生活把我的家庭变成一所圣殿——这种

月光射在我脸上

希望在我的心里一天一天变得强烈起来。愿天神把你的家庭变成天神之家——这是我的祝愿。

内心祝福你的

罗宾德罗纳特·泰戈尔

1910 年帕德拉月初七

邮寄：1910 年 8 月 23 日

阿特莱波迪绍尔

5. 你们家的门牌号怎么不告诉我？

亲爱的孩子：

儿媳妇，收到你这封信，我很高兴。

我们演出的日子[1] 临近啦！可是到今天我还没有背会台词，所以有些着急。怎么才能背会呢？白天黑夜都是在与各种各样的人交谈中打发日子，从加尔各答来的人一到这里就急忙催促我。

你要借助词典把你的那本英文书翻译成孟加拉语，什么地方特别不好理解，你就到你爸爸[2] 身边去，让他教你。

罗廷的信我收到了。他特别开心地坐上了小火轮，我特别羡慕他。假如不安排这次演出，那么，我就会开心地跟他一起去。我发现，到了什莱多赫，然后如果能乘坐汽艇到处漫游，那就会很方便的。

在这里整天是彤云密布，每一次大风吹来，都会下雨，有时电光闪闪，可以听到阵阵雷鸣。我曾经想过，如果罗廷在河上也遇到这种恶劣的天气，那么，他会陷入困境的，可是实际上并非如此，他在信

---

[1] 我们演出的日子：指历史剧《赎罪》的演出。在秋天到来之前，国际大学的师生一起于 1910 年 10 月 4 日举办戏剧节，诗人泰戈尔在这部戏剧中扮演苦行者托侬久伊。
[2] 你爸爸：指舍申德罗普松·丘多巴泰。普罗蒂玛称她的老师为"爸爸"。

229

中写道，一路上他都没有遇到降雨。

普罗帕特的妈妈[1] 身体很不好，她也在圣蒂尼克坦，已经有两三天昏迷不醒了。

姑娘们对演出的热情很高[2]。因为要演出《贞节女》，所以她们都很着急，但是在这种喧嚣声中让她们抛头露面，可能不行。

你们家的门牌号怎么不告诉我？我记不得了。愿天神赐福给你们。星期日。

衷心祝福你的

罗宾德罗纳特·泰戈尔

1910 年 10 月

6. 她一个人待着，心里会很寂寞的

亲爱的孩子：

儿媳妇，收到你的信，我很高兴。既然伯德特小姐[3]喜欢这项工作，那就应该让她参加这项工作。如果她懂得缝纫，那你就应该很好地跟她学习缝纫。不仅要学习缝纫技术，而且还要学习裁剪衣服等等。为了学习缝纫，你要开始习惯讲一点儿英语。你要尽可能主动跟她讲话，不要害羞。她的饮食，你是怎样安排的？中午的时候你给她吃什么？你要注意，不要影响她吃饭，要让她按时用餐。他们所有人都要按时去工作，而我们却恰恰相反。你要对罗廷说，让罗廷教她一点儿孟加

---

[1] 普罗帕特的妈妈：指《罗宾德罗传记》作者普罗帕特库尔马尔·穆科巴泰的母亲吉丽芭拉女士。她当时负责管理女生部，住在"德侯利"房舍里。她常常去圣蒂尼克坦看望诗人。有一天她到了那里，就突然病倒了，诗人自己无法把她送回住处，于是就把她留在圣蒂尼克坦，为她治疗了整整两天两夜。

[2] 姑娘们对演出的热情很高：1908 年起采取了安置女生的措施，女生们都住在女生宿舍里，她们在圣蒂尼克坦大厦的二层成功地演出了《吉祥天女的考验》，此后她们热情高涨，准备把《叙事集》里的《贞节女》改写成剧本演出，但是最后没能实现。

[3] 伯德特小姐：来自美国的家庭女教师。

拉语，至少让她学会孟加拉语字母和发音，那样她就可以出门活动了。米拉可以承担起教她学习孟加拉语的任务。晚上你们是怎么度过的？你们和她一起玩儿吗？我去你们那里的时候就会看到，你们掌握的英语词汇已经很多了。在过圣诞节的那一天，你要提前想到给她带一张贺卡，而且那一天要准备一些特殊的菜肴，同她一起快乐地过圣诞节，你们乘坐木船去河边的沙滩，搞一次热热闹闹的快乐活动。你告诉罗廷，让他从塔卡罗人那里带一两份圣诞节号带插图的报纸来，还要从加尔各答买一份圣诞节的蛋糕来。她会弹奏乐器，而且很喜欢弹奏——罗廷的任务就是要买一架钢琴来——这个时候钢琴在加尔各答正是销售旺季，价格很贵，现在买钢琴比较困难，两三个月后会降价的。不管怎么说，她一个人就这样待在那里，她的心里会很寂寞的，如果不能用特殊的办法消除她的寂寞感，她会感到难过的。

我已经对罗廷说过，派迪布去巴达利，可到目前为止我还没看到要去的迹象，迪布熟悉去巴达利的路。

罗廷的花园打理得怎么样啦？米拉丈夫的舅舅的花园有什么消息？大概要从他那里引进大白萝卜、胡萝卜。

你是否收到了关于诺根回来的消息？

你告诉罗廷，我在另一个地方给你的姑妈写了一封信寄出去了，可是我没有收到回复。你们的身体都好吗？

衷心祝福你的

罗宾德罗纳特·泰戈尔

1910 年 12 月

波尔普尔

7. 从加尔各答来了很多客人

儿媳妇：

这几天我一直处于喧嚣中。为筹备《国王》的演出，这几天来非常忙碌。此后为观看演出，从加尔各答来了很多客人，为招待他们，我一点儿闲暇的时间都没有。来了八位女士和十位男士。女士们住在赫姆洛达侄媳妇的家里，男士们住在圣蒂尼克坦的二层楼里。乌马丘龙不在，这一切工作都由库隆[1]操持，做得不够好。不管怎么说，就这样过去了。前天的演出直到午夜才结束，昨天夜里，姑娘们因为各种事情一直到很晚都在我们这里。今天清晨她们都走了。在我们的这次演出中，苏提龙睿[2]扮演王后，他扮演得非常好，特别是他的扮相，大家都很喜欢，他的表演也不坏。总的说来，人们都很喜欢，但是还应该演得更好。你们和你们的侄女们以及侄女婿们都感到很快乐。我发现，我走了之后，你的那位舅公并非无事可做。看一下这位东孟加拉人，人们非常想和他开玩笑。我的这位亲家在欢度洒红节时，如此会撒红粉，我看，如果我在的话，也不能轻易地逃脱，被他涂抹红粉的人还会增加很多。

他在这里有很好的体验，看起来他很喜欢，现在他在孩子们中间感到很快乐。

你在阅读《一千零一夜》，很好啊！阅读这本书，你会很喜欢的，你这样阅读，就是学习英语。摆脱了洋女人的纠缠，你就感到安逸了。

星期日或星期一我要去加尔各答两三天，那里有一点事情要办。把你们的土豆和西红柿给我捎一点儿来，闲暇的时候我就去你们那里，那时候就能吃到了。

---

[1] 库隆：诗人家里的一个仆人。

[2] 苏提龙睿·达什（1894—1977）：圣蒂尼克坦国际大学的学生，后来做过最高法院的法官和国际大学的副校长。

山迪[1]的学习走上正轨了吧？在那里他的身体怎么样？把山迪留在家里，没人教他，现在假期结束了，应该要让他到这里来学习。

请转达我对亲家的问候！

衷心祝福你的

罗宾德罗纳特·泰戈尔

1911 年 3 月 21 日

8. 家庭是个大的避难所，在每天的快乐痛苦中要习惯向他致敬

亲爱的孩子：

儿媳妇，请你接受我新年的衷心祝福！你总是在照看那位比别人都年长的人——这是我内心里的希望。你知道人类把生活变得很伟大，品尝自己的幸福快乐从来都不是人类的目标，这一点你在享受所有幸福快乐的过程中要牢记。你要知道，家庭是个大的避难所，即使在艰难、痛苦、危险中，你也要怀着虔诚的心向他致敬，向他学习自我奉献的精神——在每天的快乐痛苦中要习惯向他致敬，如果你每天不能轻松地熟悉去他身边的道路，那么，一旦需要，你就不能到达他那里。早晨一醒过来，你就会觉得他仿佛就在自己身边，他就是你长期生活的助手，是你热心的父母，由于他的劳作，你才会从事家庭生活的劳作，并且在今生今世你同一些人所建立的关爱的亲密关系，就会因为他那种爱情源泉的玉液琼浆之味而变得更加温馨和美好，这一点你要铭记在心。在怀念他的名字的过程中，你的心灵每天都得到洗礼，你要让自己的思想沉湎于这种蕴含真理、智慧、欢乐而又无所不在的沉思中片刻，让自己摆脱每日的一切尘埃污秽而变得纯洁而柔媚。他就在你

---

[1] 山迪：米拉的小叔子，诺根德罗的弟弟。

心中，在外面他日日夜夜都在触摸你，像他这样每天都亲密地在你身边，这样的人再也没有了，你心里很清楚地了解这一点，你要向他致敬，请他向所有人和自己赐福。

昨天我们这里是月圆之夜，田野里的降雨结束了！今天凌晨，我们在庙里做了最后的新年祈祷，我们大家都感到非常快乐。

你们什么时候再回到什莱多赫来呀？大概，后天赫姆洛达侄媳妇和我大哥要经过加尔各答去布里。

衷心祝福你的
罗宾德罗纳特·泰戈尔
1318 年（孟加拉历）拜沙克月初一
1911 年 4 月 14 日

9. 如果是家庭组团可能有很多优惠

儿媳妇：

今天我要给我二嫂写信，举行五种圣食等仪式没有必要，她要为此白白地花掉很多钱。

昨天我给罗廷写了信，如果乘坐轮船，那么，就需要在海上吃苦航行 22 天，这有什么好处呢？假如完全是为了去日本看一看，就会既吃苦又费钱，值得吗？儿媳妇，说说你的意见。前往一个没有人烟、只生长菠萝的地方做什么呢？你告诉罗廷，有一艘经过科伦坡去日本的小火轮，如果乘坐这艘船去日本就比较舒服，而且还会很便宜。如果是家庭组团一起走，那么还可能有很多优惠，这是能够办到的，那样你还可以游览很多国家——而我也会有三个月的假期，会得到很多的休息。而如果你认为这样好，那么你就可以乘坐意大利的小汽艇前往意大利某一个很吸引人的幽静的地方，住上一个半月，这不是不可能的。那里的气候并不很冷，那里人的鼻子并不长，眼睛也不斜，到处都可以买到很好的葡萄等好吃的水果。在日本也便于罗廷研究农业科学的问题，我心里早就有想到日本去的打算。无论如何，你要把泰戈尔家的那位女婿拉到你的团队里来，计算一下开支，考虑好了之后，写信告诉我。如果要去新加坡，那里干燥的陆地是比较少的，只有海洋，总共有五六天的时间见不到陆地，因此你是不会喜欢的。离开海岸就觉着大海很好，可是进入大海之后就没有那种感觉了，我们毕竟不是鲸鱼、河马，因此总是渴望在陆地上活动。

你告诉罗廷，回到加尔各答时，如果能拿到已经寄往那里的那套百科全书，就可以了。我弄到了很多欧洲尼姆树的树苗，准备弄到你们那里栽种，可是直到今天我都没有找到运往加尔各答的人。你们那里如果下雨，看来就没法栽种了。

最近几天，痔疮加重了，所以我感到有点儿虚弱，放假时这种疾病会好转的。

衷心祝福你的

罗宾德罗纳特·泰戈尔

1911 年帕德拉月 21 日

10. 我的心想以友好的方式与地球告别

亲爱的孩子：

儿媳妇，我理解，你们担心我出去旅游会受不了，这种担心完全没有必要，我出去旅游的欲望很强烈，可我不想去什么地方做一两个月的短时间旅游。我的心倒是很想以友好的方式与地球告别。我要去加尔各答看一看，如果我遇到障碍，那我就会去远方。

在这里正准备演出《秋天的节日》，大家都劝我扮演苦行者。这一次也有一群姑娘从加尔各答过来。

袁心祝福你的

罗宾德罗纳特·泰戈尔

1911 年 9 月

11. 我也想和你们一起出去转转

亲爱的孩子：

如果你们也想去新加坡休假，那么，我也想和你们一起出去转一转。迪奴发疯似的也想去，那就带他去吧。要注意保护他，不要发生任何闪失，今天他才平静了许多。

现在是不是刮龙卷风的时期？如果海上起风暴，那么大海就没有魅力啦！

如果你们想乘坐东海岸铁路的火车去科隆坡，那也是一次不错的旅行，我听说那里的甘迪是一个很美丽的地方。

不管怎么说，如果你们喜欢去新加坡，那么我也不反对。回来的时候如果走同一路线，你们会觉得很扫兴，但是走水路，我还是有一点儿担心。

无论你们去哪里，都要对罗廷说，有关在旅馆吃住等开销方面的事情让他征求一下厨师们的意见。

米拉很好，所以我就不去加尔各答了，要去的话，我会感到痛苦的。身体不是那么好，从这里乘坐火车去那里的时间又很讨厌。

听说你大姐很好，我高兴啊。你的学习现在进展如何？诺根 [1] 很多天都不在，看来，你的课也停了。那本天文学方面的书，现在罗廷

---

[1]　诺根：指米拉的丈夫。

236

是否读给你听了？乘坐轮船出行时他会读很多书给你听。

罗宾德罗纳特·泰戈尔

1911 年 9 月

12. 买一部望远镜，了解我们的月亮和星星

亲爱的孩子：

儿媳妇，你们快乐地乘船在河上漫游了。我坐在这里的田野中间，以前办事处没有建成的时候，一年中的大部分时间我都是在木船上度过的，特别开心。现如今每一次在河边沙滩上度假也想那样做，可是再也做不到了。

看来，现在你在很用心地学习科学。我阅读了 *Story of the Heavens* 这本书之后，简直陶醉了，这本书实在太精彩了。这一次你们什么时候去波尔普尔？在那里你们就可以通过一架大型望远镜去观察了解我们的月亮和星星。你问一下罗廷，为什么不买一架这样的望远镜呢？我们这里有一架，它的价格是 250 卢比，但是在那里可以买一架 56 卢比的小型望远镜，这样的望远镜也挺好用。

现如今松多什是一个人在这里，他的母亲和妻子都不在。他在和黄牛、水牛一起打发时光。

我从诺根德罗 [1] 姐姐的小叔子的家乡雇请了一位理发匠，准备培养他。此人很聪明，看来他的手艺不错，会剃胡须，也会刮脸。我听说，他还会修理钟表。你们那里缺少人手，所以我就把他请来了。我去你们那里的时候，我就把他带过去，留在你们那里。

诺根 [2] 喜欢的对象是村子里的孩子们，每天黄昏的时候他们都来

---

[1]　诺根德罗：指米拉的丈夫。

[2]　诺根：指诗人泰戈尔的小舅子。

唱歌吗？我若在那里寻找会唱歌的人，也是可以找到的，他们不喊破嗓子，是不肯停止唱歌的。

衷心祝福你的

罗宾德罗纳特·泰戈尔

1911 年

13. 人心的融洽和神圣的结合，是永远不会终结的

亲爱的孩子：

儿媳妇，我给你们大家带来了很多痛苦，并且我自己也感到痛苦。一种昏暗的感觉不知从何处涌进了我的心里。不过，这种感觉不会长的。你们回来的时候就会看到，我已经坐在自己建立的位置上。我的这个位置是建在世界的窗口上，而不是在家庭生活的洞穴里。你们要用自己的生活和自己的崇敬来建立你们自己的家庭生活。我要在黄昏的灯光下坐在自己寂静的窗口祝福你们。

你们不需要为我做任何准备，天神会赋予我自由。家庭生活中的一些东西，我已经全部交到你们的手里。现在你们和我已经没有任何需求方面的关系。由于亲缘关系方面的吸引力，你们来到我的身边，那时候我还会为你们做一些事情。愿你们俩的生活彼此完美地协调起来，你们俩朝着这个方向努力吧。人心的融洽和神圣的结合，是永远不会终结的，每天都会有崭新的修炼。愿天神使你们那种潜意识中的神圣修炼永远充满朝气，这就是我的希望。你们的这个家庭，就像盛满玉液琼浆的杯子一样，我在临死之前要去品尝一下你们家庭生活中那种仁慈高尚的玉液琼浆滋味，我心里的这种欲望一次次地挤压着我的心灵，但是无论如何，都应该抛弃这种欲望。如今再也没有期待有结果的那一天了，完全心灰意冷了，但我还是希望你们幸福，我不认

为你们的幸福生活同我有什么关系。认为你们将要走的那条生活之路是经过我走过的道路，这样的看法是没有道理的，而且也是牵强附会的。你们的问题是属于你们自己的，你们的性格是属于你们自己的，你们的道路是属于你们自己的，对你们来说，除了我的慈爱和美好祝福之外，再也没有什么了。这种慈爱也应该消失，对于你们我没有一点儿特殊的负担，我也不应该注视着这个方向。经过苦乐、福祸、好坏的矛盾冲突，总有一天你们会在生活中得到你们自己的天神，对此我是不该怀疑的，我也不会总是关注这一方面。愿你们幸福。

永远祝福你们的

罗宾德罗纳特·泰戈尔

1914 年 10 月

我说过，要告诉你们关于贝拉的消息，但是没必要了。如果我勉强这样做了，那我就是糊涂得在四周找不到住所了。贝拉当然很好，她也会保重。她的好坏不取决于我的担心。

14. 开心地到处好好看一看、走一走

亲爱的孩子：

儿媳妇，你把这封信交给罗廷。几天来我心里一直在想，我要去菩提伽亚 [1]，就在这时候我突然发现，诺根和米拉他们也准备去那里，所以我就决定和他们一起去。他们也许三四天就回来。现在我还无法确定我在那里会待多少天，或许，我也会去霍里达尔。现如今我已经接受了薄伽梵、佛陀的庇护。

---

[1]　菩提伽亚：位于印度比哈尔邦的一处佛教圣地。

那个地方你们都很喜欢，而且你们所有人都很好，听到这个消息，我特别开心。诺根说过，两三天内你们要去布里。你们希望在什么地方住多少天，就要开心地到处好好看一看、走一走，恢复了身心健康之后再回来。不论什么事情，你们都不用着急，即便学校的假期结束了，也不用担心。你们如果想乘火车沿着东海岸的铁路线往南方走得远一点，也是可以的。我听说，特兰般库尔是印度一个非常迷人的地方，为什么不去那里走一走呢？你们也可以通过渡海大桥前往斯里兰卡。

永远祝福你们的

罗宾德罗纳特·泰戈尔

1914 年 10 月

15. 我就是再也不去什么地方，也要前往中国 [1]

儿媳妇：

今天应该从仰光出发，在这里已经度过两天多了。我觉得，如果不到别的地方去转悠，而只在这里某个村子的寺庙里住上三四个月，那也会很开心的，出去到处转悠，就像做梦一样，什么也看不到。昨天在这里为我举行了一场欢迎会，聚集了很多人，有讲话、唱歌等节目。我说过，要给你们寄去几个小银盒，那是很精美的工艺品，缅甸人很善于在象牙上、红木上和银器上雕刻。我特别喜欢这里的人们，我似乎觉得，我不大喜欢日本人，要理解他们的内心世界是很困难的。我就是再也不去什么地方，也要从日本前往中国。你要经常给我发消息来，告诉我，你们每个人都怎么样。我对米拉有点儿放心不下。我希望这些日子以来你已经康复了。穆库尔现在特别开心。

---

[1]　1916 年 5 月 3 日诗人泰戈尔从加尔各答出发，乘坐日本轮船前往日本，5 月 7 日下午抵达仰光，受到各界人士的热烈欢迎。5 月 9 日夜里诗人一行离开仰光，前往槟榔屿。

关于这次我们经历暴风雨的情况，你从剪报中可以看到，这样的暴风雨是不多见的。

我总是祈求天神，愿他每时每刻都会带给你们内在的和外部的生活幸福。

永远祝福你们的

罗宾德罗纳特·泰戈尔

1916 年 5 月 9 日

16. 我没有一点儿时间 [1]

儿媳妇：

你会从别人的信件里获得所有消息，在喧嚣嘈杂中我没有一点儿时间，安排得十分紧凑。我祝福你。

爸爸

1323 年（孟加拉历）杰斯塔月 22 日

1916 年 6 月 4 日

17. 学习和收获，简直说不完

亲爱的孩子：

很多天之后收到你们的来信，我很高兴，在这里我看得越多就越喜欢，我对欧洲从来没有这样喜欢过，这种发自内心的尊敬、关爱，在任何地方我从来都没有感受过。如此美丽的国家，我在任何地方都

---

[1] 这封信是在日本神户写的。

没有见过。这里有如此之多的值得学习的东西，简直是说不完的。我所看到的所有绘画作品，在任何别的地方都是没有的。奥波宁、戈格嫩特别需要到这里来。假如他们能同我一起来，就能看到很多东西。在来这里之前，我根本就没有想到要了解这里的内部情况，戈格嫩他们也不可能想到。至少依德拉尔必须到这里来看一看。只要能来这里好好地看一看他们的这些伟大的东西，就会激发出自己内在的创造力。如果哪个愚蠢的家伙有兴趣，那就让他看一看吧。要是你们能和我一起来，就能看到很多东西，但你们不在，一想到这一点，我就感到很遗憾。如果方便的话，你们就到这里来吧，9月15日我才会离开这里。愿天神赐福给你们——这是我衷心的祝福。

永远祝福你们的

罗宾德罗纳特·泰戈尔

1916 年 7 月

横滨 c/o.t.Hara Esq

18. 家乡在我心里仿佛变得模糊不清了

儿媳妇：

在进入美国之前，写信的机会没有了。在那里没有写长信的可能性。从你们那里也有很多天没有收到信了，并且也不会收到了，因此我的家乡在我的心里仿佛变得模糊不清了，在这里的任何地方我觉得周围的人仿佛都变得高大了，在这里我同样获得了他们那种令我惊奇的关照。在每一个火车站都聚集了很多人，不仅仅是出于好奇，还是出于由衷的敬爱。我觉得，整个日本没有一个人不了解我。就这样，为了这个外部世界，天神从里到外以各种方式塑造了我。在告别之前，我应该把这个宏伟的世界当作自己的亲人接收下来。

我把穆库尔留在这里，大家都希望他成为一位伟大的艺术家。如果他同我在美国一些城市徒劳地转来转去，那对他会是有害的。有一个日本小伙子和我同行，可以代替他，我很喜欢这个男孩子，他懂得一点儿英文，不过他可以继续学习。他从各个方面照顾我，一点儿也不感到难堪，也许，他会成为我的一位追随者，如果有一天他和某一位日本姑娘结婚，那他们在我身边就更方便了。

我很想知道，现在乌马丘龙怎么样了？他的病痛是否完全消失了？如果回国后他再染上疟疾，那他就活不成了。你告诉罗廷，叫他好好地照顾乌马丘龙，关心他的吃、穿、医疗等各个方面，他长期以来都在照顾我。愿天神赐福给你们——这是我的衷心祝福。

罗宾德罗纳特·泰戈尔

1916 年 8 月 8 日

19. 如果不全心全意去做，那什么也做不成

儿媳妇：

从你的信里得知米拉的女儿诞生 [1] 的消息，我很高兴。女娃的照片也很漂亮。我从这里给她寄些衣服，希望能合身。我也给男娃 [2] 寄去一套日本服装。今天下午我们的轮船就要起航，所以从上午就开始忙于整理东西，穆库尔无论如何都不想离开我，他也要走。从这里寄去了几套衣服和一些东西，可能在你收到我这封信之前就会寄到。你告诉罗廷，我的那几件日本服装，回国后我想穿，那几件服装在印度穿会很舒服的。还有一些琐碎的东西，我也寄回去了，对你们会有用的。

---

[1] 女儿诞生：米拉唯一的女儿侬蒂达，于 1916 年 7 月 12 日出生。

[2] 男娃：指米拉的儿子尼杜，即尼丁德罗纳特（1911—1932）。

豪华小艇

我经安德鲁兹之手还给你寄回去一盒日本画笔，也给戈格嫩和奥波侬寄去了。在我寄回去的所有这些东西中，你选一件给绍莫罗。

听说"缤纷"[1]的工作停止了，我很难过。它的所有工作不仅仅是娱乐性的工作，而且还是国家的工作，如果不全心全意地去做，那么，什么也做不成。这样的工作在整个国家做过多少啊，可是并没有出现永恒的宁静。有多少人把真正的力量和爱国之情贡献给了他们的国家。如果回忆一下我们那些缺乏诚信的、虚弱无力的奢侈享乐，就再也不会怀有希望了。

你已经从安德鲁兹那里得到消息，12月这里一位艺术家[2]要去你们那里，你要很细心地把他安顿在"缤纷"的一个房间里。你们可以向他学习很多东西。我有一个最美好的愿望，就是从这里给你们派一位女仆回去，这里的女人们都知道如何巧妙地工作。你们大家都知道

[1] "缤纷"：一战期间在焦拉桑科成立了一个孟加拉邦文化研究机构"缤纷协会"，最初实际是泰戈尔家族的一个研究绘画艺术、文学、戏剧、教育的中心，后变成了一个文化艺术学校。
[2] 一位艺术家：这里是指日本画家新井康波（1879—1945），1916年诗人泰戈尔访问日本时于5月16日与之相识。应泰戈尔的邀请，新井康波作为绘画教师于11月来到印度国际大学任教，并且在这里度过了两年。

我内心对你们的祝福。帕德拉月 19 日。

永远祝福你们的

罗宾德罗纳特·泰戈尔

1916 年 9 月 2 日

20. 小母亲，我一直为你担心 [1]

亲爱的孩子：

小母亲，我一直为你担心。愿天神保佑你的身心安康。到昨天为止，我为接待拜沙克月前来这里的客人而忙碌着，因此很疲惫。假期到了，心里渴望去什么地方转一转。我不想去大吉岭，在那里得不到休息。我看看，随便去个什么地方吧。

永远祝福你们的

罗宾德罗纳特·泰戈尔

1917 年 4 月

21. 愿天神补偿你的悲伤

亲爱的孩子：

小母亲，愿天神补偿你的悲伤，愿有关死亡的格言给你的生活带

---

[1]　这封信和随后的两封信（第 21、22 封信）被怀疑可能不是写给普罗蒂玛的，因为这三封信的称呼与其他写给普罗蒂玛的信不一样。可是为什么又收录在这里呢？因为这三封信都保存在普罗蒂玛那里，同诗人写给普罗蒂玛的所有信件都保存在同一个文件夹中，而且书信集第三卷出版第一版时（1942 年）普罗蒂玛还健在，她没有提出反对意见。

来深沉的宁静和幸福！这是我的衷心希冀。1324 年拜沙克月初五。

衷心祝福你们的

罗宾德罗纳特·泰戈尔

1917 年 4 月 18 日

22. 多少悲伤在于将生死完全视为矛盾

亲爱的孩子：

小母亲，生与死是融合在一起的，如果不这样看，那么，就看不到真谛。我们每天都能感受到生，却感受不到死也是作为生的一部分，所以我们总是以我们的愿望紧紧地抓住家庭不放，我们的渴望就成为对我们的可怕束缚。如果用生与死相融合的观点来看待生，那么，生活的重负就会变得轻松一些。当我们再看待死时就不能用生与死相结合的观点，所以悲伤之火就会如此猛烈地燃烧起来。死承载着生，而生是在死的激流中前进的——如果能够很好地理解这一点，那么，我们的思想就会在真理中获得解脱。在完整的真理中没有矛盾，如果把生与死完全看作矛盾对抗，我们的幻觉就会萌生，这种幻觉在束缚我们，这种幻觉促使我们哭泣。多少罪孽，多少恐惧，多少悲伤就在于此。

衷心祝福你们的

罗宾德罗纳特·泰戈尔

1917 年

23. 沐浴在一尘不染的秋阳下，我仿佛又活了过来

亲爱的孩子：

你在信中写道，你们已经在加尔各答了，但是直到前天，根据我得到的消息，尚未有你们回到加尔各答的任何信息。

过了很久之后，我回到了圣蒂尼克坦 [1]，沐浴在这里一尘不染的秋阳下，我仿佛又活了过来。对我来说，这是最后的一片美好而开阔的田野和深沉的宁静。我劳作的日子结束了，我不必在人群中走动。这里的生活也不是永恒不变的，这里的土地受到雨水滋润，在为宏大的苍生做着准备。

你写信来说一说，罗廷的身体怎么样。若是一次又一次地发高烧，那可能是疟疾。如果不能彻底摆脱这种疾病，就会使他一再地遭受痛苦。从那里回来或者去别的地方，走海路比较好。由于几天的连雨，大概，贝拉的身体也不好，我为她担心啊。

我已经写信寄往加尔各答的地址，你如果不在那里，我就会寄往什莱多赫。1324 年迦尔迪克月 18 日。

衷心祝福你们的

罗宾德罗纳特·泰戈尔

1917 年 11 月 4 日

24. 我不想去那种人声嘈杂的环境里

亲爱的孩子：

听说，西隆这个地方，你们都很喜欢，我很高兴。我希望住在那里，

---

[1] 这里说的"回到了圣蒂尼克坦"有误。诗人泰戈尔在结束日本、美国之行后于 1917 年 3 月 13 日回到了加尔各答。

这样我的身体会完全康复并且变得很强壮。但是现在我没有去某个地方的可能。鉴于目前身体的这种状况，我也根本不想动，住在这里也没觉得多么炎热，有时候还突然觉得有一点儿凉意。在我们这里已是年末并且开始欢度新年。这一次，从加尔各答没有来更多人，只有普罗山多和和迦利达斯[1]来了，他们住在我上面的房间。姑娘们谁也没有来，若是来了，会有一点儿麻烦。赫姆洛达、科莫尔[2]和松甘[3]她们，大概很快就会去参加苏罗玛[4]的婚礼。苏罗玛结婚时你们是不是也要去加尔各答呀？可是我不想去那种人声嘈杂的环境里。请你们接受我新年伊始的祝福！愿宇宙最高神开启你们的心智，并且为了自我献身的幸福事业，让他赐给你们力量、挚爱、高尚品德。

衷心祝福你们的

罗宾德罗纳特·泰戈尔

1324年（孟加拉历）拜沙克月初三

1919年4月16日

25. 真是逃入天堂也不得休息[5]

儿媳妇：

今天我们快到香港了，但是遇到了恶劣的天气。一路上这样的坏天气还没有遇到过。总的来说，大海是平静的。从前天起，起了一点

---

[1] 迦利达斯：著名历史学家迦利达斯·纳格（1891—1966），他是拉玛侬德·丘多巴泰女儿珊达的女婿。主要著作有：*Art and Archaeology abroad*(1937), *India and the Pacific World*(1942), *Tagore in China*(1944), *Discovery of Asia*(1957), *Greater India*(1960) 和《与诗人相聚一百天》。

[2] 科莫尔：诗人大哥迪金德罗纳特的孙子迪嫩德罗纳特（1882—1935）的妻子。

[3] 松甘（1891—1976）：诗人泰戈尔二哥绍登德罗纳特的大儿媳妇，即苏棱德罗纳特的妻子。

[4] 苏罗玛（1896—1985）：诗人的侄子迪本德洛纳特（1862—1922）的外孙女。

[5] 为前往中国访问，诗人在从新加坡赶往香港的轮船上写的这封信。

风浪，因此基迪先生、侬德拉尔等人有些沮丧。他们今天忐忑不安地望着大陆的方向。我坐在甲板上的一个角落里写讲演稿，真是逃入天堂也不得休息。

1924 年 4 月 7 日

于香港

26. 全城的人都聚来了，敲锣打鼓，傻眼

儿媳妇：

我在漂游。海水里没有波涛，船上旅客很少，相当闷热。今天我到了槟榔屿，在一位马德拉斯人的家里做客。我们这一行的其他人都去城市里观光了，剩下我独自一人，身体疲惫，处于沉睡的状态。从一扇窗子可以观看大海，而通过另一扇窗子就可以看到芒果树、椰子树、罗望子树、榕树的碧绿身影。很多天以来，我的时光都是在蓝天碧水中间流逝。今天我来到这里，在大地的各种色彩交汇中获得了安逸，可是陆地上的一个很大的危险，就是欢迎场面。不管看到什么情况，你都不会明白那是怎么回事。我再也无法忍受如此多的欢迎场面。我曾经想过，槟榔屿是一个小城市，在这里不会有更多的喧嚣吵闹，可是一下到码头，就傻眼了。全城的人大概都聚拢来了，乐队敲锣打鼓，吹起唢呐，在我的脖子上挂满了花环，把我的半个脸都遮住了，勉强地露出鼻子，我的眼镜也被挤掉了。不管怎么说，我觉得，你会从迦利达斯的信里了解到整个场面的很多情况。我不是懒于写信，所以你不要认为，我吃饱肚子就懒于做事了。我应该写六篇在中国的讲演稿，其中两篇我已经写完。坐在轮船舱室一个角落里的床上写讲演稿，难道是一件小事吗？！特别是在下午炎热的阳光下，靠在舱室的木板墙壁上，那简直就会把身体烤成面包。无论如何，在去中国之前，

我要把讲演稿写完。如果我写不完，那我就发表即兴讲话，设法加进一些内容，我也能结束工作。我很想睡觉，但由于炎热我两个晚上都没有睡着。今天上午轮船开到这里，今天晚上 8 点起航。后天我们又要在另一个码头下船，然后去新加坡。我常常想起蒟蓓。可是我觉得，我不在的时候她不会很悲伤的，会有很多人来教她唱那首歌——《这就意味着不承认》。

罗宾德罗纳特·泰戈尔

　　你要给米拉送去一个月的花销，她在波迪绍尔银行里的存款以及存款的利息是怎么计算的、有多少，我清楚地知道，而且米拉也知道。我不明白，她那里怎么会没有寄书的钱了呢。

1924 年 3 月 30 日

P.k.Nambyar 3.UNION STREET

ADVOCATE & SOLICITOR

PENANG——192

S. S. AND F.M.S.

TEL. ADRESS:

"NAMBYAR. PENANG"

27. 这个女孩用魔幻之网把我缠住了

儿媳妇：

　　得知你母亲逝世的消息，我心里受到了打击。曾经有一天，你母亲来到圣蒂尼克坦，当时我就看到她身上所具有的那样一种深沉性，在她身上展现出了那样一种因修炼而成的简约美丽的形象，因此我感到很惊讶。在她去世之前我所看到她的这种情怀，我心里是非常喜欢的。现如今在这一方面，比诺伊妮[1]和我是很贴心的，每一次她来到我这里时都向我讲述藏在她内心里的一些话语，我感到非常满足。在内心里她获得了一种解脱，死亡对她来说已经无所谓了，在内心里她已经走过家庭生活之路。有一天她说，她有一次乘火车来圣蒂尼克坦经过婆迪亚，当时她看到了田野里中午的阳光，她就立刻直接感受到了她的神，在这之前某一天的祭祀仪式上受到打击，她就会感到痛苦，当时那一次来到圣蒂尼克坦后，她就觉得她身边所举行的一切仪式都是虚假的，再也不需要那样做了。看到她沉浸在这种内心的感悟中，我觉得自己的心里也很平静了。我就觉得，为了扯断那些捆绑生命的绳索，那一次她到圣蒂尼克坦来了，为了使自己从家庭生活责任中解脱一段时间，她仿佛要扮演最后别离的角色。由于在内心里获得了深沉的宁静，她超越了苦乐的界限，走了，这种幸运之事是很少见的。

儿媳妇呀，你为什么这样描写蒜蓓的故事来诱惑我呢？你心里知道，这个女孩用魔幻之网把我缠住了。这个迷人的女孩儿就像海市蜃楼一样吸引着我，但是她不会向我投降，她甚至只想用歌声这个骗局与我告别，在如此小小的年龄，她怎么会有这样高的智商呢？用歌声来同诗人告别这样唯一的方法，她是怎么知道的？不用悲伤，不用欺骗，她也不想用笛声和呼唤。你还写到，除了爷爷的歌，她再不喜欢任何人的歌，这一点我可不相信。我当然知道，如果她要举行选婿大典，她绝不会把花环戴在爷爷的脖子上。你不要以为，我会因此而伤心落泪，不会那样的。在国内外有很多这样的美丽女人，她们认为，为我编织花环是幸运的。

今天夜里，我要离开北京，去另一个地方。5月31日我们的轮船从上海起航，前往日本。4日我们到达那里，在日本，人们很热情地

---

[1] 比诺伊妮（1883—1924）：奥伯宁德罗纳特的妹妹，即诗人泰戈尔堂哥古嫩德罗纳特的长女，普罗蒂玛的母亲。

诗人泰戈尔与儿媳妇普罗蒂玛合影

呼唤我去。可能 6 月底我离开那里，去休假。然后到处转一转，总有一天，我要回到圣蒂尼克坦的田野，坐在凉台里那把安乐椅上。不过，我的那栋房子还没有建好吧？这一次回去后，我可能会住在我自己的房间里，还要让博洛建造一个通向屋顶晒台的梯子。在北面已经建好了一个存放东西的房子，你要吩咐人在那栋房子里装上窗子和门，这样我的中国雇员住在那里，就不会被闷死。

衷心祝福你们的

罗宾德罗纳特·泰戈尔

1924 年 5 月 20 日

北京

28. 你可以在罗森斯坦的学校里学习木版雕刻画 [1]

儿媳妇:

你们让我漂游大西洋前往伦敦，这一次我遭受了极大的痛苦。大海出奇平静。但是，大约在抵达这里前七天，我患上了流行性感冒。胸部如此疼痛，而且身体处于极度虚弱状态，我几乎觉得，由于这一次的旅行，我再也不能回国了。到达这里之后，这里的人们对我特别关心照顾，这里的一位特别著名的大夫给我治疗。为了治疗心脏虚弱我不得不服用了洋地黄苷。阻碍我前往秘鲁的机会来了，但是秘鲁的人们不想放弃，所以我决定除了铁路外，还要走海路。这里的一位女人 [2] 像照顾家里人一样照顾我，她同意和我一起去。她腾出她的一栋花园别墅，让我们居住。她是这里一位很著名的女作家，她从很久以前就开始阅读我的作品，对我特别宠爱。总之，这里的所有人都是我的宠爱者。以前我也根本想象不到，他们对我了解多少，还想了解多少。我们的剧团如果能来这里，一定会很受欢迎的。当我提出建议把剧团带来时，这里的人们就同意捐赠 10 万卢比。他们渴望能在这里举办我的绘画展览。我看得很清楚，在南美洲我们有很大的活动空间。要是来往的路不遥远，那就方便啦。听说你在那里学习制陶工艺，我很高兴。你可以在罗森斯坦的学校里学习木版雕刻画。不过，你要安排蓓蕾学习舞蹈。我尽力想把她忘掉，我希望，如果再过两个来月，可能就会获得一定的成效，我想通过严厉的苦修挣脱她的诱惑之网，这还需要一个月的时间。我担心，在我看到她时又会陷入她的诱惑之网，我的心灵是很软弱的。

---

[1]　这封信是在阿根廷首都布宜诺斯艾利斯写的。诗人泰戈尔结束了中国、日本之行，于 1924 年 7 月 21 日回到了加尔各答。然后秘鲁邀请他参加秘鲁独立 100 周年庆典，诗人于 9 月 19 日动身先去欧洲，诗人的随行者有苏格德罗纳特·科尔、罗廷德罗纳特、普罗蒂玛和蓓蕾。到了伦敦，埃尔姆赫斯特来了。10 月 18 日诗人带领埃尔姆赫斯特乘坐 "安代斯" 号轮船从瑟堡码头出发前往秘鲁。罗廷、普罗蒂玛带着孩子留在了伦敦。
[2]　一位女人：指西班牙女作家维克多利娅·奥坎波。诗人因生病就被奥坎波留下来，住在一栋花园别墅里，最终也没有去秘鲁。

不要忘了把尼杜带来让我看看。如果他还没有完全放假，那你们就去看看他，还要顺便给他带一点儿东西去。为了自己的花销，诺根想要从我这里拿走 1000 卢比，我没有给，所以他可能很生气。也许，他会让尼杜到你们那里去索要，你们不要给。12 月 29 日我要去秘鲁。秘鲁共和国总统凯亚雷给我写信来了。

罗宾德罗纳特·泰戈尔

1924 年 11 月

29. 大夫说我应该尽可能完全休息

儿媳妇：

蓓蓓的信收到了。幸亏你们加以解释，我才明白了她的意图。不过她的这个意图实际上没有意义，那只是咿呀学语。她的舞蹈就像她写的东西一样，也没有意义，只是乱写乱画。你们知道，这种乱写乱画的学问也成了我的伙伴，因此，今天上午我坐下来给她写回信。请我做客的这家主人在我桌子上突然看到了这件东西，很是惊讶。为了不影响我进餐，他就把这件东西毁掉了。他为此准备给我拿来一个很大的封皮。如果拿来了，我就用它把所写的东西寄走。不过，对此也需要做一点儿解释。最初我只是在那张纸上写了一些尊贵的名字——蓓蓓、布菩、布波希、拉夫罗娃夫人二世、萝波希、尤婆湿、龙帕、梅诺迦、蒂洛窦玛等等，然后把写错的部分划掉，又画出了一些图画，又将其全部划掉。这样做的意图就是，这些尊贵的名字都是错的，我要尽力将所有这些错误都划掉，对此还有一点，我做了说明，这是在一首诗歌上做的，我还要把它的复制件寄给你们。

当我已做好准备第二次尝试去秘鲁时，昨天大夫来了，给我做了检查后说，我绝不能去，走海路不行，走山路更不行。那样做，会突然发生危险，我应该尽可能完全休息。所以我就放弃了去秘鲁的打算，安排去欧洲了，定在 1 月 3 日，乘坐意大利轮船 Giulio Cesare 号，在 1 月的最后一周，我们将抵达热那亚港。

医生说，我不会感到我的身体器官会有某种不舒服，但是我已经一贫如洗了，再也不能承受过多的开支，如果能默默地静养一些时间，再有一些钱，就可以离开了。大夫说，我的困难就在于，若从外表看，就不会理解我已经处于破产状态。很多天之前，我自己已经意识到了这一点，但是我不能向别人说。不管怎么说，这次回国后，我就会陷入无所事事的静修中。所有这些情况都可以面对面地进行讨论。

过了这么多天之后，从 12 月 1 日起，这里开始热起来了。今天乌云密布，刮起了大风，可能过几天，会变得凉爽些。我相信，在你们那里是没有一点儿凉意的。我很清楚伦敦 11 月的气候情况。12 月圣诞节临近了，会开始下雪的。

罗宾德罗纳特·泰戈尔
1924 年 12 月

30. 我就像一颗活动的牙齿，如果拔掉就解脱了

亲爱的孩子：

儿媳妇，来到布拉格，我成功地做了几次讲演。今天在捷克的剧院要演出《邮局》，在那里主办方还要求朗读几首诗。星期二要在德国剧院演出这部话剧，除了坐在那里静静地聆听，再没有我要做的事。在这里没有那么寒冷，阳光充沛，从今天上午开始天空布满了乌云。什么时候我应该去哪里，还没有得到任何消息。叫我哪一天去什么地方，我就像一个好人一样去那里。我根本无法想到，事情竟然如此复杂，突然从北方要赶往南方，然后再返回来，又要从东方往西方走很长的

路，有时候是在夜里，有时候是在白天；有时候是在凌晨，有时候是在黄昏。最后在第五幕剧的最后一场戏中，还用上了我那位尼尔莫尼和那一把长沙发椅。这里的卡尔斯巴德城市居民邀请我去他们那里，我要求在那里休息三四天。如果要想实现这个要求，看来必须离开布达佩斯，如果没有这种可能性，那么，就要坐火车转来转去，是否能得到休息，值得怀疑。你们都聚集在凯贾罗霍夫，活动的时候心里不会难过。我就像一颗活动的牙齿一样，日夜不停地活动，不过如果完全被拔掉了，那就解脱了。

罗宾德罗纳特·泰戈尔

1926 年 10 月 12 日

31. 如果某段时间什么都不做，那身心就会得到愉悦

亲爱的孩子：

儿媳妇，这里的活动结束了。今天我们就动身去维也纳，明天要讲演，然后去布达佩斯，在那里也要讲演。然后我们要去这里的总统马赛里科的家里做客，如果不去，大家会感到遗憾的，没有人理解我的苦恼。波兰的负担解除了，去了俄罗斯，也活下来了。不过我一点儿也不喜欢。如果某一段时间，什么都不做，那身心就会得到愉悦。罗廷的身体曾经遭受过一种打击，因此我就觉得，前往像俄罗斯那么一个遥远的地方，需要长途跋涉，这对他来说，无论如何是不合适的。如果你们不能去俄罗斯，那么，我去那里欲望一点也没有。带领你们去瑞士或者去法国南方休息几天，然后就回国，这对我来说，较之前

往俄罗斯会更好，这对罗廷来说也是好的。

罗宾德罗纳特·泰戈尔

1926 年 10 月 15 日

32. 医生说，再不能这样辛苦劳累啦，我只好停下来

亲爱的孩子：

儿媳妇，我相当疲惫，但是我没有办法完全停止工作，无所事事地安心待着。就在这个时候，由于命运的怜悯，我有一点儿发烧，不得不躺在床上静养。医生说，再不能这样辛苦劳累啦，我只好停下来。现在关于前往波兰的安排只好作罢，去俄罗斯只好作罢，讲演也只好作罢。医生说，在回印度之前，至少需要三周时间待在瑞士或法国，好好吃饭休息。我听了之后，心凉了半截。我想首先应该去Villeneuve（维耶纳夫），在那里待三四天，再去另一个阳光充沛的国家旅游。可是罗廷他会来吗？静静地住在这样一个地方，对他来说，也是有好处的。像柏林这样的地方，现在的气候都不太好。你给卡洪[1]写一封信问一下，他的蒙托内别墅（Mentone）可否借住。如果可以入住，那么，大家就可以聚集在那里休息几天。你尽快写信来，说说你们的想法。这一周医生还是要把我留在这里进行治疗。有可能，我会得到一周的假期。

Miss Pot（波特小姐）来了——她很讨人喜欢。听了之后，你也会莞尔一笑的，但是那些有知识和有经验的人们，对此人的性格也许比我更感到满意。可是某一位科学家会讲，现在不能这样说，还要经过

---

[1] 卡洪：阿尔巴特·卡洪，法国的著名富翁和幽默艺术的鉴赏家，一位好客的慷慨大度之人。1920—1921 年以及 1926 年 7 月，诗人泰戈尔旅欧时曾经住在他巴黎郊区的著名"世界报作家"（Autor de Monde）客舍里。

长时间的观察，那样就可能收集到可靠的数据。但是我不是科学家，所以我认为，恰恰正是这样的人，是不可能在如此短的时间内如此轻易得到的，因此，现在要去掉焦虑，让她开始工作，然后如果出现遗憾的理由和时机，那时候我就会听信你们要说的理由。

家里的信，怎么一封也没有寄来呀？我的心里为米拉感到难过。如果能够提前买到船票，那么，我就想快点儿回去。这一次的欧洲之行就结束了。

罗宾德罗纳特·泰戈尔

普罗蒂玛，昨天一点儿也没有发烧。Wenkebach 傍晚的时候来了，几乎待了一个多小时，做了很细致的检查。心里一点也不慌了，精神有一点儿紧张；从昨天起就完全正常了。一切都好。

1926 年 10 月 19 日
维恩帝国酒店

33. 人家还等米下锅呢，我不得不写呀

儿媳妇：

苏棱写信来把有关你们的所有消息都发过来了，可是我在休假。我也不能写这样的信，这消息又不能滞留在心里，我也不想看到在何处发生了什么事。应该写信告诉《缤纷》杂志给那封书信加一个标题 [1]，这话完全是骗人的借口，作为书信是完全不适合阅读的。可是我是在给人家打工，人家还等米下锅呢，所以就不得不写呀。可是没

---

[1] 《缤纷》杂志刊载诗人访问爪哇期间的书信。本卷第 36、38、39、40 封信曾经发表在该杂志 1344 年（孟加拉历）阿格拉哈扬月、玛克月和法尔衮月号上。

有太多时间，在什么地方安静地坐下来是不可能的，现如今写东西的力气也在减弱。因此，我十分感谢苏棱。我到达马德拉斯时已经累得半死，一整夜和第二天的很多时间，我都处于这样的一种状态，真害怕回不去了。我唯一的帮手是巴肴凯米克[1]。我一整夜都是在痛苦中度过的，快到凌晨的时候我才想起了它，打开旅行箱，把它找出来。中午的时候觉得轻松了，能够上船了，吃了几片，我就登上了轮船。我所承受的这种诚实的欢迎打击，可不小啊。在海上的时候心里就一点儿也不觉得害怕了，可是到了陆地的整个大街上并没有受到那种文明轿子的迎接。在船上船员们把他们最好的舱室和起居室都让给了我，所以我就能写一点儿东西，但是也没有什么特别不一样的。在我的那个三层舱室里我的文笔就对古姆蒂妮[2]做了最后的介绍，她就在这样一个危机的地方默默地坐了这么多天——在我的文笔撞击下，她的命运车轮何时又会开始运转，这我可说不好，也许，返回印度之前她就在这种停止的状态下消磨时光。

我忘了告诉你一条消息，可是那条消息就写在我信纸的第一页上边的一角。收到邀请后，我的心绪首先有些激动不安，我想，我是不会得到安闲了，现在我发现，一切都挺好。在这里有这么多的党派，他们之间如此相互挤压，他们所有的烦恼都向我发泄倾诉。住在这里的一个庇护所，我还是摆脱了很多人的相互争斗。我可以理解的是，钱包里留有很多空间，从那里是拿不出钱来了。在国际大学僵化的机体上，看来，已经出现了复兴的时机。

---

[1]　巴肴凯米克：日本人研制的一种药物。
[2]　古姆蒂妮：长篇小说《纠缠》中的女主人公。这部小说开始创作于 1927 年 5—6 月，《缤纷》杂志于 1344 年阿什温月（公历 1937 年 9 月）至 1335 年恰特拉月（1938 年 3 月）号连载。最初两期的书名是《三代人》，后来改为《纠缠》。

阿里亚姆来这里之前，已经做了很多工作。最后我还是决定把他留下来。我回来看到你们都生病，为此我的心里会着急的。但是这中间隔着一个大海，着急是没有用的，希望你们都会好起来。有关我的消息，你告诉米鲁，把她的消息也要常常告诉我，不要忘了。这里热浪袭来了，阴雨天也没有减少太多的热度。我正是在这个时候来到这里，要是几天前来这里，那我就会热得汗流浃背。

代我向安巴拉尔[1]一家人致敬。

罗宾德罗纳特·泰戈尔

1927 年 7 月 20 日

新加坡政府大厦

34. 我尝到了著名的榴梿，既不特别喜欢，也不讨厌

亲爱的孩子：

儿媳妇，我是在喧嚣中度日，我仿佛觉得，经历了五年来所发生的事件。这么多天来，我乘坐着演讲骏马驾驭的胜利之车在前行，从一个城市驶向另一个城市，四周响起吧嗒吧嗒的马蹄声。不久前车轮突然受到一点儿阻碍，我的敌对之星觉醒了。我在印度报纸上写了一个有关向中国派遣印度军队的严厉评论，这个评论在美国和中国转了一圈之后，突然被风吹到这里来，一位印葡混血编辑对此进行抨击——我们也束紧腰带，奔向战场，投入战斗——我觉得，不会有太多的损失。

今天我们去了一个叫伊波的地方。然后前往槟榔屿，这里的娱乐活动结束了，尽管对这里做了描述，但是我看不到使你们喜欢来这里的任何理由。古代任何一天都没有进入这个国家，她的破损历史背包

---

[1] 安巴拉尔：安巴拉尔·萨拉滢，古吉拉特富商，著名科学家比克罗姆·萨拉滢的父亲。

并没有被抛弃。我多次寻找艺术美女的纯洁，但是没有找到。本世纪突然飞临到这里，森林被砍伐了，开始栽种橡胶树。毫无疑问，这个国家是郁郁葱葱的一片绿色，到处都是光和影的融合。坐在汽车上沿着大街行驶的时候，满目都是绿色，仿佛可以畅饮玉液琼浆。这个国家的椰子树高高举起手臂，仿佛在欢迎诗人。现在如果用相当数量的礼物来与之告别，那么我也能用满手的礼物表达我的祝福。不管怎么说，看来，我不会空着两只手回去，这期间，我的队伍已经吃饱肚子，带着食品走了。在这一方面，苏尼迪[1] 应该获得最高荣誉，苏棱应该获得仅次于他的荣誉。

我品尝到了著名的榴梿，对此果我既不特别喜欢，也不讨厌。15日我这里的事情会结束，然后去爪哇，在那里可以看到，我的一些"追星族"在等待着我的到来。我没有接到你们任何人的消息，只收到了两小瓶药。在这里收到书信的规律，就像我们国家在婚宴大厅里开宴的规律一样，在吃午饭时也可能会收到一封信，但是大多信件都是在傍晚5点钟或者是在半夜的时候才能收到。由于这个原因，我已经不再希望接到你们的信了，不过我还是在写信。

罗宾德罗纳特·泰戈尔

1927 年 8 月 6 日

吉隆坡

35. 我浑身没有力气，两眼流着泪水

亲爱的孩子：

儿媳妇，这还是一个岛屿——苏门答腊。这个地方很美丽，水和

---

[1]　苏尼迪：语言大师苏尼迪库马尔·丘多巴泰（1890—1977）。

空气洁净，有利于健康，很凉爽。如果你们能来这里，经营一个蔬菜水果园，带来一些牛羊，建起一栋房子，也是不坏的。不过你们会说，这个地方尽管美丽，可距离圣蒂尼克坦太远。我没有收到你们任何人的书信，但是从梅绍波代米娅[1]的一封信里突然带来的圣蒂尼克坦的一股风使我的思绪有些焦躁不安。返回的时间耽搁了，今天下午我们才动身前往爪哇，巴凯[2]来这里迎接我们。上午马德拉斯人在大街上吹着唢呐、敲着锣鼓，把我接到了宾馆。不久前马德拉斯人就用不适合病人的那种饮食作为午餐招待我们。我的随行人员很开心地吃得饱饱的。我浑身没有力气，两眼流着泪水，心里燥热。所以我只能象征性地吃了一点，真正的吃喝任务我只能让我的随行人员去完成。我心里想，下午我喝茶的时候，要特别关注一下面包、黄油和蛋糕。那些招待我们用餐的人，开着汽车在城里到处转悠。因此，你们就会明白，我们身上也承担了一部分工作，我要做演讲，同一些新结识的人进行交谈，在马德拉斯人的唢呐声中，我被众人簇拥着行走，当我很疲惫地走进一家新宾馆，刚刚坐在沙发上的时候，有人进来建议，让我到外面坐在阳光下照相，而其余所有人都坐着很高级的汽车，出去参观一些很著名的地方，观看马来西亚舞蹈，直到深夜 1 点半才回来；如果想睡觉的时候，不管是白天还是黑夜都可以；如果想去什么地方参观，也就不分室内和室外。今天，也就是现在，来了一群摄影者，说是要给我照相，白天只给我拍了一两张照片。在爪哇我听说过这样的组织安排，因此，我觉得，待在这里很好。要是你们跟我在一起，那我就开心了。我不能到处转悠参观，要是你们能来参观，就会消除我不能这样到处转悠参观的苦恼。我从洛希达的来信里得知，你们俩带着依蒂妮住在加尔各答。不过，已经过去这么多天了，当然你们已经

---

[1]　梅绍波代米娅：莉萨·冯·波特小姐，也被称为"洛希达"。
[2]　巴凯：精通音乐的阿尔诺尔德·巴凯，他为研究印度音乐在圣蒂尼克坦住过几年。他提前来到爪哇为诗人泰戈尔来访问做准备，又陪同泰戈尔从爪哇来到苏门答腊。

回到了圣蒂尼克坦。现在那里正是雨季。这里已经很多天没有下雨了，从昨天起天空彤云密布，时不时地下起雨来。我想睡觉了，信就写到这里。

衷心祝福你们的

罗宾德罗纳特·泰戈尔

1927 年 8 月 17 日

苏门答腊棉兰

36. 要保持喜爱之火不断地燃烧，是需要付出许多力量的

亲爱的孩子：

儿媳妇，当然你已经从我们一行人的书信中了解到马来西亚半岛的情况。我没有时间很好地观察、很好地思考、很好地描述。我只是到处转悠和谈话。从槟榔屿上船，首先前往爪哇的都会巴达维亚[1]。当今世界到处都是大都市，只有这个国家的城镇不大，但却是新时代的城镇、现代化的城市，所有面貌景观都一样，只是在人们的服饰方面有些区别，也就是说，有的人发疯了，打扮得浑身光亮，但是上衣没有纽扣，裤子短得只到膝盖，破损的披肩脏兮兮的，没有洗过，就像加尔各答一样；有的人从头到脚都裹得严严实实，所穿的服装整洁而漂亮，就像巴达维亚一样。我说城市的面貌景观都一样，这话不够准确。我看到的不是面貌，而是面具，这种面具是在工厂里用一个模子铸造出来的，有的人擦洗这面具，使其保持清洁，有的人由于忽视而不擦洗，其面具就脏兮兮的。加尔各答和巴达维亚这两座城市都同样是现代的女儿，只是她们的女婿们不同，所以在对其关心照顾方面

---

[1] 巴达维亚：雅加达。

263

有很多区别。巴达维亚女士从头到脚都佩戴着首饰，除此之外，用香皂擦洗身体，抹上润肤膏，身体就显得美观而靓丽。加尔各答女士手上戴有铁手镯，但是我看不到金手链。洗澡用的水都是一样的。我们都是有知识的城市居民，来到巴达维亚，就觉得仿佛是从无月亮的昏暗地带来到有月光的明媚地区。

我在笼子似的宾馆里待了两三天，在接待方面没有什么缺欠。整个情况，苏尼迪会找时间记录下来的，因为苏尼迪的洞察力是很强的，就像他的记忆力一样，他的热情越高，所收集到的材料就越多，他眼睛所看到的一切都会留在他的记忆里，一点儿都不会丢失。如果有丢失，那只会在两个方面：保存和奉献方面。我能理解，我们的旅行故事在他手里一点儿都不会泡汤，也不会丢失。

我们乘船从巴达维亚出发前往巴厘岛，几个小时后我们在泗水城下了船。这也是一座现代化城市，她不是爪哇身体的一部分，她是伴随爪哇而诞生的。由于阿拉丁神灯的咒语，这座城市被带到了新西兰，是放错了位置。

我们穿过巴厘岛。我看到了大地那种永远朝气蓬勃的形象。在这里古老的世纪焕发出新的生机。在这里的土地上，安娜普尔娜女神[1]的足垫被放置在这碧绿的床罩上，这广袤的碧绿床罩从地平线一侧延伸到另一侧，在那些林荫掩蔽下的居民住宅里，人们过着富裕而悠闲的生活，在节日的闲暇里经常举行聚会演出。

在这个小岛上没有火车，火车是现代的交通工具，现代是个很吝啬的时代，在任何一个方面都不想过多地支出。这个时代的人们说，时间就是金钱。为了不浪费时间，火车头喷吐着粗气，冒着黑烟，震撼着大地，穿过不同邦国，飞快地奔跑。但是在这个巴厘岛，现代和过去的数百个世纪融会在一起了。在这里，时间不需要进行浓缩。这

[1] 安纳普尔娜女神：印度古代神话中的杜尔伽女神，她是满足人们粮食需求的女神。

里现有的一切都是永恒不变的，一切都依然如故。季节交替轮换，各种色彩的鲜花在绽放，各种滋味的水果挂满枝头。这里的人依然有着家族的亲情，承载着各种各样的歌舞表演传统。

这里没有火车，但还是为一些来旅游的人准备了汽车，他们在很短的时间内就要结束参观游览，那些时间充足的人来这里，就可以有很多时间游览很多地方。我们在这里的森林、山地民房中间行驶，荡起了灰尘，心里就觉得，在这里我们应该步行。在两旁都是高大楼房的大街上，看到的都是疾驰的汽车，这对眼睛倒也没有太多的伤害。但是如果应邀前往道路两侧那些五彩缤纷的店铺参观，就应该消除汽车的轰鸣声。心里是否还有什么印象，这里的汽车车速就像豆扇陀[1]驾驶战车去打猎时那么快，这就叫进步，豆扇陀那是为了跟踪目标才如此飞快追赶，但是来到静修林面前他就停住战车走下来，不是为了追求静修目标，而是希望满足静修的心愿。在凯旋的道路上驰骋，在美丽的道路上缓缓而行。在当代渴望获得成功的欲望是强大的，所以现代的交通工具一直不断地加快速度。对于那些值得严肃接纳的东西，甚至都不看一眼，就匆匆擦肩而过。现在已不可能再上演戏剧《哈姆雷特》了，而电影《哈姆雷特》很盛行。

我们的汽车来到一个地方停下来，那里在举行一个盛大的聚会。这个地方叫作邦利，在为一个王族家庭里的人举行葬礼。在这里看不到悲痛的迹象，没有可说的话语，很多天前国王就死了，这么多天以来，他的灵魂已经升入天堂，人们以集会来表示庆祝。男女老少从遥远的地方沿着乡村的土路走来，手里拿着沉甸甸的各种各样的祭品，就仿佛某一部往事书所描述的那个时代突然活灵活现地出现在我们的眼前，就仿佛是从阿旃陀的绘画艺术世界来到这具有生命的世界里享受着明媚的阳光。女人们的服饰宛如阿旃陀石窟里的壁画一样。在这

---

[1] 豆扇陀：是印度大史诗《摩诃婆罗多》和迦梨陀娑的名剧《沙恭达罗》中的人物。

里展现了罕见的服饰朴素美，而朴素美是与周围的环境相适应的，甚至有几位美国的传教士以观察员的身份来到这里。我相信，他们也会从内心里很容易地感受到这种景象的优雅静美。

祭祀场地人山人海。为此目的，在很多翠竹围绕的一个房子里堆放着各种食品、衣服、水果、鲜花等祭品和各种钱币，这里的一些婆罗门穿戴整齐，头上戴着羽冠，坐在中间诵念着咒语。他们都各自准备了多种祭祀用品。在一些地方乐师们用当地的多种乐器演奏着乐曲，在一个帐篷里表演神话故事。在别的任何地方，我都没有见过如此浩大的具有祭祀特点的节日聚会。可是任何地方都没有出现不雅观或混乱的场面，这种庞大的聚会场面井然有序，没有发生物品堆放混乱和人们拥挤的情况。这么多人聚集在一起，却听不到嘈杂喧哗，见不到肮脏污秽和管理不善的情况。在内在优美和协调一致的节日情况下，众多的人都能够自觉地约束自己。整个场面如此恢宏壮观，如此五彩缤纷，对我们来说又是如此前所未见，对这种盛况进行详细的描述是不可能的。这个国家人们的思想行为与印度教徒的一些宗教风俗仪式有如此的相似性，其创作形式有如此多样性，是特别值得观看和思考的。用数不清的方式无尽无休地努力表演自己，这种表演不仅是祭拜物品，而是以各种巧妙的方式将其美化。

这里的自然环境和日本很相似。这里的岛屿都像日本那样小，可是这里的自然景观多种多样，而且其土地肥沃，生长力极强。到处都有高山、瀑布、河流、平原、森林、火山、湖泊。然而这个国家的交通是便利的，河流、山脉的规模都不大，人口数量很多，土地面积不大，因此这里的农业很发达，适合耕种的土地都已全部得到开发耕耘，在这个国家的一片片土地上，长期以来就已经大量地启用水利灌溉系统，在这里没有贫困，没有疾病，饮水和空气清新。在这里男神女神众多，传说故事众多，集会仪式众多，古老的印度教与这里的自然环境相适应，这种自然环境培育了这里的艺术、社会组织的独特性和多样性。

这里与日本有一个很大的区别，日本是个寒冷的国家，而爪哇巴厘岛属于炎热的地区。如果说日本能够站在其他寒冷国家的人们的对面来保护自己，而爪哇巴厘岛不能。为了自我保护需要坚持不懈地努力奋斗。炎热的气候既能使生命迅速成长，也能使其迅速衰败。炎热每时每刻都在削弱生命力，使生命的意志力变得薄弱。巴达维亚这座城市如此无可挑剔地整洁清新、井然有序，其原因就在于，寒冷国家里的人们承担着重负；这种寒冷国家人们的身体里的力气从古代起就在骨骼、精髓、肌肉、神经方面一代一代地传递继承，所以他们那种不知疲惫的精神时时刻刻都在到处发挥作用。我们常常会说，这样就足够了，你也同样可以离去。他们所关注的东西不仅仅是心灵的东西，也是力量方面的东西。要保持喜爱之火不断地燃烧，是需要付出许多力气的。大凡力量聚集比较少的地方，无欲淡漠的自己就会降临，无欲淡漠会减少自己的所有要求，他们承认外部的麻烦、疾病、管理不善等所有弊端。为了安慰自己，他们竭力地这样说，在忍受所有这一切的过程中就蕴含着高尚的美德。谁具有无穷的力量，并且承认他的所有要求并因此而获得快乐，为此他就能顽强地活着，不会轻易地向失败毁灭投降。到了欧洲，首先映入眼帘的就是人们对这种觉醒的关注。为了掌握我们称之为知识、科学的东西而进行不懈奋斗，成为人们追求的主要目标。先哲曾经说过，在任何地方猜测都是不合适的，要抛弃幻想，不要讲去获取吧，不要讲"我是全才"。在知识领域和在道德领域感到自己无力的时候，淡漠就会出现了。有关忽视淡漠的领域，贤哲名言、吠陀名言、导师名言，就像伟大灵魂控制的丛林杂草一样纷纷苏醒了，为探索知识而经常努力奋斗的道路被堵塞了。由于对淡漠的蔑视，大量的无用之物一天天在周围堆积起来，因此人的失败感就产生了。在冷漠的国家，人们在艺术方面也是在原来的道路上重复地踏步，不能前进，只是在转圈子。马德拉斯的大商人花了350万卢比建起1000年前那样的一座庙宇，那也是仿造。他没有超出原有的模式，他也没有勇气，因而也没有心力了。鸟的翅膀麻木了，即使自己走出笼子，也不会高兴。在笼子面前承认失败的鸟儿，永远都是投降派，面对整个世界，它只好认输。

来到这个国家，起初很高兴，这里的所有聚会都呈现出自己的特点和优美，然后心里就慢慢产生怀疑，就觉得这是鸟笼子似的美，不是鸟巢似的美——这里面没有思想自由。由于习惯的作用，数百年来的纯粹模仿连续不断地继承下来。我们外域人来到这里，就有一种难得的便利之处，这就是我们用现代的眼光看待过去的时代。这种过去的伟大辉煌，就是那种过去的天才，被称为新生命的正统新智慧；其生命力的巨大积极性在自己的艺术创作过程中展现多方面的自我。不过，尽管如此，它也属于过去，还是跟在现代的背后亦步亦趋，那它为什么要站在面前阻挡现代性呢？若说现代只不过是过去的载体，那我就只能承认失败了；这种人谦恭地说，通过让自己消失，来表达保存这种过去是我的责任。他们没有勇气相信自己。这就是无欲淡漠对自己力量的诠释，尽可能地减少对自己的要求。在承认要求方面，有痛苦，有危险，因此无欲淡漠就是无所畏惧，也就是不畏惧毁灭。

那一天我们在邦利看到的那个仪式，就是欢送灵魂升入天堂。人在很久以前已经死了，这么多天其灵魂才在天堂获得了席位，所以才举行这个特别的庆典。在一个名叫"舒科波迪县"的一个名叫"乌布特"的城市，在即将到来的9月5日要举行火化仪式。还会有很多人来参加这个活动，就在那个马德拉斯商人花费350万卢比建成的神庙里。这是持续了很多世纪的葬礼，这种葬礼依然会继续存在下去，而且是不会消失的。在这里举行的葬礼过程中如此多种类的花费，是需要长时间准备的，阎王可以简化自己的责任，以少花钱结束自己的工作，但是执行习惯规则是需要很长时间和浪费很多钱财的。在这里操办过去时代的葬礼已经延续很久了，为了承担葬礼开销，不得不把所有一切都献给现代。

来到这里，我一次又一次地意识到这一点，过去时代不论多么伟大，它关于自己还是有一种狂妄傲慢，应该将其存放在心里，内心里存在着获胜的力量。我把这种感觉写进一首短小的诗歌里了，将其列在此处，并以此来结束我这封长信。

快乐的牧童心花怒放，
走过来笑着对我说：
"你敢来和我搏斗吗？
你每次都会成为失败者。"
我回答："你净瞎吹牛，舍此你还会什么！
那就让我们来一场搏斗！"
"好了，我给你点厉害看看！"说着他就伸出胳膊。
老爷爷立刻仰面倒下。
牧童把大家都叫出来，他高兴的是能让全家快活。
他一次次问我："你说说，你是不是失败者？"
我回答道："那还用说？
当我获得泥土避难所之时就已证明，我已一无所获。
这一点你是知道的。
快乐的牧童，你在我面前承认失败之时
那也是我的败北，
也是我的羞愧。
当我倒在地上的那一天我当然知悉，
那才是你最后的胜利。"

1927 年 8 月 30 日

巴厘岛贾雷姆阿松

37. 做了一个很清晰的梦，醒后心里很着急

儿媳妇：

那一天住在巴厘岛，凌晨我做了一个很清晰的梦。仿佛是在焦拉桑科的凉台上，罗廷把我叫到一个角落严肃地对我说，没有需要特别担心的任何理由，但是医生认为，你的这种疾病实际上是慢性流行性感冒，如果我能把你带到什莱多赫的船上住些日子，那么，对你是会有益处的。我说，那你就带我去吧。我还需要和医生讨论一下我应该怎么做——那个医生是孟加拉人，可是我并不认识他。我醒了后，心里很着急。我盘算了一下，现在是帕德拉月，在这个时候你的哮喘病容易发作。我心里想，可能这一次你的哮喘病加重了，所以我才做了这样一个梦。即便如此，现在也没有什么可做的。我在想，我要回去带你到帕德玛河沙滩上住些日子，让你在那里呼吸新鲜空气，我相信这样对你是有益处的。由于有了这些想法，我就想现在回国。10月1日轮船从这里起航，然后经过暹罗、缅甸返回，10月第三周可以到家，也就是说，在这里还要住上一个多月。

爸爸

1927 年 9 月 11 日

38. 王后脸上挂着迷人的微笑

亲爱的孩子：

儿媳妇，从巴厘岛出发，经过爪哇岛，在苏罗巴亚城下了船。这个地方是外国商人的一个主要聚集地，比爪哇大，生产的东西是食糖，从这个小岛向国内外运送。有一个时期印度承担起向世界供应食糖的重任。现如今，宝乌市场的毗莫琼德罗·纳格在制作甜食，也要从这个爪哇市场购买食糖。今天如果只依靠大地母亲通常所奉献的东西，

那人们就会失望的，实际情况就是，人要尽可能多收获一些东西。用牛自己产的那么一点儿牛奶来做祭祀是不够的，为了让家里的孩子们填饱肚子，牛奶还没有送到宝乌市场里的商店就被抢购光了。那些做牛奶生意的人都知道，应该采用通过何种饲料增加产奶量等各种措施来使奶牛增加产奶量。这个碧绿的岛屿，对荷兰人来说，简直就像是大地这头如意神牛盈满牛奶的乳房。他们知道，用什么方法让这个乳房永不枯竭，正常地生产充沛的牛奶；他们掌握了每天两次挤牛奶的技术。我们的当局也在印度建立了奶牛场，他们的茶叶和黄麻制品市场长期以来都很繁荣，不过，在这一方面，我们的农田却毫无生气，农民们常常过度劳累了。过了这么久之后，今天他们的目光突然关注起我们那无收成的不幸命运了——成立了委员会，也会写出报告的。我不晓得，他们的报告是否会拉动穷困人那辆车轮破损的贫穷之车，但是还需要雇用工人去修建道路，参与劳动对他们不会有什么不便之处。总之一句话，荷兰人在这里的农业领域显示出很好的技能。这样，这里人们吃饭就有了着落，当局也在很好地进行交易，其中还有这样一个理论，为了表示爱国，我们应该使用国货。这话很好听，可是为了表示爱国，就应该增强国货的生产能力，这才是有经验的做法。在这里需要科学；这种科学尽管来自外国，如果能接纳它，我们的民族不会消亡，相反生活就会得到保障。

我们在苏罗巴亚的一个王族之家做客三日，他是苏罗科尔达王族的一位主要人士，但是他自愿放弃了自己的权利，来到这座城市经商，经营出口食糖生意，因此赚了很多钱。此人非常优秀，既有古代贵族的遗风，又有慷慨善良的品格。他的儿子受过现代教育，谦恭温顺、一表人才，他承担了招待我们的重任。我很担心的是，没完没了的欢迎彻底搅乱了安静的休息，然而，我摆脱了这种烦扰，他将他们王宫的一部分分出来，让我们居住。我能安静地独自休息，是得益于其背后毫无瑕疵的周到服务。只有在吃饭的时候我们才见面，就觉得我倒是这家的主人，他们只是我们接待的客人。在热心待客的各种安排之中最主要的一件事，就是自由和休息。

在这里有一个艺术协会。它主要是欧洲派的，就像这里商人们的俱乐部，也有点儿类似加尔各答的音乐协会。在加尔各答的音乐协会里音乐所占有比重比较多，在这里艺术所占有的比重没有超过加尔各答。在这里的人们对我提出了请求，让我讲一讲有关艺术的问题，我尽自己所能做了讲解。有一天，该国的很多重要人士都来到了我们的主人家里，那一天晚上，我所做的事情就是回答他们提出的问题。苏尼迪有一天也在他们的聚会上发表了演讲，所有人听了都很喜欢。

一天晚上，为了欢迎我，这里的印度人也举行了一个茶话会，邀请这里的政府官员和很多其他人前来参加，那一天我还收到了一些赠品。就这样，我们在他们家里度过几天清静的日子。在院子里有很多树木和蔓藤遮盖的花亭，有芒果树、人心果树、番荔枝树。当地人把一种芒果叫作"莫图果"，他们认为特别好吃。现在这里基本上没有雨，所以尚未成熟的芒果旱得纷纷坠落。在这里就餐时我吃过这种芒果，在我们国内也有，花很少的一点钱就能买到这种芒果，还要切开来吃，我认为为此付出的辛劳会使人感到无谓的疲惫，但是在这里，待客非常周到，无可挑剔。

在这个院子里蔓藤遮蔽的绿荫下，我们的女主人下午时光几乎都是在这里度过的。孩子们在四周喧嚣、玩耍，有年老的保姆陪伴着孩子们。姑娘们坐在某些地方，从事着这个国家传统的美丽蜡染工作。各种家务工作都在这绿荫遮盖的寂静院落里的四周运转着。

前天离开苏罗巴亚，乘坐火车经过下午炎热的 6 个小时煎熬，于 3 点抵达苏罗科尔达，爪哇最大的王族之家就居住在这里。荷兰人剥夺了他们的王权，但是并没有剥夺他们的声誉，我们就住在这个王族之家的宅邸里，他们的封号是"曼库诺格罗"，他们的这一支就在苏罗巴亚定居下来。

王宫里的一个安静的部分被我们占领了。里面十分宽敞，房间很多，安静休息的设备足够用，客人不受干扰。王宫宏伟庞大，划分为很多部分。我们所居住的那个地方有一个很大的游廊，用白色大理石建造，一排排木柱上面是向下倾斜的木质盖顶。这个王族之家的标志性色彩是绿色和黄色，所以这个游廊的木柱和顶盖都是绿色，在上面绘制有金黄色的图画。游廊的一端摆放着"伽美兰"乐器，很有特点，数量也很多。七音和五音的金属编钟，形状不同、大小不一，须用木槌击打演奏。这里手鼓的样子很像我们国家的手鼓，其声音和演奏方式也很相似。此外，还有竹笛和用琴弓拉奏的乐器。

国王前往火车站迎接我们。傍晚一起聚餐的时候，我同他进行了很友好的交谈。他很年轻，英俊的脸上闪烁着睿智之光。他通过荷兰语受过现代教育，能讲一些英语，也能听懂英语。吃饭之前，在游廊的边缘，弹奏起乐器，同时演唱当地的歌曲。这种歌曲如同我们的歌曲一样，是不区分首行和中间部分的，同一段副歌一次次重复着，乐器能弹奏出一些特色来。在以前的一封信里我说过，他们的乐器演奏是为了提供节奏。在我国用手鼓等乐器演奏，只能奏出歌曲七个音阶中的一个音阶，这里的乐器演奏能够奏出歌曲的所有音阶。你想想看，有人用派罗比调演唱《你不要马上离去，这里正是深夜时》这首歌曲，各种乐器为其弹奏出派罗比调的音乐，而如果借助这种节拍对派罗比调进行诠释，那么，就同这里的演奏很相似。如果仔细聆听，就会发现，这样演奏是很好听的，各种金属乐器伴奏下的各种舞蹈表演，活跃了全场的气氛。

吃过饭后，我们又来到游廊里小坐。随着舞曲的节拍，两位少女走上舞台，肩并肩地坐下了，宛如非常优美的一幅画。她们的服饰极具韵律美，头上戴着缀满金花的头冠，颈上挂着半月形的金项链，手腕上戴着镶嵌着珍珠的蛇纹金手镯，手臂上戴着同一种金质臂圈——当地人叫它"螺栓臂"，肩膀和两只手臂都裸露着，从胸部到腰间穿着金黄色、碧绿色相间的紧身内衣，从腰间下垂两条细长的飘带在前面摆动着，从腰部到脚面犹如纱丽似的筒裙，上面蜡染着各种美丽图案，乍一看就觉得，那是阿旃陀壁画。我从来都没有见过这种无奢华的精致服饰的和谐之美。我国职业舞女紧身衣裤上面所增加的过分浮华的服装丑态，长期以来使我感到十分恶心。她们那过多的首饰、衣裙、围巾与沉重的身体组合在一起，首先使人感觉，这种装饰打扮就是一种沉重的负担，并且还让人觉得，她们用杯子喝水或与参与者交谈时其眉毛和眼睛做出的各种表情等都很刺眼，不是从习惯规则来看，而是从风俗举止来看。我在日本和爪哇观看过一些舞蹈，它们既有娇艳之美，又有含羞之美，这种舞蹈是无可挑剔的。我们看到，完全是天上的舞蹈在支配着这两个姑娘的苗条身材。这种舞蹈语言是由诗韵来操纵的，是无声的舞蹈语言。

我听说，很多欧洲的参观者对于这种舞蹈所表达的迷人的温柔之美和青春之美并不喜欢，他们习惯于疯狂的陶醉，所以他们认为这种舞蹈单调乏味，而我看不出这种舞蹈有什么欠缺，这种舞蹈并非特别直白，如果看不到这一点，那就是视力有问题。只是我觉得，这是一种艺术美学的完美创作，作为物质创作的形态，人在其中就完全消逝了。舞蹈表演完了，她们就走过来，坐在乐器演奏者的中间，成为最普通的人。当时就可以看到，她们在脸上化了妆，在额头上点画有吉祥痣，为了通过限制身体过分的愉悦而表现一种高雅的美，他们穿着很具有艺术性的服装——对普通人来说，所有这一切都显得很不协调，因此就觉得在视觉上有一种压抑感。不过，普通人的这种视觉形象变化就成为舞蹈艺术中的一种绝妙的形式。

次日上午，我们应邀参观了王宫的其他部分和内宫。在那里看到了一个列队整齐的非常庞大的聚会场面，看到到处陈列的数不清的美丽的艺术品，我很开心。关于这一切的确切描述，你们当然会从苏棱德罗纳特的信件和画作里看到的。走进内宫一个比较小的凉亭，我看见在那里坐着我们的房东及其妻子。这位王后看上去就像一位孟加拉美女，大大的眼睛，脸上挂着迷人的微笑，婉约之美的神态让人感到很亲切。凉亭外面是各种树木，上面还挂着各种形状的鸟笼子，里面饲养各种鸟儿。在凉亭里面有唱歌、乐器演奏、皮影表演、面具表演、木偶舞剧等各种精彩演出。在一个展台上摆放着各种蜡染艺术的面料，其中有三种我比较喜欢的面料，主人请我带走。同时主人向我们一行人中的每个人都一一赠送了这种贵重的布料。面料上面的这种艺术刺绣工艺需要两三个月时间才能完成。王宫里的侍女们都是这种女红的能手。

这个王族兄长一家人昨天晚上邀请我们去他们那里做客。他们家里的招待都是按照王室的程序进行的。例如，首先我看到了仙鹤舞，两只仙鹤相互围绕着翩翩起舞，各种舞姿庄重优美。我承认，从外表上看藩王或其臣属应该保持一种礼仪尊严，以此掩盖他们所有人也是平凡人的事实，但若做得过分，他们的平庸就会可笑地暴露在人们的面前。

昨天晚上演出的那个舞蹈，是九个姑娘一起合作演出的。这个舞蹈的表演既有技巧又很优美，但是看了后，就觉得缺乏发自内心的激情，仿佛她们都很疲惫，只是凭借习惯的力量在跳舞。昨天的舞蹈相当优美，不过还是没能打动人们的心灵。藩王的儿子就坐在我身边同我交谈，我很喜欢他。年少时他就在荷兰留学过两年，现在在荷兰政府的军事部门担任要职。他的相貌和举止自然而具有吸引力。

昨天夜里在我们这里也有一场舞会。前一天夜里有两位姑娘来跳舞，其中一位今天和一位戴着面具的男士一起跳舞。令人惊奇的是，其中尽管完全保持了舞蹈的优美，但是在表情和歌唱的嗓音方面却表露出来不雅观的情态，并且男士的面具与她的表演很不协调。服装首饰尽管也很美，但没有一点儿特色。尽管没有损害舞蹈的华美，但是其中带有如此戏谑的情味，这使我感到很惊讶。他们主要是想通过舞蹈来表达整个内心的情感，戏谑中也富有韵律，他们倒也没使戏谑变得滑稽可笑，他们这里的魔鬼也在翩翩起舞。

1927 年 9 月 14 日

爪哇 苏罗科达

39. 我们能看见创造

亲爱的孩子：

儿媳妇，在上一封信里我向你描述了这里的舞蹈，我想过，关于舞蹈要说的话，我都说过了。那天夜里的这个时候举行了一场舞蹈聚会。在那个很大的凉亭里有一个舞台，宽大的白色大理石地板熠熠地反射着电灯的亮光。晚餐之前开始了一场舞蹈表演，是男士的舞蹈，情节是哈奴曼与因陀罗耆的搏斗。这里藩王的弟弟扮演因陀罗耆，他是舞蹈艺术方面的能手，令人惊奇的是，他到了成年才开始学习舞蹈。少年时期人的整个身体是柔软的，骨骼还没有长成，在这时候才应该学习舞蹈，身体的每一个关节都很容易活动，每块肌肉都容易发力，习惯做法就是如此。不过，藩王的这位弟弟具有天生的舞蹈才能，因此他不需要特别努力奋斗。

哈奴曼是森林里的动物，因陀罗耆是受过很好的训练的恶魔，在两者舞蹈的动作表情方面是应该有明显区别的，否则的话，就会破坏戏剧的情味。首先映入眼帘的就是他们的扮相。总体来说，在我们这一次旅行过程中所看到的戏剧表演，哈奴曼的猴性得到了充分的展现，想以此来努力激发观众的好奇心。在这里，哈奴曼的一些表演动作将其人性表现得就更加熠熠闪光。在哈奴曼的舞蹈中通过蹦蹦跳跳来展现其猴性，就显得有些不足，而这样的表演就很容易引起观众的哄堂大笑，但是在展现哈奴曼的高尚品格方面就难以收到效果。看了孟加拉邦的类似演出，就会理解，哈奴曼的长尾巴、被烧伤之后他的面部表情、那种猴子的本性，较之他的英雄气概、他的忠诚和自我牺牲精神，更能打动孟加拉人的心。在我们的西部地区情况却恰恰相反，甚至为保存哈奴曼的善良名声，会毫不犹豫地设置最后的防卫。在孟加拉地区，我们想象不到哈奴曼那副明月般的英俊面容和那种因陀罗般的勇武。这个国家的人们却在欣赏《罗摩衍那》中的哈奴曼的威猛。我们在舞蹈中看到了哈奴曼的形象——从后背到头部，再到尾巴，但是看到这样一种优美的形体，观众大笑的机会都没有了。因陀罗耆的装束打扮都像人一样，从头冠到脚部，就是一个翩翩英俊少年的形象。然后是两者搏斗厮杀的舞蹈，同时在大小锣鼓等各种乐器的伴奏声、歌声和众人不时的呐喊声中，就更显得高亢和令人陶醉。不过，这种歌声一点儿也不刺耳，多种乐器巧妙合奏的悦耳声与其潇洒放纵的歌声完美地结合在一起了。

舞蹈十分令人惊叹。这种舞蹈同样也展现了男性的阳刚美。在搏斗厮打的表演中，舞蹈的规范动作一点儿也不凌乱。在我们国内的舞台上拉吉普特英勇男人的英雄主义气概都会得到充分的展现，这里是完全没有的。每个动作都表达一种崇高的荣誉。木槌格斗、厮打格斗、狼牙棒舞动击打等等，都通过毫无瑕疵的舞蹈动作展现出来，在整体表演中呈现出一种空前的华美和英勇的男子汉气概。此前在这里我看过姑娘们表演的舞蹈，看了之后我也很陶醉，但是与这男士表演的舞蹈相比，还是觉得弱了一些，男士的舞蹈品味较之姑娘们的舞蹈要强很多。当坐着欣赏经典音乐的时候，就会感受到次大陆古典轻音乐的那种甜美轻松，这里也是如此。

今天上午10点钟的时候，我们的主人在这里又举办了一次舞蹈演出。两位姑娘扮演男人角色阿周那和苏博尔搏斗。这个故事取材于大史诗《摩诃婆罗多》，但是我已经不记得了。故事情节就是在某一个花园里存放着阿周那的武器，苏博尔盗走了这个武器，并且出去寻找阿周那,想杀死他。阿周那佯装成花园里的花匠,经过几句对话之后,两个人开始厮打。苏博尔手里有大力罗摩的犁杖这件武器,在交战过程中阿周那夺去犁杖,并且将苏博尔打死了。

识破舞蹈演员都是姑娘,一点儿也不困难,即使特别精心化妆,也掩饰不住。因为舞者都是姑娘,而男人就不会这么柔弱,难道这个舞蹈所展现的就是这个样子吗?身体是女性的,可是搏斗是男人的样式,其中就存在一个矛盾,由于这种奇妙的组合,故事情节就更加显得尖锐了。在内心里渴望英雄主义的情味就会澎湃激荡,你想想看,不是老虎,不是狮子,而是玫瑰花和苹果花在互相厮打,是苗条的树枝与树枝在互相撞击,是花瓣被厮打得破碎,在这一方面,森林舞台在颤抖,拜沙克月的暴风雨在呼啸轰鸣、雷声隆隆,不时地传来树枝被撞断的咔嚓声,还有从竹林里吹来的嗖嗖风声。

最后藩王的弟弟出场了,这一次是他一个人独舞,他扮演的就是瓶首 [1]。诙谐风趣的孟加拉人可能一次次讥笑瓶首,这里的人在内心里还是很尊敬瓶首的。因此《摩诃婆罗多》的故事经过这里人的改写就增添了很多内容。他们说他们与瓶首同属于帕尔吉芭人,所以他就和一个姑娘结了婚,这个姑娘又是阿周那的女儿。他们在婚姻方面的风俗与欧洲相类似,叔伯兄弟姐妹之间通婚没有障碍。帕尔吉芭肚子里怀有瓶首的一个儿子,他的名字叫月光。不管怎么说,今天舞蹈的内容就是怀念最亲爱的母亲——表达孤独的瓶首尊敬爱戴母亲的情怀。甚至,他有时处于昏迷状态而倒在地上,还在想象中看到母亲在天上的画面,因而他十分激动,最后他再也不能留下来,于是他就飞起来去寻找他最亲爱的女人,其中有一种想象的东西。他们并没有像欧洲艺术家那样让瓶首像天使一样在后背上长出翅膀来,而是借助披肩用舞蹈动作表示飞翔之意。由此我想起了在《沙恭达罗》戏剧中诗

---

[1]　瓶首:大史诗《摩诃婆罗多》中的人物,般度族五兄弟之一 ——怖军与罗刹女希丁波所生的儿子,力大无比,一半像人,一半像罗刹。

人所说过的话语——战车的速度是以舞蹈来表达的，而不是用战车来显示的。

《罗摩衍那》《摩诃婆罗多》的故事是如何深刻地打动这个国家人们的心灵，深刻地影响他们的生活，这几天以来，这一点我就清楚地意识到了。我在一本有关地球的书中读到，从外国把某种生物或植物引进到适合其生长的地域，经过不太长的时间之后，它们就会很快地蔓延到全国，甚至在那个将其引进来的地方都不会有如此无限的生命力。《罗摩衍那》《摩诃婆罗多》的故事就是这样进入了他们的思想领域，并且蔓延开来。其思想方面如此旺盛的创新性不可能不在艺术创作中展现自我，在婆罗浮屠那种幻想的形象中就呈现出这种表达无限欢乐的形象。今天这里的男女舞蹈演员通过自己的形体，运用舞蹈形式展现大史诗中人物的历史故事，那些故事的情感激流随着舞蹈的节奏在他们的血液中流淌。

此外，爪哇岛有很多种戏剧表演，其大部分也都取材于这些内容。从外部角度而看，它们完全脱离印度已经很多世纪了，然而，这么长的时间以来，《罗摩衍那》和《摩诃婆罗多》使他们一直与印度息息相关。荷兰人称这个群岛为"荷属东印度群岛"，其实，可称之为"毗耶娑[1]的东印度群岛"。

前面我已谈到，他们为瓶首的儿子起名为"月光"（沙希吉隆）。他们至今喜欢用梵文词起名字，起的名字很古怪。这里一位御医的称号是"kriranirma"（力净），我们孟加拉人所说的"痊愈""康复"，他们用"nirmal"（净）这个字来表达。"krira"这个字在我们的辞典中是体育的意思，但在这里它的意思是力气，病除体壮，就是御医的称号"kriranirma"的寓意。给农田灌水，"灌溉"这两个字在他们的语言中叫"shindhhuamrit"（海洋不朽）。"水"这个字在他们

---

[1] 毗耶娑：是大史诗《摩诃婆罗多》的作者，又译"广博仙人"。

的语言中是"海洋","灌溉"确保农田不被旱魃迫害致死,因而是"海洋不朽"。我们房东女主人的儿子,一个叫"绍罗什"(震怒,sharosh),另一个是"松多什"(喜悦,shantosh)。不言而喻,"sharosh"在这儿不是指动辄发怒的人,而是指刚强的人。藩王的女儿叫古苏姆波尔悌妮。我们还听说过阿南德古苏姆、贾蒂古苏姆、古苏玛俞陀、古苏姆布罗多等名字。印度人不像爪哇人那样,起名采用那些纯正而庄重的梵语词。

那天请我们去王宫的藩王,名叫苏苏胡侬·巴古·普邦。他的一个儿子昨天邀请我们去他家做客,他的名字叫奥毗摩奴。王宫的人个个彬彬有礼、谦恭、英俊。在那里他们为我们表演了皮影戏,取材于《摩诃婆罗多》大战篇。除了爪哇,我在别处从未看到过皮影戏,因此需要做一些介绍。表演皮影戏,要用一块白布作为幕布,幕前是一盏点燃的极亮的大灯,两边放着用薄皮做的《摩诃婆罗多》的各种人物画儿,他们的手脚可用绳子牵动,这些人物画儿系在一根根长棍上。一位艺人演唱故事,随着他的演唱,人物画儿的各种姿态照射在幕布上,"伽美兰"奏出与故事情节一致的乐曲,这好像是上一堂有关《摩诃婆罗多》的课,教学内容和人物画儿表演密切配合,给学生留下难以磨灭的印象。你想,如果学校里这样教授历史,一位老师讲历史故事,一名木偶戏艺人用木偶表演主要历史人物,与此同时,音乐演奏与情节相配合,上历史课,难道还有比这更好的方法吗!人的生活以及人物艰难困苦、坎坷悲欢的情感,借助各种形象、音响和摩擦,以千姿百态的形式展现出来。而这一切如果只通过音响表现,那就是美妙的歌曲;如果只通过动作表现,那就是优美的舞蹈。不管是节奏感强烈的音乐还是舞蹈,都有自己的律动,这种律动在我们的感觉中扩散并强化活跃的趣味。要想深刻认识任何事物,必须激发我们的感观。爪哇人借助音乐和舞蹈,使《罗摩衍那》《摩诃婆罗多》的故事活起来,这些故事溶于趣味的清泉,潺潺地流过他们的生活。这就是以各种生动的方式全面接纳《罗摩衍那》《摩诃婆罗多》的可贵之努力探索。所有的爪哇人都已发现，充分接纳并继承教学内容的最佳方式就是，热情而快乐地仔细选用《罗摩衍那》《摩诃婆罗多》的故事情节，使这种发现成为一件很容易做到的事情。昨天看的皮影戏，从根本上来讲是舞蹈，换句话说，它是用节奏性比较强的动作语言讲故事。由此可见，爪哇人跳舞不仅是为了享受舞蹈之美，舞蹈也是他们的语言，用舞蹈语言讲述他们的古代历史。他们的"伽美兰"乐器演奏的乐曲则是乐音的舞蹈，时而急骤，时而徐缓，时而激越，时而婉转，这也不是单纯的演奏乐曲，它借助舞蹈韵律把故事串联起来。在灯光明亮的大厅里刚坐下来的时候，我环视四周，不明白他们要干什么，心里有些烦躁。不一会儿，我被领到幕后，那儿没有灯光，女士们坐在黑乎乎的房子里观看。在这一侧看不见人物剪影画，也看不见舞动剪影的艺人，白亮的幕布上只有剪影在跳舞，好似雪山神女在仰卧的湿婆神的胸脯上翩翩起舞。在星球世界，当造物主隐藏在创造之幕的后面的时候，我们能看见创造。深谙造物主与创造密不可分的人，也知道那是真实的。如果撇开两者之间的联系进行观察，就会觉得那飘忽不定的影子是幻影。假如哪个探索者撕掉幕布，坚持到幕那边去观察，换句话说，他摈弃创造，想方设法地去看造物主，那么，像他这种执拗的愚笨，恐怕是绝无仅有了。看皮影戏的时候，我的脑际闪现出这些想法。起身告辞时主人送给我一样非常昂贵的礼品，一块很长的蜡染布。他说，除了王室的男人，别人穿不起这种蜡染布做的服装。怪不得我在别处未能买到这样的布料呢。

我们在这里的访问今天结束，明天将去焦格科尔达。听说那里的王室歌舞和礼仪也具有纯正的古典风格，但与这里的略有差异。婆罗浮屠离焦格科尔达不远，乘汽车只消几小时。爪哇之行还需五六天时间，之后就可以休息了。

1927 年 9 月 17 日

40. 他体型瘦小，但是心胸博大

亲爱的孩子：

　　儿媳妇，我们来到一个美丽的地方。在山上，听说有 5000 英尺[1]高，气候很寒冷，在喜马拉雅山脉的某一座山上都没有像这里这样寒冷。我们在有身份的人的家里做客，他名叫迪曼特。他的妻子是奥地利人，是维也纳的姑娘。这座由花园环绕的美丽别墅就坐落在山上。从这里我们可以看到正前方蓝色群山怀抱中的万隆城，群山中的这座城市，在不久之前还是一个湖泊。不知何时湖堤突然崩塌，所有湖水全都流走了。我们经过这么长时间转来转去之后，来到这栋位于美丽而寂静之处的别墅里，感到很舒适惬意。

　　自从在爪哇下了船之后，有一个人一直不知疲倦地细心陪伴着我们，他的名字叫萨姆耶尔·寇培尔波尔格。这个名字的含义就是青铜山。苏尼尔根据其意思将这名字翻译成梵语名字"丹布罗丘洛"。他的这个名字就在我们中间流行起来，他因此很开心。很想把他这个名字改一下，称他为"绍尔诺丘洛"（金山峰）。他之所以能满足我们这么一点舒适安怡的要求，就是因为他具有非凡的思想和能够辛勤的工作，他为人真诚而善良，体型瘦小，但是心胸博大。这么长时间以来，由于各种原因我们在各种时间不分昼夜地缠着他，我们从来没有看到他蛮横傲慢或自私小气或自以为是。在所有时间里，我总是看到，他自己留在所有人的后面。他的身体虚弱，可是他从不因为自己身体

---

[1]　英尺：英美制长度单位，1 英尺等于 12 英寸，约合 0.304 米。

虚弱而提出某些特别的要求，他为所有人要做的事情完成之后，剩下的一点点时间才是属于他自己的，他忍受了很多人的大声吼叫，但是我从来没听到他向某人抱怨或者责备某人。他英语讲得不好，理解起来也有障碍，可是他工作中不用话语，而是用行动并且付出四倍的努力。无论何时到达，最初都是他带领我们乘坐汽车去某个地方参观访问。但是当他发现同我们交谈感到困难的时候，他就默默地退到一边，把位置让给英语好的伙伴。可是现在出现了这种情况，如果他不在，我不仅会感到不方便，而且我还感到不快乐。他把自己的全部心思都用在让我们有尊严地、快乐地、自由自在地旅游上了，即使他稍微离开一会儿，我们都会陷入巨大的空虚之中。一看到他那颗友善之心的一点流露，我就感到非常开心。我到处都会看到，他是孩子们的朋友，孩子们都认可他是自己的同龄人。这是他善良之心的又一个证明，爪哇人完全把他当作自己人，他特别关心爪哇人的舞蹈、歌曲、艺术、历史等方面的继承发展，为研究这一切在这里成立了一个叫作"爪哇协会"的组织，为管理这个协会他投入了自己全部的时间和精力。从我的描述中就可以明白，我们是很爱这位朴实而又肯乐于自我奉献的人的。

我将为波罗浮屠所写的那首诗复制到另一页纸上，现寄给你。

1927 年 9 月 26 日

爪哇岛万隆

41. 心里不是很快活

亲爱的孩子：

儿媳妇，我本来的目的是要回国，可是现在突然改变了目标。威廉姆斯发来了电报，暹罗国王想邀请我去他们国家访问。我是要走进暹罗国王的宫门，但是心里不是很快活。每一天都构成了这样的一种负担。现在这中间有两个港口——曼谷和仰光。也就是说，在 10 月末我们会抵达那里。爪哇巴厘岛方面的一些信件现在我已经全都整理完毕，昨天在途中我写的那首诗，已经在那个地方发给你了。

爸爸

1927 年 10 月 1 日

波罗浮屠

在那一天的吉祥时刻

南风并未在午后的树林里盘旋。

沐浴过海水的湿漉漉的秀发有些凌乱，

你坐在无人的寂静海滩。

宽松的黄色衣裙

从四周将你那裸露的胸部遮严。

我的手上戴着金手镯，

头戴一顶缀有科莫罗 [1] 饰物的王冠。

身着御衣立在你的面前，

我说道："我来自异域彼岸。"

你惊恐地从草垫上站起，

问道："你来这里何干？"

我说："你心里不必恐惧。

我想采集祭祀用的花枝才来到你的花园。"

你带我去采鲜花，微笑中蕴含着善意。

我采摘了肉豆蔻、羌芭花和茉莉，

我们俩坐在一起把花篮编织，

---

[1] 科莫罗：恒河神的坐骑，形状类似我国神话中的麒麟。

两个人齐心向舞王祭拜。

云雾已随风散去，

雪山神女的笑意洒满天宇。

你把波罗浮屠一诗的英文稿寄给拉玛侬德先生吧。

42. 我要在那里遭受折磨，至少三天 [1]

亲爱的孩子：

儿媳妇，提棱 [2] 已经从这里回国了，同时也带去我们回国的消息，可是命运不佳，抵达码头之后，我们去了别的方向。这次旅游最后的负担很重，因此我感到痛苦。

明天下午，我们要乘坐火车从槟榔屿出发，经过一整天和一整夜，于次日傍晚我们将会抵达曼谷，在那里又开始新的一章，欢迎仪式、接受花环、聆听赞美、回答提问、做讲演、应邀赴宴、会见国王、参观学校、给学生们赠言等等。那里的活动结束之后，又要乘坐长途火车，回到这里的槟城码头，还要从这里乘船出发，不过那时候就没有什么事可做了，途中要经过仰光，那里人们都在编织花环，筹备欢迎会，去市场购买食品、茶点，我要在那里遭受折磨至少三天，然后度过剩下的一点儿时间，总有一天，会回到焦拉桑科的家里。现在就觉得仿佛剩下一个世纪，如果我说三周，那么，就仿佛说少了，就是想说，是二百万秒。可能从这里要乘坐某一艘轮船回去，正在为此事写信联系。如果能够订到日本船票，那就会很舒服。像我这样的英国臣民乘坐英国轮船，就不会有任何优待。有一句话我要说，听了提棱所

---

[1] 这封信写于槟榔屿，诗人于 1927 年 10 月 8 日抵达暹罗国首都曼谷。

[2] 提棱：指提棱德罗克里什那·代博波尔玛（1901—1995），特里普拉邦人，国际大学美术学院的学生，教师、画家。

讲的故事，你不要以为是往事书里的故事。他所讲述的那些幻想故事，都是完全与幻想回国相联系的，你要记住这一点。

爸爸

1927 年 10 月 6 日

43. 钱款我收到了，应该仔细地节省着花 [1]

儿媳妇：

你 4 月 10 日写的那封信，4 月 16 日就寄到了这里，我收到了。从你那里寄信来没有耽搁，就快一些。不晓得我这封信是否能寄到你们的手里，也就是说，此信寄到之前，你们可能已经动身前往科伦坡了。拜沙克月初一临近了，我已经到达这里，今天就回加尔各答。普罗山多、奥布尔波等人已经来了，经过协商成立了委员会等，把这里的气氛鼓动起来。起初大家都很生气，最后还是冷静下来。

比罗拉的钱款 [2]，我收到了。这笔款用于去欧洲的开支，应该仔细地节省着花。乘坐日本的轮船和乘坐东线的轮船，价格相差是很大的，特别是乘坐日本轮船，他们会给予我一些优惠，是不收全价的。安德鲁兹不和我一起去，他也根本不想去，他被这里的很多事情缠住了，除此之外，因为波尔普尔的饥荒和在这里要做的事情，他会相当地忙碌。到了欧洲之后，我想保持沉默。这里的无数小商品生产遭到破坏，纷纷倒闭，人们的心情很沮丧。我已经向日本轮船公司提出让罗廷乘坐日本轮船的意见，我在等待着他们的答复。这里现在没有下

---

[1]　这封信是在圣蒂尼克坦写的。英国牛津大学邀请诗人泰戈尔去发表讲演，诗人打算于 1928 年 5 月前往欧洲。他还决定让儿子罗廷德罗纳特、儿媳妇普罗蒂玛带领孙女蒳蓓在德拉斯或者在科伦坡加入他的欧洲之行，因为他要让生病的儿子罗廷去欧洲治疗。
[2]　比罗拉的钱款：富商比罗拉为诗人泰戈尔的这次欧洲之行提供了资金。此前他曾经为诗人的爪哇和巴厘岛之行提供了 10 万卢比资金。

雨，水井的状况就像无牛犊的母牛奶头一样，草木都干枯了。

几天来接受紫外线治疗，我觉得很好，回到加尔各答我还要继续接受紫外线治疗。你的烧退了，我就放心了。有一次我觉得，如果不去欧洲，你们长时间住在那座山上，对你们会更好。

爸爸

1928 年 4 月 17 日

44. 我生日那天很热闹，来的人不少

亲爱的孩子：

儿媳妇，现在你们正在地中海蓝色的海水上漂流着，再过几周之后，你们就会在当加下船。本来说好了，17 日即明天，我也乘坐日本的轮船从科伦坡出发，可事故发生了。看到从加尔各答前往科伦坡的轮船航行情况，就不敢登上那艘船了。安德鲁兹上了那艘船，到了马德拉斯，就成为半死的状态，所以就不得不把他接下船。他的身体非常不好。我乘坐火车到了马德拉斯之后，就觉得身体很疲惫，现在住在阿迪亚尔。朋友们建议我不要从这里乘车去科伦坡，特别是在这个时候，燥热会令人难以忍受。在 6 月底一周之前，都没有可能买到船票。这期间比塔布罗姆藩王盛情邀请我到一个名叫库努尔山的山庄居住一些日子，我接受王公的邀请，普罗山多、拉妮就带着我前往那里，他们也想去库努尔山。我们已到了科迪，但是库努尔山可能会更好。此后如果开始下起雨来，前往科伦坡的道路就会难以通行。

我生日的那一天很热闹，国际大学联谊会是发邀请的主办方，来的人不少。迪奴他们在噶伦堡，我听说，因为缺少伙伴他们俩很难过。我对米拉说过，让她来科伦坡，但是她不愿意离开她的那些花草树木——她留在了圣蒂尼克坦。

我不知道，去欧洲你们将在哪里下榻。我现在还没有考虑好，我该去哪里。隐藏在瑞士的一个角落里进行写作会很好的。安德鲁兹和阿里亚姆两个人和我一起去。抵达欧洲之前，可能得不到你们的确切消息。不论你们俩去那里的什么地方，只要能得知你们都好的消息，我就会放心的。我总是惦记着你们会怎么样，因此我不喜欢远远地离开你们。我总在想，什么时候又会把一切都安排得很好呀。布菩当然很好，现在可能她的身心两方面都会迅速成长的。

向所有人转达我的祝福。

爸爸

1928 年 5 月 16 日

马德拉斯

45. 心绪就被压在无用的废物里，要走出自我

儿媳妇：

这一次欧洲之行，现在看来，不会实现了。我决定，从现在起我要长期隐蔽起来，不论由于什么原因我都不再会见任何人，只有每个星期三那一天我才会让自己露面。除了亲人们的信件，我不会再阅读别的信件。我要让自己严格地完全安静下来。如果需要写的东西积累多了，那我就会写的，如果需要对欧洲说点儿什么，那我就会及时讲的，我只写一些紧急需要写的东西，我不会欺骗你和别人的。

我总是为你们担忧，不过，这一次你们俩一定要好好治疗，治不好就不要回来。

在本地治里会见奥罗宾多之后，我心里就觉得，我很需要这样静静地沉思一些时日；否则的话，内心里的光明就会慢慢地减少。每天做些事情、说些话语后，心绪就被压在无用的废物里，仿佛看不到自己。

最近每天夜里我的心都烦躁不安，仿佛自己被谁拼命地挤压着，所以我要走出自我，由此我就想到，可能这就意味着要逃往欧洲。现在我已经意识到，应该使自己从无数琐碎事务中解脱出来。

布菩莫妮当然很好。听说你们都很好，我就会放心。

爸爸

1928 年 5 月 30 日

Messageries Maritimes

（法国邮船公司，简称 M.M.）

46. 我要静静地隐居，感受内心的温馨

亲爱的孩子：

儿媳，现在再也不提去外面走动了。像以前那样出去转悠没有意义了。我已经决定，我要像奥罗宾多一样在圣蒂尼克坦完全静静地隐居下来，只有星期三我才会露面。完全停止书写那些无用的信件和阅读报纸上的信息。只看着一个人的脸每天度日，此人就是波诺马利 [1]。将苏提排除在外也不行，因为波诺马利一露面，苏提也就会做事的。

今天是 5 日，11 日有一艘法国轮船要起航前往马德拉斯，我要乘坐这艘轮船去马德拉斯，然后动身前往加尔各答，如果我觉得需要，我会顺路到瓦尔代耶尔住上三四天。

儿媳妇，你们俩要好好治疗，不痊愈就不要着急回来。你们一次又一次地生病，这样不好。你们住在哪里？身体怎么样？——获得这方面详细的消息，还需要很多天啊。

---

[1] 波诺马利：泰戈尔的仆人，另一个名字是尼尔摩尼。

我一到这里，就收到了布菩莫妮的鲜花，感到十分温馨。这种温馨不是在一个小姑娘心里的那种温馨，这是我自己内心里感受到的温馨。老爷爷外出之路对她来说是漫长的。我回来后她就该会讲孟加拉语了。

爸爸

1928 年 6 月 5 日

科伦坡舍卫城

47. 世界上哪一棵树能有如此的幸运

亲爱的孩子：

儿媳妇，你当然会从五个人那里获得这里的所有消息，所以我就不想告诉你一些旧的消息了。在这里和斯里尼克坦度过两个节日的一切情况，你已经知道了，对此我毫不怀疑。在这里欢度了植树节 [1]，在斯里尼克坦举行了开犁节。关于植树节，我觉得应该简单地描述一下，不过，我相信米拉已将一切情况都透露给你了。米拉认为这项工作没必要做，所以责怪我，可是我的看法恰恰相反。你花盆儿里那株贝库尔树也参加了植树节仪式。你根本想象不到，世界上的哪一棵树能有如此的幸运。美丽的姑娘们穿戴整洁，吹着螺号、唱着歌、带着树苗，来参加植树节的盛典活动。夏斯特里先生朗诵了梵语诗句，我也朗读了一组小诗，献上花环和檀香，点燃了焚香和灯盏，以此来庆祝植树节。现在那株贝库尔树长势很好，已经把它从你的花盆移栽到地里，所以现在看不到它悲惨的迹象。然后齐唱了雨季赞歌，我朗读了我为此写的一个小故事。如果看到我的穿着打扮，你一定会很高兴

---

[1] 欢度了植树节：1928 年 7 月 14 日，当地开始举办植树节。

的，我下身穿一件黑色的丝绸围裤，上身穿一件红色上衣，头上戴一顶黑色的帽子，肩上披着一条带有黑色镶边的长长的折叠披肩。斯里尼克坦的庆典仪式最好。

我知道，从匈牙利获得了有关两个节日的信息，你们很高兴。我也游历过很多不同地方，其中库努尔山我很喜欢。

爸爸

1928 年斯拉万月初九

48. 望着乌云、降雨和阳光的嬉戏，就觉得特别开心

亲爱的孩子：

我住在圣蒂尼克坦很开心。这里有时彤云密布，大雨倾盆；有时雨水洗涤过的天空阳光明媚，熠熠闪光。楼上的房间没有玻璃窗子，所以我把起居室和写作室都设在下面你们的大房间里，而且睡觉也在你们的卧室里。望着乌云、降雨和阳光的嬉戏，就觉得特别开心。现在我已经写完了一篇短篇小说 [1]，此事大概在以前的一封信里我已经说过。大家都说，我的所有短篇小说都是精品，我正在为其加工润色。但是这期间为我治病的医生担心我的疾病，硬把我拉回了加尔各答，这两天我都要去家里进行电磁疗法治疗。他说，连续一个半月我要遭受这种治疗的痛苦。最初，我回到了三楼我的房间，离服务人员太远，有一点儿需要，就得下楼来。因此，我就在缤纷楼的一个房间里住了下来，你的那间画室就成为我的写作房。你可以想象得到，我就坐在你那间画室里写东西。你那些数不清的小物件如果有丢失了，你可不要怪罪我哟，我在忙于自己的事情，不能照顾好你的那些小物件。有

---

[1] 指短篇小说《博莱》，最初在《侨民》杂志 1928 年阿格拉哈扬月号上发表。

时奥布尔波、普罗山多来我这里聊天。拉妮住在 210 号 [1]，还要把她接到 99 号来。正在为她进行注射等各种治疗，她的那种小病不容易很快痊愈。

加尔各答正在下大雨，从昨天起就开始下，我们的小巷第二次被水淹没了，那个方向的小巷里的一栋房子浸泡在雨水里了。由于垃圾太多，一段时间以来，这个小巷都难以通行了。

你还要说点儿什么吧，你的房间里有蚊子，甚至白天的时候也有，总是有蚊子骚扰，飞来飞去，喷洒毒液。被蚊子叮咬过后十几分钟，就感到痛痒之苦，然后痛痒就消逝了。我在报纸上读到，在匈牙利连续几天高温，热度已经超过印度了，恰恰是在这个时候你们俩在那里，结果怎么样，稍后会得到消息的。

你要提醒布菩莫妮，不要忘记她这个不在她身边的爷爷啊。

爸爸

1928 年 8 月 1 日

49. 徐志摩能来这里，我非常高兴，特别喜欢他

亲爱的孩子：

儿媳妇，此刻你们的信寄到了。正在受到关注的这个时间，属于穆库尔时代。他的那个住所是很舒适的，四周是花园，有一个很大的池塘，几个房间很高，其窗户与天空仿佛没有什么隔阂，只是在一侧有凉台，而在另一侧完全对着天空，我非常喜欢这个住所。毋庸赘言，现在我已经回到圣蒂尼克坦。总的说来，在这里身体就比以前好多了，其原因就在于，我又把这里的学校工作掌握在自己手里，这样心情就

---

[1] 拉妮住在 210 号：这里的拉妮是尼尔莫洛库玛丽·莫赫兰比什（1900—1981）的爱称。当时她长期遭受低烧的困扰，住在加尔各答 210 号——丈夫莫赫兰比什的住宅里。

舒畅，而身体和精神两者一起感到疲惫的时候，就会立即觉得很困难。

起初由于雨水很多，这里就种植了大片水稻。后来几天雨停了，水稻枯死期到了，可突然连续两三天下起雨来，丰收就有希望了，总之，孟加拉邦现在呈现出丰收的景象。

我曾经想过，假期我要乘船出去转一转，现正在对船进行检修。就在这个时候我得到消息，我的那位中国朋友徐志摩将于9月5日抵达孟买。在这里曾经以他的名字开设一个茶亭。这样，正好是在放假的前夕他会来到这里。这样，我就可以和他一起在圣蒂尼克坦待几天，然后在加尔各答待几天。徐志摩能来这里，我非常高兴，特别喜欢他。你们要是在的话，那就更好了——他是一位非常好的人。

12月16日印度总督携带妻子和妹妹要来这里，他们要在这里吃午饭。在这之前你们能回来，我就放心了。应该让他们看一场演出。我在想，需要准备排练《春天》这个节目，如果能有一点儿舞蹈，那就会更完美。请转达我对布菩莫妮的爱！你告诉她，我画了许多幅画，准备送给她。

爸爸

1928 年 9 月 26 日

请转达我对安德蕾[1]的问候——你告诉他，他们能来这里，我会非常高兴的。

---

[1] 安德蕾：法国女画家安德蕾·卡罗佩雷斯，1922 年末第一次去圣蒂尼克坦，并且参与国际大学美术学院的教学工作，后来与诗人泰戈尔长期保持联系。

50. 盲目按照别人的意见行动，结果就陷入困境

亲爱的孩子：

儿媳妇，在与戈巴尔 [1]、尼尔摩尼的联系中，近几天来有关你的所有消息，大体上我就会知道的。除了在信中发出的消息，我还描述了这里的所有情况，所以就有了我的坏名声。我的心灵仿佛就是一个很大的空虚之网，从其内部捕捉不到外面每天的消息。内心里想到的事情都滞留在心里了，这些事情即使今天我写过了，明天还会再写的。不过，现在想一下，我就发现，值得提及的任何事件好像都不曾发生过。

坐上车后，我首先就默默地在想，印度铁路的"包厢"为了我怎么突然变得如此大度起来，这就好像布菩突然变成了一个25岁的大姑娘。随后我又想到，因为包厢很难预订到，于是就预订到一节宽大的车厢。直到最后都是挤来挤去的人群，我就没有机会去询问别人。最后每个人都带着东西下车了，只有达卡尔 [2] 没有下来。火车开动了。这种差错我一点儿都不喜欢。一想到事前说好在孟买两人会合，我的心里就有些焦急，手里拿着一本书，也读不下去了。火车到达科尔格普尔停下来，我的保护人奥布尔波露面了，我向他倾诉了我的抱怨。他说，本来已经预订好普通包厢，可是包厢里人声嘈杂，担心我无法忍受，于是就分给一起上车的一伙人，这样就解决了问题。我自己不知道我喜欢哪一种，不喜欢哪一种，所以就只好盲目地相信，于是尽量按照别人的意见行动，结果就陷入了困境。我再也没有耽搁，立即向与我同行的我的保护人尼尔摩尼表达我的抱怨，而他就把我的行李搬进了包厢，我也就跟着他走了进去。此后那一节车厢全部被我占用，直到最后抵达孟买这最后一站。在洗澡、睡觉、静坐、思考等方面，我都没有感到有什么不方便。那一夜我没有去触碰火车上厨师所做的

---

[1] 戈巴尔：焦拉桑科泰戈尔家族地产管理员。

[2] 达卡尔：Boyed.W.Tuker（1902—1972），美国卫理公会教派传教士，被诗人泰戈尔的教育理想吸引，于1927年去国际大学教授英语，直到1934年才离去。

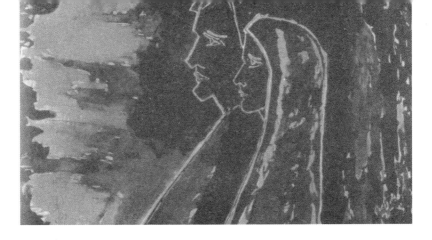

夫妇

食物。莫巴罗克[1] 准备了多份加有野鸡肉的三明治面包，所以我们三个同行者就一起享用了，这对我来说已经相当丰富了。为了安慰我，两位年轻人面带微笑地说，他们不太饿，这些食物也足够了。我很惊奇，但是对此我没有必要担心了，因为苏廷德罗[2] 已经把大量的甜食运到火车上。当时我发现，他们并非不太饿。铝盒子里装有很多包装精美的圆形的油炸糕点，都是美味食品。此外，从焦拉桑科和拐角大街采购来的油炸饼，最终也在我们的肚子里汇合了。吃过东西之后，尼尔摩尼先生从木箱子里拿出水壶，给干渴者分发了很多水，于是食物和水两者就更亲密地融为一体了，这两者之间除了发生一种毁灭性的灾难，就再也没有别的方法使其分开了。把水壶作为确定亲密关系而形成的这种状况令人十分惊奇，可是要使其投入各自的活动，就需要协调那种不合作的关系。最后已经失望的尼尔摩尼，只好让两者都谦卑地一起工作。

在火车上我有两项工作，一项是外面的，另一项是内部的。我在

[1] 莫巴罗克：仆人。
[2] 苏廷德罗：苏廷德罗纳特·德多（1901—1960），杰出诗人、文学评论家、新闻工作者。

苏棱编译的《摩诃婆罗多》书稿中标出了真实的故事部分。在我的铅笔标记中还留下了两天来 B.N.R 和 G.I.P.R 铁路机车心动的痕迹。我很喜欢这项工作。我确信，我从《摩诃婆罗多》卷帙浩繁的篇幅中摘录了其核心部分，这是非常好的部分。我希望，这部作品能印制出来。在余下的时间，我长期封闭的思想就依靠寂静的闲暇得以绽放。从 25 年前开始，我在痛苦中承担了那项工作，其剩余部分所引发的很多深重的痛苦，就像日落时刻的余晖一样，从内心里映射出来。你们知道，很多人认为在与人们交往中我是愚笨的。我的这种愚笨状态以各种形式表现出来，因此我就大胆地工作。假如我投入工作，那么，谁都不会了解我在情感世界里智商的衰退。可是，虽然在实际工作中存在疏忽，但我还是只凭借着情感的力量，在各种错误和缺点的伴随下，进行了一些创造。谁都不能只凭借敏捷的智慧进行创造，只能做些准备安排。但是在创造的表面上进行准备安排对创造来说并不是很重要的，即便经历了很多痛苦，我还是为此感到骄傲。有一种溪流，这种溪流从难以同行的寂静的山顶流淌下来，这种溪流也可能被不流动的沙堆所阻挡，我看见过这种沙子在堆积，不过，无法表述的东西如果在某个时候展现出来，这种情况也是不少的。

第一天你想象不到有什么食物，第二天在我们的帮助下提供了一些简约的食物。在火车上准备的午餐，英语称之为 lunch，晚饭称之为 dinner，茶点称之为 tea，都按时送到我的包厢里。我对这些饮食接受的少，放弃的多，你不要为此感到难过，如果我全部接受了，那么，这种接受就会成为我很后悔的原因。

现在说一件令人高兴的事情，一路上没有泼洒荣誉之雨，有两个滑稽的人在我们预订的火车单据上看到了罗宾德罗纳特·泰戈尔的名字，就招呼另外两个人来，一直在窃窃私语，没有人献花环，也没有欢呼声。

最后列车于清晨抵达孟买站。这期间我的保护人穿戴整齐之后就来找我，结果发现没有车厢的钥匙，不过经他的罗廷哥哥提醒后，他就相信我在车厢里，因此就不再犹豫了，最后不用钥匙就打开包厢的门，他对此就不再怀疑了。幸运的是，在我那个服装箱子里有一套礼服，于是我就穿在身上。

在车站，环顾四周，我发现人多得要命。那天早晨安巴拉尔从阿迈达巴德赶过来了。他的随从人员就承担起接待我们的任务。我们立即登上了停在外边的汽车，安巴拉尔把我带到泰姬陵宾馆。到了那里，钥匙早已经拿到，一切都已安排好了。这期间吃了面包蛋糕，喝了咖啡，就在靠近窗子的一张安乐椅上坐下来。可以看到不远处被轻雾所笼罩的朦胧天宇下面的蓝色大海——太阳当时还没有升起。我们这次旅行的一部分消息当时已经通知加尔各答。我们正在等待加尔各答的回答。估计安巴拉尔的办事处或者美国保安机构已收到消息。

在纳格普尔，从我们这方面已经给加尔各答拍发了六七封电报，等待加尔各答的回复，但是没有收到回电。离开加尔各答两天后也没有得到任何消息，我心里就默默做出各种判断，奥布尔波一次又一次地安慰我说："您不必担心。"我回忆起了在帕德玛河遭遇暴风雨那一天的情景，我们的船夫马达里、倪迦里一次又一次地大声说："不要害怕，兄弟，不要害怕！呼唤真主的名号吧！"我相信，这样呼喊也不会使大家的恐惧心情平静下来。尽管如此，后来渐渐知道了。苏塔康多[1]的出行遇到了障碍。我们的各类人员凭借自己的智慧开始做出各种判断，其中就有奥布尔波的大胆发言："您一点儿都不用担心。"

在火车站我会见了基迪什·森[2]。他把我带到他的家里，建议我会见一些侨居在孟买的孟加拉人。奥布尔波也适当地提醒我说，要注

---

[1] 苏塔康多：苏塔康多·拉伊乔杜里（1896—1969），曾经为国际大学学生，后来成为诗人泰戈尔的工作秘书，另外的称呼是"苏陀里亚"和"苏塔绍穆德罗"。

[2] 基迪什·森：曾经就读于牛津大学，是泰戈尔的剧本《国王》的英文译者，当时他还是一个大学生。1914年，该剧的英文译本以 *The King of the Dark Chamber*（《暗室之王》）出版。

意倾听医生的特别建议等等。我也像一个听话的孩子一样做出回应。白天每个时辰都有人来看望我。在这里获悉，安巴拉尔邀请一些人来参加晚宴。凑巧的是，一天下午基迪什又来了，于是安巴拉尔就口头邀请他来吃晚饭。当时基迪什·森想起来了，上午他的两位值得信任的人一起悄悄地对他说，医生讲了一些什么建议。毋庸赘言，在医生下达医嘱之前，安巴拉尔就已经发出邀请，而且安巴拉尔在场的，不需要我们再次提醒他关注医生的建议。

基迪什·森严肃地说，他有工作，所以他不能来。此前他曾经许诺，第二天上午他会来的。毋庸赘言，上午他没有来。奥布尔波读了他的信后，一次又一次地说，基迪什·森怎么会有这样的变化呢？那封信仿佛是用官员的语言写成的。奥布尔波相信，他做过一段时间的官员，就变得老练了，因此有身份人士的语言中也被打上了官场的烙印。我对此什么也没有说，只是默默地在思考奥布尔波的人品。

第二天早晨，戈巴尔手里拿着钥匙和信件衣冠不整地突然来了。当时带来的消息更加清楚了，浓雾一点一点散去，出发吧。

当时我们疲惫地泡在 7 英寸的海水里。在前一天的夜里与几位无精打采的人一起吃过晚餐后，身心都感到十分疲惫。要去睡觉时从椅子走到床边，我就仿佛觉得是在越过一座山。大家都一一睡下了，我也很费劲儿地倒在床上，度过了一夜。第二天上午，我的同行者们都去逛市场了。奥布尔波回来后兴高采烈地说，他用非常便宜的价钱给我买了一个垫子。其原价是 71 卢比，他凭借自己的聪明技巧只用了37 卢比就买下了。为了保持平静，我对他的聪明技巧没有发表任何意见。

就在这时候，两个体态匀称的美国快递员来了，并且气喘吁吁地说："坏消息！"我曾经想过，为逃避厄运，有一次苏塔康多从那里获得休假后，就跟我在一起。现在应该设法订到返回加尔各答的轮船"包间"。结果发现，我的包间眼看着被别人占据了。不过我们的使

者经过努力在两个舱室里进行种种改造，安排出一个适合我住下来休息的地方。

我的保护人这期间做了一件惊人的事情。出于对他的保护职责的荣誉感，他不征求我的意见，就自作主张，只拿出来一件衣服，而将所有的行李箱子等都搬到了轮船上。当他感觉到那件衣服无法满足我们的需要时他也不告诉我，就和他的朋友莫里斯[1]一起经过种种艰苦努力又取出一件合适的服装，举在头上带来，我感到很惊奇。

出发的时间渐渐临近了。为了消除我的疲劳，安巴拉尔准备了香槟酒等，奥布尔波对于这种治疗方法很热心。为此所做的这种准备并非无用的。

在3月1日下午4点钟这个吉祥时刻，我承载着疲惫和身体的负荷，登上了轮船。上船后发现，我的舱室不错，感到比以前预订的那间还好。司徒亚德一露面，我就认出来——他是我的老朋友。我上两次乘坐"莫里亚"号轮船出行，他都曾经为我服务过，我得到了"白宝石"，代

---

[1] 莫里斯：H.P. 莫里斯，国际大学原教授。

替 "蓝宝石" [1]。

然后白昼宝石降落在山顶了。奥布尔波突然惊喜地获悉，吃晚饭的时间到了。两位朋友匆匆走进舱室。吃晚饭的时间很快过去了。我想起激昂 [2] 的故事。他们学会了进入舱室的艺术，却没有学会走出去的艺术。当时我带领达卡尔无助地走进了餐厅。当时晚餐的一半食品已经没有了。他们两个人进来的时候晚餐的 "月全食" 只剩下了一个香蕉。后来发生了怎样的悲剧，就没有时间叙述了。今天上午在轮船的公告栏里张贴出了声明：请船上的客人们在餐桌上就餐不要超过半个小时。在皮亚诺轮船公司的历史上还从来没有发生过这种事情。

儿媳妇，读了我这封长信，你会感到惊讶的。我写这封信，只是为了证明我反对那些反面的谣传，我是能够写信而且在这封信里也不会出现失真的错误。代我向蓓蓓莫妮转达我满船的爱意。向米拉等所有人转达我的爱意。你就阅读这封信吧，而且不要期待别人的信了。

爸爸

1929 年 3 月 2 日

P.&.O.S.N.Co.

S.S.

51. 就算出现很多不好的事情，也不要因此畏缩不前

亲爱的孩子：

儿媳妇，在罗廷所承担的圣蒂尼克坦学校的重任中，你也应该承担起一部分，也就是说，你应该承担起照看那里女生的任务，这种权

---

[1]　"蓝宝石"：是指诗人的仆人尼尔摩尼，孟加拉语的 "尼尔" 意为 "蓝色"，"摩尼" 为 "宝石"。前面 "白宝石" 指洋人服务员 "司徒亚德"。
[2]　激昂：大史诗《摩诃婆罗多》中的人物，阿周那和妙贤之子。

力自然是属于你的权力。梵式女子学校有几位管理者，但是真正主管的重任是掌握在薄斯女士的手里的。她负责管理一切事务，你也应该那样做。在工作过程中形成了诸多症结，也制造了不和谐的氛围，但是也不应该因此而畏缩不前。女生们身上有各种不足、有各种痛苦，薄斯任何地方都没有去过，所以出现很多不好的事情。此外，因为你们没有关注她们的日常生活，所以她们对于自己的懒惰习惯也不感到羞愧。很多女生来的时候都是很小的女孩子，全面地培养她们成人的责任就落在我们的肩上，我们只用机械手段，或者放任一切不管，这是绝对不行的。为此而担心是有理由的，因此我默默下定决心从国外聘请某个人来，其中存在一个很令人汗颜的理由，也应该承认这样一点，薄斯女士对于从国外寻求帮助并非犹豫不决，可是实际责任还是在她手里。

她们学习舞蹈的阶段，看来，早就应该开始了。如果能够让她们排演《舞女的祭拜》，那就很好。我已经对《国王与王后》剧本进行压缩润色，我不晓得，她们会如何表演，不过，如果我能够插手其演出的准备工作，那么，此事一定会办好的。回来后，如果有机会，你去看一看。

同三位随行人员[1]在一起，我感到很开心。带着达卡尔同行，他们很快活。他总是对好人做出略带瑕疵的不需要的微笑，并且常常做出有趣的回答。在这一伙人中苏塔康多显得有些不太合群，可能，他们常常指责他，觉得他的曲调不能与他们和谐共鸣。

轮船在十分平静的大海上航行，也感觉不到一点儿颠簸摇晃。这几天来都不热，从今天起开始炎热了，到新加坡会更加炎热。到达香港之前，轮船还是会这样行进。但是在旅行的最后阶段，北极的严寒气流会吹过来，那时就会感到有一点儿寒冷，不能到外边去走动，以

---

[1]　三位随行人员：B.J.达卡尔、奥布尔波库马尔·琼德和苏廷德罗纳特·戴。

山水风景

后温哥华的寒冷就会减弱。有一两个人在与一位受尊敬的美国人进行
交谈，事情有进展。蓓蓓的情况怎么样？谁在陪伴你？

爸爸

1929 年 3 月 7 日

P. and O. S.N.Co.

S.S.

52. 装钱的银盒子用来盛放物品也是很好的

亲爱的孩子：

儿媳妇，我给你画了一个水杯的样本。以前我曾经画过一个寄给
你了，但是我发现，那个样式画得歪斜了，所以我在纸上画了另一种
样本。哪一种是你喜欢的？如果按照这种样本制作，那就应该在杯子
外侧添加一些黑珐琅图案。居住在香港的印度人赠送给我一个装有
800 卢比的银盒子，这个银盒子有一天会寄到你家里。尽管这笔钱
款是给国际大学的，但是那个盒子用来盛放蒌酱叶、槟榔等物品也是

很好的。

今天我们将抵达上海。天气很冷。你想想看，今天是恰特拉月初三，在你们那里当然已经热得喘不过气来，蓓蓓会不喜欢的。如果带她来，她的面颊就会冻得发红的。大海也总是很平静的，你们不会感到有什么不舒服。查看日历后我发现，恰特拉月 11 日是多尔节，正是月圆日。这个节日没有比今年的公历日期再迟到的了，这一次我没有和你们一起过这个节日。你们是否准备表演一些什么节目啊？如果你们能让新来的姑娘们演出《舞女的祭拜》，那就很好。《国王与王后》的演出，你们都看过吧？我感到惋惜的是，我们没能再组织这部戏剧的演出，如果我能拿到已修改过剧本的复制本，那我就会请人翻译，当然我也会参与翻译工作。

你们如果能够承担起管理照看圣蒂尼克坦学校女生的责任，那我就放心了。这是非常需要的。

爸爸

1335 年（孟加拉历）恰特拉月初三

1929 年 3 月 17 日

53. 不得不忍受，我无处可逃

亲爱的孩子：

儿媳妇，门司是日本的第一港口。昨天我们抵达这里。今天 10 点钟轮船要离开这里，后天会抵达神户。明天苏廷德罗和奥布尔波乘火车离开。他们要乘坐加拿大的轮船前往横滨（Yokohama）。达卡尔和我在一起。苏廷德罗在他们三个人中是最能干的。他把一切都安排得井井有条、整洁有序，而且这是他的第一次海上之行啊。他是一位做事谨慎细心又精打细算的人，他的行为举止也很得体。达卡尔、奥布尔波这两个人却懒散马虎，做事笨手笨脚，完全不是干事的能手。达卡尔说过，苏塔康多在所有事情上都替大家服务，甚至他总是献出生命来承担重任，幸好他没有来。我这次旅游不在日本下船，虽然这一次在船上没有遇到什么麻烦，但我也没有下船到陆地去转一转的勇气了。安德鲁兹要去温哥华——他在那里经历的混乱并不比当地人少。好在我的需要很少，也不想给别人增加更多的负担，也没有必要。直到昨天都一直很冷，今天上午就不那么冷了。海岸边的景象看不清楚，大雾弥漫。抵达神户后，我会陷入被拉扯纠缠之中，在那里有很多印度商人，他们已经做好了那种烦人的欢迎准备，我不得不忍受啊，无处可逃。今天是恰特拉月初八，可是悲哀呀，温暖的春风又在哪里呢？如果在什么地方能够闻到芒果树汁的一点儿味道，那我就会感到快乐。1929 年 3 月 22 日。

爸爸

1929 年 3 月 23 日寄出

P & O.S.N.Co.

S.S.

我把日期搞错了，今天是恰特拉月初九，3 月 23 日。前天是星期一，人们应该在静修院过春节。我希望，这几天欢乐的春节已经结束了。

54. 如果来生之地还是孟加拉邦，那就好

亲爱的孩子：

儿媳妇，昨天夜里轮船来到神户港，抛锚后我就站起身来。今天上午刚好面对码头台阶，没有再耽搁，我陷入难以忍受的喧嚣人群中。奥布尔波在神户，做他自己的事情，他一到码头，就会登上轮船。此

后我也要做好准备。天气相当冷，超越了我们的巴乌沙月，可是这里的人们却称此时为春季。如果来生之地还是孟加拉邦，那就好了，即便如此，说这些话语也没用。1335 年恰特拉月初十。

爸爸

1929 年 3 月 24 日寄发

P & O.S.N.Co.

S.S.

55. 漂洋过海，九天才能抵达大陆 [1]

亲爱的孩子：

儿媳妇，阅读了这封信，你就会理解的。我觉得绍乌摩 [2] 为他们做了好事，但是感觉不到苏提尔也可能做到。我非常高兴。

这两三天来，我很勉强地支撑着做演讲，但是在这里工作感到很开心。如果你们在，就更好了。这里的人们经常问我，为什么你们不来，这里有很多可以观看、可以学习的东西。在他们这里办事的确很拖拉，但是有一种舒适感，这里的人们就像自己人一样。西方国家的一些朋友是至交，但同那些不是朋友的人相处，就有一种陌生的距离感，因此就感到很拘束。好了，今天下午还要漂洋过海，需要漂泊九天，才能够抵达大陆。在纳尔德拉 [3]，我是何等安逸地度过了时光，在这艘轮船上我是得不到那种安逸了。蓓蓓在一个地方同我有一次亲密的会见。我们两个人都认为，在地球上再也没有像圣蒂尼克坦那样的地方

---

[1] 这封信是在动身前往加拿大之前从横滨码头发出的。

[2] 绍乌摩：绍乌门德罗纳特·泰戈尔（1901—1974）的简称，诗人泰戈尔大哥迪金德罗纳特的孙子，苏廷德罗纳特的儿子。

[3] 纳尔德拉：印度喜马拉雅山南麓西姆拉城附近的一个疗养胜地。

了。儿媳妇，你听了会笑的，你会想，还没有过去几个月，我就被家庭牵绊吸引，此话不假，然而在履行义务方面是不会有障碍的。

爸爸

1929 年 3 月 28 日

56. 水是被污染的水，空气就像是被添加过咖喱一样

儿媳妇，离开横滨几天来感到船体有点儿颠簸摇晃，今天夜里大海趋于平静。严寒如故，我穿上了厚厚的棉衣，服装的重量要比体重大得多，因此感觉不舒服，就仿佛觉得，这身体被关在高厚围墙围起的监狱里一样。达卡尔先生完全卧床不起，苏廷德罗还是很沉稳冷静的，奥布尔波并没有停止吃东西。从横滨到温哥华的海路很遥远——就好像是通向海神堡垒的要塞之路。今天是 3 月 31 日，明天是 4 月 1 日。大海如果与它的运载工具开自己喜欢的玩笑，那么，我们就会陷入被嘲笑的无底深渊。我不能确切地猜测你们在哪里，都怎么样，其原因就在于水和空气完全不同，水是被污染的水，空气就像是被添加过咖喱一样，而且哪里都看不到陆地的影子。太阳就像激昂一样，几天前他就闯进云层里，怎么都不肯出来。这里的天空仿佛就是一个空洞的高脚杯，天神何时会将太阳光华的金色美酒斟在这高脚杯里呢？我期待着。圣蒂尼克坦人听到太平洋的名字后都困惑了，不过……在举动行为中就感到焦虑不安。

爸爸

1929 年 3 月 31 日

57. 我每天拂晓起床，点亮灯，吃个柑橘和香蕉，然后喝茶 [1]

儿媳妇，水中生物现在看到陆地了。我知道，它们在想什么，游动的速度是多少。它们在海上与猎捕者相遇，会格外地谨慎小心。海神这么多天来一直都很同情我们，我希望，同财神之城的神主们 [2] 能够友好相处。我在观察目标，可是什么也看不到，霍里这名字就是财富。我让自己的这颗心保持漠然的无欲状态。手表的时针向着夜里 10 点半的方向前进。明天上午 7 点轮船将抵达码头，8 点的时候我们会登岸。这期间大夫就在我身边，在各种声明书上都有我的签字。应该让人知道，我的挚爱都在一个妻子和一位天神的身上，应该说，在这个伟大的国家居住、种庄稼、亵渎神像，我不会感到特别幸福。除此之外，还要呈交有关春天疾病（天花）的体检书。这种体检书我是没有的。我有《季节戏剧》一书 [3]，我可以从此书中举出证据，在我的命运中就有对春季的解释，但是非印度教徒是不会明白其含义的。我希望我能够从他们的纠缠中摆脱出来，因为他们需要处理的紧急事情比我更多。现在我要睡了，明天拂晓就得起床。我每天都拂晓起床，不过我不着急，点亮灯，吃个柑橘和香蕉，然后茶点送来了，此后奥布尔波来了，然后就处理其他事情。

1929 年 4 月 5 日

---

[1] 诗人泰戈尔在写这封信时在这封信的下面画了一幅画，画中是类似史前的一种水中生物。

[2] 财神之城的神主们：这里诗人是指美国的富人阶层。

[3] 《季节戏剧》一书：指诗人泰戈尔于 1926 年春天创作的《舞王——季节剧场》。

58. 为了填补心灵的空虚，冷静地做好自己的事情 [1]

儿媳妇，我已经踏上了回家的路。听说你们要来，我的心这几天又平静下来。鸟儿因为要起飞，所以才收拢翅膀，双肩低垂站在地上。日本人建议，夏季的几个月，即到 8 月底，我会受到他们的热情接待，我没有唐突地贸然表示同意，可是我知道，你们很久以来就想来日本看看，而且对你来说，在这里可以看的东西也很多，因此我就默认了他们通过电报发出的邀请。我自己也是很喜欢日本的，我对日本人发自内心地尊敬，尽管如此，我的身心还是倾向圣蒂尼克坦，再也不想在国内外发表演讲了。来自四面八方的吸引搅得我的心神特别不安。我的困惑就在于，各种社团的人们都在向我提出要求，我无法理解所有人的心愿。我四处转悠。我一来到这里，就陷入印度人的包围之中，我不认识这些人，也不了解他们，我无法回避任何人。他们站在我的背后提出要求，在自己人中间争吵起来。我打算今天就入住东京的一家宾馆。听说你要来这里，大家都非常高兴，你一到来，就会受到特别细心的关照。我对奥布尔波说过，要他协助奥米耶和海蒙蒂[2]邀请你到这里来，现在还有时间。我听说，有一艘轮船要离开这里前往爪哇，要是你能赶上这艘船，你还可以去爪哇看看。

这一次离开印度后，可以说，我根本就收不到国内的消息。看来，达卡尔的情况不太好，一封信里说他死了，令人感到奇怪的是，在所有这些国家的报纸上有关印度的消息一点儿都没有。我偶尔也进行简单的反思：怎么会有这些喧嚣呢？每一次我都认真地进行思考，

---

[1] 诗人泰戈尔希望他的儿媳妇普罗蒂玛来日本看一看，可是实际上她并没有来。因为普罗蒂玛记得，诗人已经于 4 月 6 日抵达加拿大，4 月 18 日抵达美国的洛杉矶，4 月 20 日离开洛杉矶，前往日本。然后经过檀香山，于 5 月 10 日抵达横滨，从横滨前往东京，住进一家酒店。

[2] 海蒙蒂：指丹麦女人希耶罗蒂斯·西戈蕾尔（1905—1991），"海蒙蒂"是诗人泰戈尔给她起的名字。1926 年诗人访问欧洲期间，她结识了泰戈尔，她被国际大学的办学理想所吸引，于 1927 年 1 月来到圣蒂尼克坦，同年她与诗人的秘书奥米耶·丘克罗波尔迪结婚，诗人为其写诗表示祝贺，她热情地参加圣蒂尼克坦的文化生活。

为了填补心灵的空虚，最好是冷静地做好自己的事情。我的年龄已经跨过 69 岁，再过 3 天，也就是说，还剩下 362 天就到 70 岁，是否还会有像现在这样到处转悠的时间啊？拜沙克月大概也结束了，圣蒂尼克坦现在肯定是假期，竖井里水都渗透到淤泥里，难以忍受的炎热，可是在这里现在还是相当寒冷，我现在穿着过冬的棉衣。

爸爸

1929 年 5 月 12 日

59. 可怕的蚊子，白天都无处可躲藏 [1]

儿媳妇：

我被告知，《苏米特拉》的修改润色结束了。毋庸赘言，人们都说好。但是我是不希望匆忙排练演出的。没有找到能扮演比克罗姆 [2] 的合适角色。谁能扮演呢？我到哪里去找人呢？对此正在争论。

我还要在这里逗留三四天。第一，是拉妮 [3] 的恳求；第二，要安排印刷我的书——《莫胡亚》和简易教材读本。这期间我听说，罗廷要来这里。如果他对于演出能够做出某种精彩的安排，那就让他看着办。你把我的那些木质印章——《莫胡亚》和我的藏书标签的印章以及吸墨的软垫一起托人捎来。我要把书寄给奥库拉，让他打印出来。

我希望，蕃良赞（Hara-san）[4] 在制作辛伽拉点心、寇求丽甜饼

---

[1] 这封信是在加尔各答写的。诗人结束了对加拿大和日本的访问，于 1929 年 7 月 5 日回到加尔各答。在出访加拿大之前，诗人为了家庭内部演出，将《国王与王后》剧本进行改写和压缩，并于 1 月 26 日提供了一个新的文本——《巾帼英雄的牺牲》，可是诗人还是不满意，因此这个剧本最后也就没有上演。诗人又重新对剧本进行了改写，并于 1929 年 8 月 18 日定名为"太阳女"，"苏米特拉"就是《太阳女》剧本最初想起用的名称。

[2] 比克罗姆：《国王与王后》的男主人公，贾龙陀尔国的国王，苏米特拉是女主角，是比克罗姆国王的王后。

[3] 拉妮：这里的拉妮是尼尔莫洛库玛丽·莫赫兰比什的爱称。

[4] 蕃良赞：日本女学生。

时能忘掉因为我不在场而产生的痛苦。

可怕的蚊子，我白天都无处可躲藏，不过它们叮咬引起的痛痒较之罗普姆的蚊子轻很多。

我听说，今天迪奴他们要来。

爸爸

1929年帕德拉月初三

60. 我的画作落入不合适的人手中就是对我的侮辱 [1]

亲爱的孩子：

儿媳妇，知道你从阿里亚姆的信里了解到所有消息，我就完全懒于写信了。实际上，今天早晨我写作的溪流就完全停止了，我空闲时就作画。那些聪明的人都说，现当代的绘画都很珍贵。我逐渐明白了这些人说谁好，为什么说他人好。有一天你曾经说过，我的画属于佳作之类，你这话被验证了，这些人也这样说，我听了后感到惊讶。不过，如果维克多利娅 [2] 不在的话，那么，这些画作不论好与坏，谁都不会看到的。罗廷有一天曾经想过，要是能搞到房子，就自己举办画展，这种想法是很错误的，对我们来说，是没有能力为举办画展做好如此大量的准备工作的，安德蕾也做不到，花销不少，三四百英镑，维克多里娅轻松地支付了。她认识这里所有的博学名人，她一打招呼，他们都会来的。Comptesse de Noaille（诺瓦伯爵夫人）也积极地参加了，就这样，眼看着四周热闹起来。今天下午将第一次举行开展仪式，尔后展品大概都要放在这里。无论如何，这里的这次展览结束后，我想

---

[1] 在这封信里，诗人讲述了在法国巴黎第一次举办画展的情况。诗人为了去英国牛津大学发表讲演，顺路来到巴黎，并于 1930 年 5 月 2 日在 Gallery Pigalle 画廊第一次举办自己的画展。当时苏廷德罗纳特携家眷在瑞士治病。

[2] 维克多利娅：维克多利娅·奥坎波（1890—1979），阿根廷女作家。

不出办法应该怎样负责地保管这些绘画作品。达洛 [1] 说，6 月应该到斯德哥尔摩去试办一次，在那里也会引起轰动的，可是在这期间怎么办呢？在柏林谁肯承担重要责任呢？这可不是轻松的小责任。大家都在说，在伦敦展出这些画作确实是个不错的选择。因此一个不坏的建议就是，我不论到哪里，都要携带着这些绘画作品。在巴黎如果取得很好的声誉，那么，在所有的地方都会收到反响。维克多利娅曾经谈过销售画的问题，看来，她自己想购买。我说过，现在就停止销售绘画作品的议论吧。不过，无论如何，我都会将我的画作运回国内的，落入不合适的人手中就是对我的侮辱，我是无法忍受的。

我在为罗廷着急上火，他在那里如果还治不好，那可怎么办呢？现在是否应该到维也纳去看一看啊？我觉得，让罗廷在某一个好地方住上一年左右是需要的，这样安排好啊。如果他长期每天坚持服用 Kali Phos（卡莉磷酸盐）和 Natrum Phos（钠磷酸盐），那么，我相信一定会有效果的。我相信，你的身体很好。我感到身体十分疲惫，维克多利娅决定，准备让这里的一位著名的医生给我做一次检查。身体还是这样子，但是头发每天都会脱落一些，我猜想这就意味着，我的画作不运回国，头发也不会回国的。来这里的时候我没有带一瓶椰子油来，没有好好保养头发。

维克多利娅着急要返回美洲去。她在这里只是为了我的这些画作，不过她不会再逗留太多时日了，这个月的 7 日或 8 日她会走的，然后我就要开始我的英国之行。这就要完全掀开崭新的一章。安德鲁兹相信，这次演讲也会引起一场轰动，可是我却没有这种感觉。

由于从我宽松的外衣中为葚蓓挑选你穿过的衣服的工作停止了，我的这些外衣都沮丧地堆放在尘埃里。不过，除此之外，我的大部分外衣的纽扣和腰带都挺好的，而且这些东西都存放在箱子里，没有带

---

[1]　达洛：达洛·侯戈曼，安德蕾·卡罗佩雷斯的丈夫。

在身边。

苏赫里特[1]怎么样，他好吗？在他那里不会缺少欧式风味面包和法式奶酪，但是通过他又怎么能消除这些东西的匮乏呢？

爸爸

1930 年 5 月 2 日

61. 浑身虚弱无力，再也不想去为世界做善事了[2]

亲爱的孩子：

我到处转悠，发表演讲，最后来到了首都。我现在住在雅利安大厦。这么多天以来，我一直处在热情好客的欢迎人群之中——总是陷入拥挤人群的包围里，面对新结识的人们的目光。居住在这有无数陌生人的寂静环境中，我感到很舒适安逸。这栋房子非常好，舒适、整洁、一尘不染。唯一的不方便之处就是，奥罗宾德[3]可以自由进出，到这里不受任何限制。食物完全是按照印度斯坦方法制作的，材料都是真品，厨艺也好。人民都彬彬有礼和热情好客，我又陆续接到了一些邀请。今天夜里在阿伽罕耶宾馆举行晚宴，这是一家非常豪华的宾馆，只有贵族们才有资格在那里居住就餐。巴曼先生[4]将此种情况特别强调地告诉我。于是我就小心翼翼、不知所措了，在生活中受到如此尊敬的宏大场面出现过多少次啊！在明天夜里罗森斯坦夫人邀请我前去

---

[1]　苏赫里特：苏赫里特纳特·乔杜里医生，即迪本德罗纳特·泰戈尔（1862—1922）的女婿，也就是诗人大哥的孙女诺莉妮的丈夫。

[2]　1930 年 5 月 11 日，诗人泰戈尔离开巴黎前往伦敦，然后从伦敦前往伯明翰。伯明翰附近的乌多布鲁克酒店是寇耶卡人社团的中心。5 月 13 日至 19 日诗人泰戈尔住在那里。然后前往牛津城，5 月 19 日、21 日、26 日——这 3 天在牛津大学做《人的宗教》讲演，然后诗人回到伦敦，5 月 30 日至 6 月 4 日住在印度宾馆雅利安大厦。

[3]　奥罗宾德：奥罗宾德·巴苏（1896—1977），曾经在圣蒂尼克坦国际大学就读过的学生，著名政治家、科学家阿依德莫洪·巴苏（1847—1906）之子。

[4]　巴曼先生：孟买的一位富商，即 M.R. 巴曼先生，1930 年他陪同诗人泰戈尔访问欧洲。

赴宴 [1]，此后我不知道背后有多少受尊敬的盛况出现。6 月 3 日要参加笔会，6 月 5 日在伯明翰艺术家会馆为我举行欢迎会，此后的第二天在那里会见雷纳德。此后什么时间我能走近你们的住所，在那里再做决定。主要情况就是这样，我感到很困惑，几天前我患上了流行性感冒，直到今天仍感到浑身虚弱无力。如果能在什么地方的一个角落里伸展一下腿脚手臂，我就感到舒服一些，再也不想去为世界做善事了。一想到在尼尔摩尼的陪伴下能升入天神的居住地天堂，内心里就萌生出痛苦。就此停笔。

爸爸

1930 年 6 月 1 日

---

[1] 在这里要提到的是，他的画家朋友罗森斯坦（1873—1945）对诗人讲述了关于举办画展和对他的绘画作品的意见，泰戈尔很重视朋友的意见。在法国巴黎举办国画展之后，又先后于 6 月 2 日和 6 月 4 日在伯明翰和伦敦举办了他的绘画展览。

62.坐上火车、汽车、轮船、飞机，装扮成文明的样子

亲爱的孩子：

儿媳妇，下雨，下雨，下雨，一天又一天地下雨。大家都说，这样的情况从来没有过。我在心里默默地想，这是我的名气所致，我是雨季诗人。在斯拉万月，喜雨节跟着我远渡重洋，但是也应该说实话，这首诗——《今天我的心在翩翩起舞》，表达得不够准确。我的心并没有翩翩起舞，而是感到压抑。我感到更加压抑的，是因为安德鲁兹来干扰我，他主张我应该离去。我想证明，我不是未成年的小孩子。走吧，下周三我前往日内瓦，在那里又要开始一轮活动。我听说，那里已经做好大规模欢迎我的准备，不会缺少隆重的欢迎场面。不过，在那里有各阶层的人，其中有我自己国家的人。听说，我的 5 幅画已经送到那里的国家画廊，这就意味着，他们要永久保存这些画。他们想到价格，没有钱，他们怎么办呢？我已经写信告诉他们，我已将我的画作赠送给了德国，不要再谈价格了，他们非常高兴。从很多地方发来了请求举办画展的信，一封信函来自西班牙，他们想在 11 月举办画展，维也纳也希望举办，等等。我作为画家的名声传播开来，诗人的名声被掩盖了。我常常想起你那作画的场所：在孔雀河畔，桫椤树林的树荫下，在敞开的窗户旁边。在外面有一棵棕榈树，笔直地竖立着，阳光随着它那树叶颤抖的阴影落在我的那面墙上，整个中午杜鹃在黑莓树枝上不停地鸣叫着。一条林荫小径沿着河岸蜿蜒前行，绽放的茉莉花散布于小径的两侧，空气中弥漫着柚子树鲜花的芬芳，贾鲁尔树、火焰花树仿佛在同珊瑚树竞赛，一簇簇花枝随风摇动，菩提树绿叶簌簌作响，素馨花的藤蔓已爬到我的窗边。一级下到河边的狭窄台阶，由红色大理石砌成，它的一侧有一棵羌芭树。只有一栋房子，卧榻就位于墙体中间，房间里只有一张可移动的安乐椅，地板上铺着厚厚的红地毯，墙壁呈现春天的绿色，上面绘有黑色装饰线。房间的东面有一个凉台，太阳升起之前我会悄悄地走到那里坐下来，而在吃

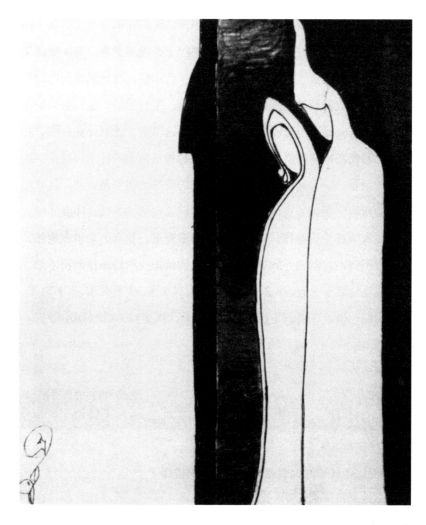

倾心而谈

饭的时候尼尔摩尼就会把食物送到这里来。有一个嗓音特别甜美的女人住在附近，她喜欢自己哼唱歌曲，她就住在旁边的茅草房里，高兴时她就唱歌，在我的房间里就能听到她的歌声。她的丈夫是个好人而且聪明，给我写过信，闲暇时间与我讨论文学问题，而且开玩笑时他明白玩笑的含义，并且总是得体地微笑着。河上有两座桥，我要给它们起名为"焦拉桑科"（双桥），这桥的两边是茉莉花树、贝尔树、夜来香树、红夹竹桃。河道中间的水很深，天鹅在那里浮水游荡，而在塔卢河岸边，浅红色奶牛带着她的牛犊子在漫步游荡。有一块蔬菜地，在大约 2 英亩连片的土地上种植着一些水稻。食物都是无肉的素食类，家里放着黄油、酸奶、煮过的牛奶、牛奶甜酒，能够烹调制作的食品都很充足，但是没有厨房。就写到这里吧。瞧看外面一眼，我就回忆起我在柏林的情景—— 一方面，打扮成富人的样子，谈论一些重要的话题，一天又一天地背负着沉重的荣誉负担蹒跚走路，世界两极化的所有问题都呈现出来，需要做出回答；另一方面，印度洋岸边的国际大学在等待着我，这所大学有很多要求，我肩负着很多责任，所以我不得不去国内外到处乞讨，因此我就把我的绘画作品留下来。不管我还能活多少天，在这期间我都要去尽义务，坐上火车、坐上汽车、坐上轮船、坐上飞机，装扮成文明的样子，因为我再也没有时间了。

爸爸

1930 年 8 月 18 日

63. 这条孔雀河大概就成为我未来的彼岸了

亲爱的孩子：

儿媳妇，为了不让你们担心，我现在亲手给你们写信。我的状况不比以前差，还是老样子。不过医生还是说，这并不是好的状态，也就是说，我也不比以前好，现如今不好。这里有一位著名的治疗心脏病的专家，来给我诊断，他翻来覆去地给我做了仔细的检查，然后非常认真地说，一切活动都要立即停止，最迟也应该在 9 月中旬赶快离开这个国家。医生每天两次来观察我，而且他给我开了药，我服用后也收到了效果。演讲都停止了。他的指示就是，回国后应该像好人那样很安静悠闲地打发时光。我也不想到处乱跑，国际大学的精神在驱使我奔跑，为了发扬这种精神，我含辛茹苦地来到这个国家。刚才这里的几位社会主要阶层人士来了，他们用我们的语言——被称之为自由的语言，即朴素的语言，声音洪亮地说，我这次来不应该是为了筹款吧。我的困窘状态顿时消失了，已经到了该说实话的时候了。因此在我生命中余下的一些时光里就没有必要还不停地前往别人家访问了。一张安乐椅、一个画架、一间画室，以及几本书，除此之外，还有尼尔摩尼，有了这一切，就可以安度我的余生了。这条孔雀河大概就成为我未来的彼岸了。

然后提到画的保存问题，阿里亚姆是卖画儿的积极鼓动者，在波士顿他就开始鼓动。我看，他也是一位自由议论者，就是说，他也用洪亮的声音说为什么要卖掉这些绘画作品，因为这会让人们高兴，而且这还会令人感到惊奇。除此之外，看来，人们还会这样想，我了解此人吗？什么时候说不定情况会有变化的，也许，以后这些画作的价格会上涨的。不管怎么样，看到这种心态，阿里亚姆决定，在波士顿和纽约全部卖掉这些画作。我也不觉得这是不可以的，因为这里的人们对我的确感兴趣。

如果能卖掉，那么，一大笔款就会到手。这笔款项除了可以用于偿还你们的欠债，再也没有别的用途了。这样就会大大地减轻你们对债务的担心忧虑。我也就不想再插手干涉你们的事业了，因为我已经变得呆木迟钝了，况且我也明白，罗廷身体垮下来的原因之一，就是为此而忧心忡忡。我很希望，卖掉我的画作，他的这种责任就解除了。这种非常自然的事情逐渐使我有了信心，我的画作有价值，而且这价值还会增长。今天也好，明天也罢，用这些画作就可以还清债务。然后，情况会怎么样，以后再说吧。

这一次我对于富人家庭的个人捐赠是持冷漠心态的。若要解除对偿还债务的担忧，就要完全堵死高筑债台之路。此外，不要再把维持自己生活费用的重担压在我们贫苦佃农的身上了，这已经是很久以前

昂首相对

说过的老话题了。很久以前我就希望，我们的田产成为我们佃农的田产，我们就像托管人一样进行管理，我们可以要求一点儿生活费，但那就像他们中的一分子一样。可是日复一日，我看到，田产之车没有沿着那条道路行进，后来当负债数额增加的时候，就不得不打消了这种念头，因此我感到痛苦，就什么话也不说了。这次如果能够还清债务，那么，我就会再一次萌生实现很久前的心愿的希望。我在俄罗斯看到，他们已经把我长期以来所怀有的梦想变成了现实，我为我没能做到而感到痛苦，但是如果让我放弃犁铧，那就会是羞耻之举。在少年时代我就曾经有过一个人生目标，尽管在斯里尼克坦和圣蒂尼克坦没有完全实现，但是我还是大大地拓宽了实践之路。长期以来我也对自己的佃农怀有哀痛之感。我在临死之前是否还能去开辟那方面的道路呢？

　　我的年龄已超过70岁。30年来我进行过的艰苦奋斗，已成为遥远的过去，而今天我突然觉得，基础会打牢的。我从来都没有作过画，

安静下来的花

倦花世界

无穷的色彩

忽略花后面的紫色

就连做梦也不相信我会画画。突然两三年间匆匆画起画来了，而且这里的绘画大师们竟然为之喝彩，毫无疑问，画会卖掉的。这意味着什么呢？人生之书的所有章节都已经结束的时候，我的生命之神运用史无前例的手段唤醒了我增补创作的基因。我的 *Religion of Man*（《人的宗教》）也属于这种增补的一部分。我在生活中已经开始做的事情，都应该全部做好。

在增补的这最后一部分中，我们应该脱掉富人的穿戴，否则我的汗颜就不会消失。由于我那位命运之神的惊人安排，从现在开始直到生命结束，我将依靠自己的努力去谋生。我要带着画笔和画纸离开这个国家回去，尔后我就有了依靠，我的绘画就不会毫无意义。国内的人们并没有给予我一些特别的赞誉，好嘛。我倒是忍受了很多的责备，这也好。长出了一口气，我觉得痛苦之路如今一定会通向成功之巅峰。在自己国家有很多希望，我都丧失了，朋友们也步步反对，但是这倒没有什么害处；相反，他们若支持，我倒会无法忍受。

爸爸

1930 年 10 月 24 日（？）

64. 我要写作，我要阅读，我要画画

亲爱的孩子：

儿媳妇，今天夜里有一个宴会 [1]，500 人聚在一起欢迎我。谁都不会理解，这对我来说是何等令人烦恼的事啊。在炫耀荣誉的场面中有很多调味品，这种东西只是为了增加荣誉的分量，可是其中的负荷太重，让我难以忍受。在这个国家有一种可怕的陶醉习惯，那就是喜欢

---

[1] 一个宴会：是指在纽约的比尔特摩宾馆举行的宴会。

夸大一切事物的体量，不论谁想什么事情，总是带着无节制的夸大心结，可以称其为宣传，在这种宣传中只是一味地提高声调、夸大事实，还会大声地说"请看着我"，数千人就这样高喊着。嘿，我为什么也置身其中呢？我难道犯了罪吗？是因为国际大学的缘故吗？如果我能够用赎罪与之告别，那我就得救了。每走一步我都觉得，我把真实变成了虚假，这种虚假的负荷是多么可怕呀！我白天黑夜都在想，何时能让自己简朴地生活，抛弃一切豪华服装、家具摆设，轻松地、静静地安坐。我要写作，我要阅读，我要画画，上午、下午我要在用碎石铺成小径的花园里散步，然后坐靠在窗边一把安乐椅上，我的五彩梦想就会与广阔天宇中的彩云交汇在一起，等等，还有多少这样的梦想啊！罗宾德罗纳特·泰戈尔是伟大的先知者、哲学家——这种毫无意义的废话，还不可能完全消失，而且还会从国内外寄来信件，还会有成群结队的访问者来见我，还要我回答各种各样的问题，不过这期间能够找到一个空闲的地方就好了，在那里我要开设一间画室，参观者中蒂蓓若有时间，也可以来，我觉得可以给她讲老虎的故事，使她开心，再也没有别的了，我要换个故事，好在她不会向我提出有关哲学方面的要求。27 日我要乘坐"布雷门号"轮船从这里逃走。在这之前我还要去一次加拿大。我尽力争取乘坐日本轮船离开欧洲。

爸爸

1930 年 11 月 25 日

公园大街 1172 号

请把奥米达 [1] 的这封信寄给她。

---

[1] 奥米达（1910—1992）：专唱泰戈尔歌曲的女歌手，奥吉特库马尔·丘克罗波尔迪的女儿，诗人泰戈尔大哥的孙子奥金德罗纳特·泰戈尔（1907—1982）的妻子。

65. 我不怕炎热，就是怕蚊子

亲爱的孩子：

儿媳妇，我喜欢小村庄，但是我更喜欢自己的这个小角落。在自己亲手建造的世界里居住，一直是我的习惯，为此我还没能得到完全满意的机会，所以最近一两天我就感到烦躁不安，我并不是不喜欢有尊严的细心照顾扶持，但是这样就会多占用空间，思想就有负担。所以我就心急火燎地想回到圣蒂尼克坦，明天我要去赶下午 4 点钟的火车。我不认为很需要普罗达波[1]在身边，有波诺马利和我在一起，再加上莫巴罗克，就不会感到我的生活中缺少什么。普罗达波不在你们那里，你们就会感到困难，把他留在这里，我高兴并且也放心。如果你们想让他回去，我就打发他回去，你们当然知道，我不会在花钱方面有困难的。我不怕炎热，就是怕蚊子，我会试用各种办法战胜它们，我会看到，其结果就是，可能是为世界做出的一件好事。奥穆洛先生[2]来了——带灯光的电扇开始用了，钱款我付清了。我请他解决我们的供水问题，他说他很快就去做。不论你们在大吉岭能住多少时日，在 10 月能回来就好。告诉蔀蓓，自从她走了之后，我就再也接触不到鲜花了，所以我就孤独一身了。现在除了波诺马利，我就再也没有庇护者了。

爸爸

1931 年 4 月 3 日

焦拉桑科

---

[1] 普罗达波：泰戈尔家族的地产管理人员普罗达波琼德罗·多拉巴特罗。
[2] 奥穆洛先生：指工程师奥穆洛琼德罗·比沙什。在一家美国公司在圣蒂尼克坦打管井的工作失败后，他首先在打管井的工程中获得成功，所以诗人泰戈尔将这套供水系统命名为"奥穆洛之泉"。

66. 山上的饮水不适合罗廷饮用

亲爱的孩子：

昨天是拜沙克月初一，孟加拉历元旦节。没有太多的人从外边回来，静修院里的所有人都聚在一起，欢度元旦节。你们走了之后，最初这几天照例有点儿冷，还下了一场雨，然后又热起来，不过，我不觉得苦闷心烦。鲜花一直在盛开，有茉莉花、蒐戈尔花、金色花，芬芳的鲜花，千姿百态。

尼杜走了 [1]。布丽和她的朋友们一起尽情玩乐起来。高垣 [2] 他们非常悲伤。但是户木赞 [3] 无论如何都不愿意承认失败。今天晚上她要在北寓所西边的庭院里举办饮茶节。

为治疗肠胃气胀，你给罗廷捎去 30 袋石松粉吧。我相信，山上的饮水不适合罗廷饮用。

爸爸

1931 年 4 月 15 日

---

[1] 尼杜走了：指诗人泰戈尔唯一的外孙子、米拉的儿子尼丁德罗纳特·贡戈巴泰（1911—1932）去德国留学了。

[2] 高垣：高垣中条（Nakujo Takagaki），从日本请来的柔道教练。

[3] 户木赞：日本女大学生。

蓓蓓的他[1]还完全没有目标。大概，她去大吉岭了。在这里她的那只小狗一直在四处转悠找她，夜里它就睡在我的床下。

67. 在你们菜地的一个角落里，打一眼水井

亲爱的孩子：

儿媳妇，我的体温没有增高，就像一个传闻中所说的那样，如果你听说了这传闻是怎么开始的，你就会明白此事的重要性。一天晚上使用体温计测了一下体温，最高达到 98.56 华氏度。在毫无缘故又不激动的情况下，一些人就认定说，我这是在发烧。从此之后，我一出现在人群中，我的身体就感到不舒服，可是身体的状况完全像正常人一样。当然，在拜沙克月，夏季的所有征兆都表现出来，应该承认这一点。中午的时候就感受到应该呈现出的那种炎热，你那些栀子类的植物都显得无精打采。鸟雀都张着嘴四处转悠寻找水喝。蔚蓝色天空中漂游着一朵朵薄雾。每天我都期盼，在西北方向会出现携带水气的雨云，可是地平线却完全像庙堂一样亮堂堂，无论如何，都不比所担心的情况更糟糕。

我与夏斯特里先生对有关奴笃[2]他们的事情进行了交谈。他没有一点儿不高兴的表现。他说，他要写信给普罗摩特纳特·多尔科普松[3]，商量如何组织表演的问题。回信发来之后，我们在讨论由谁去完成这项工作。要在假期完成这项工作，此事现在已经决定，我不担心会有什么障碍。

在你们的菜地一个角落里，开始打一眼水井。这也是我在 70 岁

---

[1] 蓓蓓的他：1937 年诗人泰戈尔创作的故事书《他》的主人公。

[2] 奴笃：罗玛·马宗达（1903—1935）的爱称，著名歌手，松多什琼德罗·马宗达的妹妹，著名画家苏棱德罗纳特·科尔（1892—1970）的妻子。

[3] 普罗摩特纳特·多尔科普松（1856-1944）：印度著名学者，曾在梵语学院和加尔各答大学任教，瓦拉纳西大学东方学系主任。

的年纪所做的一个奉献。

爸爸

1931 年拜沙克月 15 日

圣蒂尼克坦

高起斋

迪奴他们邀请户木赞去大吉岭，这里天气炎热，对她来说是难以忍受的，可是在我过生日之前，她无论如何都不同意离开，不过后来她还是去了，但是不太开心，当然她是位好姑娘。

68. 有一枚戒指，我送给你 [1]

亲爱的孩子：

昨天的活动组织得很好。你肯定认为，我指的是关于奴笃结婚的事。可是如果将自己的生日活动放在那件事之前，那么，我希望，你也不要认为这是傲慢之举。大家聚在一起都很开心。这样的活动在加尔各答是绝对不可能举办的。

从头至尾详细地描述奴笃的婚礼，你肯定在某一位女作者的信中看到了。一切障碍都已经清除，婚事办得很圆满。这件事在青少年中激起了强烈的反响。穆库尔也希望走苏棱之路，戈拉 [2] 也是。

如果你们在场，大家也会高兴的，但是这种连续不停的加倍忙碌，罗廷肯定受不了。不过在静修院，迪奴有比较多的崇拜者和热心的朋

---

[1] 1931 年拜沙克月 25 日是诗人泰戈尔的生日，就在这一天苏棱德罗纳特与奴笃（罗玛·马宗达）举行婚礼。《俄罗斯书简》于这一天出版，诗人将此书献给新郎苏棱德罗纳特·科尔。看来，庆祝诗人生日的活动是在拜沙克月 22 日举行的，因为这封信开始写到"昨天的活动组织得很好"，信末尾的日期是拜沙克月 23 日。

[2] 戈拉：高罗戈巴尔·高士（1893—1940）的爱称，圣蒂尼克坦国际大学的学生，后来成为该大学的杰出工作人员。

友，他们肯定都决定留下来。就像昨天整个白天那样，迪奴从来都不会无情地远远地离开大家。后来他们听说，迪奴的仁爱之心起了作用，只是由于迪奴夫人的严格管束，他们的理想才没有实现，但他们在心里还是得到了安慰。不过，白天在这里挺舒服，一点儿也不热，甚至有时因为寒冷来袭，还要关闭房门，身上添加衣服。人们赠送了很多礼物，其中大多数都应该收入你的库房。有一枚戒指，我送给你。有了它，选婿的工具就漂亮了。普罗山多他们都来了。我写了数千封信而且每天向两万或两万五千人发表了讲话——看来，明年生日的那一天在今年都已经过完了。

爸爸

1931 年拜沙克月 23 日 [1]

69. 我正在整理服装，拂去上面的灰尘

亲爱的孩子：

　　儿媳妇，我很想离开波斯，可是波斯挥之不去。你一直不顾一切地说，如果身体虚弱，一定要请一位好医生来陪伴，可以支付给他劳务费。

　　星期二，也就是后天夜里，我要离开波尔陀曼。随我同行的有苏鲁尔的医生，还有提棱 [2] 代替奥米耶。奥米耶现在已经动身前往布里。不过他不能照顾我了，这不是由于他身体的原因，而是由于他不喜欢带领阿里亚姆。除了其他各种原因，还有一个原因，那就是他不想由于他那不为人知的秉性再给我造成更大损失。提棱既聪明又机灵，就

---

[1]　可能这里有误，应该是拜沙克月 26 日，因为诗人的生日是拜沙克月 25 日。

[2]　提棱：指提棱德罗莫洪·森（Dheerendramohan Sen,1902—1987），国际大学的学生，后成为教育家。

这样，一切都安排得井井有条。在寄给蒂蓓的信里，我写了一篇短篇小说的前言，还画了主人公和巴拉拉姆的画像。如果她还有一点儿热情，是可以发表小说的，不过这么多天来，这篇小说的创作就该前进很多了。

你们肯定都很好，你们能住多久就住多久，雨季刚开始，不要急着回来。在这里今年多阴雨，比较阴冷，长满树木的田野河边现在是一片葱绿。

我正在整理服装，拂去上面的灰尘。

奴笃的婚姻眼看着变得陈旧了，戈拉现在还没有结婚，他不喜欢吧，他正在打基础，你们肯定会看到最终结局的。

在杰斯塔月的全部工作中，已经看到，法尔衮月创作的《自由的瀑布》已经发表了——雨季的自由瀑布也在法尔衮月出现了一次，尔后长时间干旱无雨。

爸爸

1338 年（孟加拉历）杰斯塔月初三

1931 年 5 月 17 日

70. 蝴蝶的双翅用力扇动着，且看事态如何发展

亲爱的孩子：

儿媳妇，尼洛罗东先生[1]的意见是这样的：对我来说，在体温还没有恢复到正常之前去大吉岭是不好的，现在是在 97 华氏度至 99 华氏度之间短时间上下浮动，病情逐渐进入轻微状态，大吉岭已经出现了连雨天，这不利于我的身体健康。后来你们发来信息说，要为我租

---

[1] 尼洛罗东先生：那时候的一位有名的医生尼洛罗东·绍尔加尔（1861—1943）。

一栋单独的房子，从此我前往大吉岭的热情就消失了。看来，你们已经租到房子，对我来说期待这种令人不安的结果，就是毫无意义地糟蹋钱财，在我们处于当前这种艰难的岁月里时，这样做我是无法忍受的。今天我就去加尔各答，登上焦拉桑科的楼房屋顶晒台，那里有医生，有益于健康，有鸟类，有波杜拉尔[1]，在屋顶晒台上可以漫步，可以走动。

戈拉很激动，据说，不太可能会成为他媳妇的兄弟昨天来了。只派一辆出租车去了车站。戈宾多忙得筋疲力尽，搅得亲人们都不能睡觉。昨天7点钟车子就徒劳地开出去了，11点钟的火车上也没有见到任何人，戈宾多睡在门廊里的一张普通床板上，度过了一夜。有时他对大家大声说："我是无忧无虑的。"随后他又建议说，在房间里有衣橱，一些家具必须放在那里保存。在这一方面，我们在想，经过漫长的十年岁月，就这样，一种不可抗拒的原因可能会突然出现，姑娘的监护人对此再也没有耐心等待了。另一方面，戈拉对他的朋友们说，那位姑娘某一天只是短时间瞧看他一眼，而这十年以来，他利用残酷独身的誓言一直注视着波尔普尔的方向，这样就让姑娘感到很失望，这是他自己的最大罪过。他的朋友们对他说："当然，你的命运不错，否则，一朵硕大的荷花怎么会出现在你的命运中呢！"在这一方面，拉妮[2]的自尊心受到了比较沉重的打击，因为戈拉进行了七年的苦修，而姑娘苦修了十年，除此之外，她的全部注意力都放在自己熟悉的未婚夫的脸上，只用虚空的目光瞧看一下陌生的对象。现如今蝴蝶的两只翅膀就这样用力扇动着，徐徐瞧看事态会如何发展。这种情况是可以理解的，在静修院的环境中就产生了一种影响，甚至心里就会产生对来世的担忧，于是就开始出现被称为战争中的受害者的情况。今天

---

[1] 波杜拉尔：泰戈尔家的仆人。
[2] 拉妮：指戈拉的对象。

就写到此为止。

爸爸

1931 年杰斯塔月

71. 你身体不好，我很着急 [1]

亲爱的孩子：

　　儿媳妇，听说你身体不好，我很着急。在科尔多赫恒河的那种气候环境中，你怎么样？写信来说说。现在我明白了，若去了大吉岭，对你是不利的。这里几天来非常炎热，早晨有一点儿凉风，随后整天和初夜都很炎热，空气渐渐变得干燥了，冬季将会降临。迪奴去了加尔各答。苏赫里特今天也要带着蔀蓓走。如果你觉得需要护理照料，那我就派海蒙蒂去科尔多赫。你在那里一个人很孤单，会觉得很不方便。静修院空虚了，不过客人也不少。各种各样的人利用假期都来这里访问，苏康多忙得很。我还要对你说说吃药的事，一切你都是晓得的。Kali Phos 3x（卡莉磷盐酸）要经常服用，奥米娅已经获益。你还要注意喝些葫芦汁。

爸爸

1931 年 10 月

---

[1]　从这封信的内容来看，这封信写于 1931 年 10 月 12 日至 16 日。这一年普罗蒂玛一次又一次地生病，因此，1931 年 5 月暑假期间，诗人泰戈尔带领儿子和儿媳妇去大吉岭度假。这一年的秋季大祭节是 10 月 12 日。大祭节开始的前几天罗廷带着女儿蔀蓓前往大吉岭。可能由于身体不好，又加上天气特别炎热，普罗蒂玛到了那里后就病倒了，所以这一次她一个人住在科尔多赫恒河岸边的租来的那栋房子里。

72. 我写了一篇很短的短篇小说，想赚点钱啊

亲爱的孩子：

儿媳妇，我翻看了一本医学书中的哮喘病一章，看到了其中一段叙述，你应该记在心里。书中写道，应该避免接触家养的动物，看来，为了健康你应该打扮成猴子的形象。除此之外，还有要讨论的很多问题。如果有打字员，就复制下来寄给你。到了那里之后，看来，你又开始与小狗特迪熟悉起来。在这里布丽饲养了一只雌松鼠，她白天、夜里都在布丽纱丽襟里跳来跳去，一点儿也不怕人，看着它，就觉得很可爱。

这几天来，这里开始变得凉爽了。扇子现在用不着了。太阳光呈现出金子般的浅黄色，和风习习，赛法莉花缀满枝头。整个静修院空荡荡的，不过，在外面，一群一群来休假的人络绎不绝。

圣雄先生给蒜蓓写了一张明信片，我随信一同寄给你。她在那里怎么样，她好吗？因为没有更多散步漫游的地方，看来，她会感到有些无聊的。

我写了一篇很短的短篇小说，是想赚点钱啊。当然，一听到此话，你一定会想起《纠缠》的。动手再写如此长篇幅的作品，我已没有勇气和时间了。我既然接受了一份工作，现在就应该尽到职责，撰写讲演稿之事再拖延下去是不行的，可是我不喜欢做这种事情。现在我心里又萌生出童年时代因为逃学之事而烦躁不安的那种情绪。

我这个助理医生的名声在逐渐扩大，我有很多患者，现在一个也没有死亡。

听说你们身体都好，我就放心了。1339 年杜尔伽女神圣浴节。

爸爸

1932 年 10 月（？）

73.《摆脱诅咒》怎么摆脱诅咒呢？

儿媳妇：

《新颖》获得如此好的演出效果，我听说后很高兴，对于《摆脱诅咒》我有些担心。谁会阅读呢？大海吗？那样的话，怎么摆脱诅咒呢？不，不要再纠缠此事了。因为天堂都出现了不和谐之音，所以才会有诅咒，你们如果在人世间赞美此事，那就不能获得解脱。在这里有各种工作，所以我无法脱身！我不喜欢《达利亚》这篇小说。《虚幻的游戏》第一天演出时出现了很多缺点，第二天就没有缺点了，人们也喜欢了。你们那一次组织得不是特别好。我在加尔各答现在陷入各种网络中，无法摆脱出来。有承诺，下周星期二我要返回，是否确定无疑，很难说。下个星期天是拉妮和普罗山多结婚的吉祥日子，要办得热闹一些。你要关心照顾奥斯多 [1] 家里的事情。我要去圣蒂尼克坦的决心坚定不移，在这里谁会关心照顾我呢？在这里倒有一个方便之处就是，罗廷使用一种药粉驱赶蚊子，这种方法真的可以防止蚊子叮咬。在博拉纳戈尔，傍晚时我在蚊子稠密的环境中试验过，一个蚊子也没有来叮咬吸血，都被药味熏跑了。昨天拉奴 [2] 他们来了，他们也都感到惊讶。蓓蓓有什么消息吗？

爸爸

1933 年 3 月

孟加拉邦，圣蒂尼克坦

---

[1] 奥斯多：奥斯多库马尔·哈尔达尔（1890—1964），著名画家，诗人泰戈尔三姐绍罗特库玛丽（1854—1920）的外孙子，即她的女儿苏普罗葩（1870—1923）的三子。

[2] 拉奴：弗妮普松·奥提迦里四个女儿之一，后来嫁给艺术家比梭·穆卡吉先生。

74. 大家都不让我们走，我的心里一直在挂念她们 [1]

亲爱的孩子：

儿媳妇，因为你特别担心我才走出来，然后来到这里，日夜操劳，一刻也得不到休息。到现在为止从演出中已收获 14000 卢比，我们还会有些收益。然后仍然还需要进行乞讨，基绍里 [2] 和迦利莫洪 [3] 都和我在一起。

首先演出了《摆脱诅咒》，很多人前来观看，这里的报纸发表了如此热烈的赞美文章，这在我们国家是空前的。此后的第三天演出了《纸牌王国》。体温计上我的体温正常，精神有些抑郁。早晨一起来，就听到了为新舞蹈伴舞的歌曲，《纸牌王国》完全被提升到一个新的高度。令人惊奇的是，姑娘们很快就背会了台词，一点也没有耽误。她们将《羞怯的困惑》这首歌作为伴舞的歌曲来演唱，这是一种创新的尝试，观众多次要求再唱这首歌曲。布丽的表演让大家感到惊奇。明天还要再次演出《摆脱诅咒》，但是新修改过的《纸牌王国》比《摆脱诅咒》更好。因为它将浪漫主义和现实主义巧妙地融合在一起了。

蓓蕾与她的父亲和姐姐们会见后，抵触情绪完全消逝了，很好啊。蓓蕾的姐姐们（她们并不是躁狂症患者）看上去个个都出奇地美丽。

我们已经离开了阿迈达巴德，大家都不让我们走。哈蒂·辛赫女士 [4] 没有来观看。我听说，她抱怨我们没有邀请她。她要求从我们这里得到的一切需求都得到了满足，现在也不再需要善良恩典了。

---

[1] 1933 年 11 月最后一周诗人泰戈尔在孟买，这封信就是此时写的。11 月 25 日演出了《摆脱诅咒》，28 日演出了《纸牌王国》。

[2] 基绍里：基绍里莫洪·桑多拉（？—1940），自 1932 年 4 月来国际大学担任助理秘书，后来长期在图书出版部工作，负责泰戈尔作品的出版事宜。

[3] 迦利莫洪：迦利莫洪·高士（1882—1940），圣蒂尼克坦静修学校的教师，后来成为斯里尼克坦农村振兴机构的一个部门的负责人，其子山迪代博·高士成为演唱泰戈尔歌曲的著名歌手。

[4] 哈蒂·辛赫女士（1903—1978）：曾经在国际大学就读的女生，诗人泰戈尔的侄孙媳妇，即绍乌门德罗纳特（1901—1974）的妻子，而绍乌门德罗纳特是诗人泰戈尔大哥的孙子，是苏廷德罗纳特的次子，他还是泰戈尔家族中唯一的共产党人。

她们离我居住的地方很遥远，因此我的心里一直在挂念她们，没有办法。很多无所事事的闲人给我们的剧团增加了负担，也增加了花销，没有良策啊。盖世英雄为何还不降临啊？阿卢[1]比所有人都忙碌，所做的事情最多，他在考虑所有的出路，夜里都睡不着。

儿媳妇，玛克月这一次你肯定要准备乘船前往什莱多赫，我很担心你的身体。

爸爸

1933 年 11 月 27 日（？）

75. 说实话，我喜欢住在这里

亲爱的孩子：

儿媳妇，我离开后，你们那里的天空是晴朗的，而这里的天空却浓云密布，大雨倾盆。这里如此大的暴雨一整年内都不曾有过，曾经干枯的农田几天内又充满了生机，农民们将获得大丰收。说实话，我喜欢住在这里。我承认噶伦堡的壮美，但是有关这里的甜美温馨、我和蓓蕾小姐的感受是一样的。

一群女生来了，可是你不在，把她们托付给谁照顾呢？布丽了解她们的性格特点，因此想让她承担管理女生们的责任，可她很不情愿。苏棱是个羞怯的人，他想尽可能地远离姑娘们。

---

[1] 阿卢：绍奇达侬德·拉伊的爱称，又称"高尔阿卢"，静修院学校的教授，久格达侬德·拉伊（1869—1933）的堂侄。

普罗蒂玛[1]从海得拉巴德来了，她住在你三层楼的一个房间里，我无言以对。饮食习惯和以前一样。诗歌稿复制了？

爸爸

1934 年 10 月 10 日

孟加拉邦，圣蒂尼克坦

北寓所

76. 有两天时间，我想去看看你就离开 [2]

亲爱的孩子：

儿媳，我总是为你担心，从你那里和从圣蒂尼克坦得不到你的任何消息。直到今天你一直住在布里城里呢，还是住在布里的什么地方，我一点儿也不知道。我希望，我寄往奥米耶母亲处的这封信，你能够收到。

我们暂住这里的时间今天就结束了。这一次的小住比起所有任何一次都更加完美，但是这里的人们都显得冷漠无情。如果说我获得了相当多的鼓舞，那是夸大其词。

自从来到这里之后，都是阴雨连绵的讨厌天气，从昨天起天空放晴了，因此昨天来的人很多，不少人都只能站着观看演出。遗憾的是，六七成的人都没有戴斗笠，这也是最好的估计。若是观众场地能大一点儿，那么，缺少观众的场面就会显得很刺眼。

4 日我们将抵达瓦尔特亚尔。我将住在碧贾亚纳格拉姆女皇自己的宫院里。姑娘们住在公寓里。男生们住在何处，我不知道。我们在

---

[1]　普罗蒂玛：普罗蒂玛·贡戈巴泰，是诗人小女儿米拉丈夫的兄弟媳妇。

[2]　这封信是在马德拉斯南部的阿迪亚尔写的。10 月 26 日俺德拉尔带领国际大学美术学院的学生们在这里举行了绘画艺术展览，然后在 27 、28 、30 和 31 日 4 天演出了歌舞剧《摆脱诅咒》。

那里的工作 6 日结束。

然后有两天时间我想去看看你。但是我怕你陪着我会很忙碌，或者没有地方住，就没有下决心定下来。我想只是去看看你就离开。如果在瓦尔特亚尔能收到你的信，那无论如何，我都会做出决定的。蔀蔀这期间遭受了一点儿消化不良的病痛折磨，节食措施已经取消。

阿莎 [1] 的孩子，我看到了，因为是在预产期之前出生的，所以他很小。他们在阿迪亚尔租了一栋房子。你好吗？我希望能收到你来瓦尔特亚尔的消息。

爸爸

1934 年 10 月 31 日

77. 望着那个花园，花草树木都让我赏心悦目 [2]

儿媳妇：

你们这一次路途劳顿已经结束，至少结束了乘坐火车的劳累 [3]，我还是为你们遭受尘土和极端炎热的煎熬而忧心忡忡，尽管如此，这一切都已结束，想到你们已经坐上轮船，我就安心了。我知道，现在大海平静，有提棱在，他会关照你们的。从罗廷的信里你已经得知，日本建议我们的巴拉甘 [4] 说唱艺术团去日本进行演出，对此你有什么

---

[1] 阿莎：弗尼普松·奥提加里的四个女儿之一，她另外三个女儿是拉奴、珊蒂、婆克蒂。阿莎是国际大学的中学教师。她与阿里亚姆结婚，他们夫妻于1933年离开了圣蒂尼克坦。
[2] 这封信和下一封信（第78封）所提到的诗人泰戈尔计划让罗廷德罗纳特和普罗蒂玛去往日本旅游的计划，后来并没有实现。
[3] 1935 年 3 月初普罗蒂玛、罗廷德罗纳特等人动身前往英国。这一次旅游的最初目的是为实施斯里克坦的开发计划去会见埃尔姆赫斯特·雷纳德。罗廷德罗纳特和普罗蒂玛后来从英国去了法国巴黎的安德蕾·卡罗佩雷斯（参见第49封信注释1）处。
[4] 巴拉甘：孟加拉人的一种传统的民间艺术，以讲述传说故事为主，辅助以歌唱。

想法，告诉我。这一次是你自己活动，现在一切都在你掌控范围之内，让罗廷一个人动身前往外国，我们对他是不放心的。我已经告诉过他，在印度，从8月到10月中旬是令人讨厌的时间，这个时间在日本你们会感到舒服的。他们也会像锡兰的朋友们那样，安排你们游遍全岛[1]——游遍全国对现代孟加拉女人来说，是能够做到的。除此之外，在日本你要看的东西很多，这样有尊严地轻松地在那里免费漫游参观，在你们今后的生命中也不会再有了，此事就不说了。你准备把我托付给何人照顾呢？在你要委托的那些人中间不要包括秘书啊。上午邮局送来了信件，我的心神烦躁起来。我已经到了诸事需要依靠别人的年纪，有甘古利[2]在，他一直都在关心和照看我，根本不会出差错。我吃饭的时候蓓蓓都会来到我身边，她看到我吃得很少，便显露出痛苦的表情。苏侬达[3]手握扇子在为我驱赶苍蝇。

在你的那间客厅里，搬来了一个大写字台，我就坐在写字台的旁边读书写作。作画的用品堆满那个房间，直到现在我还没有开始作画。我望着前面你的那个花园，花草树木都让我赏心悦目。

今天开始为奥尼洛搬运家具了，甘古利承担了重任。此后我高兴人们拆毁那座茅草屋，我的土坯房已开始加盖砖瓦顶。依德拉尔他们每天都来一次，伫立在泥土房前沉思[4]。从现在起我就得到了例证，他的这种行动是很值得敬佩的。

你就对安德蕾说，我期望你们在充分地享受他的挚爱——我只能

---

[1] 游遍全岛：这里所指的是1934年普罗蒂玛、蓓蓓、米拉、奥米耶·丘克罗波尔迪携妻子，陪同诗人泰戈尔访问锡兰。

[2] 甘古利：普罗摩特拉尔·甘古利，圣蒂尼克坦国际大学当时的客舍管理员。

[3] 苏侬达：诗人泰戈尔的小舅子诺根乔罗纳特·拉伊乔杜里的女儿。

[4] 1935年在北寓所已建成的泥土房"墨绿斋"正面墙上所做的雕塑图像，是依德拉尔和他的学生苏棱德罗纳特·科尔、拉姆金科尔·贝久等艺术家的创造，设计出自苏棱德罗纳特之手。

在远处默默地羡慕你们。我不期待某一天在我的命运中也会出现这种好运气，时光在流逝啊。

爸爸
1935 年 3 月 28 日

78. 你们不在，我一个人住新房不太好吧

亲爱的孩子：

儿媳，今天是拜沙克月初一，庙堂里的活动一结束，我就回来了，于是就收到了你们的来信。若不是来信，而是你们回来，我会更高兴的。得知海上气候对你们有益处的消息，我心里挺高兴。我觉得，你在那个国家住些日子，如果你康复后再回来，那就会更好。这里的帕德拉月、阿什温月两个月过去后，如果你在 10 月中旬回来，那我就会放心的。罗廷也应该这样做。但是罗廷有工作，他不能待很多天，若他要去日本，还是有困难的。不管怎么说，日本对健康是有好处的。可是 9 月我们就要开始在那里工作，这就是说，8 月要出发，海上会刮起季风。当然，那个方向季风的影响不会很强烈，不过，无论如何，这都是应该全面考虑的事情。在这里我的土坯房（墨绿斋）大概就完全建好了。我本希望在我生日那天可以住进去的。可是你们不在，我一个人住进新房，不太好吧。没有办法。迄今为止，闷热也没有减少太多，中午的时候就吹来干燥的热风，但是夜里照常凉爽下来。可能现在我哪里也去不了了。如果实在忍受不了，那我就到梅特蕾伊那里去避暑，她在恳请我去。拉妮夫妇大概要去西姆拉附近的山区陀罗姆普尔，普罗山多劝我一同去，可是在炎热的时候我不喜欢乘坐火车长途奔波。最有可能的是，我留在我的墨绿斋里是最终的结局，调整好这件事是需要时间的，我住在高起斋，你的闺房变成我的卧室——在旁边的一个大房间

里放置了一个写字台，我就坐在那里写作。甘古利在细心地照顾我，身体大体上还好。

爸爸

1935 年拜沙克月初

孟加拉邦，圣蒂尼克坦，国际大学

79. 最后我还是决定去船上避暑

亲爱的孩子：

考虑来考虑去，这一年你们还是去了英国，因此你们的运气是很好的。长时间没有下雨了，风都是干燥的，燥热逐渐加重，时不时地刮起狂风，尘土飞扬，云彩也只是出现在东部和西部天空，没有雨水，苫盖屋顶的稻草都被狂风吹走了，大街两旁的树木被刮倒。长期以来我对于燥热都是藐视的，这一次我的傲慢却扛不住了。我该去哪里，去哪里呢？我的心灵不安起来，想来想去，最后我还是决定去船上避暑。有阅历的一些人指出，可能会遇到各种各样的可怕情况，我却不认输。船停靠在乌多拉村边，从那里我首先去了斯里拉姆普尔，来到库舒人房子附近的码头，这个地方是不适宜居住的。最后，我来到佛拉斯河岸边。第一天我就住在斜街对面，成群结队的人开始前往那里，从那里我把船开出来，现在我所在的位置前面，就是那栋二层的楼房，从前我和我的久迪林哥哥 [1] 在那里度过了很长时间。这栋楼房处于年久失修的状态。在它的旁边有一栋一层的房屋，如今在这栋房子里住着米特罗小姐。这一次你们在圣蒂尼克坦见过她，布丽认识她，因为

---

[1] 久迪林哥哥：久迪林德罗纳特（1849—1925），诗人泰戈尔的五哥，文学家、乐器演奏家、作曲家。

她是这里一个人的远房婶子。再过几天她就要动身走的，到时我就把这栋房子租下来，我想在 6 月就可以住进去，租金 60 卢比。大概，你们的舅舅就不会再为此事而特别担心了。住在船上感觉不错，水上面的凉风习习吹拂，大大地降低了热度。迄今为止，人们讨厌的心态还不强烈。代雷尼村的地主般鲁杰借给我一张石质桌子，我就借助这张桌子给你写信。住在这艘船上，睡觉、坐卧、吃喝、做事等所需要的一切设施都已备齐，只是写作所需要的东西被忽视了。那张桌子霸占了起居舱室的中间位置，萨拉斯瓦蒂女神的莲花玉足要从很低的位置迈步走到下一页，对于挥笔书写有点不方便。有关文学方面值得提及的信息就是，对于《四章》，绍乌摩·泰戈尔用很深沉的语调提出了严厉的批评；苏泊·泰戈尔[1] 写道，这部作品是我从一个名叫琼德雷绍拉浓德的大师的作品中抄袭来的。外部的人们中有人说很好，有人说很坏。这期间，这本书销售得很快。我在生活中听到过很多真实或虚假的各种谴责，但是说我抄袭别人的作品——这样的消息，即使很著名的谴责者也没有书写过。

爸爸

1935 年 5 月 24 日（？）

80. 小心翼翼地吃些你菜园里生产的蒸芋头

亲爱的孩子：

儿媳，我对你没有什么可以抱怨的。抱怨的事由极大地减少了。凌晨 3 点起床后，我洗澡，在头上和身上涂抹一些芥末油。天亮的时

---

[1]　苏泊·泰戈尔：苏泊根德罗纳特·泰戈尔（1912—1985），画家、作家、艺术品收藏家；他是诗人泰戈尔的侄孙子，即他三哥海门德罗纳特（1844—1884）的孙子，梨登德罗纳特（1870—？）的儿子。

候早茶送来了，我喝了一大杯加糖的牛奶、一小杯中国茶和两片面包，苏塔康多和秘书也坐在餐桌旁，为他们准备了面包和苏侬达公司生产的甜食点心——这种食品大多是为招待我的客人准备的，平时我是看不到的——当然，早晨他们都不太饿。上午10点半是我吃早饭的时间，吃的完全是纯净的熟食——大米粥、炖土豆、炖洋芋，有时我还小心翼翼地吃些你菜园里生产的蒸芋头。同时喝半升脱脂乳。3点我喝一些果园里产的苹果汁和葡萄汁。6点吃两片粗面粉烤制的面包、炖土豆、一杯掺一些果汁的牛奶。送来多出来的食品就用于祭奠天神的祭品，因为有天神的恩典才有食物供他人享用。

从迦尔迪克月开始天气就逐渐凉下来，昨天和前天彤云密布，不时地下起雨来，今天空气清新。担心四周会出现饥荒，但是燥热也还没有降临。我在围裤和上衣上加了一件长棉袍。

我期待着你什么时候回来，承担起照顾我的重担。

爸爸

1935 年 10 月 22 日

81. 今生此世我再也不能走得更远了

亲爱的孩子：

儿媳，从蒜蒜的明信片中获悉你们旅游的简略经历。无论如何，你们都超不过圣蒂尼克坦所发生的情况 [1]。在火车上你们一件首饰也没有被抢走，你的女助手并没有受到羞辱，也没有发生有趣的故事。

---

[1] 诗人的这句话有一个历史背景：普罗蒂玛带着蒜蒜前往布里。火车刚开出豪拉火车站不久，两个男人从火车窗户爬进来。这两个人拉动制动装置，让火车停了下来，就逃跑了。这期间的一个深夜，在圣蒂尼克坦，霍里达什的家里闯进了强盗，霍里达什的脚被打伤，强盗抢走了女人身上戴的首饰，还企图对主人的妻子施暴，听到呼叫声，人们赶过来，强盗逃走了。最后警察侦破证明，这伙强盗的头目竟然是巴苏代波·拉洛塔里。

阁楼屋顶

　　我们在这里，这消息在波拉诺戈尔传播开了，现在警察都在这里巡逻[1]，其中就有巴苏代波·拉洛塔里[2]，除了一些牛，强盗们的所有亲人现在都在警察派出所里。假期一开始就燥热起来，苏塔康多比所有人都喊叫得厉害，上午他来喝茶时我听到他亲口说，现在简直就像楞伽那场大火[3]那样炎热，当然也有喜悦。

　　那期间我萌生了一个愿望，我们要乘轮船逆流而上，直达巴克萨

---

[1]　1933 年 9 月，诗人泰戈尔住在波拉诺戈尔城普罗山多库马尔·莫赫兰比什的家里，9 月 20 日深夜发生一起盗窃未遂事件。尼尔莫洛库玛丽的呼叫声惊醒了诗人。听到诗人泰戈尔的声音，强盗们逃走了。

[2]　巴苏代波·拉洛塔里：静修院的卫士。

[3]　那场大火：指《罗摩衍那》的故事，神猴哈奴曼为救悉多来到楞伽岛，其尾巴被点燃，他拖着燃烧的尾巴在全岛乱窜，结果整个楞伽岛燃起了大火。

尔码头，幻想很好，可是没有足够的勇气去实现。如果登上轮船后坐下来，就没有担心了，可是对我来说，前面的准备工作是不可能轻松完成的，所以迈出了一步后，我又把脚收了回来。从墨绿斋到阳光房就是我旅行的界限。今生此世我再也不能走得更远了，以前走过的地方，只能默默地沉思回忆了，不知我还会度过多少时日。在如今的假期，除了甘古利的语声，这里的一切还算安静。有时看到一伙一伙的参观者，我就会萌生出下恒河里漂游的愿望。为了腾飞，就要扇动翅膀，如今我发现自己的翅膀已经破损。由于缺乏货源，你吃的黄油减少了，但是我提醒你记住，每天都要喝半杯脱脂乳。1342 年拉克什米女神降临的月圆日。

爸爸

1935 年 9 月 28 日

82. 心已经憋得喘不过气，于是我逃了回来

亲爱的孩子：

儿媳，在首都的压迫气氛中，我的心已经憋得喘不过气来，于是我逃了回来。

在这里呈现出一种秋天的景象，空气中已经有一点儿凉意，柔和的阳光呈现金黄色，四周的花草树木熠熠闪烁着光泽。

已经请来了熟练的技工对新房子进行装修，最后只得去高起斋安身。可能还需要 15 天这里的装修才能搞定。偌大的房屋空荡荡的，当从这里走出去的时候，每天傍晚在日落余晖的映照下，你的院子里就会响起脚镯声，现在我只是觉得"维那琴、手鼓、长笛都沉默无声"，我忘记了，我已完成难以实现的苦行修炼。我那伴着诗歌旋律的舞蹈修炼，在永恒青春靓丽的女神们中间任何一天都不会获得声誉的，因

此从现在起我向她们告别。那首歌的效果还在我的掌控之中，我猜测在这里是不乏情味的，在这一点上我可以贡献出一些欢乐。现在是假期，我总是为你的身体健康担心。我相信，现在天气会逐渐变得凉爽，如果在这期间你能在船上至少住个把月，那么，一定会对你身体健康有裨益的。

我已经决定乘船在波迪绍尔附近的帕德玛河上漂游几日，这艘船我很喜欢。

爸爸

1936 年阿什温月 13 日

83. 平静下来后你再做决定

亲爱的孩子：

儿媳，你要去布里，很好。在那里居住长久一点儿，身体康复后再回来。

我在这里很好。看来，冬天不要很久就会降临。《齐德拉》正在排练[1]，对其舞蹈部分进行评论对我来说很困难，有山迪[2]在，他会同样承担这项工作的。布丽现如今在加尔各答。她要看医生，所以就留下来，我不知道她怎么了。

《政治家报》对《报答》[3]进行长篇评论[4]，读了之后，我的心情平静了一些，我确信，基本上我没有什么缺点和错误，总体上感觉挺好。

---

[1] 《齐德拉》正在排练：1936 年初普罗蒂玛就曾经计划把诗剧《齐德拉》搬上舞台。此后诗人泰戈尔就将其改编成舞剧。3 月 1 日在新埃姆巴雅尔剧场进行首场演出，从那时起山迪代博·高士就参与这部剧的演出计划了。

[2] 山迪：山迪代博·高士（1910—1999），著名的泰戈尔歌曲歌唱家。

[3] 《报答》：是诗人泰戈尔根据自己的戏剧《夏玛》改写成的歌舞剧。

[4] 1936 年 10 月 14 日《政治家报》对《报答》的演出发表长篇赞美性的评论，《国际大学新闻》双月刊于 1936 年 11—12 月号上也刊载了评论。

在这里所有人都想观看《报答》的演出。布丽在放假前不会回来，所以她就留在那里了。1936年阿什温月29日。

爸爸

1936 年 10 月 15 日

84. 在你的大房子里再也听不到脚铃声了

儿媳，你已经获悉有关布丽身体的消息。你们当中谁的健康状况不好，总是会让我担心。我希望，你去了布里之后要多保重。《齐德拉》剧组前往孟买之行取消了——现在我完全休息。在你的大房子里再也听不到脚铃声了。如果你带着蔀蓓去就好了，她的行为渐渐走向难以容忍的方面。孩提时代她的朋友是秋戈鲁 [1]，现在是甘古利。为了使她摆脱这种不正常的状况 [2]，无论如何都应该送她去寄宿学校，否则，她会受苦的。对她来说，和同龄的女孩子接触交往是非常必要的。

爸爸

1936 年 10 月 17 日（？）

孟加拉邦，圣蒂尼克坦

北寓所

85. 我用茶水点心招待了 120 人

儿媳妇，你去布里后身体挺好，听到这个消息我很高兴。为了换换空气，明后两天我也要出去走一走。我要乘坐公共汽车沿着雷纳德

---

[1] 秋戈鲁：男仆人。
[2] 诗人泰戈尔这里指抱养的孙女蔀蓓不喜欢跟女孩子一起玩，总喜欢跟男仆人在一起。

大路[1]前往苏鲁尔，住在斯里尼克坦的二层楼房的房间里。在那里，四周是已成熟的水稻田，稻田地里呈现出一片绿色的海洋，比起布里附近的大海并不小。这栋二层楼房曾经在一个时期是属于我的。生活中我换过多少住所啊！新家里娴熟的工人正在装修，尘土飞扬，乒乒乓乓的噪声响个不停。

你要接受碧久娅的祝福，昨天静修院的人们过来请安。我用茶水点心招待了 120 人——最后三个人吃的东西少了点儿。

罗廷他们来了，米拉也来了，布丽很好。风中飘着一点儿凉意。波斯内克[2]小姐住在拉妮[3]的家里——四个女生现在还住在静修院里。法国的那个青年住在边缘的房子里。1343 年 11 月。

爸爸

1936 年 10 月 26 日

孟加拉邦，圣蒂尼克坦，国际大学

86. 人们总是喜欢攀登上去不肯下来

儿媳：

昨天我给你写了信，今天就像昨天一样收到你的来信，我就放心了。我近几天的情况是，我住进了苏鲁尔那栋楼房的三层，感觉很好，天空离我很近，什么地方都不会被阳光遮挡，人们总是喜欢攀登上去不肯下来。

从昨天起天空布满了乌云，淅淅沥沥下起雨来。阴雨天就这样高

---

[1] 雷纳德大路：以埃尔姆赫斯特·雷纳德的名字命名的一条路——从圣蒂尼克坦通向斯里尼克坦的道路。

[2] 波斯内克：1935 年来到圣蒂尼克坦，并且承担了早期的房舍建设的指导工作，1940 初离开圣蒂尼克坦。

[3] 拉妮：指尼尔莫洛库玛丽·莫赫兰比什。

傲地继续着，根本就不想尽快离去，这种天气若肯告别离去，那就好了。

我决定来到这里，是为了与苍天建立起友谊，所以我才住在斯里尼克坦大厦顶端最高层。这里的人们告诉我，准备安装一部舒适的电梯。

爸爸

1936 年 10 月 27 日

87. 这里不是月球

亲爱的孩子：

儿媳妇，我不明白，我这是来到了什么地方。昨天上午我抵达阿德赖站。同我一起抵达的还有一位管事者、两艘小船和我的大船。你的舅舅当时坐上轿子动身前往你舅妈所在的地方去了。我本来想，他先出发是为迎接我而做准备。夜里 9 点，我们的船来到一个寂静的漆黑的码头。我当时一个人坐着，在活动着手脚。这时得到了消息，此处是波迪绍尔码头——我却浑然不知。瞬息间你舅舅过来一下，又一晃消失得无影无踪。可怜的苏塔康多，他曾经设想，来到这里会得到饮食和休息，可是从他那里还会听到什么不幸的消息呢！幸运的是，这里没有蚊子，没有遇到恶劣天气，也不特别炎热，所以安静地过了一夜。早晨叫来了波诺马利，我们吃了一点茶点。8 点都过了，还没见到人影，幸好有迦卢和波诺马利在，痛苦的一夜结束时苏陀里亚到了，所以我才意识到，这不是太空中的月球，在这里寻找生命迹象，是可以找到的。即便是从"重建斋"走到"高起斋"[1]，我也会感到有些心慌不安，在这里的气候中却没有了那种感觉。这里情况就写到

---

[1] "重建宅"和"高起斋"：是圣蒂尼克坦北寓所内的两栋房舍，"重建宅"在北面，"高起斋"位于西南，两座房子相距不过 100 米。

此为止吧。我不知道，是否还会逐渐传来什么消息。我听说今天是黄道吉日，如果真是吉祥日子，那么，今天大概我就得不到休息了。明天是星期四，不幸的久贡纳特要乘返程火车前往他自己的学院了。若能赶上星期五的火车，我星期六就可以抵达加尔各答。然后回到自己的住处。我希望，喜雨节的筹备工作继续向前推进 [1]。我获得了这样的消息，如果我们希望在绍莱科尔组织舞蹈演出，就要把自己的花销费用寄过去。举办这种活动不算什么过错。总之，这件事是值得做的。

我听说，佃农们不愿意星期四来观看演出。那就把演出改在星期五，那样的话，星期日之前就走不了了。

爸爸

1937 年 7 月 28 日

孟加拉邦，圣蒂尼克坦

高起斋

88. 这样就圆满了

亲爱的孩子：

儿媳妇，应该为喜雨节做准备了。如果你能请绍伊洛贾 [2] 参与这项工作，那事情就好办了。若是不让山迪参加，就会引发震动。这两个人一起合作，就不会发生不愉快的事情。让山迪承担组织 5 至 6 个舞蹈节目并为这些舞蹈配选歌曲的任务，这一部分工作就摆平了。音

---

[1] 我希望，喜雨节的筹备工作继续向前推进：本来计划 8 月 15 日在圣蒂尼克坦举办喜雨节，实际上没有举办成，因为著名学者尼达侬德比诺德·高沙米德唯一的儿子突然死亡，所以当时就暂停了这个节日庆典，后推迟到 9 月 4—5 日举办。
[2] 绍伊洛贾：绍伊洛贾龙窖·马宗达（1900—1992），著名的泰戈尔歌曲歌唱家，国际大学音乐学院院长。

乐系的这项工作是你分内的事，就由你来负责。你应该准备一些唱歌、舞蹈和乐器演奏方面的节目。授予学位这种艰巨的任务我已经做好准备。音乐系的棘手工作就靠你来完成了。你把三方人员请来，坐在一起商定出一个工作计划来，那么，这件事情就圆满了。

爸爸

1937 年 8 月

89. 我也不能糟蹋自己的身体

儿媳妇：

还没有动身，工作就受到了影响。我本来想同演出剧组一起走，但是他们滞后了几天 [1]。我已经承诺撰写有关《摩诃婆罗多》书稿的任务，而且很快就会开始的。7 日，也就是后天，在星期一的吉祥时刻我要出去看一看。那一天在焦拉桑科与你商量事情结束后我要去贝尔寇里亚 [2]。告诉苏陀里亚，要在规定的时间去豪拉火车站接我。

那一天在图书馆院子里观看了《昌达尔姑娘》的演出后，我就意识到，这部戏剧失掉了很多的厚重感是不言而喻的，看来，应该删除其中的舞蹈和歌曲。尽管单独观看这些东西都那么美好，但是从整体上看，有不妥之处，关于此事我还会与你商量的。

看到今天极度炎热，我就担心会有一场暴风雨降临。面对这种季节的变换，东孟加拉的暴风雨发生的可能性就成为人们担心的事由。

姑娘们已经出发上路了，我总是惦记着她们，心里有些不踏实。

---

[1] 他们滞后了几天：这里指的是 1938 年 3 月 9 日国际大学音乐系的男女生一行人从加尔各答动身，前往东孟加拉巡演歌舞剧《齐德拉》。剧组在库尔纳、库米拉、莫耶门辛赫、吉大港、希莱特、西隆等地演出了这部歌舞剧。

[2] 贝尔寇里亚：在印度西孟加拉邦北部的第 24 区内，梵社的年轻领导人凯绍波琼德罗·森曾经在那里居住过。

可以看到，在西北部天空的一角，今天乌云正在酝酿着一场阴谋。可能在日终时分，天空会突然上演黑暗拜沙克月的第一场预演。

我听说你的身体挺好，因此我也不能糟蹋自己的身体，碧碧也提出了这样的要求。人们提出关于改善我的身体状况的一个可恶的治疗方法，是我从来没接触过的，因此人们获得了很大的安慰。

爸爸

1938 年 3 月 5 日

孟加拉邦，圣蒂尼克坦

北寓所

90. 我常常送给她们一些巧克力

亲爱的孩子：

儿媳妇，在这里大家都已为春节（一个春天的节日）做准备，这个节日应该是 16 日，可是现在我前往加尔各答，然后再回来——这样来回折腾的痛苦应该避免啊。为此，一次又一次地组织这种生日庆典，人满为患，很难进出这种聚会的场所，这样折腾使得我们国家一些思想恐惧的人不能安宁地静下心来进行修养。我现在也安静下来了，特别是绍娜离开了库尔纳以后，你也要下决心同人们一起回来，在这里住些日子，那样的话，我就有机会同你商量有关《昌达尔姑娘》演出的问题。那时候我住在加尔各答城里或其附近的某个地方，我身边的人们就会因此而担心，为了使他们安心，我要住在远离他们 90 英里的地方，你不要放弃在恒河岸边寻找一处住房的想法。住在办事处时我能吃到很多鱼，过生日时为寻找避开人们的住房而觉得有点儿心神不安。

几天前，3 个卢比飞到我的衣兜里。由于吉祥天女和艺术女神萨拉斯瓦蒂竞争，吉祥天女长期以来一直反对在我的衣兜里安家落户。由于害怕这位心怀嫉妒的女神的谴责目光，我把这 3 个卢比交到我们生活秘书的手里。我对他说买些巧克力来，为了让姑娘们高兴，我常常送给她们一些巧克力。我曾经许诺的那盒巧克力如果不能由我来支配，那么，当她们来这里的时候，我就会将这些巧克力作为礼物送给她们，这就是我内心里的打算。最后我会看到，那 3 个卢比发挥了何等美好的作用啊！

还有一件事——库鹄 [1] 如果在洒红节的时候能来这里，那就会有益于工作。你从基绍里那里获得消息——如果她能来，就应该给她支付报酬。因为你不在这里，《昌达尔姑娘》歌舞剧的很多部分被删除了。我期待着你的同意。

爸爸

1938 年 10 月 7 日

孟加拉邦，圣蒂尼克坦

北寓所

91. 这里很好，见不到阎王的使者了 [2]

儿媳妇，听说你很好，我就放心了，你要尽力保重。茫布和茫布那栋房子及设备很好，微风温馨地习习吹拂，宛如春天一样。从我写作的那个房间的窗子，一睁开眼睛就能看到外面，工作起来就感到很轻松，五彩缤纷的鲜花在四周绽放。根本就没有血吸虫、水蛭，除此之外，我与那条难以向上攀登的道路再也没有什么关系了。在这里奥

---

[1] 库鹄：奥妮达·森（1914—1940），曾经为国际大学的女学生，后为音乐系主任。

[2] 这封信是诗人泰戈尔在茫布的梅特蕾伊的家里写的，当时普罗蒂玛住在噶伦堡。

尼尔 [1] 和苏塔康多就见不到阎王的使者了，倒会听到一种非常悠远而宏大的传说。

爸爸
1938 年 5 月

92. 你要吃一点儿维生素和磷酸盐片 [2]

亲爱的孩子：

儿媳妇，这是一个极好的地方，那栋房子简直就是王宫——可以清楚地意识到，那曾经是英国人的住所。整洁靓丽，木质地板，各种家具整洁、豪华，楼上楼下各房间都很宽敞，尚未安置床铺。梅特蕾伊说过，应该带给你一句话，假期结束前你应该去那里住些日子——这话很快传给你了。那样的话，你也应该常常来这里。你要检查一下，看一看身体怎么样。如果能去住两天，我觉得也不坏。苏棱和苏塔康多在这里，大家就会很容易找到可以居住的地方。我现在就让出噶伦堡的那栋房子，你就可以带着奥妮达和你的某一个女友去那里居住。写信来说说，你的身体怎么样。你要吃一点儿维生素和磷酸盐片。每天你要给你的小狗吃三四丸磷酸盐。在这里对它的关爱不会出差错的，再少一点也是可以的。为你储备了一车矿泉水。

爸爸
1938 年杰斯塔月初八

---

[1] 奥尼尔：奥尼尔库马尔·琼德（1906—1976），诗人泰戈尔的秘书。

[2] 这封信是在茫布的梅特蕾伊的家里写的，使用的信纸上面印有"孟加拉圣蒂尼克坦北寓所"。当时普罗蒂玛住在噶伦堡。梅特蕾伊丈夫莫诺莫洪·森是政府一个部门的主管，这栋美丽的豪华别墅是政府分给他居住的。

93. 就寄点儿那种能助消化的酸辣酱来 [1]

亲爱的孩子：

你不要来，儿媳妇，你来这里没必要。你的身体会受不了的。这里的空气湿度大，对你的身体健康很不利。我没有任何不舒服，也没有什么不方便之处，身体状况挺好，我被照顾得很好，人也不多。在这里的写作工作，我觉得也很顺利。有时阳光强烈照射会令人目眩，大概这种情况有希望成为过去。听说，杰斯塔月的这种令人烦恼的降雨在这里是不正常的，所以我希望这种坏天气是暂时的。昨天夜里下了一场季风季节的暴雨，今天早晨四周浓雾弥漫，现在乌云已散去，天空变得晴朗了。在你们那里也会常常出现连雨天。希望你们所有人都好，特别是你，会很好。如果已经决定去甘托克，不要忘了波诺马利。他在这里没有什么事情可做，而且他认为去噶伦堡要比待在这里好。我觉得，乌梅什和霍利波德的不和睦已经给他们的心灵带来了疲惫，苏塔康多曾经多次劝解，他们都不肯接受。如果你不需要，那你就寄点儿那种能助消化的酸辣酱来。

爸爸
1938 年杰斯塔月初九

94. 透露一点儿你的计划吧

儿媳妇，我在计算着日期。哈努曼救出了悉多，我也要依靠哈努曼这孩子——奥尼洛来搭救我，带我走，这个决定若是早形成，那我就会警惕起来。这一次你们俩一起使我陷入了尴尬的境地，我本来想在这里住几天，就去噶伦堡居住，可是这条道路已经行不通了。勒克

---

[1]　这封信是诗人在茫布写的，可能使用的信纸前面印有地址"孟加拉圣蒂尼克坦北寓所"。前面的时间可能是寄发信件的时间。

瑙的秋奴 [1] 希望来噶伦堡，在我身边学习歌曲，为此她已经来到了噶伦堡，在这种情况下我离开不太好。我劝她去圣蒂尼克坦参加喜雨节，如果她同意，那就很好。你为什么不带我去阿尔莫拉呢？现在我觉得你已经出发了，火车站也是个不坏的地方。听说我对科尔碧达女士 [2] 这个名字有一点儿陌生，梅特蕾伊就感到惊奇。大概，她给你写了信，但是没有收到你的回信，她以为你生气了，我曾经对她说过，让别人感到困惑不好。你的计划是什么，透露一点儿消息吧。

爸爸

1938 年 6 月（？）

茫布

95. 白天即将过去，我很安静

亲爱的孩子，这里也下了很多雨，但是这里的阴雨天挺好。迪利波 [3] 要带领一伙人来，我担心他可能来不了，接到电报，我就放心了。今天姬特丽姐 [4] 写信来说，奥尼洛已把我童年至晚年的相册寄给了她。姬特丽姐写道，奥尼洛先生是个好人，这是我所关注的内容。把你最近写的那篇短篇小说寄来。贾鲁先生 [5] 已来到高起斋，奥米耶也来了，

---

[1] 秋奴：萨哈娜女士（1897—1990）的爱称，著名泰戈尔歌曲演唱艺术家，吉多龙窖·达什之女。1928 年进入奥罗宾多宗教大师的静修院，在那里进行音乐、文学创作和自我修行，以此度过了余生。

[2] 科尔碧达女士：这是普罗蒂玛在期刊上发表著作时使用的笔名。

[3] 迪利波：迪利波库马尔·拉伊（1897—1980），著名歌唱家、作曲家、文学家，迪金德罗纳特·拉伊之子。

[4] 姬特丽妲：梅特蕾伊的侄女，哲学家苏棱德罗纳特·达斯古朴多的女儿。

[5] 贾鲁先生：贾鲁琼德罗·婆达贾尔焦（1883—1961），物理学教授。自 1957 年起担任国际大学图书出版部主任。

他们喜欢一起讨论一些问题。苏塔康多·拉伊乔杜里今天承担起照顾我的责任，我不过只是表现出一点流行性感冒的征兆，白天即将过去，我很安静。

爸爸

1938 年 7 月（？）

孟加拉邦，圣蒂尼克坦

北寓所

96.算命先生说我最近可以乘飞机去旅游

儿媳妇：

你写信来说要我去那里，今天我才收到信。从那次邮寄来的报纸上看到，通往噶伦堡的道路和通往大吉岭的道路已经关闭了。看过我的手相，算命先生说，最近一两个月内，我可以乘坐飞机去旅游，值得怀疑的是，我能否乘坐飞机去噶伦堡。在这期间为庆祝喜雨节正在排练歌舞剧《报答》，应该说，你不在，就无法进行排练，我的身心都已经无力指导排练。你写的那篇作品，我及时收到了。可以定名为《蒂利碧》或《吉利碧》。这中间没有什么遮遮掩掩的，若事情公开了，我担心会有一场决斗。

如果获悉道路解封，我当然要去噶伦堡，但是我不能放下那些为庆祝喜雨节而演出的一些人不管。穆丽娜妮莉[1]扮演波吉罗森[2]，我觉得

---

[1] 穆丽娜妮莉：穆丽娜妮莉·沙米娜彤（Mrinaalinee Svaameenaathan），是著名科学家比克罗姆·萨拉湆的妻子。

[2] 波吉罗森：歌舞剧《夏玛》（《报答》）的男主角。参见人民出版社 2015 年版《泰戈尔作品全集》第 13 卷第 247—278 页。

有点不妥、不好。

爸爸

1938 年 8 月 24 日

孟加拉邦，圣蒂尼克坦

北寓所

97. 我觉得整个天空都在发烧

儿媳妇，总的来看，帕德拉月的情况是好的。在告别的时候天气就表现得粗鲁无礼，我觉得整个天空都在发烧。因为你不在，所以我就忐忑不安地、勉强地把《报答》加以改编了，但是改编得不好。现在我在关注着喜雨节，因为要演出女生的新舞蹈——我还创作了一首新歌，此后假期就会到来。可能由于眼睛和耳朵的紧急情况，我要去加尔各答地区医生们的家里求助，届时我会得到救助的。

爸爸

1938 年 9 月 13 日

孟加拉邦，圣蒂尼克坦

北寓所

98. 我要去恒河岸边走一走

儿媳妇：

今天庆祝了甘地的生日。上午在庙堂里讲述了有关他的事迹。几天来这里每天都在下暴雨，这种天气结束了，从今天早晨起，呈现出明媚的阳光，四周的天空中飘荡着白纱丽般的熠熠闪烁着光泽的少量秋季云朵。现在空气中又一次弥漫着热辣辣的气浪，不过其炎热的程度还是可以忍受的。我已吃过早饭，现在是上午11点，和风习习地吹拂着。坐在山上，这里秋天温馨的美景，看来你还没能从内心里感受到。再过几天之后，当凉爽的天气稳定下来的时候，我要去恒河岸边走一走，大概可以看到天上的白云和船上升起的白帆。我的心不会驰向岿然不动的高山，我的心会随着大河的激流飞驰。明天是喜雨节，我已与山迪达成协议 [1]，一切都会好的。那位信德姑娘 [2] 的舞蹈跳得很好，她跳舞时极富感情，这位姑娘很快就会加入《舞王》剧组。这一次排练她会参加的，你会看到她的，她不比任何人差。在茫布，你要关心照顾好自己。在我的命运中不会关心照顾别人，实属遗憾。那件事情如果交给我的私人助理秘书亲自去办，我看到的结果就是，应该痛苦地让他停下来。

1938年9月21日

孟加拉邦，圣蒂尼克坦

北寓所

99. 我只是在磨磨蹭蹭地拖延

儿媳妇：

我已经没有精力关注你提出的那项工作要求。你住在山上，不可能想象到，我陷入一种什么样的疲惫之网，我要去工作，可我只能磨磨蹭蹭地拖延，此外，你的要求也不符合我的秘书先生的计划，他制

---

[1] 我已与山迪达成协议：指的是为庆祝喜雨节在9月22日要组织歌舞节目演出。
[2] 那位信德姑娘：指当时在国际大学读书学习的信德族女生维斯妮·贾戈斯娅（Visni Jagasia），信德族是南亚民族之一，是印度河流域的古老民族。

定了一个长长的计划目录，其目的是往围网里投资，从 12 月底开始前往海得拉巴德、迈索尔、贾姆塞德普尔等城市去扫清道路。他的目标是在演出《齐德拉》之后，把这部戏剧介绍到南方去，在新的地方大胆尝试演出新作品。

现在静修院已经空荡荡了，奥尼洛和奥尼拉妮回家乡了，苏塔康多在加尔各答。布丽、克里什那 [1] 和奥米耶在这里。

爸爸

1938 年 9 月 28 日

我听说，莫莫妲 [2] 很快就要结婚了。

100. 天气闷热，我的秘书逃回老家了

亲爱的孩子：

我不认为，这一次的闷热天气很快就会过去。你们在 9 月第一周之前不要回来。我被这里的工作和印制书籍之事缠身。我的秘书逃回老家了，苏塔康多发烧卧床不起，奥米耶这两天内要回拉合尔。苏廷

---

[1] 克里什那：诗人泰戈尔外孙女侬蒂达的丈夫克里什那·克里巴洛尼（1907—1992），国际大学的教授。他于孟加拉历 1343 年拜沙克月 12 日与侬蒂达结婚。他用英文撰写了《泰戈尔传记》和《达罗卡纳特传记》。

[2] 莫莫妲：国际大学的教授久格达侬德·拉伊的孙女。

德罗 [1] 也休假去了。现在我的唯一帮手是我外孙女婿 [2]。库鹄来了，她同意带着工作来，可是昨天听了她唱的歌，我心里就充满了疑惑，不得要领啊。

恒河岸边的花园大街封闭了、桥梁坏了，也好。苏库马尔 [3] 来这里参加工作了，他要和我讨论一些问题。

我不知道，我的那些在斯特拉·克拉莫里什手里的画作的情况怎么样了 [4]。我在报纸上看到，他去阿富汗了。我也没有得到梅特蕾伊夫妇的任何消息——他们正处在人生的韶华之年，不是衰落阶段。听说他们俩身体挺好，我就放心了。

爸爸

1938 年 10 月 3 日

孟加拉邦，圣蒂尼克坦

北寓所

101. 寄来了胜利节的祝福

儿媳妇：

碧碧用工整的字母书写了一张明信片，并在旁边写上你们每个人的名字，通过你们寄来了胜利节 [5] 的祝福。

---

[1] 苏廷德罗：这里的苏廷德罗指苏廷德罗纳特·德多（1901—1960），在第 50、53、56 封信中提到过此人。

[2] 我外孙女婿：指俄蒂达的丈夫克里什那·克里巴洛尼。

[3] 苏库马尔：苏库马尔·查特吉，从政府的一个部门退休后来到斯里尼克坦参加乡村建设工作。

[4] 这句话的背景是斯特拉·克拉莫里什在 1938 年 1 月 19 日之前曾经去过加尔各答诗人泰戈尔的家里，看过诗人的一些绘画作品或者拿走过一些画作。1938 年 3 月 28 日，他曾写信给诗人泰戈尔说他很想去圣蒂尼克坦拜见诗人。此后他很可能去了圣蒂尼克坦，并从诗人泰戈尔身边拿走了一些绘画作品。

[5] 胜利节：阿什温月下半月的第十天（在每年 10 月上旬的某一天），在这一天，虔诚的印度教徒将杜尔迦女神的圣像浸入水中。

今天静修院里的所有人都会来向我请安，我正在为他们准备食品。那一边苏塔康多生病卧床，我只能依靠布丽了。来自各个乡村的人们络绎不绝，看不到炎热减弱的迹象。爸爸。

1938 年 10 月 4 日

孟加拉邦，圣蒂尼克坦

北寓所

102. 衣袋里属于穷苦人的一个半卢比不见了

儿媳妇：

北寓所遭到了强盗袭击 [1]，那是当今时代黛碧·乔图拉妮 [2] 女士所为。你就打消我的希望吧。我听说，在一个叫茫布的地方有一个孟加拉女人模仿希特勒，开设了一个集中营。没有给我思考的时间，突然猛扑过来，就把我带走了，一提到噶伦堡的名称，她就用纱丽襟堵住我的嘴。我手里现在有 15 个安纳的财富，善良的女人并没有因此而感到灰心沮丧，竟然将其放在衣袋里，可衣袋里属于穷苦人的一个半卢比不见了。我现在这种无助的状态，你却认为很好哇。

爸爸

1938 年 10 月 6 日

孟加拉邦，圣蒂尼克坦

北寓所

---

[1]　诗人泰戈尔以戏谑的口气讲述了这样一件事：1938 年 10 月 6 日梅特蕾伊女士突然来到圣蒂尼克坦，强行把他接到茫布去。

[2]　当今时代黛碧·乔图拉妮：黛碧·乔图拉妮是般吉姆创作的一部长篇历史小说《黛碧·乔图拉妮》的女主人公——一位巾帼绿林女英雄。诗人这里把梅特蕾伊比喻成黛碧·乔图拉妮。

103. 她真是位可怕而固执的姑娘

儿媳妇：

我不会屈从梅特蕾伊的哭泣哀求，我一点儿都不喜欢。此前我要前往噶伦堡，后来她能带我走时就要把我带走，她是位可怕而固执的姑娘，后来，我不想走时她竟然会哭起来，从她身上可以领教什么是固执。今天是星期六，我下午乘车回焦拉桑科，星期天在那里等待，星期一出发。我乘坐大吉岭邮车不合适，我要乘坐夜里开出而上午9点到达西里古里的那趟车，从西里古里到赛博克乘坐火车比较方便，从赛博克我还要乘坐汽车。陪同我的还有波诺马利和拉姆丘里多（新员工），安诺达[1]会为我开车的。

阿什温月已接近结束，可是现在仍然没有凉爽的迹象，大家都在炎热中备受煎熬，看来，大地的胸脯变得凉爽，还需要个把月。苏塔康多的儿子现在生病了。

爸爸

1938 年 10 月 8 日

孟加拉邦，圣蒂尼克坦

北寓所

104. 我让她流眼泪了 [2]

梅特蕾伊拉我去茫布，我却要回圣蒂尼克坦，我让她流眼泪了。拖着这样的身体去奔波不好，我觉得这样的炎热不是不可忍受的。明

---

[1] 安诺达：安诺达丘龙·马宗达，管理泰戈尔地产的工作人员。
[2] 梅特蕾伊女士计划请诗人泰戈尔去喜马拉雅山南麓的茫布避暑，最后未能实现，诗人泰戈尔到了加尔各答，又改变了主意。1938 年 10 月 10 日在返回圣蒂尼克坦之前，诗人在加尔各答写了这封信。此信笺开头印有地址：孟加拉圣蒂尼克坦北寓所。

天上午我乘车出发 [1]。梅特蕾伊她们今天走。

爸爸
1938 年 10 月 10 日，星期一

105. 这就叫命运星

儿媳妇：

我没有走。我回到了陀波利 [2]。几天来这里一直在下大雨。我希望，即使雨停下来，帕德拉月的闷热也不会再抬头了。在 9 月第二周之前你们无论如何都不要回来。在这里一切都很安静。直到现在我都没有见到苏塔康多，工作的重任都由我自己来承担。现在几乎看不到假日的影子，这就叫命运星。

爸爸
1938 年 10 月 12 日

106. 太闷热了，不要回来 [3]

儿媳妇：

你们打算于 24—25 日下山，你们不要这样做，太闷热了。你的身体刚刚恢复了一点儿，这里这种难以忍受的闷热天气会损害你的健康的，不要回来。假如我能搞到飞机，我也会向山上飞去。我觉得，至少到 11 月中旬天神都不会发慈悲的。我的身体能够忍受一切，否

---

[1]　实际上诗人泰戈尔 10 月 12 日才回到圣蒂尼克坦。
[2]　陀波利：圣蒂尼克坦的"重建斋"的另一名称，是用砖瓦建造的平房，位于北寓所院内，在墨绿斋南部偏东一点儿，距离墨绿斋很近。
[3]　这封信写于加尔各答。此信笺开头印有地址：孟加拉圣蒂尼克坦北寓所。

则的话，我就会躺在床上的。现在我在想，假如在梅特蕾伊面前承认失败，那就是胜利。

爸爸

1938 年 10 月 16 日

107. 身心一点儿准备都没有，我想逃走

亲爱的孩子：

这一次情况不好，我的思想一直渴望逃离，被圈在笼子里一个月了，如果一旦从笼子里走出来，我就会逃走的 [1]。这个假期是虚假的，回到加尔各答，我就会陷入事务的罗网，身心一点儿准备都没有，我不知道何时以及如何获得解脱。结束乃尼达尔山 [2] 的无效果疗养，你们俩住在久雍迪山中会很好的——这是我的希望。请转达我对此山的祝福。你的库鹄莫妮 [3] 逃走了。她的娃娃获胜了。

爸爸

1939 年 5 月 29 日

108. 现在我还不能握笔写字 [4]

儿媳妇：

我顺利地到达了。车子朝着大坑的方向坠落，当时同车的女士跳

---

[1]　这封信是在茫布写的，1939 年 5 月 17 日至 6 月 17 日诗人泰戈尔作为梅特蕾伊的客人住在茫布。

[2]　乃尼达尔山：位于印度北方邦库玛雍县境内的一座山，海拔 1951 米。

[3]　库鹄莫妮：库鹄。

[4]　这封信是诗人泰戈尔 9 月 16 日在茫布写的，诗人从加尔各答出发，并于 1939 年 9 月 12 日到达茫布。

下去企图自我保护，也是为了避免不幸事件的发生。在最后时刻摆脱了危险。现在凉爽了，但是身体还没有完全恢复。现在我还不能握笔写字，情况不好。

爸爸

1939 年 9 月 16 日

109. 写写停停，一片空白 [1]

亲爱的孩子：

儿媳妇，毫无疑问，这个地方凉爽，可是住在下面就觉得疲惫的身体很沉重，现在我已经不能再拖着身子下楼了。这一次，看来，不能保护茫布的名誉了。过去几次来山区，我都能很好地握笔写东西，这一次却无论如何都不行了。风吹不到船帆上，思想麻木了。我承诺要写一篇短篇小说 [2]，所以就坐下来开始写作，可是写写停停，其中很多地方没有写成，变成一片空白。秋天竹笛的曲调越过山岭传到这里，圣蒂尼克坦五彩缤纷的图画仿佛从地平线一端传过来，在想象中变成这里的山脉中幽灵般的蔚蓝。鉴于你们目前的情况，我不能说你们是否应该过来，再住一些时间吧，如果有合适的机会，你再过来，这里不缺少居住的地方。到夜里 3 点钟都还会进行交谈。你在来信中写到建设女生宿舍的问题，可是有关建造学院负责人住房有什么消息

---

[1] 此信是诗人泰戈尔在茫布写的。

[2] 指短篇小说《最后的活》，这时候诗人泰戈尔开始写这篇小说，10 月 4 日写完，然后又进行修改润色。参见人民出版社 2015 年版《泰戈尔作品全集》第 13 卷第 401—428 页《小故事》中的《最后的话》。

吗？写作时肩膀痛，感到疲倦，所以写过祝福，我就靠坐在可移动的座椅上了。

爸爸

1939 年 9 月 21 日

110. 稍有一点儿闲暇，我就会打瞌睡 [1]

亲爱的孩子：

儿媳妇，高尔·阿卢的心急于驰向圣蒂尼克坦，所以我已派苏塔康多去接替他，好换换位置。现在这个地方的确不利于健康，甚至在此期间我不得不承担起为这家房主人治病的任务，因此我的药箱总在我的身边，如果这里的天气出现敌意，我就会对其进行反抗。可是，看来，最近好机会来了，现在如果罗廷过来，他就会成为我的帮手，我受到的第一次撞击已经过去了。你这一次所写的作品由于语言过于粉饰夸张，你的正常绘画作品就会感受到压力。由于连续降雨，你的果园与灌木丛连成一片了，因此显得非常美丽壮观。我让人铲除了野生杂草、小树丛，将其解放出来。阿卢手稿的复制工作不顺利，也不够细腻，所以正在等待重新复制。由于感到很疲倦，我这篇短篇小说的写作就拖延时间了。稍有一点儿闲暇，我就会打瞌睡，所以我自己什么事也做不了。今天早晨的阳光从烟雾中露出脸来，我感到美好的一天开始了。

爸爸

1939 年 9 月 29 日

---

[1] 这封信写于茫布。

111. 我已经在努力想从这里逃走 [1]

儿媳妇：

罗廷正在赶往这里，我希望他一路保重。这么多天以来，空气非常潮湿，感觉很不好，我希望出现明媚的阳光。

你的这篇作品 [2]，我已经修改润色过了，最后那部分已改写过，你不用担心，我觉得这是一篇紧凑的美文，会进入畅销市场的。如果找到了你的曾祖母，你要热情地接纳她。不过，这篇作品是值得《侨民》杂志刊载的。如果你想换一家杂志，你可以试试在《相识》上发表。我已经在努力想从这里逃走，可是你要去孟买，那样的话，我要去谁那里安身呢？住在空荡荡的房间，我心里会不踏实的。我的这篇短篇小说已经写完了，正在进行润色。

看来，阿卢在堕落，也就是说，阿卢在撒谎。已经捎话过去，我于 20 日动身出发，这计划取消了。他在这里的主要会面的地点是甘古莉太太的家里，他还和他的姨妈一起高声嘲笑别人。

爸爸

1939 年 10 月 6 日

112. 罗廷来这里后，他的健康改善了

亲爱的孩子：

儿媳妇，收到你的这封信后，我心里很高兴，并且也放心了。

我希望，你们的计划能顺利实现 [3]。总而言之，不要拖延，这一

---

[1] 这封信写于茫布。

[2] 你的这篇作品：可能是指《二嫂》，刊载在《侨民》杂志 1346 年玛克月号上，用的笔名"科尔碧达女士"。

[3] 指诗人泰戈尔的外孙女侬蒂妮与孟买的商人奥吉特辛赫·卡达乌结婚之事。

愿望在心里已经酝酿很久了。

我们这里现在已经很冷了，很少见到阳光，天空中云雾弥漫。全身都被很多衣服裹得严严实实，就仿佛觉得我整个人的百分之七十五都消失不见了，可这身体渴望解放啊。总的来看，我的健康状况还好。罗廷来这里后，他的健康改善了。在这个地方我还要住上十几天。我准备 11 月 5 日逃走。这么多天来都是凉季，金黄色的稻谷已经成熟，可以分享新稻谷了。我的新房子正在砌砖[1]，对此我心里很想知道一些情况，心里也惦记着波诺马利。我的一篇新短篇小说写完了。代我转达对蓓蓓的祝福。

爸爸

1939 年 10 月 25 日

113. 你们像保护孩子一样保护我，我只能依靠你们[2]

亲爱的孩子：

儿媳妇，在你面前我就像个孩子似的诉苦抱怨，为此我感到汗颜，可是你们却在背后默默地像保护孩子一样地保护我，没有办法，我只能依靠你们。我举一个例子，我要上山，而搬运东西的重任就落在了迦乃[3]的身上，他很聪明，又很细心。当时阿卢突然来了，风风火火地从他们手里把我的一部分东西接过去，搬运到焦拉桑科去了，波诺马利对此也只能表达无效的焦虑。到了火车站，阿卢还对他们说，一切都安排好了。然后我来到这里，拖着疲惫的身体，整个上午都在寻找丢失的东西，并发现一些东西没有运到，其中有药品、肥皂等东西，

---

[1] 正在砌砖：指在圣蒂尼克坦北寓所院内建设的北斋。

[2] 这封信写于噶伦堡。

[3] 迦乃：诗人泰戈尔的仆人。

369

没有这些东西，我都不在意，可是波舒波迪博士为人民教育会议所写的手稿和苏库马尔·森所写的关于孟加拉语和文学的两本书稿不见了。这两本书稿中有一部分还没有打印完的。我曾经一次又一次地让苏尼迪相信，不必担心书稿会丢失，我会认真阅读的。我恳求你们，减少我的监护人数量吧。我的生活需求很少，让一个人负责，就不会发生这一类的不幸事件。现在如果能够找到那三部书稿，寄过来，我就会放心了。你可以从苏塔绍穆德罗那里获悉其他方面消息。

爸爸

1940 年 4 月 22 日

孟加拉邦，圣蒂尼克坦

114. 你们不在，这栋房子空荡荡的

儿媳妇：

我看了一下你们这栋房子，觉得空荡荡的。你不在，罗廷也不在——主要人物却在，他就是纳图 [1]。

无法忍受的秋季闷热降临到天地间，吝啬的雨水从彤云里诅咒着整个大地。如果能够加入大雁的行列，那我就会飞向玛纳斯圣湖的方向，即使降落在茫布的鲶鱼湖畔，也会感到凉爽。我已经等到 9 月中旬了 [2]。这篇短篇小说已经写完，现在在对其进行修改润色。

今天夜晚如果天神垂恩，天气好，那么，在图书馆的院子里就会举办喜雨节晚会。上午栽种了树木。

我的身体时好时坏、起起落落，近来我还好。

---

[1] 纳图：仆人。

[2] 1940 年 9 月 19 日诗人泰戈尔最后一次来噶伦堡度假，此后由于生病于 9 月 29 日返回加尔各答。

在你去茫布之前曾经嘱咐过我一句话，我记住了。近来进食量增加了。

我吃些绿叶蔬菜，最后根据医生的建议已停止吃鱼和肉类。

我听说，在我的财富中有在你那里存的10来个卢比。告诉我这点钱够多少天开销，据此就可以确定在这里的生活花销定量。

代我向茫波碧问好。

爸爸

1940 年 9 月 3 日

孟加拉邦，圣蒂尼克坦

115. 每天都给我做一次穿刺

玛莫妮[1]：

因为我已经不能亲笔给你写信了，所以就品尝不到写信的乐趣。只能传递消息，而且我想象你很好，至少你远离这里的一切忧虑，处于安逸之中。现在你的身体还有一些热度，这很不好，因为渺小敌人的这种顽固作怪是最痛苦的。每天都给我做一次穿刺，大型的穿刺真会起作用。我听说，大型的穿刺"进攻"是非常难以忍受的，所有小的穿刺烦恼也同样痛苦，不过所有这一切都会结束的，而且不会拖延很久，一旦结束，我就会安心了。

爸爸

1941 年 7 月 30 日上午 10 点

焦拉桑科

---

[1] 玛莫妮：这是诗人泰戈尔在写给儿媳妇的最后一封信时所用的称呼，这个称呼由两个孟加拉词语组成：母亲和宝石。孟加拉语的语义为"宝石般的母亲"。诗人泰戈尔在自己生命即将结束时以此称呼来表达他对儿媳妇普罗蒂玛的尊敬爱戴。

普罗蒂玛简介

　　普罗蒂玛女士（Pradimaa devee，1893—1969），系比诺伊妮和舍伸普罗松·丘多巴泰的女儿，奥波宁德罗纳特的外甥女，即他大姐比诺伊妮的二女儿。诗人泰戈尔的夫人穆里纳莉妮在第一次看到小普罗蒂玛的时候，心里就很喜欢她，并且认定她就是自己未来的儿媳妇。1902年穆里纳莉妮逝世时，普罗蒂玛已经过了10岁，家里人就着急让她结婚，当时诗人的长子罗廷德罗纳特还是个15岁的少年，正在读书，所以诗人就没有同意他们结婚。在普罗蒂玛家里人的催促下，11岁的普罗蒂玛就与尼拉纳特·穆科巴泰结了婚。而尼拉纳特是她母亲比诺伊妮小姑妈库姆迪妮的孙子。而尼拉纳特的父亲尼罗德纳特还是诗人泰戈尔的同龄同学。结婚大约一个来月后，有一天，尼拉纳特到恒河里去游泳，不幸沉入水中淹死了。当时普罗蒂玛和尼拉纳特的一个侄女在恒河岸边的一栋房子的屋顶晒台上观看他游泳。她目睹了尼拉纳特是怎样溺水身亡的。

　　5年后，即在1910年2月27日，在诗人泰戈尔的倡议下，普罗蒂玛与罗廷德罗纳特结了婚。诗人这样做，也是为了却妻子穆里纳莉妮生前的心愿。这是焦拉桑科的泰戈尔家族第一次迎娶寡妇。

　　普罗蒂玛这两次婚姻都是近亲联姻。上面已提到，普罗蒂玛第一次婚姻是与她母亲比诺伊妮（1873—1924）的姑妈库姆迪妮的孙子结婚，也就是她与自己姑姥姥的孙子联姻；她第二次是与诗人泰戈尔的

树欲静

儿子罗廷德罗纳特联姻。普罗蒂玛的母亲比诺伊妮是诗人泰戈尔的堂侄女，即诗人泰戈尔堂哥古嫩德罗纳特（1847—1881）的女儿。论辈分，普罗蒂玛是诗人泰戈尔的堂外孙女。诗人之子罗廷与普罗蒂玛的婚姻，从辈分上看，是舅舅与外甥女联姻。

　　顺便说一句，这种联姻是不符合中国的传统习惯的。通常，中国表亲之间的联姻都是在同辈男女之间，例如，姨表兄妹、姑表兄妹之间是可以联姻的，《红楼梦》中的贾宝玉和薛宝钗就是姨表亲之间的联姻。而跨越辈分的联姻，在中国一般是不允许的。从普罗蒂玛的两次婚姻看，印度孟加拉人是不忌讳跨辈分亲属之间联姻的。

　　诗人泰戈尔希望，普罗蒂玛通过对各种知识的学习，完善自己的人格，因此他很关注自己儿媳妇的学习。

　　他们结婚不久，诗人泰戈尔就给儿子写信，让他关注自己妻子的学习。泰戈尔写道："不过，有一点你应该记住。你已经完成了学业，已经准备收集生活道路上所需要的路费，已经走进了家庭生活，但是你媳妇还没有做好准备，现在她还没有经验，关于宇宙社会、关于她自身还缺乏知识，在这一方面你和她还没有站在同一个水平线上，所以你应该承担起提高她思想的重担，你要供给她生活所需要的各种食粮。在她身上蕴含有各种能力，你的责任就是不要让她的任何一种能力泯灭。在这里她是你的学生，你是她的导师，你应该把她作为一个人来全面地看待，不能够仅仅把她看作是家庭主妇和生活伴侣。"（《书信集》第2卷）

几个月后泰戈尔又给儿子罗廷写信说："贝拉想带你们俩去布里。那样的话，儿媳妇的学习就会整个被打乱，对她的学习会有损害的。现在这几天不要让她受到任何干扰，应该特别注意这一点。"（《国际大学学报》，孟加拉历1374年斯拉万—阿什温月双月号）

实际上，普罗蒂玛不论在圣蒂尼克坦、什莱多赫，还是在焦拉桑科，诗人泰戈尔都为她的学习做出了合适的安排。婚后不久，普罗蒂玛就来到了圣蒂尼克坦，与诗人泰戈尔一起住在国际大学里。当时诗人泰戈尔就开始亲自教授儿媳妇普罗蒂玛学习英语。当诗人泰戈尔去外地的时候，他就委托国际大学的老师奥吉特库马尔·丘克罗波尔迪（1886—1918）负责为儿媳妇普罗蒂玛授课。当时他们一家人住在什莱多赫，为了让普罗蒂玛更好地掌握英语，诗人泰戈尔委托别人请来了美国女士布德特教授普罗蒂玛英语。几年之后，普罗蒂玛和罗廷德罗纳特回到加尔各答的焦拉桑科居住，普罗蒂玛就在泰戈尔家庭的"缤纷"学校里接受教育。诗人泰戈尔就让奥吉特库马尔·丘克罗波尔迪教她文学，请著名画家依德拉尔·巴苏教她绘画。后来普罗蒂玛又前往法国巴黎，跟随著名壁画大师哈伯特（R.La Montagne Lt.Hubert）学习壁画。法国画家安德烈·卡尔佩雷斯来圣蒂尼克坦访问的时候，诗人泰戈尔也让普罗蒂玛向他学习绘画。1921—1922年，她与安德烈·卡尔佩雷斯合作在国际大学美术学院开始讲授手工艺制作课，并为"缤纷"学校手工艺系的创建奠定了基础。这个"缤纷"学校手工艺系就是斯里尼克坦手工艺作坊的前身。

在诗人泰戈尔的鼓励下，普罗蒂玛对于文学也萌生了极大的兴趣。她创作的一些短篇小说和诗歌曾经先后在《侨民》杂志和《诗刊》上发表，使用的笔名是"科尔碧达女士"，这个笔名是诗人泰戈尔赐给她的。这些作品后来都收入《创作荟萃》一书，于1942年出版。她的三篇文章《舞蹈情味》《齐德拉舞剧》和《昌达尔姑娘》被收入《舞蹈》一书，于1948年出版。她另外创作的两本书是《涅槃》（1941年出版）和《杂忆》（1951年出版）。除此之外，还值得提到的是，《国际大学学报》上发表过她撰写的文章《世尊的绘画》，由圣蒂尼克坦静修协会出版过她的几幅绘画作品（*Protima:an Album of Paintings*，1968年出版）。

普罗蒂玛以各种方式融入了国际大学的生活。因为她生活在诗人泰戈尔的身边，接触到圣蒂尼克坦的戏剧演出、各种节日庆典活动，所以她逐渐对戏剧演出、演出布景、舞台装饰、舞蹈艺术等诸事自然地萌生了浓厚的兴趣。1930年在演出《新颖》的时候，普罗蒂玛就参与了很多歌曲和舞蹈的设计。1933年她带领国际大学的舞蹈团前往勒克瑙演出《摆脱诅咒》歌舞剧，并且在她的亲自管理和领导下，那里的演出非常成功。

在后来比较长的时间里，在圣蒂尼克坦所有节日庆典的组织安排工作方面，诗人泰戈尔都同普罗蒂玛商量并请她参加。

普罗蒂玛意识到，为了保存舞蹈风格和流派的特点，根据乐谱创作舞蹈谱系是非常必要的。为此她在国际大学为新来的学习舞蹈的女生讲授舞蹈课。在美术学院，她和画家们一起创作并保存了舞蹈表演的绘画作品。就这样，在她的积极鼓励下，在国际大学形成了一种泰戈尔舞蹈的独特风格。

诗人泰戈尔逝世之后，在国际大学演出《舞王》《无形的宝石》《邮局》等戏剧的时候，普罗蒂玛都参与了指导。

普罗蒂玛性格温柔，又善于体贴护理、细心照料别人，所以她就成为诗人泰戈尔晚年生活的主要依靠之人。诗人给她写了大量的书信，就是最好的证明。

董友忱

2023 年 1 月 15 日

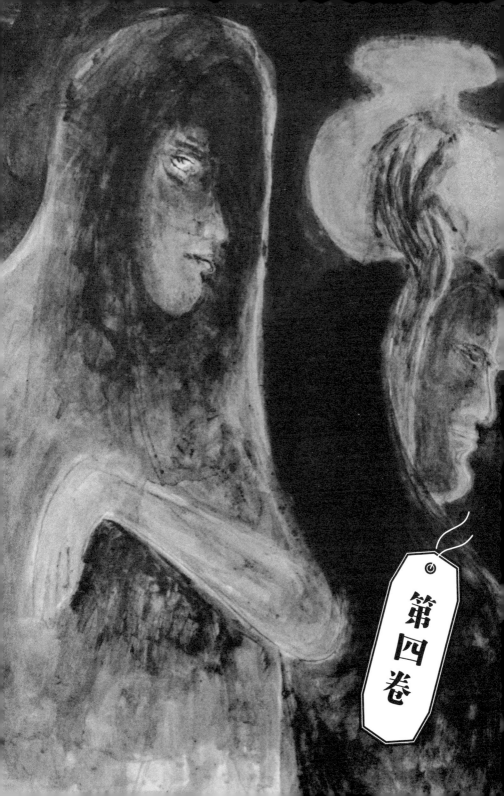

第四卷

玛图莉洛达（1886—1918）

泰戈尔写给大女儿玛图莉洛达 [1]

1. 焦虑情绪会随着发烧的消退而消逝

贝尔：

我这身体变得很不好了，就像动身去英国前一天夜里那一次一样，我就觉得突然完全崩溃了，所以我就急忙放下所有手头的事情，一下子跑到帕德玛河的怀抱中求得安慰，那种可怕的疲惫一分钟内就消失得无影无踪了，帕德玛河对我的这种眷顾，谁也不会晓得的。这么多天来，不论在周围转悠多少不同的地方，只要在这个地方停下来，帕德玛河的潺潺流水声传到我的耳朵里，我就会安静下来，因此我就获得极大的好处，这一次来到这里，我清楚地意识到了这一点。

那一天，你在我们这里过夜时没有因为各种不规律性的活动而感到身体不好吧？那一天我心里就有这种担忧。因为你，我想起了一种顺势疗法的药物，你不妨服用一次试试看。精制硫黄200——我装在这封信的信封里寄给你。服用后下午你就会觉得手脚发热发烧，我相信，焦虑情绪就会随着发烧的消退而消逝的。如果你觉得服用后有益，就告诉我，过八九天后我再给你寄一次。

---

[1] 玛图莉洛达（1886—1918）：诗人的长女，爱称为"贝拉""贝莉""贝尔""贝卢布丽"，意为"阿拉伯茉莉花"，是诗人最疼爱的女儿，她相貌姣美，富有个性。她的童年和少年主要是在什莱多赫度过的。她没有进过正规学校读书，主要是靠家教获取各方面知识。她掌握了英语，学习过国内外文学，懂音乐。1901 年，她在 14 岁 8 个月的年龄时与绍罗特库马尔·丘克罗波尔迪结婚，可惜英年早逝，32 岁时因患肺结核无后嗣而终。

你如果近几天能乘船来这里，那么，对你是会有特别的好处的，而且我也说不清楚，我会多么高兴。但是你如果觉得无效果，就不要服用了。如果这一次你能来这里住上五六天，那么，你的身体肯定也会好起来的。

爸爸
诺迪亚什莱达赫
1911 年恰特拉月

2. 明天我们要乘火车去伦敦

贝尔：

明天我将抵达马赛。这次海上航行没有遇到风险。昨天下过一阵暴风雨，你弟媳妇 [1] 有一点头晕，我没有什么不舒服的感觉。绍门德罗 [2] 一次又一次地猛吃用水果汁烹制的火腿，从前天起开始吃西米粥，他发高烧了，今天已经康复，他来到餐桌旁喝水和煮火腿。他被称为"刹帝利种姓出身的少年"。明天我们要乘火车去伦敦，后天抵达。

爸爸
邮戳的时间地址：1912 年 6 月 15 日，巴黎

3. 该是奔波的时候了

贝尔：

我已经到了伦敦。在海上的最后两天我感到颠簸得很厉害，现在

---

[1] 你弟媳妇：指罗廷的妻子普罗蒂玛。
[2] 绍门德罗：指绍门德罗琼德罗·代博波尔马。

到了陆地上，该是奔波的时候了，为寻找住所我四处转悠，已租到了一栋小房子，正在布置自己的厨房。罗廷抓住凯达尔，带他到处转悠。我现在陷入了人们的包围之中，还有相当多的应酬。身体不是很坏，应该让这里的一位好医生看看。你们的情况怎么样？

爸爸

邮戳：1912 年 6 月 12 日

伦敦汉普斯特德

4. 自从来到美国后，我默默躲在小城的角落里

贝尔：

听说你身体不好，我心里很不安。给你写了信，也没收到回信，而且也不便于向任何人打听消息。抽空写一张明信片来，说说你们的情况。现在绍罗特的身体怎么样？写信来也说说他的情况。

自从来到美国后，很多天来我都默默地躲在一个叫阿尔巴纳的小城的一个角落里，我没有在任何人面前暴露自己，可是这个国家的人喜欢听别人慷慨激昂的讲演，所以他们就强迫我在这里做系列讲演。最初我不为所动，因为我的坚定信念就是，如果用英语做讲演，无论如何我都不能保护自己的尊严，因此我想到了贾纳科的忠告，完全闭上嘴巴，深沉地静坐下来。最后，我被请到阿尔巴纳一个叫作 Unity Club 的俱乐部里去讲演，无法再回避拒绝了。那个俱乐部不大，但不是令人生畏的那种俱乐部，其成员的数量也不多，因此我只好同意。然后写了一篇文稿，我到了那里后发现，那里坐满了人，当时逃跑的路径被堵死了。刚一宣读完那篇文稿，所有人都鼓起掌来，发出了赞美声，于是我有了勇气，我在他们那个俱乐部的聚会上连续宣读了 5 篇文稿。从那之后，只要接到讲演的邀请，我都前往。在芝加哥大学

漫游的思绪

发表讲演的时候，我的胆怯感完全消失了。宗教自由主义者在罗切斯特召开了年会，我获得了一次在那次年会上做20分钟有关宗族冲突问题的讲演机会。罗切斯特位于波士顿城附近，我以为要去很远的地方，当时波士顿就隐藏在附近。在波士顿，这里的哈瓦德大学是最大的大学校区，现在我们已经到达这里。昨天我做了一次讲演，还要做三次讲演，然后我要去哪里、做什么，都不能确定。

　　不管怎么说，在这里可以看到这样一种好处——即使在冬季的日子里也可以享受到充足的阳光，在英国是没有这样的机会的。我在那里度过了几个月的夏天，几乎每天都是阴雨天，可是在这里寒冷要比那里严酷得多，几乎一切都被大雪覆盖，但是阳光照射下来的时候，看上去就觉得很美好，四周亮晶晶的、闪闪发光。我们住在阿尔巴纳的时候，一天夜里下了一场大雨，雨水结成了冰。大街两旁的树木仿佛都覆盖上一层玻璃，树上的一些大树枝常常被沉重的冰块压断而掉下来。所有大街上都覆盖着一层薄冰，在上面行走都困难，一迈步就会跌倒，很多人都摔倒了。我害怕摔倒，都不敢从房子里走出去。最后两三天我就像囚徒一样一直被关在房子里，有一天我走了出去，没走多远就摔倒了，路上几乎没有人，只有一个行人从我身后走过来。为了保护自己的沉重身体，他不得不格外小心翼翼地赶路，所以他也没有时间讥笑我。我连再往前迈一步的勇气都没有了，于是我就从那个地方回到屋子里。此后在我那颗结成冰一样的心没有完全融化之前，我就再也没有走出我的房间。

离开阿尔巴纳，一来到这里，各种类型的朋友陆续来见我。我们作为芝加哥城的客人，就住在这里一位著名诗人的寡妇妻子穆蒂女士（Mrs.Moody）的家里。她非常细心地照顾我们。她与我们如此融洽地生活在一起，甚至都不想让我们离开。我们来到纽约要待一周左右，她在那里也有一栋房子，就让我们住在她此处的房子里。她还要去波士顿，在她身上天生就有一种强烈的母亲情怀。

这里有一种东西在我心里留下了深刻的印象，在这里，即在最西部的美国，几乎所有女人都在亲手操持家务，因为在这里，可以说，雇用不到女仆。烹调做饭、整理床铺、打扫房间、清洗餐具等所有家务，几乎都由家庭主妇来做，很多时候家长们也参与她们的劳作，不过她们做这种事情有很多便利条件，这种条件尽可能地减轻了她们的劳动强度。烹调做饭用煤气灶，用起来很方便，很多工作都借助电器来操作。所有这种便利在我们国家现在是不可能实现的，如果能够实现，那么，就能在很大程度上摆脱仆人。你弟媳妇也长期承担了所有的家务工作，最后请两个大学生来替她完成所有的家务劳动，支付给他俩工钱和生活补贴，他们还在宾馆做清理房间的工作和从事家教辅导。在这个国家，贫穷的大学生们不会因为从事这类工作而感到耻辱和羞愧。很多时候他们为那些与自己一起读书的学生们提供服务，以此来贴补自己的生活费用。在我们国家如果这样做，就会觉得没面子。你的那些服务人员情况怎么样？你的那个厨师还在吗？她儿子的情况怎么样？你是否能感受到雇用女仆的好处？这一次玛克月 11 日 [1]

---

[1]　玛克月 11 日：这天恰逢公历新年，即 1 月 1 日。

你们过得怎么样？我现在都没有得到消息，再过大约两周之后，即在法尔衮月中旬会收到有关你们那里整个情况的消息。这一次玛克月 11日那一天我们是在半路上度过的，很多天之后我错过了这次公历新年。巴乌沙月初七清晨，我们 5 个孟加拉人在厄巴纳城我们的一个卧室里度过这个节日，人不多，但是很开心。

爸爸

美国伊利诺伊州厄巴纳城高街 508W 号

邮戳：剑桥，1913 年 2 月 19 日

5. 在这里过冬对我来说很舒服

贝尔：

我们已经转悠一个多月了，已结束多次讲演、谈话等等，今天下午我们乘火车又回到阿尔巴纳，在我们的洞穴里安身。在这里逗留的时间也不会长。我想在 4 月 17 日离开美国，前往英国。要在那里安排出版我的书稿，我手里已汇集很多新译的书稿。这里的人很喜欢阅读这些译稿，若能印成书本形式，也挺好。英国的麦克米伦公司是我所有书籍的出版者，现在正在商谈与之合作。结束所有这些书稿的出版工作需要多少天，我无法知道，至少要等到即将到来的秋季，我要为此事而待在英国。在此后可能在冬季开始时我需要回国。我非常希望，顺路访问日本、中国、爪哇、缅甸，周游世界后，返回印度。……我不再抱有希望能沿着这条路线再一次回到这里来。可是在这次旅行中并没有发生什么事故。如果我能有时间并且设法获得经济方面的资助，那么，我就想乘坐民航飞机和火车去日本，再从那里返回印度，我心里常常萌生出这样的想法，不过，现在已经感受不到实现这种愿望的可能性。因此我感到前面提到的那个想法很有诱惑力，如果能够

实现，当然很好，如果实现不了，我也会安心的。

迄今为止这里的寒意还不太强烈——我们还在享受着阳光。3月已经降临——现在该是春意盎然的好时光，但是寒冷在告别时耗尽了自己的利箭，现在就要发射梵天的武器，我已经看到这种征兆。最近三四天来严寒已经降临，几乎连续下雪，刮起呼呼的大风。在美国的益处就在于，不论下雪，还是降温，都不缺少阳光，因此在这里过冬天对我来说是很舒服的。夏天在英国的时候我们遭遇了连雨天，我希望，今年夏天天神会对我们开恩。如果你写信，你就不要用这里的这个地址：

C/o.W.Rothenstein Esq.11 Oak Hill Park.Hampstead,London N.W

爸爸

邮戳：1913 年 3 月 3 日

信纸上印的地址：Hotel Earle 103,Waverly place,New York

米拉（1893—1969）

泰戈尔写给小女儿米拉 [1]

1. 那些玩具是否都已破碎

米鲁：

看来，今天我要乘坐晚班车去加尔各答。我来到这里的那一天，我的那篇手稿就在马车的颠簸中损坏了。这篇手稿今天终于重新写完了，我又要去奔波了。星期六来到加尔各答，我要在全国教育协会上宣读这篇手稿。这期间在这里还要做一天的口头讲演，除此之外，在这里还安排与不少人见面交谈。几天来这里的天公不作美，连续的暴风雨几乎没有间断过，寒冷虽然减弱一些，可又出现反弹，今天又是彤云密布。我出发的时候如果下雨，那么，我就会遇到困难。说话间大风骤起，开始下起雨来，冬季的时候这种阴雨天气令人非常讨厌。我希望，我动身之前，天气能变得晴朗起来。你们自己的东西是怎么送达的？我急于想知道。我已经写信给寿伊雷什 [2]，叫他把那些书寄给你，谁晓得寄去了没有？那些玩具是否都已破碎？你收到没有？谁

---

[1] 米拉（1893—1969）：诗人泰戈尔最小的女儿，另一个名字为"奥多湿络达"或称"奥多湿"，爱称为"米鲁""米丽"。她是诗人泰戈尔五个子女中最不幸的一个：9岁10个月时丧母（1902年11月23日），少年时两个姐姐和小弟弟先后病故。她没有进入正规学校，而是通过家教获得知识的，也学习过英语。她性格温和、不喜欢多说话。1907年6月6日同诺根德罗纳特·贡戈巴泰结婚，婚后生育一男（尼杜）一女（侬蒂达）。米拉婚姻并不幸福，后离异，儿子不到20岁时病逝在德国，女儿早她两年离世，可谓"白发人送黑发人"，但她是诗人泰戈尔家族中最长寿的人，于1969年77岁时寿终正寝。

[2] 寿伊雷什：诗人泰戈尔的图书保管员，后为泰戈尔书稿的出版人。

交给你的？我听说我二嫂要去波尔普尔住几天。你苏菔嫂子也写信来告诉我，苏菔要和她一起去。如果波尔普尔也像这里一样，处在暴风雨状态，那么，她们会陷入危险的。有一天波尔普尔下大暴雨时水井旁边的一棵高大的树遭雷击了。我不知道那时候你姑妈的情况怎么样。愿天神赐福给你们。停笔。

爸爸

1906 年玛克月 22 日

吉里迪

2. 不要忘记读书学习，否则心灵之主会离去

米鲁：

你们到了什莱多赫之后承担起家务——我听说后非常高兴。如果你们的房子位于远处，就会不方便，特别是对你来说，不能经常走动，每天即使乘坐轿子来往也不是件容易的事。如果你们在附近建房子居住，就会方便些。我很想知道，你们的房子按照什么样的设计建造，不要疏忽大意，否则潮气会使你们生病的。因此在底部要打好地基，这样可以防潮，应该这样做。地基如果用灰烬、沙子填充，那么，潮气会被地基所吸收，就不会上升。此外，砌砖的时候也要采用这种方法，这样潮气就不会升腾。

《国王》正在进行演出前的排练，不过，不指望很快会完成，因为十分困难。听说，奥吉多[1]扮演苏德尔绍娜的角色，成为一大笑料。为他精心化好妆，给他戴上假发，把他装扮起来，不管怎么样，排练工作会正常进行的。在昏暗的场景中没有什么困难，可是在光亮的场

---

[1] 奥吉多：指奥吉特库马尔·丘克罗波尔迪。

景中效果会怎么样，就很难说了。不过没有办法，任何别的男生都不能扮演苏德尔绍娜的角色。

我与你寿伊洛[1]嫂子几乎见不到面。她住在下平房，我不能丢下工作去那里见她。松多什的母亲星期一来，她将住在儿童部的二层楼里，她会认识你嫂子的，成为她亲近的熟人。

甘诺[2]在这里很好。他在我们的科学班里读书学习。只要他在这里住几天，就肯定再也不想离开了。

你们不要忘记正常的读书学习，否则的话，心灵之主就会逐渐离去的。

你婆婆对我们的什莱多赫感觉如何？代我向她问好。

愿天神赐福给你们。

爸爸

1910 年法尔衮月

圣蒂尼克坦

3. 他那颗铁石般的心十分坚定

米鲁：

我刚刚收到你的信。我们正在为迎接拜沙克月初一春节做准备。看来，很多人都会来这里。我觉得，拉玛依德先生的女儿们和梵社的很多姑娘都会来的。我是很喜欢姑娘们与我们静修院建立这种联系的。我觉得，姑娘们在这里也会受益。我们这里也像你们那里一样，开办了学习诗书的课程。每天中午吃过饭后，教授们都过来，我结合自己

---

[1] 寿伊洛：松多什琼德罗·马宗达（1884—1926）的妻子。松多什德罗是诗人泰戈尔的好友、著名作家绍琼德罗·马宗达的长子，从小在圣蒂尼克坦生活、读书，是诗人长子罗廷的同学，同他一起去美国伊利诺伊大学留学。

[2] 甘诺：甘侬德罗纳特·贡戈巴泰的简称，是米拉丈夫诺根德罗纳特的弟弟。

的生活经历向她们讲解诗歌。我发现，他们中的很多人都带了笔记本，并且在上面做记录。我觉得，奥吉多会在我生日那一天做一次关于我创作的讲座，为此他向我询问我的生平和各种诗歌创作的确切日期，这些我都不能确定，我从来都不记得我的哪一部作品创作的确切时间。你们知道，我的一封信的写作时间常常会有 5 个不同的日期。在历史课中我从来都没有获得过荣誉。这是我的一种毛病，所以关于我生活经历的日期完全可以不受约束地自由表达。

　　乌马丘龙经过很多努力找到了一个合适的对象，但是相应的聘礼钱却没有凑够。对象的年龄是 3 岁，但是少于 300 卢比就不能娶到她。我觉得如果减少一两岁，那么，彩礼的数量就会减少。可是乌马丘龙曾经多日在一户婆罗门人家做事，所以他心里对于童婚是很反感的，因此若支付如此高昂的彩礼钱，他是绝不会同意迎娶一个不足 3 岁的小姑娘的，打死他也不会干！看到他如此坚定的决心，我们大家都感到很惊奇，有多少出生两三个月的小姑娘躺在她们妈妈的怀里大声哭喊，可是他不会由于这种哭声而去看她们一眼，他那颗铁石般的心十分坚定。有多少新生的荷花般的美丽少女，在夜里闭着双眼苦思冥想，可是她们那种苦思冥想的庄严表情也丝毫打动不了乌马丘龙的那颗心。看到他这种品格的威力，大家都惊呆了。鉴于他这种值得奖励的浩然正气，你们如果在自己好友之间能够设法募集到 300 卢比，那么，那位 3 岁姑娘待字闺中而嫁不出去的状态就会结束。你告诉你嫂子，把她们那些值钱的首饰卖掉，去做这种善事吧。

　　前天我给罗廷写过信，为了迎接拜沙克月初一春节，让他派个人从他那里送些西瓜、甜瓜之类的水果来。因为这种很容易做到的小事，会使当地人增加对我的尊敬，这使我感到很不好意思。我的这种要求如果罗廷能给予满足，那么，这件事在我们学校的历史上是会永远被怀念的。特别是我看到，现在正在公开或秘密地进行一场关于我的生平事迹的讨论，在这个时候如果从什莱多赫运来西瓜等水果，那么，通过某人文笔的描写，这种声誉就会永远不可磨灭地留存在人们的记忆里。所以你要给你哥哥写信，叫他注意，不要送西瓜来了。

拜沙克月 26 日我们学校开始放假，那时候你们那里大概会很炎热的。你大哥、赫姆洛达和科莫尔要去布里。可是暑假期间如果迪奴不在我身边，我会不放心的。所以，那时候如果我去什莱多赫，我就会让迪奴也和我住在那里。在那里给他安置一个住的地方是否方便？我不想再带某一个男生去那里了。波多尔可能也去布里。可是这一次奥罗宾多可能不想离开我。让迪奴住在西边朝南的那个房间，让奥罗宾多住在中间的大房间里，大概是可行的。我就住在三层。在那里如果能装修一个小型浴室，那么，在三层房间安放一张床，让迪奴也住在那里，是容易做到的。你和罗廷就此事商量决定吧。你们当中谁去什么地方，我一点儿也不知道。不过，你们不要自寻烦恼。

爸爸

圣蒂尼克坦

转达我对你嫂子的衷心祝福，你们也接受我的祝福吧。

4. 我们养的小鹿几乎吃掉了所有荔枝

米鲁：

在繁杂的喧嚣声中，很多天都没有收到你的回信了。近几天来，我都在忙于各种事务和各种应酬，现在依然如此。自从担任《基础理论知识》杂志的编辑，我的工作量又增加了。在我生日那一天，孩子们会来祝贺的，因此还会有一阵喧闹。那一天他们要演出《国王》。

除此之外，不知还会做出什么令人讨厌的举动来。在这之前如果能够逃到什么地方躲起来，那就好了。

你们那里有洛特坎果树，告诉罗廷寄一袋特洛坎果来。演出时孩子们想在服装上涂抹颜色。

这里几乎经常是连雨天，到现在还很冷。你们那里怎么样？你们还在经营菜园吧？我去你们那里时所看到的情况现在有些变化没有？从你们的土豆地里收获了多少土豆？春季收获怎么样？我们芒果园里的果树上结了很多芒果，你们芒果树的结果情况如何？我们的荔枝树上已结出了大大小小的荔枝，可是我们养了一只小鹿，它走过来几乎吃掉了所有荔枝。薮菲达树低矮的树枝上所结的那些薮菲达果也保不住了。这只小鹿很温顺，所以不想把它关起来。现如今我们与梵社的很多姑娘交谈过。她们到静修院来过，她们与这里的学校保持着一种很友好的交往。这一次我来到加尔各答已经 3 天了，我与她们进行过对话交谈。看来，拜沙克月初一她们会来这里的。

你们的学习进展如何？我知道，你已开始学习植物学了。怎么样，喜欢吗？你嫂子的学习有进步吧？你的朋友布达特小姐（Miss Bourdatte）也经常责备你们，把你们的钱装满她自己的腰包回美国去了。我们为什么要跟美国鬼子竞争呢？

你们经常去河边散步吗？乌马丘龙回到了加尔各答，这是个好消息——他还没有结婚，还是独身一人。我听说，下周一，他要来这里相亲。我在想，应该怎样欢迎他。

爸爸

1910 年恰特拉月

圣蒂尼克坦

告诉你舅舅或舅公赶快去收集巴乌尔歌曲并且给我寄来。不要拖延。

5. 读一读《科学仙境》这本书吧

米鲁：

过了很多时日，才收到你的信，我很高兴。罗廷在为你们讲授 Ball 的《天文学》吗？我第一次阅读这本书时就如此喜欢，甚至达到废寝忘食的程度。你嫂子大概也很喜欢。是否应该让她读一读 *Fairy Land of Science*（《科学仙境》）这本书中的有关部分？从这本书中她可以学到很多东西。我发现，她对科学有一种很强烈的自然吸引力。她的老师老往迦尔迦跑，对她的学习能没有影响吗？你为什么不教一教她呢？你的身体现在好吗？你二娘 [1] 给我提出建议，她要把你留在兰奇——她的身边，那个地方很好，你会很喜欢的，你的身体也会好的。你还可以跟你久迪哥哥 [2] 学习乐谱和唱歌。我不知道他是否和诺根谈过此事。诺根 [3] 肯定已经回到什莱多赫有些日子了，可是你们一直在水上转悠，诺根到哪里能找到你们呢？有你舅舅的消息吗？由于我四处奔波，这个不幸的人感到很劳累，他常常同我谈论他的美好理想，现在他找不到愿意听他谈理想的人了。

你的那篇关于宗教和科学的文章发表了，你看到了吧？看来，现在你不动笔写东西了。这样的连雨天你们住在船上会感到不方便吧？朔月降临了，从现在起又开始是连续的阴雨天了。

爸爸

1911 年 8 月 1 日

邮戳：圣蒂尼克坦

---

[1] 你二娘：指甘丹侬蒂妮（1850—1941），诗人泰戈尔的二嫂。

[2] 久迪哥哥：久迪普罗迦什·贡戈巴泰（1855—1919），诗人泰戈尔三叔吉林德罗纳特（1820—1854）的外甥，即他堂姐迦东碧妮的长子。

[3] 诺根：指诺根德罗纳特·贡戈巴泰。

6. 我不需要两个仆人

米鲁：

久格达侬德和松多什今天凌晨去加尔各答了，所以你想要的那种机器，我没能找到。如果在某个地方我看到这种完好的机器，我会给你们寄过去的。关于月球上的黑斑要得出清楚的观念是困难的，现在根据太阳与地球存在的关系来划分季节，只看图是难以理解这种划分的。

诺根写信来说，明天星期二他要带领你大姐动身去你们那里。在收到这封信之前，无疑你们就会见面的。看来那个地方你大姐会喜欢的。我那个房间你就让给她，让她一个人单独居住。

你赫姆洛达嫂子今天动身前往加尔各答去看望洛莉达 [1] 了。科莫尔多日之后又得以会见她的女友杜尔伽 [2] 了，所以她满心欢喜。迦利莫洪的妻子莫诺罗玛也成为她们女友会的成员，比宾的老婆比什斯蒂也是她们聚会的成员。拉波诺的女儿 [3] 看上去很美丽。可怜的孩子在遭受病痛之苦，可是她那快活的性格并没有消逝，让她避开我的胡须是很困难的。拉波诺患有重病。我雇请了一个理发员，他很会修理钟表，在手工艺方面是有些能力的。他在乌马丘龙身边学习烹调等厨艺，我觉得，各种各样的活计这个仆人都会做，而且我不需要两个仆人。你问一下罗廷，如果他需要，我就可以把他派到什莱多赫去。若是能接受并培养这个人，他是可以做实验室里的工作的。需要的时候即使绞尽脑汁，也雇请不到可用的人，我无论如何都不想放他走。你把我关于这个马

---

[1] 洛莉达：诗人泰戈尔的侄孙女，即他大哥迪金德罗纳特的孙女，他二儿子奥鲁嫩德罗纳特（1863—1929）的女儿。

[2] 杜尔伽：久格达侬德·拉伊的女儿。

[3] 拉波诺的女儿：指奥米达·泰戈尔。"拉波诺"为拉波诺蕾卡·丘克罗波尔迪的简称。

德拉斯青年人所说的这些话告诉罗廷，对此事他若做出什么决定，让他写信来告诉我。

爸爸

1911 年斯拉万月 16 日

圣蒂尼克坦

7. 已经到该放弃参加会议的年龄啦

米鲁：

　　你哥哥和嫂子给我写来一封信，建议带我走海路去新加坡转一转。我的身体不好，忘掉这里的所有忧虑、担心和烦恼，若能够出去转几天，或许我的身体状况能够得到一些改善，可是我在想，只在海上转悠 22 天，我会怎么样呢？这样只会忍受长期转悠的辛苦和晕船的打击。所以今天我已经给他写了信，如果他同意利用 3 个月的假期去日本旅游，那么，我就可以借此机会更好地呼吸新鲜空气。如果有几天能放下所有负担，得到一次休息，就可能会有一点儿轻松的感觉。你把这个建议告诉你二娘，看一看她有什么建议。阿舒给我发来了电报。但是从前天起痔疮开始流血了，我感到虚弱无力，现在如果我乘火车去加尔各答，我会感到很痛苦的。因为有这样的担心，我就没能去参加他们的聚会。除此之外，我已经到了该放弃参加会议的年龄啦，我再也不能忍受人们的簇拥拉扯。人们建议阿斯温月初六在这里演出《秋天的节日》。迪奴带领他的男生剧组正在刻苦地排练歌舞。初六或初七我要离开这里去休假。

　　这里已经出现了秋天的气息，天空中弥漫着赛富莉花的芬芳。透

395

过一朵朵白云，骄阳熠熠闪光，美景到处绽放，感觉好极了。在昨天
皎洁的明月夜，我搬把椅子放在院子里的空地上，坐了很久很久。

爸爸

1911年帕德拉月（？）

圣蒂尼克坦

8. 牵一两头牛到河滩放养

米鲁：

　　轮船在航行，我曾经担心我会晕船，可是我看不到有任何晕船的
迹象。大海不是那样波涛汹涌，不过也不是完全没有波浪。西风正从
我们面前吹过，所以有一天还是有一点儿颠簸，但是直到今天我都没
有任何不舒服的感觉。绍门德罗[1]常常感到头晕，所以他就躺在舱室里，
24小时都在昏睡。我相信，他的头晕完全是假的，因为他睡眠很踏实
而且吃的食物也相当多。完全以国王的做派倒在床上进食，我从来都
没有见过，特里普拉土邦的大藩王本人也如此安闲地生活过。你嫂子
过得很舒心。她无拘无束、心情坦然。她来到新地方，行走在新的道
路上，与陌生人交往，不论在哪里我都没有看到她有一点儿拘谨，这
期间只是有一天她晕船了。

　　我不能说我们同轮船上的旅客都很友好。我们不声不响地待在远
处。旅客中只有两个人同我交谈过。其中一个人问我："我听说有一

---

[1]　绍门德罗：指绍门德罗琼德罗·代博波尔马。

位与你同名的诗人，他是谁？"我回答说，此人就是我。这个人是一群士兵的统领，不过他并没有在任何一天请我为他朗读诗歌。你会理解，我内心里感到悲哀。

我不知道你们现在住在哪里。这封信我要寄往加尔各答的地址。因为即使你们现在住在什莱多赫，信寄到加尔各答，你们收到也不会太晚。

尼代的情况怎么样？他的孟加拉语学习有进步吗？还有，我希望，他那种散桑多式的体操练习能够继续坚持下去，把脚跟举到面部等动作的练习开始了吗？他的身体怎么样，好吗？转达我对他的关爱。你婆婆现在仍然独自占有她那位小朋友的心灵——我一天不回去，她那占有欲就会可怕地有增无减。告诉你婆婆，从前有一天她在什莱多赫给予我的那个地方，在我回来之后不要把我从那个可接纳我的地方赶走。

你们在什莱多赫怎么样，写信来说说。我希望，在连续的阴雨天过去之后，现在你们那里已变得有益于健康了。如果在陆地上你们身体不好，那么，就找一个安全隐蔽的地方，把船开进寂静无人的河滩，在那里住上几天。现如今船已经很多了，所以你们要居住在某一艘船上不会有什么困难。雨季的时候虽然可能有一点不方便，但是若能安装好遮雨的窗帘，就不会有任何担忧了。此外，再把一两头牛从办公楼区牵到河滩上放养，那就什么都不用担忧了，在遇到食品匮乏时，也能保证有食物了。

接受我的衷心祝福吧。

爸爸

"格拉斯哥城市"号轮船

在阿拉伯海上

1912 年 5 月 31 日

9. 女人和男人对于事情是有分工的

米拉：

我为什么长时间没有给你写信，对此你心里在犯嘀咕吧。我当然知道，你嫂子几乎每个星期都给你写信，并且在信中不会漏掉各种大大小小的消息。如果我写信，那我的信里就会存在重复这些消息的可能性。世界上的女人和男人对于一些事情是有分工的，其中各自承担一部分——男人承担国家事务，女人从事家庭事务；男人要写书，女人要写信。写信的技巧是女人所具有的本性，可以说，男人并不具备。我们可以写工作方面的书信，我们的文笔就不愿意触碰非工作方面的内容。关于这一类信件，我曾经给你写过，是为了解释科学理论；很幸运这是科学性的工作，书写这一类信件，我得心应手。我是《理论知识》和《侨民》杂志的著名作者，大概你相继听说过。为满足这里人提出的世俗性要求，那时候只要有时间，我就会认真地写文章，你嫂子当时还没有插手期刊，因此，对她来说，写些非期刊需要的东西就很容易。由于所有这些原因，很自然我们之间就有了一种责任分工。另外还有一件事情，我也要说一说，人们认为，对到陌生的国家去的人们来说，他们很容易写出详细的新闻，其实恰恰相反，一则消息若完全是新闻，而他两眼昏黑却看不见，此新闻就依然是旧消息。现在你想想看，我们上周是在南肯辛顿（South Kenxington），而这个星期我们就来到了沃斯莱大街（Worsely Road）的一处住宅——这个消息在你们那里毫无意义，但是你们给我提供的那条消息——你们离开办公楼，移到船上住了，这对我来说确是一条有意义的消息。如果你让我详细描写，那么，我们住在这个沃斯莱大街（Worsely Road）上黑暗的住宅里，我的心幕上就会长时间反复呈现出你们住在"帕德玛"号船上的画面。散布在你周围的一切都是直接呈现在我们面前的：你们的屋门、厨师、园丁、牛犊、豪猪、渡渡鸟、黄麻田、爱神、警察局长、连雨天、阳光、芒果树、黑莓树、池塘、街道、苍蝇、蚊子、昆虫、医生、医生的妻子、霍乱、疟疾等等。我们这里绝大多数消息对你们来说都是完全无意义的。你看，关于描写科学理论的那封信剩下的一节也写完了。不过，你们确切住在哪里，现在怎么样，你们在船上是怎么安排居住的，娃娃在船上是如何度过每一天的，在那里娃娃的吃饭、消遣是如何安排的，现如今他的饮食是按照怎样的比例配置的，他对待人们的态度怎么样？我心里很想知道这一切，尽管从诺根德罗的信中的一行字里得知，你们住在船上身体都很好。也许，详细情况，你已经写信告诉了你嫂子，可是你嫂子对我只说这么一句："我收到了小姑子的来信，小姑子想知道，爸爸为什么很多天都没有写信了？"这里到了炎热的季节，今年的太阳也搞起了欺骗，秋季有三四天赐予一点儿希望，而今天又变得如此昏黑起来，而且这里照常刮起了冷风，所以就觉得很不舒服。你知道，迦梨陀娑[1]有一首诗，其名称可能是"季节毁灭"。这一次在这里可以看到这首诗的含义了。夏季消逝了，秋季也如此。可是，这个国家除了三个季节，就没有季节了。如果需要取消哪个季节，那么，我认为，在印度就应该取消夏季，那样就可以节省电扇的花销。

你们建议，在迦尔迪克月乘船去巴里萨尔。但是那个月是可怕的暴风雨时期——在那个月我经历过多少暴风雨啊！此外，那也是疟疾流行的时期。如果你们在阿格拉哈扬月去那里，就不存在任何担心的理由了，但是在阿什温月—迦尔迪克月乘船在河上长时间地航行是绝对不合适的。我曾经在河上度过很多天，我了解大河的脾气秉性。

爸爸

1912 年秋天

伦敦

---

[1] 迦梨陀娑：印度古代著名诗人。

10. 我期待着吉祥之日的到来

米拉：

到现在都没有收到你的来信。你们都好吗？今天是阿什温月初十，你们的假期临近了。这封信寄到的时候，你们很可能不在什莱多赫。如果你们决定乘船去巴里萨尔，那么，你收到这封信就会晚些。在前往巴里萨尔途中的两个地方要穿越很宽大的河流，因此我心里有一点儿害怕。尽管如此，我身在如此遥远之地，无用的担心害怕没有任何益处。在此处这个夏天我一直是在阴雨中度过的，这种情况以前我已对你说过。当然，这里的人们称之为夏季的时间，根据我们的日历其很大一部分是在我们的雨季，但是在雨季里忍受阴雨，我们的确不开心。可是毫无道理的是，在这里的冬季阴雨天照样会光顾。人们的忍耐性就那么多，而超越限度是人忍受不了的。但是在今年的这个9月，天气表现得很友善，几乎每天都可以见到阳光，很久都没有下雨，就像我们国家的秋季一样，洁净的天空阳光明媚，瞧看一下窗外，心情舒畅。我每天都想离开这个伦敦，到某个地方去转一转，可是我遇到了障碍——我的书稿在印制中，10月14日才能印出来。即使印出来，也不能脱身，因为这里的一些先生说，这本书即使出版了，这里的出版者当然也还会很热心地出版我的其他作品，我也应该期待着这种吉祥之日的到来，也就是说，至少到11月我都要忍受这里的雾霾。11月在伦敦是最坏的时日。我在翻译《齐德拉》（《花钏女》）《玛丽妮》和《邮局》，我的朋友罗森斯坦为出版这几部作品表现出很高的热情。除此之外，我已经从《儿童集》及其他几本书中选译了很多部分，所有译文合起来，已经非常多了。

这一次来到这个国家，有很多我认识的旅居在这里的孟加拉人。昨天我到碧莫拉[1]居住的那个地方去了。她的女儿玛雅病得很厉害，所

---

[1] 碧莫拉：绍多龙窘·达斯律师的妻子。

以得到我来此地的消息，她就急忙赶过来了。经过顺势疗法的治疗玛雅好多了，我对此缺乏信心是有原因的，我是很喜欢碧莫拉的。玛雅已经没有任何危险了。代我亲亲男娃。

爸爸

1912 年阿什温月初十

伦敦

11. 我要带着男娃和女娃安度岁月时光

米拉：

收到你这封信我很高兴。自从来到这里，我就匆匆去了几个城市做讲演。本来应该给国内写信。从一个宾馆到另一个宾馆，从一个城市到另一个城市——这就成为我的生活。这么多天来我都在国外，国家在我面前一下子消失不见了。这个国家类似暴风似的恶劣气候使我的心魂烦躁不安，在这里我一分钟也不想再住下去了，可是在这里的人面前我还有话要讲，否则我就没必要到这来了。今天就应该唤醒世界人民走正义之路，可是这在我们国家是做不到的。这里的人们现在都还活着，他们今天正在为反对真理而斗争，因此他们也会与真理有联系。而我们要工作，我们要乞讨，要吞食奎宁丸，并且会因为盛怒而死去。因此，无论多么痛苦，天神都强行把我带到这个领域来，在我的晚年让我的生命在这里取得收获。我的国界线消逝了，所有国家都在我心里形成一个国家，而且我会获得假期。我的工作与我的名字存在着联系。我的生活最初始于东方地平线，我的生活会在西方地平线上结束。否则，我生命中的大半时间都在撰写孟加拉诗歌——可为什么突然不说也不讲孟加拉语了，我还要用英语改写《吉檀迦利》呢？为什么有一天出乎意料地萌生一个如此强烈的欲望，放下家里学校的事务、跑到英国来呢？由此我意识到，我的人生之路不会是按照我的意愿和盘算预先准备好的——为了让我投入工作，多少天来通过各种苦乐悲欢来锻造我的那个他，将会亲自引导我工作。那不是我国的工作，而是他的世界的工作，所以坐在一个角落不是我的命运中注定的。

　　为安排你们住在苏鲁尔的那栋房子里，我给罗廷拍发了电报。在那里收拾好你们的东西，管理好家务，我会去看一看的。池塘里的鱼、田地里的收获、菜园里的果实和家里饲养的牛所产的牛奶，是可以满足你们的日常生活需要的，生活会很安逸的。给我保留三层楼的那个房间，我回国时就可以同你们住在一起。我要带着男娃和女娃安度岁月时光。我很能理解，在我这样的晚年由于对你女娃的爱我要再一次沉入诗歌的水中。我的这颗心急于想去看一看她。有一件事你要记在心里，从帕德拉月到阿格拉哈扬月，你要住在圣蒂尼克坦二层我的那个房间里，否则，你就无法逃避疟疾之手。我也觉得，住在苏鲁尔的家里，进行耕作，然后如果你们再回到圣蒂尼克坦的家里居住，那么，是会有益于你们的健康的。我回来后在圣蒂尼克坦的房子里会再增加一两个房间，你们居住是不会有什么不方便的。我已经来到穆蒂小姐的家里。我现在就是在这里给你们写信。代我亲亲男娃女娃。

爸爸

1912 年 10 月 22 日

12. 心灵十分渴望独自闭上眼睛休息几天

米鲁：

　　这一次海上航行时我遭受了痛苦，我在给你写信时要怎么对你说呢！大海昼夜都在摇晃着我的身体，把我的灵魂带到很遥远的地方，现在我登上了陆地还觉得摇摇晃晃。我多次晕船，可是过去从来没有过这种情况。如果认为有必要，而且想在美国停留，那就还要再次在海上航行。此外，船上的旅客中也有大量不幸的可怜之人，同他们进行短暂的交谈，我会感到快乐，这种机会是不会再有的。很多人讲的语言我们都不懂，而同那些我们懂得其语言的人们进行交谈的愿望又没有。尽管如此，我们还是处于人群之中。与我们同行的有梅特罗医生，他很善于讲故事，还有一个同行的孟加拉人，他具有一种不讲话的非凡的能力，他把两只手插入两个裤兜里，默默地在甲板上从一边走到另一边，来回踱着脚步。还有一个马拉提人，他是一个体型很瘦小的人，但是可以观察到，在一个方面他同鲸鱼很相似——日日夜夜他都待在舱室里，时不时地登上甲板，像鲸鱼一样匆匆呼吸 5 分钟，随后又钻进舱室里不见了。不论大海多么平静，也不论白天多么美好，他都不肯离开他的洞穴，直到昨天最后抵达海岸都是如此。在伦敦对外国人的益处就在于，在下船的时候不会受到任何伤害，而在这里的海关纳税评估室里像囚徒一样站立两个小时，非常痛苦。现在我已经来到宾馆住下来。今天应该去寻找这里的某一位顺势疗法医生，然后购买一些药品，前往伊利诺伊，进入罗廷就读过的大学的校门。我本来想象，进了门我们就会安顿下来，心灵十分渴望独自闭上眼睛休息几天。在美国能否获得如此廉价的休息，我是怀疑的，无论如何都要努力试试看。你要按照伊利诺伊的地址写信来，把你们的一切情况都告诉我。

爸爸

1912 年 10 月 29 日

纽约

13. 我的那包书都没有运送到波尔普尔，恼怒！伤心！

米鲁：

今天收到你的信，我很高兴。来到这里很多天了，我们几乎不间断地享受着阳光。过了这么多天之后，在 1 月份开始时可以观察到天神的情绪有一点儿变化，有一天下起雪来，四周白茫茫一片，然后在夜里下起了大雨，早晨起来一看，雨水在大街上和树木上凝结成一层像玻璃一样的薄冰，道路变得如此可怕的光滑，在路上行走都感到困难。两天来我都待在房间里。今天太阳升起来，看上去天气很好，所有树木像宝石一样熠熠闪光。临近下午的时候我再也坐不住了，就想出去看一看大自然的美景。刚迈出两步，我就摔倒在结冰的地面上，满怀诗兴的诗人有可能被摔伤，我急忙回到屋里。冰雪没融化之前，我就处于像囚徒一样的状态。现在你嫂子不用再亲手做家务了。羌德说，雇请了一位旁遮普的大学生为我们做饭、清洗餐具、打扫房间等，你嫂子只负责整理床铺，而绍门德罗负责采购食物。在这里的家务活儿都不怎么沉重，所有的活儿几乎都由机器来操作。要购物，打个电话就搞定，商店的工作人员就会将你要买的所有东西送到你的家门。在这个国家的厨房里碾碎香料、切菜等活儿花费的力气都很少，由于使用天然气和电力，在很短的时间内就能完成食物的烹制工作，并将其摆上餐桌。所以你想象不到，这里操持家务的方法将会传入我国并会加以应用。在国内仍然使用那种以直角固定在长木座上的大刀来切鱼和蔬菜等，并且还要为削掉香蕉皮和芭蕉头进行俱卢之野大战 [1]，在这里完全没有因制作蒟酱叶包引发的灾难，在国内你们还是坚持那样一种危险的制作习惯。

现在纽约的一位顺势疗法医生在为我治疗。这些天来为找到特效

---

[1] 俱卢之野大战：印度大史诗《摩诃婆罗多》中所描写的在俱卢之野所进行的一场残酷的战争。

药而进行很多探索，现在正值探索时期。我希望能够找到一种对症的药物。

我在这里收到的一封信中获得消息，直到今天我的那一包书都没有运送到波尔普尔，为此我何等恼怒和伤心啊！我简直都站不起来了。我把这些书寄给了他们，本希望这些书在他们那里会派上用场，可是他们没有收到，真是毫无道理！这是何人的过错，至今我都不得而知。如果这是由戈巴尔的疏忽而造成的，那么，这就是不可宽恕的，因为久格达侬德他们要求他不要出错。如果这是因为某人的工作错误，那就更是比较严重的无理取闹。我也不允许再出现这种情况。我要送某人一样东西，他却收不到，因为别人会为此设置障碍。这种奇怪的权力，我从没赐给任何人。此事可以看作是对我的侮辱。你们已经回到加尔各答，对此事进行调查后，将确切消息告诉我，并且采取相应的补救措施，一分钟也不要拖延。到今天我已经有一个半月被拖入这件事情之中，毫无办法地忍受痛苦，可是我既不能理解，而且什么也不能做。代我亲亲娃娃。

爸爸

又：代我向你婆婆问好。

1912 年巴乌沙月 25 日

伊利诺伊州厄巴纳城高街 508W 号

14.邮寄刊物时要用厚纸好好包装

米鲁：

我们离开阿尔班纳已经有几天了。有一个叫作罗切斯特的城市邀请我去发表演讲，所以要前往那里，不是很近。这个国家如此辽阔，缓慢地从一个地方前往另一个地方是很艰难的。你想想看，在我们国家没有任何人想邀请加尔各答的人去孟买做讲演。这里的人肯定会为我支付路费的，可是不会让我的讲演超过 20 分钟的，因为有很多人要讲话。从 1000 英里远的地方请一个人来，还要为其 20 分钟的讲演支付 150—200 卢比的费用，可以说这简直是发疯了。起初我拒绝了，但是你们知道，最后我还是推脱不掉。这种纠缠我是无法摆脱的。特别是在这次聚会上 Dr.Eucken（欧肯博士）要发表讲话，而且他曾经表示特别希望同我见面。Dr.Eucken 和 Bergson（柏格森）这两个人是当今欧洲最主要的哲学家。Dr.Eucken 读过《吉檀迦利》后，给我写了一封非常美好的赞誉信。我在这里的芝加哥大学做了一次以 *Ideals of Ancient Civilisation of India*（《印度古代文明的理想》）为题的讲演，这个讲演受到这里人们的热烈欢迎。明天还要在一个地方做关于 *Problems of Evil*（《邪恶问题》）的讲演。我们还要从罗切斯特到波士顿等地去旅行。然后在 2 月中旬回到阿尔班纳。我们住在这里穆蒂小姐的家里。她非常细心地照料我们。我发现她具有一点儿很自然的母亲般的情感。她搀扶着我起坐，我很想同她一起去纽约、加利福尼亚等地转一转，可是对我来说最后是否会感到很疲惫呢？所以我正在考虑。她希望我在纽约能连续做几次讲演，结果会怎么样呢？看看吧。你告诉诺根，我没有收到阿格拉哈扬和巴乌沙这两个月的《理论知识》杂志。若作为订阅者，我就会收到的，可是作为编辑，我竟会遇到如此遭际，难道我犯了什么过错不成？你要对他说，邮寄刊物时要用厚纸好好包装一下，在包装时图省钱使用薄纸，结果也不会便宜，因为那种包装纸损坏后邮件会丢失的。

爸爸

1913 年 2 月 22 日

又及：为了找到一个好地方住几天，当然诺根应该往新换的地址邮寄东西。我们那栋石头房子怎么样了？

芝加哥格萝维兰德大街 2970 号

15. 罗廷有一张最美的脸

米拉：

我们离开这里的时间临近了。4月中旬我们会穿越大西洋，并且可能于 4 月 20 日抵达伦敦。在那里要办理出版我的书稿事宜。书的免税款累计很多了——是否全部会算在一本上，对此我是怀疑的。结果会怎么样，等着瞧吧。现在罗廷把所有这些材料都用打字机复制出来了。这里的生活很快就该结束了，所以罗廷已经离开他就读的大学，而且他手里的时间还充裕。

你嫂子开始学习小提琴了，可是小提琴不是很短几天就能学会的，而且回来后又不得不放弃。在你嫂子学习方面有一只恶毒的眼睛在瞧着她，她不论开始学习什么，行走不远就会遇到障碍。她跟随这里的一个姑娘开始学习英语，不久这种学习也停止了，可是在芝加哥、波士顿、纽约等地转悠，对她来说，是一种很难得的学习机会。我希望这对她是很有益处的。她会结识很多朋友。对罗廷来说，这一次美国之行也是很有意义的。他又一次像学生一样在这座小城市里度过他的学习时光。我在这个国家听到很多人对罗廷相貌的赞美：有一天这里的一位教授夫人说，他有一张最美的脸（most beautiful face），在英国我也听到过很多对他美貌的赞誉。今天我收到你苏棱哥哥的一封信，他在信里写道，5 月苏棱可能来伦敦。那样的话，我会非常高兴的。他来这个国家做事，会有很多便利的。我特别渴望见到他，听他讲述你娃娃首次进食仪式的情况，现在他是否已经开始为讲话做某种准备

阳光射到我的脸上

了？他的舌头是否只用于进食？诺根德罗的身体如果现在还很虚弱，那么，他为什么不前往拉姆戈尔去住几天呢？那里的房子空着呢。高山气候对于预防疟疾是最好的。

爸爸

厄巴纳

1913 年 3 月

16. 我们坐在酒吧的角落里欢度了新年

米拉：

我们已经穿越大西洋，来到了伦敦。我们乘坐的那艘轮船看来是当今世界上最大的一艘。我们的舱室所在的那一层是从上面数的第五层，也就是说，在它的上面还有四层，而在我们这一层的下面还有很多层。由此你就会明白，这艘船在高度上比我们的焦拉桑科的楼房还要高出很多，而该轮船的长度有五分之一英里，也就是说，从圣蒂尼克坦大楼到大坝那么远的距离。除此之外，在它的内部有休闲、娱乐、餐饮等各种各样的众多设施，可以说数不胜数。只有 6 天的航行时间，轮船上竟然有如此丰富多彩的各种生活需求设施，这是我们想象不到的。这一次在海上航行很少有颠簸，可是这艘轮船船体虽然庞大，但也不能完全压制颠簸，不过，这一次我一天也没有晕船。来到伦敦后就见到了苏棱，他几乎每天都来我们所下榻的宾馆。住在美国的时候整个冬天我们几乎都能够享受到阳光——自从来到这里后，天空一直布满乌云，并且几乎都是细雨霏霏的连雨天，因此我就有一种很强烈的压抑感。这一次我们的拜沙克月大年初一是在海上度过的，早晨当所有乘客都在船舱里沉睡的时候，我们三个人坐在酒吧的一个角落里欢度了新年。自从我的学校创办以来，一次又一次的拜沙克月大年初一，我都是在学校里度过的，11 年来这一次是第一个例外。

我们从芝加哥到纽约的途中看到了黑人的不雅行径。由于我们的命运不佳，那一天阴云密布、雨雪交加，过去的两三个星期都没有收到国内的任何来信，所有信件看来都积压在罗森斯坦那里了。因为他离开伦敦几天，到别的地方去了，所以信件都积压在他那里了。今天他要回来的。代我亲亲娃娃。

爸爸

伦敦

1913 年 4 月

17. 我的剧本《邮局》译本要在这里的剧场上演

米鲁：

很多天没有收到你们的信了。不晓得现在你们去了哪里，莫非现在你们去了沃尔泰尔（Waltair）？穆蒂夫人从美国来了。在伦敦泰晤士河岸边她有一套住宅，我们和她都住在那里。苏棱这几天都在伦敦，他要乘坐这艘邮船回国，这封信就由他带回国内。我如果能同他一起回国，那我就会感到快乐。可是现在我被阻隔在这里不得脱身。首先，我的这些书稿的印制安排工作现在还没有结束。我的诗歌手稿在叶芝手里，我的讲演复制稿在另一个人的手里——这些稿件经过修改和遴选后，我要交到出版者的手里。他们想在即将到来的秋季印刷出版。此后在 7 月末左右，我的剧本《邮局》译本要在这里的剧场上演，我要去观看它的彩排。然后还有一件麻烦事要做——医生们建议对我的痔疮做外科手术治疗。很有可能下周一做手术。那样的话，此后至少三个星期我都要躺在疗养院里。这几天你都不会收到我的任何信件。考虑到这一切，我看 10 月之前都不能回国。现在正值雨季和夏季之间，动身回国也不会感到舒适。有一次我们曾经议论过，罗廷他们夫妻俩先于我回国，可是如果他们俩走了，我在这里进行工作就会感到困难，所以这三四个月他们就得留下来。因此我让你嫂子又跟一位女教师开始学习了。现在她就可以用英语进行某种工作了。在这一年半的时间里她轻松地掌握了英语，这在国内即使经过五年的努力，也是做不到的。在这里她的扁桃腺炎正在康复。娃娃[1]的情况怎么样？他的湿疹是否有些好转？看到他的照片，我觉得非常有趣。替我亲亲他。

爸爸

1913 年 6 月

16,More's Garden

Chegne Walk,S.W.London

18. 娃娃张嘴坐在壁炉台上的照片，总是映入我的眼帘

亲爱的米鲁：

你的娃娃张着嘴坐在壁炉台上的那张照片，总是映入我的眼帘，而且我的心总是渴望瞧见他。你信里说，他的湿疹好了，可是他的身体却很不好。医学书上有记载，你会看到的，即使湿疹消失了，身体也会很不好的，会有一点儿痛苦的感觉，因此湿疹很快消失并不好。你要给娃娃吃一粒硫黄药丸，然后过一个月后再给他吃一次。如果湿疹还没有消失，那么硫黄就可以治疗这种毛病。

我的手术做完了。头几天我感到很痛苦。这种疾病的确很折磨人，治疗也很不舒服。过了一个星期后，我住在疗养院里不会很痛苦了。有几天摆脱了人们的干扰，我得到休息。倒在床上，过两个小时进餐

---

[1]　娃娃：指米拉的儿子尼丁德罗纳特（1911—1932），此时他才 2 岁。

一次，而且我能读书，还可以写一点儿东西。护理安排得很好。那些特别要好的朋友们常常来看我。现在还有一点小症状，因此今天我前往医生那里去治疗。治疗时感到极其痛苦。在被麻醉的状态做切割手术时我什么不知道，可是在清醒的状态进行操作，就感到特别难以忍受。尽管如此，看来，还是摆脱了痔疮病魔之手。是否永远不会再犯了，当然还不好说啊，因为有的人即使手术之后也还会再次犯病的，不过，我希望，至少可以得到四五个月安逸休息的时间。有一天我想沿着罗格普尔大街走一走。我现在还说不定何时动身，大概，在阿格拉哈扬月中旬我可以到达。在迦尔迪克月没过去的时候不敢冒险走动啊，不过还有 3 个月的时间。在这期间我的书稿印制会有序进行，然后我就会动身的。一本诗集和一些讲演稿已经交到印刷厂了。这两本书约定在 10 月出版。然后是《儿童集》的译稿在圣诞节期间出版。

你嫂子的扁桃体和淋巴腺肿状割除了，这个消息你肯定知道了。她现在很好。

爸爸

1913 年 7 月

伦敦

19. 每次在信里看到娃娃的情况，我就想尽快见到他

米鲁：

你们住在海边呼吸空气，心情愉悦而且身体也胖了，我听说后很高兴。很好地住在那里稍微长一点时间，恢复身体健康，度过炎热的时日后再回加尔各答，就很好啊。每一次在你的信里看到娃娃的情况，我的这颗心就想尽快见到他。准确的时间——何时我们会相见，现在还无法说定。因为现在我的事情还没有办完，也许，若办完还得过一

个来月的时间。这期间雨季就会降临，大海现在不平静，而且国内现在进入了闷热时期，所以看来在9月之前我都不会动身。不过，什么都说不好。因为我这颗心非常渴望离去，而这里的人们、社会团体的纠缠，使我心里感到十分疲惫。如果我能在我们国家的某个无人的寂静角落里默默地住些日子，那么，我全身的骨骼就会感到轻松些，可是我又在想，到了那里，又会陷入各种麻烦困扰的事务中。此外，现在如果回去了，那里人们的抨击会比以前增加很多，对我来说要使自己摆脱各种抨击是非常困难的，再加上还有一群我的评论者朋友，他们的声调肯定会比以前高出很多。那里迷惑人的手段是否已减少一些，我说不好。然而，即便如此，还是应该承认存在的一切。我要离开自己的住宅，到什么地方去转一转。现在我的演讲集正在安排印制成书本的形式，大概，在未来的秋季就会问世。我的这些演讲，这里的人们是喜欢的，在这个国家和美国可能会有销路。我的《邮局》英文版很快就会在伦敦演出。这里的人们特别善于表演，看来，他们会演得很好。《国王》的英文译本，这里的人们也喜欢，不过演出这部戏剧是困难的。

爸爸

1913 年 8 月（？）

托收 托马斯·库克父子公司，卢德门西勒乌斯，伦敦

20. 如果有谁捣乱，你就让他去猎熊吧

亲爱的米鲁：

这一次我去迦利格拉姆和比拉希姆普尔转了转，昨天回到了加尔各答，在这里住一两天，我要去波尔普尔。在波尔普尔现在要上演《秋天的节日》——我不知道是否能成功演出。皮尔逊与安德鲁兹前往斐

摆动的意志

济岛去调查苦力奴隶问题。我听说他要在玛克月中旬回来。皮尔逊走了之后，学校出现了一个很大的空缺。不管怎么样，在这期间要把他的住房建好，他回来后就可以在自己房间里安放宝座。尼湿康多·拉伊乔杜里[1]他们如果走了，有些日子你们就会感到很孤独的。尽管如此，Sweatenham 夫妇是你们的邻居，你们会感到很方便的。那辆老旧车子坏了之后，你们还能步行到他们那里去吗？

你的身体怎么样？娃娃他怎么样？如果现在这种连续的阴雨天过去，看来，这个秋天就会是非常美好的。

---

[1] 尼湿康多·拉伊乔杜里（1901—1973）：著名诗人、画家。少年和青年时期都是在圣蒂尼克坦度过的，是诗人很喜爱的人。从1934年起入奥罗宾多的静修院修行，终生未婚。

我们这里的降雨已经结束，秋天的阳光明媚灿烂。戈莱河和帕德玛河汇合在一起，两河中间沙丘上的凸起部分时不时地浮出水面，随后又沉入水中。我曾经想乘船到大河的某个地方，抛下锚住下来，可是哪里都没有找到能泊船的好地方，所以我只好在什莱多赫那栋三层楼房的一个房间里安身。你们那里的马铃薯怎么样，能说说吗？没有损坏吧？各种活动中有人帮助吗？如果有谁捣乱，你就让他猎熊去吧 [1]。

可惜，我们船上的多普斯船夫死了，你得到消息了吧？他的肝脏破裂。由于这里医生的粗心大意他已经奄奄一息了，此时才把他送往加尔各答的梅岳医院，他是在那里病故的。我们陷入了困境，长期以来我们对多普斯船上的工作已经习惯了，再换成别人就会不习惯的。比绍纳特、贾莫鲁、佛迪克、多普斯都一个一个地老去了，而我这个性情温和的老人现在还活着。

这一次我从两个区收到了 100 卢比的现金。代我亲亲娃娃。

爸爸

1915 年帕德拉月 23 日

什莱多赫

21. 我要努力寻找一个旅伴一起出去转悠

米鲁：

听说你身体不好，还在发烧，我心里就忐忑不安，我很想知道你现在怎么样。

我们前往克什米尔转了转，回来了。不论我到哪里，到处都是喧

---

[1] ……你就让他猎熊去吧：诗人泰戈尔这里用了一句诙谐的话语，其意思就是让捣乱的人滚蛋。

嚣声，都摆脱不了人们的纠缠一个时辰，对此我一点儿都不喜欢。在斯里那加我就留在船上，可我连一点儿安静和欢乐都得不到，所以我就急忙跑回来了。现在我觉得，如果能够前往拉姆戈尔就比较好，身心就能够得到休息。不管怎么说，如果不去看一看克什米尔，心里就会感到有一点儿惋惜，因此在那里住了几天，还是有一点儿收获的。其实，也没有人到我们停泊在帕德玛河沙滩上的船上来，在那里天空晴朗，河水清澈，河岸洁净，休闲的时间很清静，这一切宛如我的心境一样。只是那里的事务性工作在驱赶着我，否则的话，我就会在水边找一个宁静的地方住下来。在印度的任何地方都无法让我安身。我现在想再一次越过大海，可是现在前往欧洲是不现实的——我想穿越太平洋，经过日本去美国。美国的确是个非常喧嚣的地方，但是在那里有穆蒂夫人等熟悉的朋友，如果能够在某个熟人身边住下来，那就可以避开其他所有人。这一次我就不带罗廷去了，他们的家庭生活需要稳定下来。不能让他陪着我到处瞎转悠了，我要努力寻找一个旅伴一起出去转悠。

在那里娃娃的身体好吗？德里那座城是不利于健康的，所以我担心啊。在那里疟疾肆虐，相当猖獗。在尼湿康多先生的家里居住时间长了，就会生病的——他们邻居们的情况就是如此。我觉得，你若康复一点儿，完全离开那里来波尔普尔，那就好。冬天你住在波尔普尔，会很好的。

我来这里后发现，直到现在，冬天的一点儿迹象都没有，现在都在扇扇子。今天浓云密布，可能这两天内会有一场暴风雨，然后冬天会开始降临。

这场即将来临的阴雨天过去之后，我就想前往什莱多赫，从那里乘船慢悠悠地前往波迪绍尔。很多天都是在波尔普尔大地上度过的，孟加拉的河道都不宽。

今天我收到了皮尔逊和安德鲁兹从奥地利寄来的信。皮尔逊这个可怜人的又一个很要好的朋友，在战争中阵亡了。他们没有告诉我何时回来。看来，他们可能在玛克月—法尔衮月回来。

代我亲亲娃娃。我心里很想见到他。

爸爸

1915 年迦尔迪克月 19 日

圣蒂尼克坦

22. 鸟鸣花香，如此静美，哪里还会再有啊

米鲁：

这一次住在克什米尔，我的身体不好，感到很疲惫，因此就回来了。我来什莱多赫休息几天，像什莱多赫这样可心的地方，在任何其他地方我都没有见过。我独自坐在楼上的房间里，从打开的朝北窗子，望着平原上的帕德玛河水面和沙滩上的一排排树木，感到十分惬意。在加尔各答忍受过炎热；在这里，微风习习，感到凉爽；树上开满了花朵，花香从远处飘来；天上阳光明媚，和风吹拂，鸟儿在啁啾鸣唱；我的四周弥漫着芬芳，鸟鸣和花香沁入我的心脾——如此静美，哪里还会再有啊。

我现在为你的娃娃而担心，这两天没有你们的任何消息。我来这里的那一天收到电报，知道你们都比较好，可是，看来，你们都没得到安闲，罗廷可能也是如此，若能收到有关这方面的来信，我就会晓得的。不过，这一次你们不要在德里住很长时间，为什么不去阿拉哈巴德绍多他们那里住些日子呢？此后如果天气凉一点儿，你想来波尔普尔，那就直接来吧，或者，你还想去什么地方，都是可以的。任何

时候住在德里，对你们的身体都不好。

爸爸

1915 年阿格拉哈扬月

什莱多赫

23. 我的命运中注定没有休息时间

米鲁：

我在为你们担心，在孟买、浦那地区又开始流行起鼠疫了，因此我很担心。我知道，那个浦那城是很美丽的，我曾经在那里住过一些日子，可是我觉得那里的卫生条件很不好。尽管如此，担心也无益，就让天神保佑你们吧。

我们开心地度过了巴乌沙月初七节。我很理解，这个节日是需要我们的，在这个节日里举行本年度的圣浴仪式。昔日的很多同学又聚会了。戴波尔 [1] 从英国回来了。现在他在加尔各答我们的艺术学校担任教授塑像课的教师。这些人都一起参加了庆祝昨天（巴乌沙月初八）静修院的一个节日活动。今天上午在七叶树台前举行了缅怀已故的学生和教授的追悼会。我曾经想，在巴乌沙月初七节过后，前往波迪绍尔去视察工作。可是我应邀出席于 12 月 30 日在政府大厦举行的庆祝会，我也想尽力拒绝，可未获成功。所以，大概要在这种喧嚣吵闹声中度过十来天，我很不喜欢。我本想能得到一点儿休息，可是我的命运中注定没有休息时间。我若不离开这个国家，这个国家就不会放过我。你苏凯湿嫂子 [2] 说过，你们如果来这里居住，不会有什么不方便的。

---

[1] 戴波尔：迦湿纳特·戴波尔，国际大学昔日的学生。
[2] 你苏凯湿嫂子：诗人的侄媳妇，即他大哥迪金德罗纳特小儿子克里丁德罗纳特（1873—1935）的妻子。

418

神器的生命

庄严无暇者

鲜艳的和平

激荡的欢乐

我想乘船出去转几天之后，前往印度南方去旅游。如果你们俩在那里住些日子，那么，我就可以在那里见到你们。不过，要看娃娃的身体怎么样，如果他身体好，就带他来这里，你也会安心并会有益于健康的。在这里可以为你们多准备一两个房间。

爸爸

1915 年巴乌沙月初九

圣蒂尼克坦

24. 我们需要音乐教师

米鲁：

我想乘船在帕德玛河上漂游几天。在我的办事处不能休息、写作。在般库拉地区出现了可怕的饥荒，为了救济灾民，玛克月 16 日我们学校的学生们要去加尔各答举行法尔衮月义演，为此他们必须返回圣蒂尼克坦。然后印度教大学方面寄来了一封电报，2 月 7 日要在那里举行"音乐是不是大学教育的组成部分"研讨会，请求我就此问题做一个报告。这一次我想在那里度过，但是在这里大家恳求我留下来，应该借此机会讨论一下这个问题。在那里会聚集很多人，他们很多人都会来听我讲演。今天上午我突然接到他们的邀请函，所以现在我要花一些时间应对所有这些干扰，我不知道何时能获得休假。

这一次法尔衮月节日庆典看来准备得很好。在我们的院子里要搭建舞台、安装灯光、设置布景等工作项不会出错的。然后还有学生们演唱歌曲等等。最后要演出我的一部叫作《征服》的小戏剧，戈贡他们负责这项工作。演出的花费应该尽力控制在 5000 卢比之内。听说娃娃很好，我就放心了。总体来说，浦那城挺好，只是有时发生严重的瘟疫。如果在浦那城你能找到优秀的歌手，就给我发消息来，我们需要音乐教师。

根据我的算命天星图，出现各种麻烦事都是难以事先预料的。如果突然出现什么障碍，那么，我就会离开迦尸前往南印度地区。

你们同那里的人们进行交谈吗？是否结交了一些朋友？我听说在浦那城有很多孟加拉族的学生，他们肯定会与你们联系的。代我亲亲娃娃。

爸爸

邮戳日期：1916 年 1 月

圣蒂尼克坦

25. 世界既然接纳了我，我也会接纳世界的

亲爱的米鲁：

你们接受我的新年祝福吧。

在我们这里刚刚结束了迎接新年的活动，心里充满了新年的喜悦。

我曾经琢磨过——我该去哪里呢？上一次动身去英国之前我曾经有过一种激动不安的心态，这一次也多少有一些不安在搅动着我，但是我外出的道路由于战争而被堵死了。这时候从美国发来了这样一封电报，邀请我前去访问，于是我内心里萌生访问大千世界的欲望。经过一次又一次的努力查验，最后我终于明白了，造物主塑造我不是为了让我待在家里，所以从童年时代起我就四处转悠，不能固定在某一个地方忙于家庭事务。

世界既然接纳了我，我也会接纳世界的。你们不要为我担忧，我必须去做我的工作。造物主根本就不允许我享受安逸、休息、让

我与其他人打交道。因此我曾经行走在世人之间——行走在路人行走的宽阔国道上。我为你们俩祝福，不是祝福你们快乐，而是祝福你们幸福。

爸爸

1916 年拜沙克月初一

圣蒂尼克坦

26. 我羞愧得要命

米鲁：

剧烈的暴风雨过去了，昨天我们抵达仰光。黄昏的时候我看到码头上人山人海。"祖国母亲万岁""泰戈尔万岁"的口号声在我们汽车的前后回响着，人们在 3 英里长的大街上跑动着、高声呼喊着口号。城市街道两侧的商店、市场里的所有人都静静地注视着我们的车子，我羞愧得要命。

今天下午人们要在这里的圣殿大厦举行欢迎我的聚会，又会掀起一阵可怕的嘈杂声，我毫无办法，只能默默忍受。若是默默忍受，我能得救，那就好了，可是不开口讲话，也是不行的。那一天刮起了如此强烈的风暴，然后又出现了灾害，最后演变成龙卷风的肆虐。明天，即星期三的下午，轮船要起航。这是一艘很大的轮船，我们为能乘坐这样的轮船而感到很高兴。船长很和善，我受到他的关怀，所以觉得舒适安逸。

我们下榻在一个姓森氏（P.C.Sen）的孟加拉人家里，我同这位富人进行了开心的交谈。上午我们去参观了一座佛教寺庙。有关这方面的所有情况，你们会从其他人的信里获悉的。代我亲亲娃娃，并向你们所有人转达我的祝福。我要去电扇下休息一会儿了。明天就不能好

无限的空虚

好安睡了。

爸爸

1916 年拜沙克月 25 日

仰光

27. 这里的日式房屋都很优美

亲爱的米鲁：

一场很小的降雨过后，太阳升起来了。大海从这座山上的茗藤树林中展露出自己的美景。他们这里的日本式房屋都很优美。我有一个特别的希望，也要建设这种类型的房屋。这种房子如此清洁、如此舒适、如此方便！我们下榻的这家主人非常富有，是位非常友好的善人，在他的家里挂着许多美丽的绘画作品，这样的绘画在任何其他日本人的家里都没有。今天是阿沙拉月 18 日。这些天来，在印度大概早已是大雨滂沱了。在这里下雨天很少，看来，雨季已结束。今天我要去东京做讲演。今天晚上这里的女子大学邀请我去赴晚宴。代我亲亲娃娃。愿天神赐福给你们！

爸爸

1916 年阿沙拉月 18 日

八剑山（Hakan）

28. 这里的人们既爱外表美，也爱内心美

米鲁：

很多天都没有收到你的消息了，心里很是挂念。去美国之前，大概不会收到你们的来信了。动身前往美国的时间临近了。星期四（9

427

月 7 日）下午轮船起航。抵达美国大约需要十来天。然后，我们抵达那里的第一个城市，我要在那座城市做讲演。总之，在这里这些天我一直是在沉默中度过的。可是面临着出发离去，我的心却焦虑不安起来。我伸展开双脚，舒适地坐在轮船甲板的椅子上，轮船逆风起航了，这时候我才会松一口气。在这里现在我没有什么事情了，讲演稿已经写完，现在我只是对稿件进行加工润色。然后这里又照常闷热起来，同我们国家一样，有时浓云密布，一两天连续下起瓢泼大雨，随后又是闷热，还有相当多的蚊子。日本的蚊子比孟加拉的蚊子大得多，很少鸣叫，叮咬人很厉害。由于这种阴雨和闷热的天气，身体总觉得很疲倦。在这里也同加尔各答一样，不用电扇。尽管这里的电费很便宜，可是也不用电扇，其原因大概就在于，这里的房屋很低矮，此外，这里的蚊帐很宽大——整个房间仿佛架起了一顶大帐篷。看来，我们那种豪华的网状蚊帐是防御不了这里的英雄蚊子的。现在我们乘坐火车，朝着东京城的方向行进，铁路两侧是群山、稻田、桑树林（为养蚕）、茗藤树林、注满雨水的条条小河——整个日本仿佛就是一幅幅风景画，而这里的人们也都既爱外表美，也爱内心美，而且男人女人都懂得劳动，他们不仅爱劳动，也爱清洁卫生，所以他们的整个国家都如此洁净优美。

代我亲吻娃娃。

爸爸

1916 年 9 月 7 日

29. 我们的梦想在哪里呢？

米鲁：

来到这里后，我不抱希望会收到你们中任何人的来信，因为我在这里从一个城市转悠到另一个城市，去做讲演并且赢得掌声和募集钱款。昨天突然收到你的来信，我非常高兴。这封信是从穆蒂夫人的地址发出的，经过绍亚多尔城，一路寻找我，最后寄到旧金山我住的地址。绍门德罗来斯雅特尔港口迎接我，他来到旧金山，5天后，又要离开这里动身回国了。他在日本住15天就要动身回印度，他依然是老样子，如此贪食贪睡，如此懒洋洋的，无所事事，如此毫无道理地胡说八道。我不知道，他回国后会做什么有益于世界的事情。不管怎么说，他回国后，你会从他那里了解到一些关于我的情况。穆库尔一点儿一点儿地变得成熟了，他来到外国，不会完全毫无成就的。今天开始在这里举办我们的印度绘画展览。我觉得，人们会喜欢的。我参观过日本的绘画和这里的绘画。我坚信，我们的孟加拉邦绘画艺术在发展，而且它具有一个伟大的灵魂。这种艺术如果能够沿着自己的道路踔厉前进，那么，它就能在世界上赢得一个属于自己的很大席位。遗憾的是，虽然孟加拉人具有足够的天赋，但是缺乏积极性和行功德之力。我们不懂得站在一个巨大的空间和时间的制高点上去善意地看待自己的国家和事业，因此我们只是以自己所拥有的那么一点儿力量做一些小的事情，然后吸一口气，就可以进行学习了，此后又恢复到原来的浑噩的样子。冈仓天心作为日本当代艺术家，在他所创建的学校里进行多少创作性的工作——这种说法是不正确的，其意义是，他甘愿为了这种工作牺牲自己——不仅仅是美好地和封闭式地进行工作。我去希雅特尔一家创作室看过，在那里几位艺术家一起在进行创作工作，也就是说，在这个国家为了实现某种理想招募到某个人，此人不可能生活在这种理想与伟大国家和时代毫无联系的情况下，这就是这里的人们所拥有的本性品格，因此他们都能成为有所作为的人，而我们都是相互隔离的、分散的、懒惰的，不能迈步超出自己单独主义之外。我们的欢乐不与所有人分享，只与自己角落里的少数人分享，我们将所有的钱财和技能都用在自己的身上，而且吝啬得很。可是，这样一种情况我是无法理解的，我们自己不论在哪里，都会将一瓦罐清水浇在自己的身上，将所有的一切都花费在自己的身上。我们何时才能为所有人着想，为所有人的不幸而感到痛苦呢？我们的力量何时才能在与民众的结合中发挥作用呢？我们的贫穷和吝啬没有尽头，我们的国家沉没在这种赤贫的深渊中，其实我们身上所拥有的力量是不少的，我们在外国深刻地体会到这种力量的宏伟。不过，只要存在宽广胸怀和高尚情操，这种力量就会成为永恒，就会在所有国家和所有时代获得成功。我们却没有这种能力和自我奉献的精神。我曾经希望，从五花八门的流派中闯出一支我国的绘画艺术流派，并且以此为整个国家的思想增光添彩，可是谁都不肯为此真正地付出自己的努力。我曾经希望，为自己的这个理想做好准备，可是并没有在任何地方激发出生命的活力。绘画学不是我熟悉的学问，如果是我熟悉的学问，那么，我就会让人们看到，我能做什么。不管怎么说，在任何时候都不会再有人站出来，而且我们国内绘画艺术的力量都是相互隔绝的、分散的，应该为其快速发展铺平道路。……若是没有什么创造、没有什么活力，使用像我一样虚弱无力的牛车来运送一些微不足道的原料，把我家门前的道路都堵住了，那么，石匠能在哪里进行建造呢？这种渴望在哪里呢？梦想在哪里呢？自我奉献在哪里呢？人靠什么力量才能实现造物主的愿望啊？

我的这颗心非常渴望见到你的女娃娃 [1]。你要常常把她的照片寄到我这里来。我从日本为她寄回去一件衣服，你收到没有？我在这方面是很愚笨的，我不知道她穿在身上是否合身。代我亲吻她和你的男

---

[1]　女娃娃：指米拉在 1916 年生的女儿佤蒂达。

娃娃。愿天神赐福给你们——这是发自内心的期盼。

爸爸

1916 年阿什温月 17 日

旧金山皇宫酒店

30. 女娃娃的名字，意为"朝霞"

米鲁：

现在我比以前好一点儿，也就是说，体温降了一些。如果再好一点儿，我就去波尔普尔。郎中戈诺纳特说，没有悲观失望的理由。

今天科莫尔、迪奴夫妇要动身去你们那里，你可从他们那里了解到一切详细情况。白天我在他们那里待了一天，所以我没有空闲时间。

你女娃娃的名字，你可以启用奥赫娜或乌绍湿。这两者的意思都是"朝霞"。现在我若去你们那里，大概，她不会认识我的。

爸爸

1917 年阿沙尔月 13 日

加尔各答

31. 内心的意志和幸福都掌握在我们自己手里

亲爱的孩子：

米鲁，再过几个小时我就要登船了，所以我很忙。安德鲁兹发来电报告知，你们要在波尔普尔待几天，等加尔各答的房子准备好后，你们就动身去那里。在那里他的住房已经建好，就位于拉姆侬德先生的房子前面。无论如何，我们都不会在欧洲待很久的，我们会尽可能快点回来。苦乐福祸都是我们不能左右的，不过，把命中该有的变成自己内心的意志和幸福，却掌握在我们自己的手里。我希望你们幸福，但是所有人在命运中都实现这种期盼是困难的，我只能表达这种祝福，愿以承载痛苦与辉煌的灵魂威力进行超越痛苦的修行，让你的这种修行每分钟都获得成功。家庭生活并非总是真实的，而且过于迷恋这种生活只是一种妄想，如果你能从这种迷恋中将迷恋之心解脱出来，如果你能看到自己每天都能从长久的迷恋中摆脱出来，如果你能不让自己的心坠落到家庭生活的谷底，而让其永居于家庭生活之上，那么，你就会在真理之中漫游徜徉，并且会从一切痛苦和耻辱中解放出来。愿天神赐福给你们。

爸爸

1920 年 5 月 15 日

孟买

32. 我让沙图带给你一篮子孟买的芒果

米鲁：

轮船已经起航了。明天我们抵达亚丁，所以大家都坐下来写信。大海很平静，甚至听不到晕船的任何抱怨声。不过，在轮船上的旅客全是职工，挤在人群中我很不喜欢，我又不能与甲板上的其他人们挤在一起。有一个叫作"音乐沙龙"的房间，于是我就只好默默地待在那个房间的一个角落里。坐在那里就不能亲眼望见大海，不过倒可以听到它的波涛声。我不会在欧洲待很多天，对此我心里毫不怀疑，因为我不喜欢。我的心总是向往着我那北寓所里的带刺灌木林。住在西方国家一个很大的不方便之处就在于，到处都讲究奢华，随时要准备穿靓丽的鞋子。我已习惯了一天24小时过着不用刻意做准备的生活，时刻总要系着衣扣，我是非常讨厌的。我常常萌生一个想法：带着你一起来这里旅游，但是我了解你的性格，而且我当然也晓得，对你的性格来说，面对这种拥挤的人群，到处都要求穿着如此笔挺的服装整洁地生活，你是受不了的。

沙图[1]从孟买回去了，我让他带给你一篮子孟买的芒果，你收到了没有？我怀疑，这些芒果可能被沙图吃掉了。直到最后他都希望，让我带他去英国。我们登上轮船坐下后，他依然坐在码头上，用他那双渴望的眼睛几乎3至4个小时一直都在凝视着轮船的方向。假如带他走，他会遭受何等厄运，对此他是没有能力理解的。今天非常闷热。从明天起红海上的闷热还会增强。然后进入地中海，就会凉爽一点儿。还要航行11天，然后轮船才能抵达马歇尔港，不过我们在那里不下船，直接走海路去英国，到达那里还需要9天时间。

愿天神赐福给你们。

爸爸

1920 年 5 月 19 日

33. 今天我的护照突然丢了

米鲁：

来到这里后，我就没有时间了。不仅要在与人们的会见中度日，而且还要为适应新的地方、新的环境花费很多时间。我是个孤僻的人，不应该居住在喧闹的人群中。皮尔逊和我在一起，他给予我极大的方便。每天我都想回国，可是又感到这里有我要做的工作，特别是，不断接到来自欧洲其他国家的信函，他们一再劝我去他们那里。我现在

─────────────

[1]　沙图：仆人。

不想住在这里，我要去瑞典、挪威、丹麦等地方转一转。今天我的护照突然丢失了，哪儿也去不了，我在努力办护照。明天我要去牛津，此后要去剑桥，然后还有两个地方要去。伦敦我不会待很多天，你们不要往皮尔逊的那个地址寄信，若往这个地址（C/o. Thomas Cook & Sons,Ludgate Hill,London) 寄信来，我收到信就不会晚的。我还要去一次曼彻斯特，然后再返回来，需要很多时间。如果往库克[1] 他们那个地址寄信来，就会提前五六天收到。现如今来这个国家是困难的，离开也同样是困难的。很多天前我就住下来，可是却不能及时收到行李，也不容易订到船上的舱位。如果我想马上离开，也是办不到的。蒙久[2] 第一次来到这里，就遇到了令人气恼的事情，现在又安逸平静了。我到哪里去给她寻找一个落脚的地方呢？直到 9 月这里的所有学校都关闭了。我现在努力设法在某一个家庭给她找到一个居住的地方。你嫂子很好，她计划在一位艺术家的工作室里学习造型艺术。听说布丽在发烧，我很焦虑，身边没有顺势疗法的药物，所以就会感到困惑。如果基迪莫洪先生在那里，就不必担心了。没人知道这些日子你们住在哪里，为什么你要长期住在加尔各答呢，你是这样想的吗？我觉得，如果我们回来，在波尔普尔你们那里居住，设施是会弄好的。

　　这次我们住在这里，现在就感到相当寒冷。安德鲁兹说，应该穿防寒的棉衣，可我现在都没有看到他要这样做的迹象。我们倒是都穿着沉重的棉衣外出活动，这样的穿戴，我很不喜欢。回国后我会把这些沉重的衣服扔掉，若能坐在凉台上的靠背椅子上，我就得救了。

　　安德鲁兹写信来说，他在教娃娃英语，娃娃进步很快。皮尔逊可

---

[1]　库克：托马斯·库克（Thomas Cook）。
[2]　蒙久：是蒙久斯里女士的简称，诗人泰戈尔的侄孙女，他二哥绍登德罗纳特的长子苏梭德罗纳特（1872—1940）的女儿。

以用英语向娃娃提问了。

爸爸

1920 年 6 月 18 日

伦敦

34. 我没能使你成为一个快乐的人

米鲁：

多少天来我只是惦记着你，我在想，可能你在遭受痛苦。如果有谁把你囚禁在加尔各答家里那填满食物的笼子里，难道我就不能感到那种难以忍受的痛苦吗？这一点我能理解，是不是就像这里乌云密布的天空和伦敦众多人把我死死地围困住一样？我每天都为急于回国期盼得心痛。我知道，波尔普尔的天空，洒满阳光的田野，那里的自由自在对你来说，是何等诱人的环境啊！可是不管世界有多少生物，最受压迫的是人，因为人懂得自由的价值，而且处处都被剥夺自由，特别是，每当我想到女人问题的时候，我的内心里就萌生出一种叛逆感。我们男人，多少世纪来一直履行着为女人当监狱警察的职责，其残酷性何等深重，对此我完全失去了想象力。我生活中最为痛苦的事就是，我没能使你成为一个快乐的人。我曾经有过这样一个小小的希望，就是让你留在波尔普尔的不毛之地，可是这也超出我的能力之外，所以我只能乞求天神，希望他赐给你忍耐性，愿他在你的内心里占有位置。愿他用这种极度痛苦的火焰为你增添光彩，使你纯洁无瑕。今天我来到这里后看到，整个世界都在燃烧着痛苦的火焰。这种灾难的根源就在于两大集团的冲突。一个集团想使用武力来表达自己的欲望，另一个集团则受到挤压；一个集团手里握有武器，另一个集团却无能为力，但是这个无能为力的集团却会在世界上赢得胜利。那些习惯长期使用

435

武力的人，一定会被自己的武器击垮，到那时也会忍受失败。不过，那些遭到失败的人一定会更多地承受这种失败。所有这些痛苦都降临到生活中来，避免它的机会是没有的，但是如同用祭祀火焰焚烧祭品一样把自我奉献给这种痛苦的火焰，并使其变得神圣，人是有力量的。你可以对内心之主说：

"我用这种痛苦把我呈送到你的手里，并以此来满足你的心愿吧。"

爸爸

1920 年 6 月

伦敦

35. 我将会把全世界都看作自己的祖国

米鲁：

今天我收到了你的来信。在这里，人们熙熙攘攘、吵闹喧嚣不断，我没有安神休息的地方。除此之外，几乎阴雨连绵、彤云密布。我曾经想过，每星期从这里写一封长信发出，大家就会了解我的情况，可是我只写了两行字，就写不下去了，所以自从来到这里之后，一封信都没有写。你想在这里的某个地方找到一个安静一点儿的角落，能够避开人民的目光，自己安心地度日，可哪里都找不到这样的地方。特别是现如今，因为这里的生活艰难，居住空间不足、粮食食品不足、用人仆人不足。这个国家，也像我们国家一样，居家过日子的人是没有任何地位的。我去了布里斯托尔两三天。那里女子学校的姑娘们加入了《暗室之王》的演出，她们的表演很优美。她们朗诵了《新月集》中的诗歌，也受到了观众的欢迎。我在这个国家看到了一种现象，总是让我感到惊奇：这里的很多人真的热爱我，他们对我的尊敬爱戴是很真诚的，毫无虚假做作之意，也不受别的因素影响。我自己没有想到，他们是否从我这里得到了什么，才怀有如此强烈的感激之情。从童年起我把能够奉献的一切都统统献给自己的国家了，而且在那里我命运中应得到的回报都得到了，这一点我是知道的。从欧洲的一些国家寄给我如此多的蕴含着敬意的信件，这让我说什么好呢！所有人都对我说，在他们那里还有很多人对我怀有关爱，所以我就在默默地想，哪里的人们需要我并且能得到我的一些教益，那里就是我真正要去的地方。我不会永远活在这个世界上，我要尽可能多地留下一些东西，因为能留下有益东西的地方是宽广的，因为那里的人把我看作是自己人，他们从我这里得到了帮助。当他们把我当作自己人的时候，不论出于任何原因都不能否认这一真实情况。一回忆起这一切，我就会努力做好在这里要做的一切。对那些怀有理想进行工作的人来说，这样的国家就是他们自己的国家，在这里将所有理想的种子播撒在田野上，就会有收获。农民如果在撒哈拉大沙漠上抛下椰子壳，那就会毫无收获。在我之后，天神的善举就在于，当我与他赐给我力量的这种地域空间告别的时候，我将会把全世界都看作自己的祖国，同时我会获得回报，全世界为我准备了寓所。我从安德鲁兹那里获得了尼杜[1]的消息，他在圣蒂尼克坦开始了正常的学习，这样我就放心了。安德鲁兹在那里是为私人施学，你要给予他特殊安排，每月给予他一定的报酬。

爸爸

1920 年 7 月

C/o Thomas Cook & Sons

Ludgate Circus,London

---

[1] 尼杜：诗人泰戈尔的外孙尼丁德罗纳特，当时 9 岁。

36. 居住在塞纳河岸边

米鲁：

现在我们在巴黎。我们受到了一个非常富有之人的热情接待，但是此人性情疯狂。他很少在我们现在居住的这栋房子里居住，他自己的吃喝用度、穿着打扮、举止行为，宛如穷苦人一样。可是他头脑里日夜在思考着如何帮助别人发财和取得成功，而且还为此大手大脚地花钱。在我们下榻的这栋房子里，他常常让国内外作家和有名望的人来居住。在距离巴黎不太远的一个安静的地方，即在塞纳河岸边的这栋房子旁边，还有一个非常好的花园，一个很大的图书馆，附近还有一栋房子，在那里用幻灯机可以展示国内外的各种图画。如果我们愿意，可以邀请朋友们来这里吃饭，为此不用我们花钱。在法国南部的海边，他有一个非常好的地方，我们被邀请去那里住了两个星期。在这样的地方居住，根本不用我们自己操心，即使非常富有之人，也难以拥有这里的房子。在法国的南部要比这里炎热得多，在这迷人的季节，树上挂满花果，在那里可以感受到我们印度的很多风情。9月中旬我们要在那里度过，然后我们应邀去荷兰，在那里大约要待两周，然后在10月初回到巴黎，待一周后，10月8日我们要乘船去美国。这次去美国就是想为圣蒂尼克坦国际大学筹集一些资金，哪怕乞讨也好。为此我要束紧腰带前行，否则我就绝不想去那里。在这种淫雨霏霏的日子里，我的心有多少次飞驰到圣蒂尼克坦，渴望坐在面对带刺的灌木林的我那北寓所里一栋房子的凉台上，观看雨云飘动戏耍，心情多么激动，这还要我说吗？不过有一次我来英国，是为了治疗痔疮，然后呼吸新鲜空气，而这一次去美国若能从肩上卸下对资金担忧的重负，我可能还会再活20年。走着瞧吧，命运会怎么样。

前天我们看到了这里被战争毁坏的一些地方，有些地方甚至完全变成了荒漠，乡村城市荡然无存，田园也被破坏。所有这些地方需要多少时日才能得以恢复呢？我无法说清楚。

你怎么不写信来说一说，布丽回到加尔各答后怎么样？

爸爸

1920 年 8 月 20 日

布伦（塞纳河）

37. 我们的行李箱在火车上丢了

米鲁：

    从安德鲁兹的来信里我得知，你已经到了圣蒂尼克坦。那封信是一个月前写的，而我的这封信大约三个星期后才能寄到。所以你要在那里住多少天？当然我说不准，不过我现在将这封信寄往圣蒂尼克坦。雨季当然你会很喜欢那个地方，但是我不知道你们住在哪栋房子里，以前你那个聚会点和音乐室被占了。看来，你是住在柠檬园中的小屋里了。你们俩住在那里有什么不方便吗？我的北寓所空着呢，可是那个地方太远。看来，你一个人住在那里，没有人陪伴啊。不管怎么说，你肯定做出了你心仪的安排。

    我们来到了法国南部海边山上的一个很美丽的地方。我们所下榻的这栋房子是巴黎一位很有钱的人的别墅，可以说这是一座王宫。可是发生了一件命运注定的事情，我们几个人的行李箱在火车上丢失了。箱子里装有我们的衣服，还有书籍。除了我们身上穿着的，再也没有什么衣服可换的了，遇到了极大的困难，所以我们在这里只停留了 3 至 4 天，今天乘坐汽车又回到了巴黎。回到这里后我们急忙购买了一些布料并且让裁缝赶制出几件衣服来，否则就无法保护我们的尊严。在这里我们要入住的这栋房子也很美丽，它位于塞纳河畔。这座房子连着一个绝美的果园，里面有多少棵果树，我说不清楚，我们都能吃上果园里的水果，每天四次。在这里停留一周后，我们要去荷兰。我们应邀也要住在荷兰的一座美丽的别墅里，他们为我们参观旅游提供汽车等所有需要的一切。在荷兰我应邀要去一些地方发表讲演，然后返回巴黎，我还有讲演。

我从没见过像安德鲁兹这样的疯狂之人。他满怀信心地给我写了两封信说，你的脚坏了，可是他在信里根本就没有写明，你脚上出了什么问题，他只说你脚坏了，然后就不再通告什么了。

这一次去了圣蒂尼克坦之后，大概，你看到了很多新人和新的设施。我们回来的时候也会看到很多的变化。这一次我会尽力筹集到更多的资金带回来，这样我就再也不会为静修院的花销犯愁了，从此我再也不需要离开我那片带刺的灌木林了。

爸爸
1920 年 8 月

38. 这次的海外之行很顺利

米鲁：

昨天夜里轮船抵达海岸，今天早晨我们会下船上岸了，现在是夜里，昏黑一片，不太寒冷。天亮时邮船才会来，所以我们早早地吃饭，准备下船。从此之后每天每分钟我都会处于喧嚣中，因此就不会有时间写信了。我们乘坐的轮船是荷兰的，既宏大又很美好，也很干净。船上的人们彬彬有礼。如果不是如此宏大的轮船，就会常常摇晃得非常厉害。当我们驶入大西洋中心部位的时候，几天来我们都仿佛航行在无底深的大海中，天空阴云密布、细雨绵绵，但是最后两天却是太阳高照的艳阳天。这一年最美的月亮现身于大海的上空。美丽的婵娟在天神和恶魔搅动的大洋中展现自己的娇媚。她在 8 月 15 日月圆之夜没有忘记我。我得到了将近 600 卢比，同船的旅客们请我发表讲演，我照此做了，从这次讲演中我获得了这些钱款。幸福女神如果莅临大海之上，那么，我的旅行就会有收获。我觉得，这一次我的海外之行很顺利，不论去哪里，我都受到了欢迎，也获得了资金。现在我手里有一些钱了，我就想回国，因此我们静修院长期缺少资金的境况就可以解除了。此后我就会得到休息。大概，从你嫂子那里你已得到他们的消息。这些天来你嫂子肯定离开了疗养院，但是她是否会来这里，是值得怀疑的。我要到处转一转，带着她是不方便的。

现在正值迦尔迪克月，你们那里现在一般还不会觉得寒冷，只是空气中含有露珠，有时下一点儿毛毛细雨。不过，不舒服的季节已经降临了。谁都不晓得你们在加尔各答生活得怎么样。在圣蒂尼克坦你大概又该发烧了。我住在那里的时候每天都吃特制的药剂，谁晓得现在是否还会有这样的药剂。

天渐渐亮了，船舱里的人们都醒了，开始做下船的准备。现在没有看到皮尔逊。这个可怜的人总是喜欢多睡一会儿，今天他会过早地醒来，整天都会打哈欠。他的身体现在不是很好，现在感到肚子不舒服。

刚刚为我送来了早茶。昨天夜里在舱室里就为我储备了一盘子水果——苹果、葡萄、橙子，清晨时分，我们的服务员给我送来了早茶。那时候大多数人都是半夜里喝早茶。我喝过早茶后就坐下来写作，我在写一部讲演稿。我的舱室很大，有明亮的灯光，在这里写东西很方便，但是为此我要支付不少的费用。没有这样的舱室，我就无法写东西，所以应该认可这样的支出。这项支出我会从这次讲演所得中支付的。

现在到了吃早餐的时间，今天应该早点儿吃饭。陆地上的医生马上会来，他检查完后就该下船了。再也没有时间了。

爸爸

1920 年 10 月 29 日

纽约

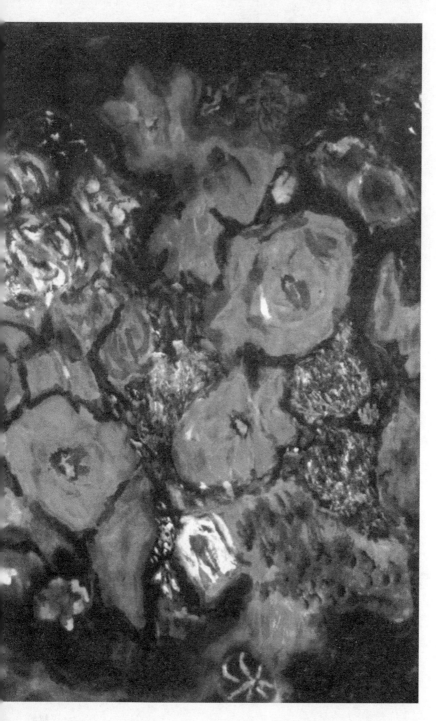

幽香

39. 急于出走的心灵像笼里的小鸟一样烦躁不安

米鲁：

我连一分钟都不喜欢这个国家。每天早晨起床后，我就坐在窗前在想，为什么会有这种骗局？我曾经带领你们大家去过很多地方，在我的那片沙漠中心，在北寓所那敞开的凉台上，把两只脚放到长椅的两个扶手上，我从哪里获得大胆的灵感，还要去国内外转悠？急于想走出去的心灵就像笼子里的小鸟一样，烦躁不安起来，可是受到责任理智谴责的我又不能出走。这里的生活同我们的整个习惯如此对立，日日夜夜心灵就像在逆流而上一样，生命在颤抖。我只是觉得，如果能让圣蒂尼克坦发展起来，那么圣蒂尼克坦就会是有意义的，这种可能性是否存在呢？或许，这样一来，她的这种可能性会被压死，再也没有讨论这一切的时日了。现在我们已经进入大西洋的中心，最后我们要穿过大西洋。如果没有什么特别情况，那么，我就会意识到，造物主是在不离不弃地拯救我。

今天我离开纽约城一周时间，前往一座山上一个清静的地方。在那里会比这里冷一些，但是我会获得宁静。你嫂子去了芝加哥穆蒂夫人的家里。皮尔逊去了另一个地方。罗廷和我在一起。今年这里不太冷，圣诞节到了，可是没有降雪的迹象。很有可能，我们会很幸运地这样度过冬天。我收到了安德鲁兹的信。很多天来他转悠了许多地方，最后到达静修院。他们几个人与我们不同，不会在一个地方待很多天，皮尔逊的情况也是如此。我不晓得，你现在住在哪里。巴乌沙月初七你要去静修院，我相信不会遇到什么障碍，我为你感到很心痛。

爸爸

1920 年 12 月

纽约阿冈昆酒店

40. 在这里度过的这四个月如同四年一样漫长

米鲁：

我很多天没给你写信了，因为我知道，你已经从安德鲁兹那里知道我的所有情况。在这里我没有写信的时间，我没有时间，就是说，一个小时也没有。我觉得四周都好像模模糊糊，直到天空都仿佛拥挤不堪，哪里都没有一点儿孔隙。我一分钟都不想在这里待下去，每天的压抑感如此可怕，在我的生活中从没感受过这种压抑感。在这里度过的这四个月就像是四年似的漫长。在轮船面向东方起航的那一天，我的生命才会在我的血脉里又开始一点儿一点儿地活跃起来。无论如何，不能再拖延下去了——今天是 3 月 7 日，3 月 19 日我要上船，你接到这封信的时候，很可能我们已经抵达苏丹，然后再经过炎热的两个月回到国内。如果能设法在学校放假之前回到圣蒂尼克坦，那我就说不出该有多么高兴，至少在我 60 岁生日的那一天我若能够回到祖国的土地上，那我就会感到十分满足了。我觉得或许会翻开我生活中新的一章。十年前，即 50 岁时，我所居住的那栋砖房刚开始打地基。今天全世界都呈现在我的面前。今天我若只把自己看作"祖国之人"，那我就没有被拯救。我很想让我的祖国与所有国家一起开放，可是我的国人建起围墙把印度封闭起来，他们根本不认同我的观点，到最后他们只能迷茫地走路。

惊闻贡赛[1]死亡，我非常悲痛。我们再也找不到像他这样的好人了，

---

[1] 贡赛：拉提迦·贡赛，歌手。

444

此人作为一个歌手是很称职的，应该再寻找一个像他那样的人。

奥斯多画了一幅娃娃的像，安德鲁兹将其寄给我了。我觉得画得不太像，如果真是这样，那应该说娃娃发生了很多变化，我回来后，也许会看到，布丽也可能有很多变化。

爸爸

1921 年 3 月 7 日

纽约

41. 他们的尊敬爱戴比我们国家的人还要深厚和真诚得多

米鲁：

你的信恰好在我生日那天寄到了。现在我们在苏格兰。我们要从这里去意大利。看到这里的人们对我如此尊敬爱戴，的确感到惊奇，他们的尊敬爱戴比我们国家的人还要深厚和真诚得多。欧洲的这个大国此前我从没来过。这一次来到这里，我非常高兴。

你们现在都在静修院休假。番石榴树上的水果都在默默成熟。谁晓得迪奴他们在哪里呢？听说安德鲁兹的身体不好，我心里很是挂念。在这么炎热的天气，不晓得他会去哪里散步啊，可是在这里是很难想象国内的炎热的，因为在这里今年冬季也像春天般温暖，所以炎热的季节也感到凉爽。5 月在日内瓦多少有一点热，可是现在很凉爽。可能，在意大利要比这里热一点儿。

爸爸

1928 年拜沙克月 25 日

日内瓦

42. 红尘世界不是天堂

米鲁：

什莱达还是原来的景象，感觉很好。四周一片碧绿，鸟儿日夜鸣叫，树叶沙沙作响，芒果园里大树上结出了小小的芒果，还有各种果树都在努力结出果实。我住在三层临近楼梯的那个房间。直到深夜我一直坐在屋顶平台上，我感到惊奇的是，一只蚊子也没有，但是为了让我记住"红尘世界不是天堂"这句话，天神之主因陀罗为降临这个世界的所有昆虫都营造了巢穴。然而，住在这里要献出一些鲜血作为特殊的费用。我的朋友安德鲁兹就住在下层东向的大房间里——在那里的浴室旁边有一个房间，他喜欢在那里读书写作。每天他坐在桌子旁边，放一叠纸，写满文字，往四处寄信和发电报。

我获得了一枚金质奖章，我吩咐戈巴尔，叫他寄给你。你要告诉我，你是否收到了。拜沙克月初一之前我要返回圣蒂尼克坦。我希望，你们那里一切都好。

爸爸

1921 年恰特拉月 12 日

什莱多赫

43. 这里的主人们就像对待亲戚一样关照我

米鲁：

你交到提棱手里的那封信，过了这么多天后终于送到我的手里。我住在很遥远的地方。你们在赤道的北部，我们在南部。所以，你们那里是冬天的时候，我们这里却是夏天。今天是 12 月 3 日，春天已经过去，现在炎热正在降临。这一次幸好整个11月这里都是寒冷的，这样的天气从来没有过。这一次旅行看来不会总是艳阳天。在到达这里那一日的前7天，在轮船上我的身体很不好，我觉得是患上了流行性感冒。来到这里后的一段时间里，我都在医生的掌控之中，现在再也没有什么不适之感，可是演讲等活动停止了。他们在城外一个美丽的地方给我们提供了一栋别墅，就在一条大河的岸边。这里的主人们就像对待亲戚一样关照我。他们提供了我所有需要的一切。我整天坐在敞开的窗户旁边，悠闲恬静地虚度时光。秘鲁给我发来了邀请，现如今我在阿根廷。我曾经想过，前往秘鲁的计划应该取消，因为当时医生不允许我出行，可是现在我觉得出行已没有什么障碍。今天下午医生还要来给我做检查，如果没什么问题，那么，这个月末我可能动身前往秘鲁。我听说秘鲁要比这里暖和得多，不过，在那里可以观看的东西很多。我出去转悠的热情不是很高，但是为我来到这里，秘鲁政府已经花了很多钱，如果不去，是很不合情理的。我前往秘鲁的道路要经过比这里还要高的山脉。安第斯山脉的高度仅次于喜马拉雅山，这是一个要考虑的问题。我已来到智利，然后前往秘鲁要乘坐轮船，经海路需要6天，而后不知道我在那里还要滞留多少天。一件令人惊奇的事情就是，在这里家家户户都在阅读我的书，而且对我非常尊敬爱戴，因此我来到这个国家，而且这里的人们为我能住在这里而感到高兴，他们不想从我这里获取更多东西。到现在为止我还没有去参加过任何聚会，很多人到现在还没有见过我，只有从四面八方寄来的信件、送来的鲜花，还有寄给我的书籍。当你们接到我这封信的时候我会在何处，对此我难以说清楚，也许，是在墨西哥。你们的巴乌沙月初七节即将到来，当然已经开始做很多天的准备了。我北寓所的那栋房子如果还没有装修完，那么，你要催促他们抓紧点儿，这一次我回来后希望看到一切都能准备好。我的尼尔摩尼在哪里？你要关照他。

爸爸

阿根廷圣伊西多尔

1924 年 12 月 3 日

44. 我远远地呼唤我那 3 岁的宝贝

米鲁：

我和蓓蓓的情感多多少少汇聚在下面这首诗里，你从中会感受到一些。用白话文不能敞开表达全部思想。秘鲁去不了了，前天医生来检查后禁止我出行，所以 1 月 3 日我要从这里前往西班牙和意大利。

爸爸

> 她不肯偎依在我身旁，我远远地呼唤
>
> 我那三岁的宝贝，我苦恼时对谁诉讲。……[1]

1924 年 12 月 4 日

圣伊西多尔

---

[1] 诗人泰戈尔 1924 年 12 月 4 日在布宜诺斯艾利斯想念自己的孙女时创作了《第三代》这首诗歌。此信中所写的是该诗的头两句。整首诗收录在《布罗比》诗集。可参见人民出版社 2015 年版《泰戈尔作品全集》第 7 卷第 245—247 页。

45. 美丽的月圆之日，姑娘们在我的屋顶上唱歌

米鲁：

收到你的信我就放心了。如果你能在海边住些日子，就很好。在阿迈达巴德城市里没有什么可以欣赏的东西，我不能说气候也是迷人的。你可以在前往和离开那里的路上的某个时候去认真地看一看。

我很好。冬天的余韵一点儿一点儿地徐徐展现出来。昨天姑娘们在美丽的月圆之日在我的"阳光角"房屋的屋顶上唱歌，以此来欢度节日。

前天我突然看到了蔜蓓，她的头发全都被剃光了，就像秋季天空中彤云散去之后的那些日子变得洁净无瑕一样，一头黑发消失不见了，她的那张脸展现出整体的娇美。看一下，觉得一点儿都不坏，她的圆形头是很好看的。她还常常陶醉于听我讲述老虎的故事。现如今她同佳耶姬[1]和睦地欢度时光。

戈巴[2]住在拉玛侬德先生的家里很开心，通过他我才有很多事情做。安德鲁斯一直没有露面。他有一双跑路的鞋子，遇到合适的机会就会派上用场。古鲁德亚尔让我用英文写信并且让我做很多其他方面的工作，因此我就感到很方便。我的尼尔摩尼没有任何变化——若是遇到某件操心的事情，他就会可怜巴巴地伫立着凝视，一副悲伤的面孔。他还在杜尔伽女神浸礼日给他的米拉小姐发去祝福。

爸爸

1925 年阿什温月 13 日

圣蒂尼克坦

---

[1] 佳耶姬：国际大学的原教授贾汗吉尔·婆基尔先生的女儿。

[2] 戈巴：布罗丁德罗纳特·泰戈尔（1905—1980）的爱称，是奥波宁德洛纳特德二哥绍莫棱德罗纳特的三子，是著名画家和演员。他与妻子珊蒂生育了三个女儿——斯丽拉、苏斯玛、布罗多蒂。

46. 在晴空万里的日子里抓紧时间读书写作

米鲁：

你以为我已经登上轮船了，现在没有时间了，可轮船上一张信纸突然落在我的手里，为了不使它浪费，所以我就用它来写信。你已经抵达阿迈达巴德，在那里你不要去瞧看古吉拉特人的饮食，布丽如果看到了，那她心里就会多多少少萌生一点儿沉重感，因为在他们的食物中含有很多布丽喜欢吃的酥油。我们这里现在还不热，除此之外，天上有乌云，今天还刮起了强劲的东风。几天来看到晴空万里的景象，我就无忧无虑地坐下来，抓紧时间读书写作。如果下雨，那么，又要卷起报纸文件拼命地跑到"阳光角"的那个房间里去。我很理解，新的凉台不可能有效地防止雨水溅进来。

如果你将信寄往苏普罗迦什的地址，那么绍多就能收到。苏普罗迦什是巴罗达博物馆（Baroda Museum）馆长，在那里很容易找到他。学校关门了，布丽不在，蓓蓓今天只能和佳耶姬消磨时光。早晨和晚上她们俩来我身边要我讲故事——早晨讲老虎的故事，晚上讲赛法莉花的故事。代我向斯里摩蒂[1] 的母亲问好。冬天的时候你应该邀请她来静修院。你要勇敢些，我会努力防止盗窃行为的。

爸爸

1925 年阿什温月（？）

圣蒂尼克坦

---

[1]　斯里摩蒂：在圣蒂尼克坦国际大学就读过的女生，绍乌门德罗纳特·泰戈尔（1901—1974）的妻子。

47. 不要忘记给我那只可爱的爬行虎冲凉

米鲁：

我本来以为，一路上的炎热和辛苦会增加疲劳感，可是最初旅途中大多数时间感到的是中等程度的凉爽，走出很远之后，天空就彤云密布，下起雨来。在接近孟买的时候就很炎热了，除此之外，火车晚点一个小时，一路上我独自倒在卧铺上睡觉。在波尔普尔的那种疲惫感在旅途中竟然消失了，两天来默默地倒在卧铺上对我来说就像是治疗一样。不过这期间我还写了一首诗，在火车的震动中写作并非易事。今天再过一会儿，我就要登船了。尼尔摩尼带着我的铺盖，要从这里返回波尔普尔去，我希望他不要在途中迷路丢失。我的那只可爱的爬行虎长期以来是靠吃我的剩余食物长大的，从现在起你不要忘记用你的洗澡水为它冲凉。在白天需要为它提供四次饮水。在我房屋前面的道路两旁，你要吩咐仆人在雨季的时候栽种一些尼姆树、什里斯树等树木，栽上两棵康塔尔树也好，此外，还要栽些柚子树。庙堂上的那个铁尖头破损掉下来了，放置在我花园的一个角落里，你去把西番莲藤蔓牵扶到它的上边。

大概，静修院还空着呢。你代我向留下的几个人表达祝福吧。在这期间不要让奴杜忘掉我的那几首歌。你们为什么不在我那栋房子的屋顶晒台上布置欢度夜晚的设备呢？蔀蓓总是胆怯地在你哥哥嫂子身边转悠，我总是担心她会走失的。

爸爸

1333 年（孟加拉历）杰斯塔月初一

孟买

48. 我真想将这些演讲小册子扔到大海里去

米鲁：

我的身体挺好。蓓蓓的健康状况也改善了。

明天半夜我们将抵达亚丁，从那里通过邮局将这封信寄出去。大海是平静的。

我那栋新房子建在西面，是一个很大的错误——你要把比棱[1]叫来对他说。在房子里毫无道理地安装了两段楼梯。西面的那个楼梯保留，另一部拆除，在那里修建一个平滑的护墙，这样就可以坐在护墙上，或者可以在那上面摆放物品。你督促一下，在雨季的时候赶紧把房屋前面向东出行的那条林荫路修好。莫胡亚树和七叶树同其他树木若都已栽上，那就好了。阴雨连绵的时候，若是让嵩蕃良[2]把几棵大树从静修院移走，我是会很高兴的。嵩蕃良在加尔各答久格迪什的花园里就移栽过这样的大树。排水是学生们学习的一个科目。比棱回来的时候就说过，你的房屋很快就会动手建造，也许，早已开始了，如果我听说还没有开始，我也不会感到惊奇。雨季的时候在无花果树林附近一些大树的种子会落下很多，你可以将其四处播种，其中有些会发芽，有些会坏死。将来有一天西北角落会出现一片树林——这就是我的愿望。在我那栋"阳光角"房屋旁边的那株浅绿色藤蔓的背后长出了一棵白色的藤蔓，它在寻找攀缘之所。你要对仆人交代一下，要为它攀缘向上采取一项措施。还有，为让那株西番莲藤蔓向上爬已经栽种了3棵棕榈树，如果在3棵树间不搭起一个竹竿倾斜棚架，那么，那株藤蔓就爬不上去。你要跟苏棱[3]商量着办此事。

松多什是否还在静修院，没有逃走吧？我给他写了一封长信。

---

[1] 比棱：比棱德罗莫洪·森，原国际大学的学生。

[2] 嵩蕃良：日本人，曾经在斯里尼克坦工作过。

[3] 苏棱：这里指苏棱德罗纳特·科尔（1892—1970），奥波宁德罗纳特创建的印度画派的著名画家、著名建筑师。

布丽的朋友们都走了，大概她会感到孤独的，那里是否很炎热？我觉得，在很炎热时凌晨会下雨的，那样的话，就不会很炎热。这两天我们也一直冒雨在海上航行。总体说来，的确炎热，但是日夜呼呼地刮着海风，特别是我的舱室位于轮船的前面，所以总是感到海风习习地吹拂着。莫里斯的情况怎么样？利用这次机会如果他能学会骑自行车，那么，对工作是会很有帮助的。他将我为那次哲学大会上起草的一大叠讲演稿塞进了我的箱子，却没有为我准备所需的信纸和一种吸墨纸。从一些钢笔上可能会突然滴落一滴一滴的黑墨水，我绝望地用一只手抚摸着头呆坐着，不过我把一张吸墨纸递到他的手里，一些不能自己做事的人们，其厄运就是如此。看着这些印制成小册子的讲演稿，我真想将其扔到大海里去。

爸爸

1926 年 5 月 19 日

49. 即便是写作，也永远写不完

米鲁：

明天我们将抵达大陆，此后便是没完没了的喧嚣。这几天我一直保持沉默，即便是写作也是如此，写作也永远不会结束，我已写完了一部讲稿。途中有两天很炎热——现在进入了地中海，总的来说，是凉爽的，与红海的炎热相比，这里的热度减弱一些，感觉很舒服。现在是杰斯塔月中旬，今天正是杰斯塔月 15 日，此时在你们那里太阳火辣辣地在燃烧，你们都会被热得翻来覆去睡不着，这种情况也是难以想象的。后天是拉葆[1]结婚的日子，为此我写了一首诗，明天我通

---

[1] 拉葆：莫莫妲女士的爱称，她是梵语学家基迪莫洪·森先生的女儿。

过邮局寄给她，她会很高兴的，那时候她大概已到了仰光。

你不会再收到我的信。我不想在喧嚣忙乱中写信，因为一切麻烦事都会压在我的身上。你嫂子他们会写信的，他们自己心里会感到很轻松。

红宝石（莫里斯）大概已在静修院了。从他那里可以获得一切消息。你要关心他的饮食，还要为他提供容易消化的食物。你对他说，要习惯骑自行车。

爸爸

1926 年 5 月 29 日

意大利，热那亚，马里蒂玛，S/S 亚奎雷亚

50. 可以看到马拉蒂花的落英

米鲁：

我们在罗马度过了 15 天。今天来到佛罗伦萨，欢迎的场面十分隆重，我没有兴趣详细地描写那种场面。热烈欢迎的场面，可以说是翻江倒海，可能你会从其他人的信里听到一些这方面的消息。在这种情况下没有可能得到休息，在意大利还要度过七八天，在所有地方都这样喧嚣吵闹，然后我们要在苏格兰住上 8 天。已经确定 9 月 15 日乘船返回印度，也就是说，我们将在迦尔迪克月抵达，大约是在 10 月 1 日。这期间在你们那里是阿沙拉月，会降雨的。我的心就像大雁一样，要展开翅膀向那个方向飞翔，我们回到印度时正值

454

赛法莉花盛开期，可以看到马拉蒂花的落英。这期间，芳香的花蕾在雨水的滋润下可能会绽放。你现在大概是在大吉岭吧。蓓蓓很开心，她结识了一个丹麦姑娘，蓓蓓对她爱之有加，一分钟也不想离开她。普罗山多和拉妮[1]他们俩也来到了这里。戈拉要去罗马住些日子。在这里他的学习还会继续的。

爸爸

1926 年 6 月 14 日

51. 我们要与维也纳告别了

米鲁：

自从听说你们俩身体不好，我的心就忐忑不安地想急着回国。我已经订好了 9 月回国的船票。但是维也纳一位著名的医生想承担起为我治疗的任务，需要整个 10 月才能结束治疗。如果精准治疗，那么，我的身体就会重新恢复，这里的医生们有这样的信心。我来到如此遥远的地方，不做一点检查治疗就动身回去，不太好。因此 11 月中旬无论如何我都会回到国内的。在这里我从周围人们那里获得了尊敬和如此热烈的关爱，对我来说理解他们是困难的，不过他们的态度是真诚的，对此毋庸置疑。通过这一切的所见所闻，我就觉得，如果每年炎热的 6 个月在这里度过，然后凉爽的 6 个月在国内度过，那么，我就能做很多事情，身体也会好的。

你嫂子带着蓓蓓住在巴黎安德蕾他们家里，蓓蓓住在那里很快活，开始教她说法语。拉妮和我们这一伙人在一起。医生对她进行了各种检查，在任何部位都没有找到什么毛病。她希望，能在像苏格兰这样

---

[1] 拉妮：指尼尔莫洛库玛丽·莫赫兰比什。

有益于健康的地方住些日子，她的身体就能康复。现在从国内获得的消息，是缺少雨水、干热盛行，因此印度教徒和穆斯林都急得眼睛发红。在"我出生的土地"上人们还需要继续生存下去，他们家乡的人们并不幸福，持有各种不同观点的各党派的人们拍着手，骄傲地阔步前进。对于从已经发生过的战争中获取的某种教训，他们竟然如此不理解——如果再爆发战争，这些人又会同意用鲜血染红大地。

现如今这个时候我们要与维也纳告别了。10月初应该返回国内。这期间又该会是像老样子度过这些日子。

爸爸

1926年7月21日

维也纳布里斯托尔酒店

52. 这里的工作一结束我就赶往加尔各答

米鲁：

收到你的信，我就放心了。如果你能决定接受奥什多大房子一侧的那块三角地，那么，大概你还需要再等待几天，我会在2月之前的一个时间去你们那里，然后我们再决定该怎么做。我收到了婆罗多普尔大藩王的邀请函——我决定在2月的最后一周前往他那里，很可能顺便还要去勒克瑙，要在那里排练《舞女的祭拜》。今天郜丽[1]，可能还有苏鲁葩[2]要来这里。

我很为奴笃担心。她的身体竟然变成这种样子，你如果能带她在勒克瑙住些日子，那就好。在那里她还可以跟随帕特孔特学习声乐。

---

[1] 郜丽：著名画家侬德拉尔·巴苏先生的女儿。
[2] 苏鲁葩：奥波宁德罗纳特·泰戈尔（1871—1951）的小女儿。

23 日蕾卡 [1] 结婚，就让她的婚礼狂欢快点儿结束吧。法尔衮月初如果你把她叫到那里去，那我就安排她休假。久雅 [2]24 日结婚，参加她的婚礼，对我来说是很为难的。这里的工作一结束我就争取赶往加尔各答。代我向奥什多表达祝福。

爸爸

1926 年玛克月

圣蒂尼克坦

53. 你哪一天高兴，就去乡下看一看

米鲁：

　　我已得知你外出旅游的消息。我给你写了信，寄往德里的地址。这一次你前往婆罗多普尔的计划没能实现。……我正在组织《初春月圆日》的彩排，但是在这里的东孟加拉人面前不得不承认，演出前彩排失败了，根本无法进行，因此演出取消了。

　　秋奴住在你那栋茅草房里，他的身体总体说来好多了，不过发烧的症状现在没有消退。

　　令人厌恶的阴雨天降临了，天空彤云密布，身体在凉飕飕的东风中瑟瑟发抖。在久雅婚礼开始之前突然飘来一片乌云，下起雨来。婚礼安排在开阔的场地上。幸运的是，恰巧在婚礼开始时没有任何干扰。蕾卡从婆婆家回来了，两天内还要回去。她很开心。她百分之百地渴望返回婆家去。她胖了一些。奴笃总的来说挺好，退烧了。现在看来她哪儿也不想去。暑假期间她如果想去布里，也是会有机会的。

---

[1]　蕾卡：松多什琼德罗·马宗达的侄女，莫宁德罗普松·古普多的妻子。
[2]　久雅：久耶斯丽女士，即诗人泰戈尔的侄孙女，苏棱德罗纳特·泰戈尔（1872—1940）的女儿。

457

渴望在你的来信中能听到你对阿布情况的讲述。看看吧，如果有希望在阿迈达巴德筹集到资金，我会到那里去一次。但是我不想手提乞讨的篮子到处转悠。你哪一天高兴，就去乡下看一看，如果知道你喜欢，我会很高兴的。

爸爸

1926 年法尔衮月

圣蒂尼克坦

54. 庸碌地活着，不是真正的生活

米鲁：

　　我的心总是牵挂着你，因而我感到压抑。每天我都在想，你会来一封信的，我想从中知道，你在哪里、你怎么样。即便是问你嫂子们，也得不到任何消息。你们按照自己的意愿生活，我一般也从不过问。若是我知道你们都平安地处于某一种现状，那么，我就会沉默不语。即使尘世生活中存在着关爱，也没有总是快乐的人。所有人的命运中都有痛苦，除了让自己的思想超越这种痛苦，再也没有别的解脱之法。自己心目之中那个人遭受痛苦，就应该习惯于让他远远地置身于痛苦之外。因为痛苦是虚幻，今天有，明天就没了——怀有快乐或痛苦负荷的情感犹如泡沫一样在时间的溪流上漂游，几天之后泡沫破了，就再也见不到其踪影了。在自己的内心深处确实存在一个宁静的地方，在那里有我们的缘起，长期存在的是家庭生活的生与死、结合与分离、获得与损失——这是所有人的经历。有一席之地，人就能活下来，在这个世界上，不能仅仅为活着而活。

　　我已决定不再去婆罗多普尔，可是我许诺过的事情，无论如何都应该信守承诺，所以我决定 3 月 15 日动身，经过阿格拉去那里。如

果知道你住在附近的什么地方，我就想去看看你。婆罗多普尔的事情一结束，我就应该前往阿迈达巴德等一两个地方去筹措资金。这项工作不利于我的身心健康，但是我这种行动所带来的痛苦是无法避免的。

几天前我右手一个手指头被碰伤了，因此我的写作停止了一段时间。从昨天起那个手指头好了，所以我才能写信。现在已经是法尔衮月月末了，乌云涌来，如此强势的冷风吹过来，即使在冬天也没有过这样的冷风，还不时地淅淅沥沥下起雨来。穿上棉衣，关闭门窗，坐在家里不出去。不晓得西部现在是什么情况，是否也要穿着棉衣出门，我无法想象。这一次普罗帕特库马尔和我一起去，因为他对于乞讨是不会汗颜的。

姑娘们正在为多尔节月圆日表演歌舞节目而忙碌着。迪奴带领她们在进行排练。秋奴也在现场。总体说来，挺好的——在这种恶劣天气和潮湿的气候中她们会怎么样，不好说啊。她们幻想在 4 月前往山区。

我给你写了一封信，随意寄往德里了。即使你不在那里，我也确信，尼什康多 [1] 是知道你的地址的。

爸爸

1927 年 3 月 11 日

圣蒂尼克坦

55. 在恰特拉月如果闷热降临，也不要责怪天老爷

米鲁：

从婆罗多普尔发来了电报，他们的日期推后了，定于 3 月 29 日。

---

[1] 尼什康多：住在德里的尼什康多·森。

459

我 25 日离开这里，27 日抵达阿格拉。如果你能去那里，就好了，我会再发给你确切消息的。我还不能确切地知道婆罗多普尔的情况。在多尔节月圆日的第二天，姑娘们要在这里欢度春节，为此正在创作歌曲和指导她们跳舞。斯里摩蒂的热情很高。几乎直到法尔衮月月底，这里的天气都寒冷——甚至比冬天还冷。突然闷热降临了，如果在恰特拉月闷热降临，也不要责怪天老爷。秋奴来这里后还好，她想去勒克瑙——然后住在那里看医生并且向其咨询，决定前往帕瓦利。

我在想，现在西部多少还是有点儿炎热。

爸爸

1926 年恰特拉月

圣蒂尼克坦

56. 你不在，我一点儿也不开心

米鲁：

今天是多尔节，这里的姑娘们和小伙子们已经喧闹起来。你不在，我一点儿也不开心，心里仿佛被压抑着。

今天从加尔各答要来很多人，有外国人，有本国人，还要同他们谈话交流，我心里害怕。我想离开所有人一段时间，前往一个无人的寂静地方，自己与自己平静地对话交谈；否则，我就会在喧嚣声中失去感悟真理所蕴含的那种宁静的机会。每当我获得一点儿时间静坐下来，我内心里就会立刻获得庇护。商定的计划是，3 月 25 日我要从这里动身，27 日抵达婆罗多普尔，但是到现在我还没有接到他们最后的信函。

爸爸

1926 年恰特拉月多尔节月圆日

圣蒂尼克坦

57. 你不觉得这是一件令人高兴的事吗？

米鲁：

多日之后收到你的来信，我真高兴。毫无疑问，这里的天气变了，可是这种变化的结果并非令人快乐。我病倒了，又康复了，然后又轮到蓓蓓，她发过两次高烧。医生认为是肠道寄生虫所致。不管怎么说，若天气不变，就不会有比这更坏的结果。听说圣蒂尼克坦常常有暴风雨，希望这种气候变化能改变。奴笃是否去斋普尔了？在这种高热的情况下去那里对他是很不利的。天气会变化的，也就是说，可以忍受的天气会变得无法忍受。你为什么带他去这种地方？那里是海洋性气候，当然对他是有好处的。在 5—6 月前往拉吉普坦沙漠去旅行是富有创意的。

在这里，迪奴、科莫尔他们夫妻俩仍然保持着朝气蓬勃的青春活力。他们打算带领一伙男生演出《独身者协会》，你不觉得这是一件令人高兴的事吗？

爸爸

1927 年杰斯塔月初五

西隆

461

58.聆听演讲的时候都鼓掌，同时还给一些赏钱

米鲁：

在马来半岛的最后一次讲演今天下午一结束，我就将离开这里，获得休假，明天下午乘船前往爪哇。这个国家非常炎热，可是我至今都不理解，他们为什么不使用电风扇呢？我在总督家里做客的时候，他们家里只用一部台式电风扇来维持生活。这里濒临大海，可是几乎感受不到一点儿海风，人们总是手里拿一把扇子扇着。这里一个普通人家至少有一部汽车。我觉得，启动汽车，他们就能够感受到一些凉风，但是扇扇子要比启动汽车便宜得多。不说扇子啦。这里的人起身落座时都是小心翼翼的。他们颈上戴着花环，喜欢说赞美的话；聆听演讲的时候都鼓掌，同时还给一些赏钱。有时还能够吃到泰米尔人的咖喱食品，可以清楚地意识到，在这个岛屿上有过《罗摩衍那》中所叙述的《兰卡》一章，这里的人们与那一章的叙述很接近。幸运的是，中国人没有为食物与他们争斗，因此才能吃到鱼翅、燕窝、两百年前的龟卵等食品，然后他们像古时候人那样，尽量将这些食品保存在肚子里。今天是 8 月 14 日，我觉得，已经进入帕德拉月，你们那里会很闷热，可是天空中会弥漫着赛法莉花的芬芳，马拉蒂花也不会少。这里的花朵很大，一眼就能看到。树木很多，水果也很多。可是无法理解的是，为什么鸟类如此少？很少见到鹊鸲，见不到乌鸦，没有布谷鸟。有一种叫作榴梿的带刺水果，其恶臭味闻名于世，我大胆地品尝过了。那些喜欢这种水果的人说，这种水果是"水果之王"。在全世界到处都有芒果，说这种话的人应该被关进监狱。我与这里的一群孟加拉人进行过交谈。他们大都在这里做生意。他们都说，在这个国家赚钱很容易。

现在你住在哪里？你的新家都整理安排好了吗？现在是雨季，土壤湿润，你可在房子的四周开辟出一块园地，现在正是栽植树木的好时机。我那栋"阳光角"四周的树木长得怎么样？你要用心关照一下。

我很疲惫。

爸爸

1927 年 8 月 14 日

槟榔屿

59. 如果能逃走，我就可以松一口气了

米鲁：

今天下午我们要出发。多少天来我都是在人群和诸多事务中度过的，我生日那天一直都是喧闹不止，人们在庆祝我生日的聚会中表演各种节目，唱歌、奏乐等等。现在如果能逃走，我就可以松一口气了。拉妮和普罗山多夫妻二人前往马德拉斯了，阿里亚姆与我做伴。拉妮他们俩辛苦地白跑一趟。

天上云雾缭绕。我希望，你们那里能下一点儿雨。拉妮他们回去后，你会获悉一切消息的。如果能降雨，你就可以在花园里栽果树。芒果、荔枝、波罗蜜、番石榴等，在水井旁边还可以种植香蕉树。我非常忙碌。祝福你！

爸爸

1928 年拜沙克月 28 日

加尔各答

60. 享受宁静才是准确了解自己的正确方法

米鲁：

轮船已经抵达科伦坡。安德罗兹那一天上午来查看这艘轮船的船

舱等部位的设备，他围绕着我简直高兴得手舞足蹈起来，如此好的舱室拥有宽敞的空间，所以他信心倍增。他自己乘坐火车去了锡兰。我们上了轮船后发现，根本就没有与舱室连在一起的个人洗澡间等设备。只有一个公用的洗澡间，几乎都一直被占用，以后如果在这艘很脏的轮船上还要度过3个星期，就身体而言，难道就不会遗留下任何病患吗？在科伦坡下船后，我是不会再回到这艘船上来了。我听说，在一周内还可能预订到一艘好一些的轮船的船票。如果我们能订到，那我们就走海路。如果订不到，那么，这次旅行就到此终止。一再遭遇如此的障碍，以前从来没有过。我决定，这一次回去后，我要像奥罗宾多·高士那样，完全隐藏起来。只有星期三我会见一见民众，剩下6天我就默默地身居屋内享受无声无人的宁静。看到奥罗宾多，我非常高兴，我明白了，这才是准确地了解自己的正确方法。谁知道你们住在哪里啊？圣蒂尼克坦现在的情况怎么样？你的树木花草一定长得很好。轮船已抵达码头。这里没有下船的台阶，因此只好乘坐小汽艇登陆。

在本地治理也是这种情况——就是这样把我从轮船上吊起来放到岸上的，这样就无法保持尊严了，其详细情况以后我再告诉你。

爸爸

1928 年 5 月 30 日

法国邮船公司（M.M.）

61. 到处是拥挤的人群

亲爱的孩子：

米鲁，我正在忙于为出版讲演稿和其他各种事务与印厂打交道，现在没有工夫写信详细告诉你。总体说来，印制画册和讲演稿两件事都还顺利。我现在正为这些事情到处奔波——罗廷他们夫妻俩住在别的地方。他们身体还好。

杰斯塔月干旱，你的果园怎么样？在这里很难猜测太阳光是怎样热辣辣地炙烤着。因为在这里的田野里、河岸边，无数的鲜花正在绽放，到处是拥挤的人群。全国仿佛就是一张花床。这里的自然景观与你们那里的政治景观之间的差别是很大的。

你是否已得到消息，海蒙蒂有了一个女儿。她的名字叫申乌蒂，其意思就是本土白玫瑰花。我不知道申乌蒂是属于哪个种类。

在牛津我见到了斯里摩蒂的兄弟。斯里摩蒂生病了，她住在另一个地方，她的母亲在她身边。她住在哪里，我没有得到确切消息。

这里的春天现在正值雨季。很多天过去了，今天是好一点儿的艳阳天。

在你们那里阿沙拉月临近了，天空的景色如何？你什么时候去看我的鹅卵石形的凉亭？

爸爸

1930 年 5 月 27 日

伯明翰伍德布鲁克

62. 那个地方生活费用很便宜，他很快乐

亲爱的孩子：

米鲁，从你的来信里获悉了圣蒂尼克坦西部村庄的一些消息，应该建议国际大学去清扫一下那个村庄。因为从现在起，这里的很多男生女生每年都要去国际大学，而国际大学附近的那个村庄又是这种状况，如果现在不能清除那里的垃圾，那么，就会伤害国际大学与欧洲

的关系。我转来转去，现在到了日内瓦。一到这里，首先就感受到明媚的阳光，仿佛总觉得我们乘坐租来的轮船漂洋过海，来到了这里。这里就像我们国家11月中午那样的阳光明媚，蔚蓝色的天空一尘不染，和风中带有一点点温馨的暖意，树叶簌簌作响。我的窗前正对着一片竹林。不是为大力罗摩制作用于决斗的竹锤的那种竹子，而是制作黑天竹笛的那种竹子，茎秆细长呈现碧绿色，熠熠闪烁着光泽，被称为长笛竹，是从日本引进来的。凝视着这片竹林，我突然忘记了自己是在欧洲，说这里是波诺马利的家乡，是不会错的。

从拉妮的来信中我得知消息，尼杜被派到孟买去学习印刷技术，我觉得不好，因为孟买是个不健康的城市，在那里流行一种疟疾，是恶性的疾病。经过特别的努力我在这里营造出一个好的环境，这种机会在印度人的命运中是不容易遇到的。在这里会接受最好的教育，会受到最好的关心照顾，并且花费最少。如果能让他在工作中发挥作用，我就放心了。如果放弃这个机会，对尼杜来说，是很不公平的。在这里他会成为一个人才，不仅仅是个工人。

罗廷的情况看来还好，一直以来，他拜访了不同的医生，进行了各种咨询，但是一直走着一条错误的道路。经过这么多天之后，他终于找到了完全免费的康复之路。他住的那个地方生活费用很便宜，他很快乐。

爸爸

1930 年 8 月 25 日

日内瓦

63. 你为什么不栽种一些葩蒂花呢?

亲爱的米鲁:

你的来信我收到了。下过雨,多日来土壤里聚集的热量变成蒸汽冒出来了。土壤里的热量散发出来之后,就会感到舒适。由于多日来受到太阳光的炙烤,大地在抱怨苍天。一场喜雨降临之后,首先是热度增高了,随后凉爽的时期就到来了。拉妮·莫赫兰比什带着她的丈夫,没有预告,突然来到了这里。在加尔各答那么多天的闷热简直无法忍受,那些天的活动已经记不起来了,那里开始凉爽时他们却到这里来了。他们不会在这里待很多天,我们已经决定,7月1日或者其前后我们下山。那时候大地会郁郁葱葱,令人赏心悦目。

蓓蓓现在很好。我有时将纸张、钢笔、墨水瓶等物凌乱地堆放在桌子上,她就走过来,将其摆放整齐。你嫂子也挺好,罗廷身体也还好,应该承认我的身体也好。不过,我在想,由于难以忍受的闷热,我那鹅卵石形亭子上的藤蔓是否都已旱死,只剩空架子了?你告诉我这场雨过后申乌蒂的情况怎么样。我记得海蒙蒂女儿的名字之意就是申乌蒂花,可是我却不知道,还有一种诗人熟悉的花,叫斑图莉,可是它已不被人所知了。这些花都已经移栽到你的花园里了,方便的时候你说一说我们所知道的那些花的情况。碧亚尔和巴鲁尔这两种花木,也应该去找一找。葩蒂花在波尔普尔附近有很多,你为什么不栽种一些呢?它属于毗湿奴追随者喜欢的花,其色彩和气味都是很可爱的。

爸爸

1931 年阿沙拉月

大吉岭

64. 树木展示出良好的身姿

米鲁：

　　刚才收到你们抵达亚丁的信，我就放心了。最初你们经受了很多天的颠簸，我这颗心一直牵挂着你们。今天是 22 日，这么多天之后你们才抵达杰努雅尔附近。带着尼杜去了一个新地方的那个人，他的消息肯定传到你们那里了，可能，他会和安德鲁斯一起去码头迎接你们。对尼杜来说，去什么地方好，能否从某一位德国医生那里获得确切的建议，我心里是怀疑的。他们是想方设法留在德国。安德鲁兹或者提棱若能向某一位毫无利益关联的人咨询一下，那才好。如果你能遇到绍莫，他会就此事帮助你的。黑森林地区不是很干燥，因此我很担心。如果从亚丁寄信来，就可以得知你们轮船的详细情况。

　　我们这里一切都很顺利。布丽的身体很好，她在正常地读书学习，还跟罗廷学习制革工艺。我想接她来"阳光角"房里居住，但是她住在这里会感到很不方便。现在她住在高起斋靠边的那个房间，房间已经收拾得很整齐了，她喜欢住在那里。每天两次去花园照顾生物，并带回来那里生物的信息。

　　斯拉万月到来了，不过这一次的雨水现在还没有及时降临，也就是说，还没有降下滋润农田的雨水。有一次，突然噼里啪啦落下大雨点，然后又停止，太阳升起来了，很像秋季的情况，但是不热，风呼呼地吹着。树木展示出良好的身姿，田野、河边一片碧绿。你的那只母鸡每天都下蛋，鸡蛋为我所享受。你果园里那棵菠萝树上的一个菠萝成熟了，一个陌生人比我们先看到了，并且被他摘走了。

　　听说奥米娅[1]他们要来你家，可是现在我还没有得到他们的任何消息。月中阿莎他们离开了你家，返回他们自己家了。我对你嫂子说

---

[1] 奥米娅：奥米娅·泰戈尔（拉伊）（1908—1986），诗人最喜欢的侄孙媳妇之一，诗人的三哥海门德罗纳特（1844—1884）的孙媳妇，即希登德罗纳特（1867—1908）的儿媳妇、赫里丁德罗纳特（1904—1947）的妻子。她有一副好嗓子，是著名的歌手和演员。

了，叫他们写信来说一下，他们什么时候来或者是否能来。我从科莫尔那里得知你那头小牛犊的情况，它被悉心照料，并且很好。它与自己的同居者小鹿感情融洽。你那兔子和鸽子的家族很兴旺。……在这里，鸡家族中出生的数量比死亡多得多，其成果由我来享用。它们经常在我前面的平台后面制造麻烦。我在努力阻止它们把木桶作为窝巢，我拿来了水罐，代替木桶，这样看上去很好啊。马拉蒂藤蔓爬到了"阳光角"房前面的那棵木棉树上，雨季那上面缀满了花朵，而那花朵不时地纷纷坠落到树下。现在正值我那些爬山虎所依附的树冠上素馨花绽放的时期。我的那些迦米尼树上也已结出迦米尼花蕾。布丽骄傲地说，花园里也有迦米尼花了。你那些稠密的茉莉花我也看到了，有时布丽会采摘几枝回来。

爸爸

1932 年 7 月 22 日

孟加拉邦，圣蒂尼克坦

国际大学

65. 这个夏天住在黑森林是非常美好的

米鲁：

收到你从塞得港写来的信，我就很放心了。在红海上你没有遭受那种闷热，这可不是微不足道的小事。我害怕你会长期卧床不起，这种情况并没有出现。我觉得服用任何药物都是没必要的。这个夏天住在黑森林地区，你住在树林里，这是非常美好的。最近尼杜给布丽写信来说，他在发烧，咳嗽加重了。他住进了疗养院，不知道是否有效果。刚才收到了安德鲁兹的信，得知他去了日内瓦，他要带尼杜去德国——在那里安排好之后会告诉你的，不过他要离开的。我不能说我特别高兴，我晓得，在轮船码头上你看见他后，你也会很担心的。艾拉和她丈夫大概也去过，不晓得疗养院有什么规章制度。我确信，在那里他们不会给他进行理想的生化治疗。在频繁地咳嗽或某种其他病痛发生的情况下，服用这些温柔的药物，就会很快见效。当然在城市里有善于用生化疗法的医生，至少有顺势疗法的医生。若在远处就不好说了。想想看，是否要去咨询一下，你决定吧。

在这里直到现在都没有下过一场及时的好雨，树木植被需要相当多的雨水，庄稼丰收所需要的雨水还缺少啊。天气还不热，常常刮风。四周的丛林都已被清除，蚊子大量减少了。奥米娅他们到现在还没有来。她的儿子发烧了，她说明天（星期五）来。

布丽身体、精神都很好。你们从亚丁寄来的信大概到了，邮差会送来的。格雷琴的信 [1] 我现在寄给你，你给她写回信吧。如果她住在附近，那就好了。

爸爸

1932 年 7—8 月

圣蒂尼克坦

66. 绍明那天夜里走了，第二天夜里我梦见到他乘坐火车回来

米鲁：

我们都在黑暗中摸索着前进，知道我们所爱的那些人 [2] 都已不在了，我们感到痛心，他们不理解我们的痛苦。但是至此事情还没有结束，

---

[1] 这封信是在巴黎写的，日期是 1932 年 7 月 17 日。——原文注
[2] 在这里诗人泰戈尔所指的是 1902 年 11 月 23 日诗人的妻子穆里纳莉妮去世；1903 年 9 月 19 日二女儿雷努卡死亡；1905 年 1 月 19 日父亲仙逝；1907 年 11 月 23 日小儿子绍明死亡。诗人泰戈尔唯一的外孙子尼丁德罗纳特·贡戈巴泰（1911—1932），即他小女儿米拉的儿子，在德国留学期间因患结核病于 1932 年 8 月 7 日死亡。这封信就是在这种背景下写给自己的小女儿的。

470

所有的缺点错误在痛苦感伤中之所以显得沉重，就在于我们是相亲相爱的。从外面看亲情的纽带已经割断，可是我们内在的那种关系如果也已断绝，那么，那种缺失就会变成深度的虚空。我们来到这个世界，聚集在一起，然后由于时光的流逝又不得不离散，多少次就这样过去了，还会一次次地再经历——带着快乐和痛苦的生命就会彻底结束。不管在我的生活中有过多少空白，宏伟的生活都是存在的，它在前进，我总觉得，我的人生旅程与它的旅程是会相遇的。羞愧啊，如果我带着忧伤徐徐离开大家的生活，那我就把自己凝聚痛苦的轻微负荷加在不停地运行的红尘世界的车子上。家家都有难以忍受的无数痛苦和忧伤，时光每天都在一点一点地将其擦拭掉。那只遍布世界的时光之手也在我的生活上面发挥着作用，而这种世界性的康复工作做起来，仿佛一点儿也不困难，就让痛苦悲伤的感受变得轻松些吧，不要再给每天的日常生活设置障碍。我非常爱尼杜，除此之外，我一想到你，巨大的痛苦就会压在我的心上。但是面对着全世界人民的苦难，就该羞愧地把自己最深重的痛苦看作微不足道。在蔑视痛苦的时候它就会轻松地改变生活进程，并以此吸引大家的目光。我没有对任何人说过，"请你给我让路"。大家想怎么走，就怎么走吧，而且我也要和大家一起走。很多人都对我说，今年的喜雨节不要办了吧，因为我处于悲伤中。我说，不能那样做。我的悲伤，由我自己来承受，外人怎么会明白那悲伤的确切含义呢？至少他们应该明白这样一点，我一点儿也不需要来自外部的任何安慰、任何礼仪形式的哀悼，因为那是对我的不尊重。我就害怕大家来安慰我，所以这几天我禁止大家到我身边来。不过，我所有的工作，都轻松地完成了。人们会看到，什么事情都没有被放弃，都按时完成了。把个人的生活直接凌驾于所有其他事务之上，是最大的自我亵渎。多日来我衷心地希望，在这个宇宙中若有人是我的特殊朋友，就让他善待我吧。我根本不知道，可能他已经善待我了。也许，我已经摆脱了更多痛苦。这样迟到的请求，就是柔弱性的表现。

当心灵愚昧无知时我就寄托这样的希望，这种情况对我也许是宇宙规则中的一种特殊例外。大家不得不遭受苦难的时候，我却要得到关爱，提出这种过分的要求，我会感到汗颜的。绍明走的那天 [1] 夜里我用全部心思说道，就让他在宏大的宇宙中一路走好，我的悲痛仿佛一下子将他拖到我身后。同样当我听说尼杜走了的时候，很多天来我一再地说，我再也没有要做的任何事情了，我只是希望，此后他在宏大宇宙中一路走好，愿他在那里幸福。我们的关照到不了他们那里，但是我们的爱或许能抵达那里；若不是那样，为什么现在还在坚守恋爱呢？

绍明那天夜里走了，第二天夜里我梦见到他乘坐火车回来，在月光照耀的天空中飘行，任何地方他都很少降落，他没有目标。我的心灵说，他不降落，大家都在万物之中，我也在其中。我为大家要做的工作还有很多啊。在我活着的那些未来岁月里，我要做的那些工作宛如溪流一样，会继续流淌。只要有勇气、只要不厌倦，任何地方的任何劳作之线都不会中断，我轻松地承认已经发生的一切，也怀着轻松的心情承认存留下来的一切，这样就不会出现差错。这封信如果在亚丁发出，我不知道你能否收到，所以我就想在孟买寄出。

爸爸

1932 年 8 月 28 日

圣蒂尼克坦

67. 在圣蒂尼克坦，我的心是很散乱的

米鲁：

你们怎么样，都好吧？在海上布丽的身体不太好，如果带她去一

---

[1]　绍明走的那天……：1907 年秋天大祭节放假期间，绍明和同学去乡下门格尔同学的舅舅家，不幸在那里染上瘟疫而死亡。

次拉吉吉尔，那就好了。在那里有各种洗浴的水池，对于洗浴是很好的。总的来说，对于身体很有益处。如果连续几天，每天都坚持洗浴和饮用那里的泉水，那么，对于医治便秘便会很有效果的。所以说，在那里住两三天没用，至少应该住上 15 天。现在薆克蒂[1]在那里，布丽会把她当作好朋友的。天气渐渐凉了。我们第一次到那里时遇到了连雨天。你们那里怎么样？现在这个时候看来是挺好的。这里再也没有什么人了，相当孤寂。这对于我写作读书是很适宜的。在圣蒂尼克坦，我的心是很散乱的。我不知道，我的新房子是否已经开始建设了。今天普罗达普要动身外出，他要去筹集砖瓦木材。蔀蔀在这里结识了布尔尼玛[2]，很轻松快乐地欢度时光。罗廷最近两天要去圣蒂尼克坦。

爸爸

1932 年迦尔迪克月初十

卡拉多赫

68. 你嫂子的花园里夜来香也开了

米鲁：

医生检查过了，现在布丽的身体和精神状况怎么样？你们还要在加尔各答待多少天？这里已经很凉爽了。现在中午的时候如果愿意的话，可以脱掉身上的一件厚棉衣了。茉莉花开始绽放了，你嫂子的花园里夜来香也开了。树枝上缀满了春天的花朵。林喜花也快绽放了。木棉花已经凋落，现在可以看到新的嫩叶已准备展开——雷雨和浓雾的作乱已经过去，最后我的那株芒果树上又出现了一串花蕾。当它开

---

[1] 薆克蒂：弗尼普松·奥提加里教授的小女儿。

[2] 布尔尼玛：罗廷德罗纳特的表妹，即他舅舅诺根德罗纳特·拉伊乔杜里的女儿。奥波宁德罗纳特的外孙子媳妇，即他女儿科鲁娜的儿子绍破诺拉尔·贡戈巴泰（1910—1990）的妻子。

始结出果实的时候，我们又要出发去某个地方了。一片向日葵经过几天强烈的风暴摧残，从根部折断了，彻底毁掉了。有两三种观赏花，今天已经爬到我的门上。还有那种红色百合花，在大街的两旁展现着自己的姣美。

曼尼普尔的新王子来了，他要在这里休假。学习舞蹈机会难得，你不要不重视。布丽恢复了自己的体力，因此她真的感到高兴和有意义。你不要耽搁，快点儿来吧。还有马拉巴尔舞蹈，不过，你会更喜欢观看新王子的舞蹈。

现如今你嫂子和你哥哥罗廷他们俩的身体都挺好。

爸爸

1934 年 3 月 18 日

圣蒂尼克坦

69. 带布丽去换换空气吧

米鲁：

得知布丽的身体情况，我很担心。克里巴洛尼今天走了。向医生们咨询后应该怎么做，你决定后告诉我。我对苏棱[1]说过，带领《齐德拉》（《花钏女》）剧团去孟买不可取。首先，对此我没有积极性，在我不跟随剧团的情况下他们出去转悠——这种想法，我一点儿也不喜欢。

---

[1]　苏棱：指苏棱德罗纳特·科尔。

是否需要带领布丽去什么地方换一换空气，这件事你要认真考虑一下。

这里不是特别热，几天来都是阴天，看来，很快就会下雨，随后就会凉爽。

爸爸

1936 年恰特拉月 31 日 [1]

圣蒂尼克坦

70. 我还是为她担心

米鲁：

医生们建议，布丽需要换一换环境，你安排吧。同时为治疗她的扁桃体炎，让她每天三次服用生化药 Calcarea Sulph × 6。肯定会有效的。你不要忘记。医生们决定对她实施治疗的方案，当然克里什那是不会反对的。我还是为她担心。

爸爸

1936 年迦尔迪克月 1 日

孟加拉邦，圣蒂尼克坦

北寓所

71. 固执就是愚蠢

亲爱的孩子：

米鲁，从布丽的来信里我得知，你的身体不好。我理解，你因为

---

[1] 应该为阿什温月。邮戳的日期是 1936 年 10 月 17 日，即孟加拉历 1342 年阿什温月 31 日。——原文注

怕冷就用灶膛里的火取暖。这是不利于健康的。在你们的村庄里肯定有顺势疗法医生，为什么不去看一看？有几天我的肝脏病犯了，每天傍晚的时候发烧，经过基迪先生的阿育陀医学治疗，肝脏康复了。如果你和女儿一起来这里，那么，就可以请他设法尽心治疗。我相信，会有效果的。为了保持头脑清醒，我现在口服古老印度医学的一种药。虽然你的头脑没有毛病，可是不去看医生你的身体病患就不会好的，固执就是愚蠢。

你嫂子、哥哥住在船上，我一个人住在高起斋的最高处。甘古利在陪伴我，但是这种陪伴就是一剂酸楚的药，虽然有益，但不是愉悦的。

爸爸

邮戳：1937 年 6 月 17 日

孟加拉邦，圣蒂尼克坦

北寓所

72. 可以住在我的新房子里

米鲁：

如果你来这里，你的身体肯定会好的。你会得到休息。布丽他们会幸福的，不要在那里的厨房里取暖。我有一个计划：你可以住在我的新房子里，我住在高起斋的三层。我要去加尔各答，直到 2 月 10 日。如果你愿意，在这个时间之前你就快点回来。现在正值凉爽的冬季，而且是干燥的冬季。

爸爸

1936 年玛克月 12 日

孟加拉邦，圣蒂尼克坦

北寓所

73. 让自己的心灵处于自然的正常状态

米鲁：

……如果非常迷恋于小家庭生活，就会把每个小挫折想象得很大。我们在生活中总会遇到不少痛苦，但是如果生活的作用仅仅局限于个人的好坏感受之中，那么，不仅我个人的痛苦会扩大，而且我的心里就会觉得愤愤不平。我的文学生涯经历过如此的坎坷之路，我对国内的人们表达过强烈的不满，发出这种过激言辞的根本原因，就在于我的心理不够健康。我在努力回避今年的新年，让自己的心灵处于自然的正常状态。这个巨大的人类世界，其历史被巨大的痛苦欢乐搅动得不得安宁。

如果我不能将自己的历史融入人类世界的历史之中，那么，我就会坐在一个角落里，让自己成为一个用情感去伤害别人的人，自己只会感到羞愧，再也没有别的什么了。不管我能活多少时日，如果这些日子离开"甜美和轻松"，我将自己封闭起来，那么何时才会弥补这种损失呢？我要全身心地努力修行，余下的岁月在生命之后就会扩张宽恕和忍耐。这期间当我患重病的时候，自己就会因为大家毫无缘由的不能忍耐和不公正而感到焦虑不安。我不希望出现这种情况。我想从个人的家庭生活中走出来，朝着宏伟的方向前进。

爸爸

1937 年拜沙克月初一

圣蒂尼克坦

74. 你要休息几天，我也需要休息

亲爱的孩子：

你身体不好，为此我的心神焦虑不安。我们于 4 月底动身去阿尔

莫拉山区，也要带着布丽一起去。如果你同意去那里，我会很开心的。在那里你不要负责管理家务。你要休息几天，我也需要休息。

爸爸

1937 年 4 月 19 日

孟加拉邦，圣蒂尼克坦

北寓所

75. 忘掉了路上遇到的麻烦

米鲁：

路上我们遇到了极大的麻烦，特别是在贝里利火车站，但是我们到了这里之后就忘掉了这种痛苦。这里的空气凉爽，不太冷，很干爽，房子很大，凉台宽敞；万里无云的天空，四周开阔，各种鲜花都已绽放，可以说，没有人来人往的走动，而且大家都很好，我希望大家都会保重。你看到久特斯娜 [1] 了吗？她怎么样？你要向她表达祝福。你们还要去哪里？我躲避了拜沙克月 25 日的麻烦 [2]，所以我很开心。

爸爸

1937 年拜沙克月 23 日

---

[1]　久特斯娜：原国际大学的女学生。

[2]　拜沙克月 25 日的麻烦：这天是诗人泰戈尔的生日。每年国际大学的师生在这天都要举行各种庆祝活动。诗人称之为"麻烦"。

76. 这里的山上一点儿也不寒冷

亲爱的孩子：

米鲁，这里的白天挺好，你们来可以感受到夏天的气候。我在这里舒适少、小病多，因此当我惦记你们的时候，那山上的积雪也会被同情所融化。这里的山上一点儿也不寒冷，当我觉得要去做事时就穿上棉衣，可是心里总想脱掉。中午我就坐在敞开的凉台上，暖风习习吹拂，代博达鲁树的树枝在不停地摇晃，从篓叶树林飘来芬芳，鸟儿在用陌生的语言鸣叫。布丽也挺好，没有任何疾病的症状。昨天晚上克里什那来了。久特斯娜的情况怎么样？下午若发烧，要服用 Kali Sulph（氧化钾硫代磺基）、Fer（血清铁蛋白）和 Phos（磷霉素钙）。

爸爸

1937 年 5 月 17 日

阿尔莫拉

77. 我的那位灵魂人物正在大海上忙得不可开交呢

米鲁：

你根本不必为我忙碌，我完全站立起来了。摆脱别人的扶持照顾，获得休假的时期到来了。你安排的饮食，已经派三个人去忙活了。我的那位灵魂人物正在大海上忙得不可开交呢。药品等什么都不缺。几天之后我还要去加尔各答——你为什么还要徒劳地操心费神呢？

爸爸

邮戳日期：1937 年 10 月 3 日

孟加拉邦，圣蒂尼克坦

北寓所

78. 他们都得到了欢迎

米鲁：

我审查过的生日庆祝活动今天已经过去了，你没有来，你做得好。我的秘书说，像今天这样的酷暑很久都不曾有过，我对此事嘴上并没有抱怨，但是就觉得我的身体很痛苦。你在这时候不要离开海边来这里。在三四天内我们要去噶伦堡。我听说，那个地方很好，那栋房子也很好。你嫂子他们会提前两天出发，我下周动身。

我们的《齐德拉》剧组回来了。所到之处他们都受到了欢迎，还喝到了咖喱鱼汤，吃到了美味菜肴。在孟加拉邦，人们对优雅精美舞蹈的喜爱超过了其他类所有舞蹈的声誉——我为孟加拉邦而感到荣幸。我的秘书对此不同意我发表任何谈话，看来他心里是认同的。

爸爸
1938 年拜沙克月初二
圣蒂尼克坦

79. 一日三次用药，不要不重视

米鲁：

昨天夜里从布丽那里得知你生病的消息，我心里非常焦急。从今日起连续几天在这里都会因举行婚礼而喧腾吵闹，婚礼没完人们就不会放我走。此事一结束，我就动身去加尔各答。这期间你要一日三次

服用 Kali Mur（氧化钾）和 Natrum Phos（磷酸钠），不要不重视。如果没有什么障碍，很可能我星期一就出发。

爸爸
星期五
孟加拉邦，圣蒂尼克坦
北寓所

80. 再次展现生命力有什么不好呢

亲爱的孩子：

今天从拉妮[1]的来信里得知你生病的消息，我十分焦虑。我自己相信，生病发烧时采用顺势疗法，很快就会痊愈。我的身体不适合来回折腾，否则的话，我就去看你一次。今天我就派苏塔康多去你那里。他会向你提出建议，还会给我发消息来。若你能再一次展现出顽强的生命力，有什么不好呢！

爸爸
孟加拉邦，圣蒂尼克坦

81. 一群日本人要来观看我们的舞蹈

米鲁：

我陷入了困境。我突然得到消息，一群日本人要来观看我们的舞蹈。观看日期定于下星期日。由于各种难以理解的原因这里的舞蹈组

---

[1] 拉妮：指尼尔莫洛库玛丽·莫赫兰比什。

已成为有名无实的空壳了。星期六和星期日如果布丽不能来，此事就会成为人们的一个笑料，一切都会打水漂。布丽星期五生病了，但愿星期一她能康复。我会给她找一个合适的舞伴。你若能来，我会更高兴。……我那栋"阳光角"房屋已经装修好了，住在那里没有什么不方便。奥尼尔作为使者将向你传递这个消息，如果你让他扫兴而归，那么，他内心里长期存在的倦怠的雨云就会更加浓重。

爸爸

星期三

圣蒂尼克坦

泰戈尔写给外孙子尼丁德罗纳特[1]

1. 不仅要学习印刷，还要学习图书出版

亲爱的尼杜：

收到你的来信，我很高兴。这么多天来你在阅读报纸时会知道，我的身体很不好。现在让我卧床，不过我还好，没有任何担心的理由。

自从你到德国后，我都在为你而尽力。在德国我有很多朋友……通过这些朋友的努力，你已经被安置好。首先你应该在慕尼黑学习，然后到莱比锡学习。在莱比锡不仅要学习印刷，而且你还要学习图书出版。此外，在那里还安排了其他需要学习的学科。

这期间你要尽可能快一点习惯德国的生活。你要购买 *Tourist Conversation*（《旅游对话》）这样一本书，每天翻看几页。如果将来你能去圣蒂尼克坦，那么，你现在就应该在那里轻松地学好德语。不过你自己在印度时报（Times of India）社的工作尽可能快点习惯才好，那样的话，你在德国的工作就会很容易。

我要在 12 月中旬回国，不是经过孟买，而是经过科伦坡。不过，途中不能与你见面了。无论如何，当你决定要去德国的时候，我要给我在柏林的一位朋友写信，请他将此事确定下来。因为他们尊敬我，

---

[1] 尼丁德罗纳特：尼丁德罗纳特·贡戈巴泰（1911—1932），爱称为"尼杜""娃娃"。诗人泰戈尔唯一的外孙子，即他小女儿米拉的儿子。尼杜的人生很不幸，在父母的争吵和离异的环境中度过少年时代，他身体不好。曾经在国际大学和英国读书，学习印刷技术，后去德国深造，在那里染上肺结核而死亡，时年还不到 22 岁。

所以他们会很关照你的学习的。

　　把这封信寄给你母亲，告诉她不必为你担心。此前尼尔罗东先生要我卧床，现在仍然如此。这样休息几天后，现在又觉得很轻松了，但是我还是停止了所有访问和谈话。当然我希望在我回国时看到我的身体比以前好很多。

姥爷

1930 年 10 月 24 日

纽约

美国运通公司 托收

　　你不会有写回信的时间的。

2. 需要什么东西，你可以用剩下的钱买

尼杜：

　　你用从莫拉尔那里拿到的钱款买些画纸寄来。慕尼黑博物馆我很喜欢。我从巴黎带回来各种颜色的颜料，用这些东西作画很好。在你们那里如果有这样的好颜料，你设法寄一套回来。你要花费 200 卢比保险费把那些绘画作品寄给我。剩下的钱你留下，如果什么时候需要什么东西，你就可以用剩下的这些钱购买。布丽已从德里回到了圣蒂尼克坦。她的身体很瘦弱。我大概 4 月底乘坐飞机飞往巴黎。我希望，

你在莱比锡的工作能安排好。在那里你要待多少天？

姥爷

1938 年 [1]2 月 15 日

圣蒂尼克坦

3. 你要尽力设法不让这 8 个月白白浪费掉

亲爱的尼杜：

我从你的来信中已获悉所有消息。听说在你开始正常工作之前还要闲待 8 个月，我觉得不好。Anna Selig（安娜·塞莉格）是否还在德国，是值得怀疑的。你要尽力设法不要让这 8 个月白白浪费掉。柏林的蒙德尔夫人说，我们的一位朋友在柏林，他的地址是

Wannse

Friedrich-Kart St,18,Berlin.

我已经给她写了信，可能她会给你写信的。

你要在慕尼黑度过 2 年 8 个月，然后还要在莱比锡待 1 年，这是不可能的，也根本不需要。这 8 个月你能否在一家印刷厂安顿下来，

---

[1]　应该是 1931 年，而不是 1938 年。——原文注

学习印制工作？当然，要求给你发工资是不行的；相反，你还要花些钱。不住在家里而同男孩子们住在一起，看来，你的花销也不会少，在这方面你要注意。

姥爷
1931 年 5 月 30 日
大吉岭

4. 放弃艺术之手或许是个过错吧

亲爱的尼杜：

收到你的信，我很高兴。我希望，这些天来你那里的情况会好一些。我从报纸上所获得的消息中推断，巴伐利亚的环境不是很好。我离你太远，提供一些咨询是困难的。你理解那里的情况，你自己觉得怎么做好，就怎么做吧。不必怀疑莱比锡是个好地方，这里是德国一个很大的学术中心。如果在学习商贸的同时你能够学习更多的知识，对你是很有好处的。在慕尼黑可研究的艺术项目很多，例如，音乐、绘画等等。你学习小提琴的兴趣完全消失了吗？放弃艺术之手或许是个过错吧。

我会寄给你一些孟加拉文报纸和书籍。我先回圣蒂尼克坦，然后我在 7 月底下山，离开这里。

你舅舅挺好，不过你舅妈最近几天患流行性感冒，今天好多了。你母亲的情况当然你知道了。……有一个人要来圣蒂尼克坦，可是这里太缺乏资金了。国家在闹饥荒。正常地传送消息都很困难。我知道，他来不了会很痛苦，可毫无办法呀。我不觉得，他也会为你提供一些特殊的方便，你要尽可能地依靠自己。

姥爷

1931 年 6 月 28 日

大吉岭

5. 用心做好自己的事情

亲爱的尼杜：

收到你的信我很开心。我不喜欢德国巴伐利亚的环境。由于贫穷，哪里的人们瘦弱，哪里就会流行瘟疫，法西斯主义和布尔什维克主义在流行，就像现如今欧洲到处闹饥荒一样。这两种现象都显现出不健康的征兆。强行压制人的自由理智并且认为这是有益处的——这一切是具有健康理智的人所无法想象的。当胸中怒火激烈燃烧的时候多少弱智的人都被争取过去了。因此要当心布尔什维克主义会在印度传播，因为粮荒的问题非常严重，当死亡的局面逼近之时这些人就会作为阎王的使者而出现。看到人与人之间那种恐怖的场面，身上的毛发都会竖起来，在杀戮的竞赛中谁会放过谁呢？今天整个世界都束紧腰带拼命地厮杀。为了逃避被屠杀的恐怖之手，人人都已恐怖至极，这种情况还没有结束，相互屠杀的混乱局面还在继续。

无论你做什么，都要当心，绝不能与所有这些吃人的党派同流合污。欧洲今天正在全面反对自己的伟大辉煌。我们的国人，特别是孟加拉人，无论做什么，都在仿效别人，其中很多人现在开始仿效欧洲的病态。你要保护好自己，远离所有这些病毒。当然，在你们那里有很多被这种恶魔附身的印度人，你不要接近他们，你要用心做好自己的事情。

我对于学习小提琴已经没有积极性了，但是我很喜欢大提琴。我觉得，我们国家的乐曲用它演奏会更好。不过，你说的那些话都对：学习这种乐器是需要很多时间的，那样的话，就要压缩其他知识学习的时间。现在这一切都停下吧，不过在设计方面你要尽快成熟起来，这对你自己的工作是很需要的，你回来后就能插手这方面的工作。

这里正值雨季，四周都变得绿油油的。在大吉岭住了几天，回来后觉得这里很好。这里的情况你肯定都知道了。

姥爷

1931 年 7 月 31 日

圣蒂尼克坦

6. 我决定留在这里享受秋天的美好时光

亲爱的尼杜：

你经过自己的努力寻找，终于找到了适合自己的机会，听到这个消息后，我非常高兴。……他许诺，会在慕尼黑把你安顿好的，得知这个消息后我就把慕尼黑这方面的情况告诉你。现在我才意识到，他什么都不知道，而且他根本没有什么影响力。Mainz（美因茨）是个小城市，你会找到工作学习的机会，并且会与当地人和睦相处的。

现如今世界上到处都在闹饥荒，在我们国家也是如此，而且更为严重。这种贫穷状态很久以前就存在，现在更加严重。在北孟加拉和东孟加拉发生了水灾，数百个村庄被洪水冲毁了。为了帮助灾民，需要筹集钱款，计划在加尔各答举行一场赈灾演出，我正在为此事忙碌着。……

在我们这里正值帕德拉月，几乎经常下雨，天空布满乌云。这种连雨天一旦过去，就会展现出秋季的景象，天空中就会弥漫着赛法莉花的芳香。我决定留在这里享受秋天的美好时光。

　　这里的一切消息，你当然已从你母亲的信中获悉。斯里摩蒂几天来都住在你母亲那里，所以我觉得她没有时间写信。因为我从你的电报中得知，很多天你都没有收到她的信了。出于政治上的怀疑，这里的邮局是靠不住的。我们的很多信件几乎都会延误，甚至丢失。若收到信的时间延长，你也不必着急。

姥爷

1931 年 9 月 3 日

圣蒂尼克坦

7. 我想收集一两本在德国出版的《艺术杂志》

亲爱的尼杜：

　　收到你的信我非常高兴。同时我给 World Goethe Honouring（世界歌德荣誉社）写了信。我想收集一两本在德国出版的 *Art Magazine*(《艺术杂志》）。你打听一下每本价格是多少，我把钱寄给你。明天这里的学校开始放假。你舅舅、舅妈、蔀蔀都要去大吉岭。……这里很炎热。我在想，我也要去大吉岭。你妈妈不想动，如果她同意，我也会带她去的。你代我向那些帮助过你的人表示感谢。

姥爷

1931 年 10 月 12 日

圣蒂尼克坦

8. 你出去旅游几天，就会觉得身体有力量

亲爱的尼杜：

你肯定已经听说我去巴黎旅游了，很好。后来我回来的那一天获悉你咳嗽了。一定是冬天你没有关注自己的身体。听说现在你好多了，我就放心了。如果你愿意的话，我们就派人把你母亲送到你那里去。写信来告知。

在这里经常是难以忍受的闷热，这几天又刮起了季风。这一次的雨季就要到了。四周一片绿色。现在国内芒果树种植很普遍，在这样一个贫穷的国家，人们可以靠吃芒果活命。现在欧洲是夏季，也就是说，相当于我们国家的春季。我曾经在巴黎度过4、5两个月，我没感到热，几乎如同我们这里的冬季一样，其原因就在于，他们的国家高出海平面四五千英尺，就像我们国家的迦尔西容一样。

无论如何，很快痊愈之后，你出去旅游几天，那样你就会觉得身体有力量。

布丽在这里，她也很好。

姥爷

1932 年 6 月 21 日

圣蒂尼克坦

9. 吃你妈妈亲手做的饭菜，很快就会好起来的

亲爱的尼杜：

这封信我交到你妈妈手里。听说你已经好多了——现在吃你妈妈亲手做的饭菜，你很快就会好起来的。她要带你出去换换空气，现在还没有得到消息。当然要去一个很美丽的地方，要比你的莱比锡好得多。我也很想出去走一走，可是我没有放下工作走出去的机会。在明

490

年的某一个时候，你或许会看到，我已出现在你的面前。

阿沙拉月很快就结束了，但是雨季不会像现在这样美好，现在只有乌云，没有降雨。如果海上也不下雨，那对你母亲的身体是有好处的。无论如何，在你收到这封信时海上航行就结束了。

今天傍晚你母亲要去预订前往孟买的船票。明天我们出发前往圣蒂尼克坦。

我把我的两本书寄给你阅读。这么多天来，在承受德语学习方面的压力下，你如果还没有忘掉孟加拉语，那么，在你高兴的时候就可读一点儿孟加拉语的书籍，但你不要竭力去学习诗歌写作。

姥爷

1932 年 7 月 12 日

加尔各答

焦拉桑科

泰戈尔写给外孙女侬蒂达 [1]

1. 心灵不是磨面机，是需要经常休息和获得快乐的

亲爱的布丽：

巴乌沙月初七你们到这里来，我肯定记住了。那时候全世界到处都在欢度圣诞节假日。在这个假日里身心所获得的愉悦和休息，对于工作是至关重要的。那些急于获得成绩的人认为，越是强制心灵不停地劳作，就越会取得更多的成绩。可是心灵不是磨面机，让它转动得越快，磨出的面粉就越多，心灵是需要经常休息和获得快乐的。无论如何，在巴乌沙月初七之后的圣诞节当天或许次日，我会前往加尔各答，届时我会与你们见面的。26 日我要去《侨民》杂志社的孟加拉文学协会办事。如果你用孟加拉文写了诗歌并且最近在《侨民》杂志上发表了，那么，我就让你做协会的主席。

我给你寄去了一篮子迦尸出产的藏青果，你收到了没有？这种东西对你有好处。早晨起床后，嚼碎一颗，喝一杯水，这是常规的吃法。你试试看，若没有效果，你就增加吃这种干果的数量。

---

[1] 侬蒂达（1916—1967）：爱称为"布丽"，诗人泰戈尔唯一的外孙女，即米拉的唯一女儿，出生在加尔各答泰戈尔故居。爸爸妈妈离婚后，哥哥尼杜留在爸爸身边，她留在妈妈身边，住在圣蒂尼克坦。在国际大学美术系和音乐系学习过绘画和音乐，还学习过蜡染和皮革手工艺，跟随舅妈普罗蒂玛学习过舞蹈，参加过姥爷泰戈尔创作的一些戏剧演出，如在《齐德拉》《纸牌王国》《无形宝石》《昌达尔姑娘》等戏剧中都扮演过角色。她像母亲一样，性格文静、沉默少言、嗓音洪亮。1936 年，20 岁时她与克里什那·克里巴洛尼结婚。在泰戈尔晚年生病期间是主要护理人员之一。印度独立后她丈夫任印度驻巴西大使馆文化参赞，她陪同丈夫在巴西居住多年。无后嗣而终。

寒冷照常到来了。在身上又该加上厚重的衣服了。负重前行是何等痛苦的事啊，这一点是再清楚不过的了。

姥爷

1934 年阿格拉哈扬—巴乌沙月

圣蒂尼克坦

2. 你在大海上怎么样

布丽塔 [1]：

没有心情写诗，你不要有这样的想法。

我坐下来喝茶时只是加一点糖慢慢搅动着，柔和的春风吹拂着，房间里的帷幔飘动着，果园里的小树枝在摇曳。春天过早地摆脱了"季节之王"沮丧的寒冷心绪，其头部逐渐温热起来。

你在大海上怎么样，我很想听到这方面的消息。我很想知道，你要吃的一些食品是否能保存。从铁路方面得到你的最后消息，我知道了，你吃奶糖并没有任何效果。吉妲 [2] 说，会起作用的，但是不会马上见效，你还是要照此而行，只吃奶糖。不过，若仍然没有效果，我很想知道，最后你是否还要继续这样做。

现在没有什么新消息，树枝上已经冒出新叶。我已经来到这里，

---

[1] 布丽塔：孟加拉语的意思为"老太太""老太婆"。这是诗人泰戈尔对外孙女侬蒂达的一个戏谑性的爱称。

[2] 吉妲：诗人泰戈尔大哥迪金德罗纳特的外孙女，即他长女绍罗嘉苏多丽的 4 个女儿中的三女儿。

离开了"阳光角"房，住进了高起斋新居所。波诺马利染上了痢疾，几天都不见他来餐桌了，因此我很为他担心。从今天起他又出现了，你不必过于担心。我常常写信告诉你关于他的消息。你母亲现在仍然在加尔各答，因为她觉得住在那里挺好。

姥爷

1935 年 3 月 27 日

圣蒂尼克坦

3. 今晚圆月将会升上天空

梅姆萨黑博 [1]：

今天是拜沙克月初一，从你的信里看到你的祝福，我感到欣慰。现在我只是等待着关于你考试结果的消息；若考试通不过，你就像我当年那一个逃学、回避考试的男孩子一样，抬不起头来的。我不确切知道现在你在哪里，或许，你在法国南部安德蕾的家里。大概，罗廷要独自去伦敦了。

今天晚上 7 点在芒果园将举行新年歌舞晚会。我要朗读一两首诗歌。呈现两周的新月今晚正圆时将会升上天空。听到此消息你不眼馋吗？

现在常常出现连雨天，总的说来，不太热，可能我的假期会在这里度过。如果杰斯塔月热得无法忍受，即使你会为我离开而伤心，我也一定会去梅特蕾伊那里。

你如果看到我那栋泥土房屋的样子，一定会大吃一惊的。它的名

---

[1] 梅姆萨黑博：是英语词汇"memsahib"的孟加拉文转写，是英国人对印度成年女士的称呼，可以翻译成"夫人""太太"。此时俏蒂达已经 19 岁了，长大了，所以诗人泰戈尔戏称她为"梅姆萨黑博"。

气已经享誉国内外。我想一个人住在泥土房里，可结果可能会恰恰相反，来参观泥土房的人可能会比来瞧看我的人还要多得多。这种结果对我来说是合适的。

你母亲结束了她舅舅家乡的旅游，不久前离开了那里一个长满水葫芦的池塘岸边的阿斯赛欧拉森林，回到了圣蒂尼克坦。我看不到任何她为了舅舅家而如何耗费很多心血的迹象。

布尔尼玛患了麻疹，现在已经康复。我现在还没有好，而其他情况都还好。顺致新年祝福。

姥爷

1935 年拜沙克月初一

孟加拉邦，圣蒂尼克坦

国际大学

4. 男女孩子们吵闹得多么厉害呀

梅姆萨黑博：

有一个好消息，你抽空听一听，我不曾期待从远方获得什么赠品。昨天中午从贾鲁·婆达贾尔焦处传来了一张纸条，在纸条上可以看到，一位名叫依蒂达的女人在获得了优等的毕业成绩之后，消失在了她姥姥那条人们所熟悉的道路上。你的这个考试成绩是老师的骄傲。作为一个微不足道的人，你取得如此难以获得的成绩，在这样一个时刻，应该给你颁授一个大大的奖章。我感到很惭愧——我认为，我要寻求你的帮助，至少在这样的考试中，无论如何我也能达到你的水平。

日本方面提出了一个请求，要我带领舞蹈团前往日本，可是你们都不在啊，而且筹备这样大规模的活动也缺乏物质条件，所以我给苏棱写了信，今年 9 月不能去，我们可以为明年 4、5 月去做准备。我不晓得，会收到怎样的回答。如果他们同意，那从现在开始就要在歌舞排练和乐器演奏方面做一些相应的准备。有的人向我们建议争取去欧洲演出，很多人都相信，特别是如果我能同演出剧组一起前往，我们一定会取得成功。我是个怯懦之人，承担所有这些重大的责任，我心里缺乏勇气。你们这么多天肯定去过达廷顿，那个地方很不错。在那里我觉得，他们会订购观看你跳舞的门票，我希望你的舞蹈会比中国姑娘们跳得好，不过我觉得，他们的男人扮演女士来跳舞，如此令人惊叹，而且十分好看。同他们竞争不是你要做的事。哇！男女孩子们吵闹得多么厉害呀！这是一个破败的河边台阶，他们来这里洗澡戏水，洗澡还没有结束。在这里一切都好，温馨的和风吹拂着。在破败的台阶中间一处断裂处长出了一棵高大的榕树，坐在这棵大榕树的树荫下，感到凉爽宜人。这河岸是一片广阔的丛林，来往交通很不方便，但是看上去很招人喜欢。

姥爷

1935 年 5 月 22 日

钱达纳格尔

5. 保持我们的独特性是很必要的

布丽塔：

尼什先生的女儿婚礼请柬寄来时我特别不舒服，在这种情况下怎样处理这封邀请信，我心里没有主意。那一天我邀请他带着新郎新娘来我这里，我要直接当面祝福他们。

你是否想扮演奥波尔娜的角色？你若能扮演，那就太好了。如果有人责备，那你就解释说："我很喜欢姥爷的书，所以我要参加他戏剧的演出。"他们中谁还会说三道四呢？

这里的阴雨天和闷热的日子逐渐过去，帕德拉月正处于这样的时期：大地湿漉漉的，仿佛在洗蒸汽浴，我们全身都在流汗。

在阿拉哈巴德举行学术会议期间，我们可以在那里于暑假前欢度节日。我正参与《秋天的节日》的排练，谁都没有机会逃脱。除此之外，我还有一句话要说，这里或者其他地方要我们去演出舞蹈，演出的相应灯光和布景一定要准备好。在贝拿勒斯我观看了那里音乐会的情况，在观众的那种喧嚣吵闹声中，我们的舞蹈表演不会显得特别精彩，因此人们形成的观念就可能不够好。你要记住，我们常常举办舞蹈表演，是为了筹措资金。在某些地方进行这样的舞蹈表演，舞蹈演出的价值就会降低。在南部印度等一些地方，那里的财主们组织舞蹈表演，其中一些是由当地人举办的舞蹈表演，在这种舞蹈演出的过程中是存在着危险的，并且有被羞辱的可能。在这种地方让圣蒂尼克坦姑娘们展现各自的表演风格是不好的。应该保持我们这里的独特性，这是很有必要的。

在你们的村子里一位姑娘在错误的曲调伴奏下唱歌，你要去教她正确的曲调，你不要求她支付劳务费。你对她说，为了使自己的耳朵摆脱痛苦，你就要承担起这种学习的义务。

姥爷

1935 年 9 月 13 日

圣蒂尼克坦

如果你见到尼什先生，就对他说，我的身体现在很瘦弱，在我生病的时候，我没能履行应尽的责任——请他原谅。在他 75 岁高龄的时候我会给他发出请柬，请他参加你的婚礼，那时候如果他在卧床的情况下忘记回复，我也会原谅他的。

6. 我们应该扩展自己的谋生之路

布丽塔：

直到 9 月底我们都在这里工作，在这之前谁都没有离开的机会。这种情况我已经打电报告诉了你姐姐。除此之外，我们的主要反对意见就是，我们不同意在这里公开宣传我们的舞蹈。可能过几天后，要派我们的舞蹈团去西部地区进行演出。到那时或许这些人也会去阿拉哈巴德。应该保持舞蹈的新颖性。我们的责任很重，应该尽力避免从当地人那里获得哪怕是些微小的帮助，因此可能会遇到很严重的障碍，我们不得不采用这种方法，我们不能削弱舞蹈演出的价值。应该可怜像我这样的无助者，大家都应该理解这一点。无论如何我们都不能接受当地人的帮助，所以我们应该扩展自己的谋生之路，否则，又怎么行呢？如果你以孩子那样的智商都不能理解这些道理，赐给你"布丽塔"的称号还有什么意义呢？我现在很忙。《秋天的节日》这部戏剧正在为节日演出进行排练。此外，女生们明天还要为村子里的姑娘们表演迷人的舞蹈，等等。

姥爷

1935 年 9 月 24 日

圣蒂尼克坦

7. 这把安乐椅好像成为我身体的一部分

亲爱的布丽塔：

我每天都获得这样的证据：我的年纪比你大得太多，我没心思工作，也不想动笔了，我几乎不再写信了。这把安乐椅就好像成为我身体的一部分了。我麻木地住在墨绿宅里，来参观的人来来往往，络绎不绝，他们来观看这栋土坯房，也来看望这栋土坯房里我这个老人。

现在正值假期，女生们不再晃动着辫子来索取签名，国外邮件送来时也没有成群的人来索要邮票。这期间巴鲁尔和她的妹妹来这里住了几天，她们是我新认识的孙女，她们住在波拉纳格尔。她们都不是老年人，因此她们都很热心地照顾我。主要的消息中还有被抢劫的消息，这么多天来，看来这个消息在你们那里已成为往事书里的故事了。令人惊奇的是，为了获取证据，与此事件有牵连的一些人都被带到了警察局。

得知苏尼多[1]生病的消息，我心里十分焦虑。听说没有对抗疗法的药物，如果他们从一开始就去看顺势疗法的医生，病情就不会加重，我坚信这一点。你发消息来告诉我，苏尼多现在怎么样？天气有一点儿凉了，赛法莉花的芬芳已经在我们的这个村庄弥漫着。

姥爷

1935 年 10 月 19 日

圣蒂尼克坦

8. 努力将不可能变成可能

布丽塔：

苏龙格玛[2]这个角色不那么难以驾驭，我会请人教你的。你要睁大眼睛好好挑选，设法带一两个姑娘来这里，一个扮演悲剧角色，另一个扮演喜剧角色。如果未来的一些日子让她们和你住在一起，毫无疑问，她们是会来的。我陷入了困境，我曾经考虑过多次，我想自己扮演苏龙格玛，可是其他人都不赞成这个建议。大家说，我的身体不好，承受不了过分的劳累，让其他人扮演更好。

---

[1] 苏尼多：奥波宁德罗纳特·泰戈尔（1871—1951）的小女婿。
[2] 苏龙格玛：诗人泰戈尔创作的剧本《国王》中的一个宫女角色。

库伊妮[1]的信我收到了，她说12月初他们经过西隆，返回西雷特，12月中旬来加尔各答。也就是说，在我们演出的时候，他们将作为观众前来观看。如果12月初他们抵达，我就会很紧张，也很难有时间接待他们。

经过很多周折我才劝说奥米达来参加这次美好的演出季，她若坚持到最后就好。

我没有时间去检查我的身体现在怎么样，每天傍晚我都扔掉蓝色的护腰皮带，我希望我的脊梁骨会变得坚固。你来这里时我要把这个护腰绑在你的头上，也许，你就会有一点光亮冲破浓重黑暗，进入你头脑里的感觉，当然对此还不能肯定。整天我都在指导排练——正在努力将不可能变成可能，结果会怎么样，不好说。

姥爷

1935年11月23日

圣蒂尼克坦

9. 你们买些巧克力糖吃吧，以后我来付钱

布丽：

我无法猜到，你是在花园里，还是走在沙漠的路上。由于大不列颠政府的吝啬，我只花4分钱就驱使邮递员紧随你们身后带来了你们对我的生日祝福——在树下也好，在沙漠中也罢，他一定会赶上你们的——

"若想离去就让他去海边吧，

你定会看到那个邮递员。"

---

[1] 库伊妮：奥莫拉·德多的爱称，曾经在国际大学就读过的女生。

即使要给你写信，我也不晓得从何处能萌生一点儿诗意加到信里。如果有时间我就会写上两行或更长一些，可是若用英语，这种少量的描写就是情味的灵魂。

有一次在勒克瑙，山民们同政府的部长们商量去圣蒂尼克坦的问题，克里什那还没有忘记这件事吧。昨天来这里的人不多，但是场面仍很热闹。

通过无线电收音机你听到我朗诵了吧？

这个地方不坏。

我祝福你们，为此你们买些巧克力糖吃吧，如果你还记得，以后我来付钱。

姥爷

1938 年拜沙克月 26 日

高里普尔小屋

10. 心灵说，我要走，要走，要走哇

亲爱的孩子：

孙女们如果把我围起来，以此来表达她们对我的喜欢。她们很会模仿，但是她们也懂得真正的尊重，而纯真的孙女们如此深信不疑地提出自己独特的要求，并且觉得心安理得，可以说这是公正的，因此她们才敢闯入仓库。对此事说长道短，毫无益处。值得注意的是，人是懂得贵重宝石的价值的。

得知你们在克什米尔，我很羡慕啊。我这身体不能行走了，否则，得到你们的消息后我就会立即跑去的。今生此世我已经不再能走自己喜欢的道路了，我出行的每一步都不得不剥夺别人的自由，而若因此感到不方便去怪罪别人，我就会感到汗颜。我的问题就在于，在这种

情况下，如果接纳一位你的新姥姥还有年龄的条件，那么，就没有必要接纳了。除此之外，在这样的年纪由于消化器官衰弱，新姥姥有消化不良的症状，我就更没有勇气接纳她了。没有勇气，还有一个原因，那就是我不敢跟你提及此事。

茫布的生活与比克什米尔相比，其范围比较狭小，山脉都不高，山上没有雪峰，为昏暗的云层所笼罩，仿佛都围着头巾似的，四周都很闭塞。我喜欢开阔的天空，而这里的天空中仿佛驻守着卫兵。这么多天来我一直都在奔波，可是消息传到那里的时候，在平原地区已是酷热难熬的杰斯塔月了。昨天你从苏塔康多的来信里得知，我写信很困难，因为要写信时手指头上都是汗水，只好停下来，没有别的办法。这种状态几乎快结束时杰斯塔月到来了。我默默地想，如果阿沙拉月降临，随着新雨水的降落，我就下山到低洼的地方去，不会遇到什么障碍的。

我不晓得，你们是否能收到这封信，如果收不到，你就可以亲自到花园里，此时天空中就会出现乌云，而凉亭里就会一片昏暗，就会减少眼睛的劳累。

在这里，阿卢和奥尼尔一直陪伴着我。他们俩能吃饱肚子而且有休息时间。他们俩就像这里乌云笼罩的高山一样，总是处于朦胧的瞌睡状态。22 日或 25 日奥尼尔要出去办事，我也有一件极紧急的事情要去处理，就是为我的那首歌——《心灵说，我要走，要走，要走哇》的事。你知道，先生改变主意了。有消息说，罗廷要来接我去噶伦堡。他把管状水井里的水管拔了出来，重新放进更深处了，而你嫂子已经登上了库玛雍山峰，我却无能为力。我默默地坐着，在茫然若失中冥思苦想。对此如果冒出一个想法，就会有无数的想法冒出来——我要像好人一样，默默地在心中思忖。穆丽娜妮莉 [1] 出于对我的关爱，给

---

[1]　穆丽娜妮莉：以前在国际大学就读过的女学生。

我寄来了一条围巾，我及时收到了。我接到了在新加坡举行仪式欢迎他们的消息，直到现在我还没有收到他们抵达爪哇的消息。《舞王》这部戏剧顺路在仰光的演出获得了巨大成功。他们若能顺利地安全返回，就好了。

住在这个地方，消息很闭塞。不久前传来一条很大的消息——昨天诺利尼龙窘[1]来这里——今天上午直到现在都没见到他的踪影。如果我来去能够如此畅行无阻，那么，我就会感谢命运的。在你们那里你参加政治问题的讨论吗？在不幸的孟加拉邦不缺少讨论，缺少的是解决问题的行动。

姥爷

1939 年 6 月 11 日

茫布

---

[1] 诺利尼龙窘：诺利尼龙窘·绍尔迦尔（1882—1950），经济学家、政治家，先后担任过加尔各答市长、西孟加拉邦政府经济部长等职务。

泰戈尔写给孙女侬蒂妮 [1]

1. 你的洋娃娃都感冒了，所以我把毛巾寄给你

蔀蔀莫妮 [2]：

你爸爸写信来说，你们那里阴雨连连、昏天黑地。我们这里却阳光充沛，如果能用信封装一些阳光寄给你，那该多好啊。告诉你爸爸，昨天在这里展出了我的绘画。人们很高兴，有很多故事，如果写出来，需要很多时间。安德蕾说，他要写一封长信告诉你们。

从今天开始，天天都有很多人来见我。大家都知道我来到这里。如果我能逃走，那我就会高兴的。你为什么不把我藏在装玩具娃娃的箱子里呢？你们那里那么冷，看来，你的洋娃娃都感冒了，开始咳嗽了，所以我把这条毛巾寄给你。

爷爷

邮戳：1930 年 5 月 3 日

巴黎

---

[1] 这里收录的是诗人泰戈尔写给他的孙女侬蒂妮（1921—1995）的 19 封信。时间跨度是 1930 年 5 月 3 日至 1941 年 5 月，共 11 年。他写给孙女第一封信时她才 9 岁，他写最后一封信时孙女 20 岁，已经结婚两年，当时住在孟买的婆婆家。仔细阅读这些信件，就能感受到诗人泰戈尔对他抱养孙女的真挚疼爱。这些书信的用语也随着孙女年龄的增长而变化，由浅入深。书信生动地勾画出祖孙这两代人之间的浓浓亲情。

[2] 蔀蔀莫妮：是泰戈尔对抱养的孙女侬蒂妮的爱称，"莫妮"在孟加拉语的意思是"宝石"。

2. 爷爷的状态很不好

蔀蔀莫妮：

爷爷的状态很不好。桌子上的纸张、信件等放得很凌乱，一些颜料瓶都堆放得杂乱无章，钢笔、铅笔都不知道放在哪里了。本来戴着眼镜呢，可还到处去寻找眼镜。身上穿着一件肥大的长袍，上面留下红色、蓝色、黄色的污迹。手指上染上了各种颜色，可还用这只手从桌子上抓食物吃，人们看到后都在默默地发笑。看到他每天都穿那一件长衫，人们也在笑他。清晨起床后他就呆坐着，当时谁都没有起床。时间慢慢过了6点、7点、8点，当时从阿里亚姆的卧室里传出了问话："昨天夜里您睡着了吗？"

你爷爷说："是的，睡得很好。"

然后时钟当当当敲响了三下，通报消息，隔壁房间里送来了食物，走进去看到，有一个煮鸡蛋、面包、蛋糕、黄油和茶。吃过饭后，回来又坐在那张桌子旁边，开始写作。安德鲁兹先生有时过来，高声说着话。人们来拜访，时间到了10点、11点。当时忽然想起来，现在应该去洗澡了。洗过澡后，坐在安乐椅上休息。然后吃午饭，青菜、土豆、西红柿、面包、黄油等等。然后休息一会儿，工作一会儿，同人们聊一会儿天，就这样度过白天。4点半的时候喝下午茶，同时和几个人闲聊，此后时钟敲响8点时就吃晚饭，还是那种青菜、土豆、西红柿、面包、黄油。然后爷爷就倒在床上睡觉。后来谁也不知道，他一整夜睡得怎么样。今天再也没有时间了。

爷爷

1930 年 8 月 21 日

日内瓦 大学街 7 号

3. 乌云消散了，太阳露出脸来

蓓蓓莫妮：

你想象不到我在哪里。一栋很大的房子，美丽的花园，可以看得很远，一大片树林。天空乌云覆盖，很冷，风儿摇动着高大树木的头冠，现在奥米耶先生在莫斯科城，阿里亚姆去了另一个地方，和我在一起的是廷巴斯医生。手表没在我身边，不过我觉得，现在应该是上午8点钟。当我醒了坐起身的时候，就看到窗外一片漆黑，漫天的星星。我又默默地躺下了。然后当天蒙蒙亮时我起床，洗过脸，坐下来写信。我先给你爸爸写了一封长信，然后给你写信。可是我觉得饿了，于是我立即呼叫这里的女仆，请她送些面包和茶水过来。你这会儿也该醒了吧，你喝过可可了吧。你去外边散步吗？不过，你们那里可能是漫天乌云，正在下雨。今天下午我要乘坐汽车离开这里前往莫斯科城。我们要入住那里的一家宾馆，那不是像这里装修得很漂亮的房子。所以我很想回到圣蒂尼克坦去。这一次回到那里后我就再也不想动了。我只是在画画儿。清晨波诺马利会送热咖啡、面包和蛋糕来。然后我们要去铺着沙砾的花园里散步，我手里拿着一根长拐杖。以后再讲——现在停下吧。送食品来了。我告诉你送来了什么，咖啡、面包、黄油、鱼子、两种奶酪、果酱和两个煮鸡蛋。除此之外，还有葡萄、苹果和梨。吃过饭后，洗了个热水澡，又坐下来写作。现在乌云大都消散了，太阳露出脸来；风儿摇曳着树枝，树叶簌簌作响，不知道有多少鸟儿在啁啾鸣叫。今天再也没有时间了。

爷爷

1930 年 9 月 20 日

莫斯科

4. 我绝不会把王国归还给他们

蒂蒂莫妮：

你不要太耽搁，现在就来吧。因为般度族五兄弟[1]这一次很困难。13个月过去了，他们从森林里回来了，可是虚伪的难敌说："我绝不会把王国归还给他们，应该进行战斗。"所以我说，你赶快来吧，否则，战斗就会终止了。布军急得要死，他的铁锤斜靠在墙角上。他常常跳起来说，残暴的统治这一次该垮台了。阿周那希望，一点儿也不要耽搁了，立刻向迦尔纳的腹背发射利箭，把他的身体射出300个窟窿。你一到来，战斗马上就会开始。在俱卢之野搭建起数千顶帐篷——有多少战象、战马、战车——简直数不胜数。你提棱叔叔[2]常常用自来水钢笔尖去刺巴拉拉姆[3]的肚子，巴拉拉姆痛得大叫起来。如果爷爷白天还活着，巴拉拉姆就不用别人保护了。波诺马利头上戴的那顶帽子不见了，他的记性也减弱了很多。

爷爷

1931年阿沙拉月20日

圣蒂尼克坦

5. 我本想用纸质围巾滤果汁

蒂蒂小姐：

你写信来说，你已经到了大吉岭，我肯定也要去那里的。不过，一方面，你妈妈如果不给我带去棉衣，那么，我就会被冻死的。你的

---

[1]　诗人泰戈尔在这封信里给10岁的孙女讲述印度大史诗《摩诃婆罗多》的故事，般度族五兄弟和下面提到的难敌、布军、阿周那、迦尔纳都是这部大史诗中的人物。可参见《印度古代神话传说》中《婆罗多的传说》。
[2]　你提棱叔叔：指提棱德罗莫洪·森，曾经在国际大学就读的学生，后成为大学学院的管理者。
[3]　巴拉拉姆：可能是国际大学的工作人员，也可能是泰戈尔的仆人。

那件外套对我来说是不合身的。另一方面，《他》[1]来了，用于包装的那种填充有棉花的纸张倒可以作围巾披在身上。《他》自己那条被撕开的围巾[2]被雨水淋湿了，因此我就把它扔掉了。我本想把这条纸质围巾送给波诺马利，可是他没有接受，于是我就想用它来过滤果汁。他倒把我那双很好的黄色拖鞋拿走了。

我吃了煎炸鲥鱼和米饭，还有炸鲥鱼子，波诺马利说他也要吃，我就让给他了，不过他没有吃饱。他花费一个小时把瓠子瓜做成丸子，也吃掉了。然后喝了碗牛奶麦片粥，最后吃了两个番荔枝。他说，喝茶时他还会来，要为他准备带点儿咸味的饮料。他要吃用带点儿咸味的酸奶搅拌的黄瓜片，这是他的要求。

爷爷

1931 年阿什温月 23 日

圣蒂尼克坦

6. 恒河就在身边流淌，我感到很舒适

蔀蔀小姐：

得知你备受酷暑煎熬，我就急忙花两分钱从这里给你寄去一种很好的雨水，你要告诉我，你收到了没有。我觉得，我还要常常给你寄去一些，所以你不要为你的天鹅家族过于担心。我在这里正处于选择之中，在墨绿斋，现在还没有给我准备好住的地方——准备好时会告诉我的，我也不着急。可能，还需要两周的时间。你们的草坪全都干枯了，上午你让鸭子到哪里去找吃的东西呢？最初几天我住在船上，人们集聚在前面的码头上，注目观望。我写作、读书、吃饭、画画、

---

[1]　《他》：诗人泰戈尔的一本故事集。
[2]　围巾：指故事集《他》的包装纸。

睡觉，全都在他们的目光之下。如果我走出船舱坐下来，他们就聚集在我的船边，我不得不躲藏在船舱里，最后我不得不走出这个笼子。现在我住在恒河岸边的一栋房子里，四周很开阔，恒河就在身边流淌，我感到很舒适。我还不能说完全没有人来。正门关闭了，他们来见我，就有些不方便了。我给你捎去一篮子芒果，你收到了，你自己吃一些，其余送给别人。我正在设法给你寄些鲥鱼过去。

爷爷

1935 年 6 月 20 日

琼东诺戈尔

在"帕德玛"号游船上

7. 我想邀请你来，可是又没有勇气

蓓蓓小姐：

听不到你那三只小狗的叫声，就感到很失落。我听说你还要收养一只，如果你还要增加动物的数量，那么，圣蒂尼克坦的人数就会减少，哪里还会有地方养它们呢？此外，早晨我要吃的面包等食品连碎片也得不到了。这里是个很好的地方，我想邀请你来，可是我又没有勇气。

爷爷

星期一

8. 姑妈们比起这群鸭子更懂事

蓓蓓小姐：

你害怕你的那群鸭子在我窗前乱叫，会打扰我读书写作，你这样疑虑没必要。你手里拿着一根嫩树枝如此小心地抚养它们长大，它们不可能做出不文明的举动。它们对我相当尊重，总是在较远的地方活动。除此之外，还有你的甘古利先生，在高声吆喝着驱赶，它们也不会做出那样的行动。你的苏侬达姑妈、布尔尼玛姑妈也几乎像你的那群鸭子一样文明，她们时常露面，但是都不说话。她们比起这群鸭子更懂事，都各自为我准备了一些甜食点心，我都尽力吃一点儿，但有时我确实吃不下。那一天她们做了一种球形的糖果，我本想将其送到阿比西尼亚当炮弹使用，可是苏塔康多勇敢地把它吃掉了，他的眼珠子都差点儿冒出来。如果掺和一点儿酥油，我也能勇敢地将其放入口中——苏塔康多可会为你母亲省钱呢，你母亲回来后会发现，她库房里的酥油并没有减少。你爸爸很忙，每天参加野餐活动，还去钓鱼，可是他总是钓不到鱼。我每天也进行野餐，不过我的食物都在房间里，也不需要叫别人来参加。

爷爷

1935 年 10 月 22 日

圣蒂尼克坦

9. 少年用生命完整地护卫着这世界的清晨之歌

蓓蓓小姐：

> 淤滞之河的溪流迷了路，
>
> 我那逝去的童年在何处。
>
> 它躲藏在何种砖砌的围墙里，

被梦想的昏暗紧紧地缠绕住。

你的生日突然敲响了门板，
呼唤那个时代狂热的少年。
那个少年就是我呵——
听到呼唤向前走出，可又突然止步。

他说，你听着，少年郎啊，
罗宾德罗纳特写在星座上，
这名字真实，降生日期也真实，
所以说，七十五岁不到，是他的年纪。

稚嫩生命的目光并没有束缚他的世界，
他的稚嫩却没能温热贪欲世界的巢穴。
如果他还怀有希冀，
就会在你戏耍的院子里筑造他的屋室。

他的生命完整地护卫着
这世界的清晨之歌，
而这首歌的曲调将会
使你的新生活甜蜜多多。

爷爷

1936 年阿格拉哈扬月 13 日

加尔各答

达罗卡纳特·泰戈尔小巷

511

10. 天空仿佛是盖着毯子的病人，世界都在气喘吁吁

蓓蓓小姐：

房间里多么闷热啊！天空常常被乌云所笼罩，仿佛就是盖着毯子的病人，而整个世界都在气喘吁吁。你逃走了，你这样做太好了。前几天因为每天都有暴风雨，所以天气凉爽，我甚至在身上加了衣服。我本以为闷热的日子过去了，热浪藏到天空的某个角落里，可是闷热又跳到地面上了。乌云突然一下子聚集在一起，真希望再吹来一阵凉风，可是下过两三天雨之后，就更加闷热了。我们这里的情况就是这样。

爷爷

孟加拉邦，圣蒂尼克坦

北寓所

11. 鸭蛋们不想进厨房

蓓蓓小姐：

你不必为你的鸭子担心。在我坐着写作的那个地方的窗前，每天它们都来漫步觅食，我没见过有什么不好的影响，可是看到这群"水军"的阵容，就可以清楚地意识到，它们都是身强力壮的，这正是你所期望的。在它们的窝里羽翎笔很多，可它们却不能给你写信，这群"水军"只能用嘎嘎的鸣叫来表达痛苦，所以我只好代替它们给你写信。不过你的那些鸭蛋却毫无反馈之音，我不能告诉你关于它们的消息，我只知道这么一点点：它们不想进厨房。你的朋友甘古利先生不像鸭蛋那样安静，他的嗓音盖过这里的所有声音。你当然知道，靠呼唤是找不

到他的。

爷爷

1938 年 10 月 17 日

圣蒂尼克坦

12. 我这颗心已飞向噶伦堡

莫妮小姐：

不要再耽搁，你快点儿来吧。虽然闷热还没有退去，但我们两个人也可以扇扇子或启用空调一起享受清凉。我希望，气温降低一点儿，现在空气的热度会消散的。今天天空彤云密布，看样子要下雨，说话间我就感受到潮湿的泥土气味，看来，马上就要下雨了。

不用怀疑，我们痛苦的日子马上就要过去，我这颗心已飞向噶伦堡，可是在这里有各种事情需要处理，我只好汗流浃背地工作，几天来我画了少许的几幅画。你听雨水滴落到赛法莉树叶上的滴答声。

爷爷

1938 年迦尔迪克月初六

孟加拉邦，圣蒂尼克坦

北寓所

13. 这里的寂静完全适合诗人

蓊蓊小姐：

你们住在山顶上的豪华宾馆里，周围有一群朋友，太幸福了。我住在这里的一个角落里，很羡慕你们。可是我回忆起贝里利火车站景象的那一刻，我双手合十地说，再也不去那个地区了。我住在噶伦堡时感到很好，但是那里的房间现在是空着的，没有人陪伴我，都离开我了。不过我这样说有一点夸大，在这里我不缺少关心照顾，只有这几个房门也挺好，这里的寂静也很合我的心意，完全适合诗人。可是这些山都比较矮小，就像看门人一样，只是关押和看守着苍天。如果它们在更高大一点儿的王宫的屋顶上抬头伫立，那么，它们就会戴着高山之王恢宏的冰雪王冠，屹立在世界面前。如果不是这样，如果很多小山低着头面向大地母亲致敬，让她的地平线拓展，那么我的平原居民就会很开心。在生活中很多时候我享受过如此多的快乐，当时我住在什莱多赫的沙滩上，住在帕德玛河岸边一尘不染的开阔的幽静之地。处在那种宁静的环境中，心情几乎都是极好的。可是我又怎么会知道，现如今的心情发生变化了呢？再也不能与住在什莱多赫的时期相比了。现在只是雇主改变了主意，这只是他改变住所的心绪。假期如果结束了，我不晓得，我该去圣蒂尼克坦的什么地方，是去墨绿斋、陀波利，或者别的什么地方。不过，你母亲可能去山上住，那样对她的身体有好处。在这种情况下，我觉得我应该逃往恒河岸边——弗尔达。吃的食物送来了，催促用餐了。

爷爷

1939 年 6 月 7 日

茫布

14. 看着乌云和阳光在戏耍，无心做事

蔀蔀小姐：

　　读了你的信，我萌生了强烈的欲望，好哇。我的命运不好，来到了茫布，海拔高度几乎达到了 5000 英尺，可是健康却一点儿也没有

改善，相反更差了。我真想逃走，可是杰斯塔月在山下监视巡逻 [1]，我不敢逃走。有一个好消息——在身边撒一次石炭酸，就可以驱除千足虫。我靠坐在椅子上，看着乌云和阳光在戏耍，无心做事，我默默地想，还是圣蒂尼克坦那个地方好。

爷爷

1929 年杰斯塔月

茫布

15. 心总是向往着那个方向

亲爱的蓊蓊小姐：

你很想得知山上的消息，情况尚好。最初，当我来到这里时曾经以为，在茫布镇正在流行着一种流行性感冒。现如今这种情况已经过去了，阳光已经露脸面，有时大雾也会弥漫。衣袋里的手帕湿漉漉的。青紫色山峦上的白云向北方悠悠飘荡，越过浓密的森林，进入倾斜的山谷，四周宛如浮动的绿茵。白天我几乎都是在敞开的凉台上度过的，处在一种半睡半醒的状态。现在一想到工作，这身体就很难受。我本想写些东西，可是我却激发不起这笔的积极性来。

对圣蒂尼克坦的回忆如今尚清晰，心总是向往着那个方向。我是平原人，眼前想看到辽阔的天空，身上还是想穿轻松的衣服，穿着肥

---

[1] 杰斯塔月是印度最闷热的月份，茫布镇在山上，很凉爽，山下很热，仿佛是杰斯塔月在山下监视诗人，不让他下山。

大厚重的服装，心里觉得就像被关在石头牢房里一样，浑身不舒服。

爷爷

1939 年 9 月 19 日

茫布

16. 我内心里渴望享受美好的明媚春光

亲爱的蒢蒢小姐：

自从你跑到孟买之后，我一天也没有休息，我被一件又一件事情缠住了。目前还剩下很多事情要做。圣雄甘地先生来了，昨天才走。每天都有客人来，今天一位美国学者要和普里山多一起来。明天我要去希乌里，那里的庙会要开幕，全天都要在那里忙于此事。然后还要去般库拉，已经发来邀请。连续三四天都要在那里度过。直到 3 月底都要这样折腾。很可能，此后炎热的天气会降临，梅特蕾伊会拉我去茫布，那里是凉爽，但是我不喜欢。在那里日夜都穿着厚厚的棉衣，就像被关在牢房里的囚犯，可我内心里渴望坐在外面，享受美好的明媚春光。听说一到那里就会发高烧，所以我不喜欢去那里。在那里连对抗疗法的药丸都买不到，运气好也许能碰到复方奎宁等药。圣雄甘地先生观看了《昌达尔姑娘》后，很是高兴。从现在起要排练《齐德拉》。我本想组织演出《邮局》，可是我感到很疲惫，就什么都不想做了。在《昌达尔姑娘》剧中莫莫姐扮演母亲——她表演得非常出色。

布丽小姐没有参加表演。我衷心祝福你，代我祝福奥吉多[1]。

爷爷

1940 年 2 月 10 日

孟加拉邦，圣蒂尼克坦

北寓所

17. 以后除了在心里写信，没有别的办法了

亲爱的蒂蒂小姐：

我再也不相信你们孟买的邮局了，我觉得，如果你找到了一封好信，那一定是偷来的。他们的挎包里装满了别人的信，你要把这些信件倒出来，好好看一看啊。

我现在特别忙。牛津大学寄来了荣誉学位证书，是在给我增加负担。很重要的一些名人要来访问，我在发愁，安排他们住在哪里呢？在你爸爸的房间里正在召开一个又一个的会议，我是不沾他的边儿，我坐在二层楼上的房间里喝冷饮。

有这样一件很不合理的事情：在你们那里正在泼洒不需要的雨水，而在我们这里农民们却要用泪水浇灌耕种的土地。对孟买总督来说，这是件丢脸的事情。在这里也刮风——是很干燥的热风，这是对天神

---

[1] 奥吉多：奥吉多辛赫·卡陶，侬蒂妮的丈夫。

表示不满的征兆，不过人们越是不满，干热就越厉害。你们那里有海洋，刮风的时间也不少，分给我们一点儿，有什么不好！

我这双眼睛逐渐变得不怎么好了——以后除了在心里写信，没有别的办法了。这样既能保护眼睛，也能节省邮寄费用。此后的下一封信，你就在心里读吧。

爷爷

1940 年 8 月 2 日

圣蒂尼克坦

18. 布丽小姐被迷住了，一刻也不肯离开我

蓓蓓小姐：

听说你要来，我挺高兴。但是我的钢笔不想动了，我不能再多写了。代我向皮莫拉奥·夏斯特里[1]表示祝福——你对她说，我邀请她来这里。现在开始有一点儿凉爽了。你来到这里的时候，会冷得浑身瑟瑟发抖的。我已经穿上你婆婆给我编织的那件毛衣。布丽小姐被迷住了，一刻也不肯离开我。

今天就到此为止吧。祝福你。

爷爷

1940 年 12 月 4 日

孟加拉邦，圣蒂尼克坦

北寓所

---

[1] 皮莫拉奥·夏斯特里：印度马拉提人，曾在国际大学音乐系学习过音乐，后来成为一名音乐教授。

19. 我思考着苦难，也在描写着苦难

蔀蔀小姐：

我的手指头不能动了，你说说我该怎么办呢？

你在山上凉爽之地，而我们只能遭受厄运。我凝视着天空，云飘过来了，却不降水。如果说降水了，那是农民们眼角上的泪水。

所以直到此时我都在思考着苦难，也在描写着苦难。

顺致祝福。

爷爷

1941 年 5 月

孟加拉邦，圣蒂尼克坦

北寓所

泰戈尔家族谱系表

　　在编写泰戈尔家族谱系表时考虑到大多数读者不懂孟加拉文，但都熟知拉丁文字母，所以我决定采用拉丁文字母来拼写该谱系中的人名，并将其置于人名译写后面的括号内，其后为生卒年份。孟加拉语元音中有三个元音 a、i、u，有长短之分，长 a 用 "aa" 来表示，长 i 用 "ee" 来表示，长 u 用 "oo" 来表示；两个人名中间若有 "+" 号，则表示后者为前者的配偶；破折号 "——" 后面则表示他们生育的后代。

　　一、诗人泰戈尔的祖父达罗卡纳特（Dbaarkaanaath，1794—1846）+祖母蒂贡波丽（Digambaree，1801—1939）——5个子女：

　　1. 诗人的父亲代本德罗纳特（Debendranaath，1817—1905，享年88岁）+绍罗达荪多丽（Saaradaasundaree，1827—1875）——15个子女（见列表二）；

　　2. 诗人的二叔诺棱德罗纳特（Narendranaath，1819—1823，4岁死亡）；

　　3. 诗人的三叔吉林德罗纳特（Gireendranaath，1820—1854，享年34岁）+焦格玛雅（Jogamaayaa，? —1869）——4个子女：戈嫩德罗纳特（Ganendranaath）+绍尔诺库玛丽（Svarnakumaaree）、迦东碧妮（Kaadambinee）+焦根什普罗迦什·贡戈巴泰（Jangenshiprakaashi

Gangopaadhyaaya）、库姆蒂妮（Kumudinee）+ 尼洛科莫尔·穆科巴泰（Neelakamal Mukhopaadhyaaya）、古嫩德罗纳特（Gunendranaath）+ 绍乌达米妮（Saudaaminee）；

4. 诗人的四叔普本德罗纳特（Bhupendranaath，1826—1839，13 岁死亡），未婚；

5. 诗人的五叔诺根德罗纳特（Nagendranaath，1829—1858，29 岁死亡）+ 特里普拉苏多丽（Tripuraasundaree）——无后嗣。

二、诗人的父亲代本德罗纳特（Debendranaath，1817—1905）+ 母亲绍罗达苏多丽（Saaradaasundaree，1827—1875）——15 个子女：

1. 女儿（1838 年出生，不久夭折）；

2. 诗人的大哥迪金德罗纳特（Dvijendranaath，1840—1926）+ 绍尔波苏多丽（Sarbasundaree,1847—1878）——7 个子女（见列表四）；

3. 诗人的二哥绍登德罗纳特（Sadyendranaath，1842—1923）+ 甘丹依蒂妮（Gaandaanadinee，1852—1941）——3 个子女（见列表十）；

4. 诗人的三哥海门德罗纳特（Hemendranaath，1844—1884）+ 妮波摩伊（Neepamayee，？—1910）——11 个子女（见列表十二）；

5. 诗人的四哥比棱德罗纳特（Beelendranaath，1845—1915）+ 普罗富洛摩伊（Prafullamayee）——1 个儿子：波棱德罗纳特（Barendranaath，爱称为"波卢"）+ 萨哈娜（Saahaanaa），又称苏湿多拉（Susheetalaa）——无后嗣；

6. 诗人的大姐绍乌达米妮（Saudaaminee，1847—1920）+ 沙罗达普罗沙德·贡戈巴泰（Saaradaaprasaada Gangopaadhyaaya，1838—1883）——3 个子女：绍多普罗萨德（Satyaprasaad）+ 诺棱德罗芭拉（Narendrabaalaa）、伊拉波蒂（Iraabatee）+ 尼多龙窘·穆科巴泰（Nityaranjan Mukhopaadhyaaya）、殷杜莫蒂（Indumatee）+ 尼达依德·丘多巴泰（Nityaananda Chattopaadhyaaya）；

7. 诗人的五哥久迪林德罗纳特（Jyotirindranaath，1849—1925）+迦东波丽（Kaadambaree，1859—1884）——无后嗣；

8. 诗人的二姐苏库玛丽（Sukumaaree，1850—1864）+海门德罗纳特·般多巴泰（Hemendranaath Bandyopaadhyaaya）——奥绍克纳特（Ashoknaath）；

9. 诗人的六哥普嫩德罗纳特（Punyendranaath，1851—1857，6岁夭折）；

10. 诗人的三姐绍罗特库玛丽（Sharatkumaaree，1854—1920）+焦杜纳特·穆科巴泰（Jadunaath Mukhopaadhyaaya，？—1910）——6个子女：苏湿拉（Susheelaa）+石多拉康多·丘多巴泰（Sheetalaakaanta Chattopaadhyaaya）、苏普罗葩（Suprabhaa）+苏库马尔·哈尔达尔（Sukumaar Haaldaar）、焦绍普罗迦什（Jashaprakaash）、绍雍普罗葩（Svayangprabhaa）+奥什比尼库马尔·般多巴泰（Ashbineekumaar Bandyopaadhyaaya）、姬罗普罗葩（Chiraprabhaa）+诺利尼康多·般多巴泰（Nalineekaanta Bandyopaadhyaaya）、甘诺普罗迦什（Gaanaprakaash）；

11. 诗人的四姐绍尔诺库玛丽（Svarnakumaaree，1856—1932）+贾诺基纳特·高沙尔（Jaanakeenaath Ghoshaal，1840—1913）——4个子女：希龙摩伊（Hiranmayee）+弗尼普松·穆科巴泰（Phanibhooshan Mukhopaadhyaaya）、久特斯南纳特（Jyotsnaanaath）+苏克丽蒂（Sukriti）、绍罗拉（Saralaa）+拉姆坡久·德多乔杜里（Raamabhaja Dattachaudhuree）、乌尔米拉（Oormilaa）；

12. 诗人的五姐波尔诺库玛丽（Barnakumaaree,1858—1948）+绍迪什琼德罗·穆科巴泰（Sateeshchandra Mukhopaadhyaaya,？—1897）——2个儿子：绍罗久纳特（Sarojanaath）+多鲁芭拉(Tarubaalaa)+苏佳姐（Sujaataa）、普罗莫德纳特（Pramodanaath）+苏提拉芭拉（Sudheeraabaalaa）+乌莎（Ooshaa）；

13. 诗人的七哥绍门德罗纳特（Somendranaathm，1859—1922），因疯癫终身未娶；

14. 诗人罗宾德罗纳特（Rabindranaath，1861—1941）+穆里纳莉妮（Mrinaalinee，1874—1902）——5个子女（见列表三）；

15. 诗人的小弟布腾德罗纳特（Budhendranaath，1963—1964，1岁多死亡）。

三、诗人罗宾德罗纳特（Rabindranath）+穆里纳莉妮（Mrinaalinee）——5个子女：

1. 玛图莉洛达（Maatureelataa，1886—1918）+绍罗特库马尔·丘克罗波尔迪（Sharatkumaar Chakrabatee，1870—1942）——无后嗣；

2. 罗廷德罗纳特（Ratheendranaath，1888—1961）+普罗蒂玛（Pratimaa，1893—1969）——无后嗣，抱养一个女孩依蒂妮；

3. 蕾奴卡（Renukaa，1891—1903）+绍登德罗纳特·婆达恰尔久（Sadyendranaath Bhattaachaarya，？—1908），实际上未完婚而亡故；

4. 米拉（Meeraa，1893—1969）+诺根德罗纳特·贡戈巴泰（Nagendranaath Gangopaadhyaaya，1889—1954）——2个子女：尼丁德罗纳特（Neeteendranaath，1911—1932）、依蒂达（Naditaa，1916—1967）+克里什那·克里巴洛尼（Krishna Kripaalanee）；

5. 绍明德罗纳特（Shameendranaath，1894—1907）。

四、诗人的大哥迪金德罗纳特（Dvijendranaath，1840—1926）+大嫂绍尔波荪多丽（Sarbasundaree,1847—1878）——5子2女：

1. 迪本德罗纳特（Dvipendranaath，1862—1922）+苏湿拉（Dvipendranaath，1862—1922）+赫姆洛达（Hemalataa，1874—1967);

2. 奥鲁嫩德罗纳特（Arunendranaath，1863—1929）+佳鲁湿拉（Chaarusheela）+苏绍毗妮（Sushaobhinee，？—1907);

3. 绍罗嘉荪多丽（Sharojaasundaree，1866—? ）+摩西尼莫洪·丘多巴泰（Mohineemohan Chattopaadhyaay）；

4. 尼丁德罗纳特（Neeteendranaath，1867—1901）+绍罗姬妮（Sarojinee）；

5. 苏廷德罗纳特（Sudheendranaath，1869—1929）+嘉璐芭拉（Charubaalaa）；

6. 乌莎波蒂（Ooshaabatee，1871—1899）+罗摩尼莫洪·丘多巴泰（Ramaneemohan Chattopaadhyaaya）；

7. 克里丁德罗纳特（Kriteendranaath，1873—1935）+苏凯湿（Sukeshee，? —1919）+绍碧达（Sabitaa）。

五、诗人的大侄子迪本德罗纳特（Dvipendranaath）+苏湿拉（Dvipendranaath）——1子1女：

1. 迪嫩德罗纳特（Dinendranaath，1882—1935）+比娜巴妮（Beenaapaani,1888—1902）+科莫尔（Kamalaa，1900—1976）；

2. 诺莉妮（Nalinee, 1884—? ）+苏赫里特纳特·乔杜里（Suhritnaath Chaodhuree）。

六、诗人的二侄子奥鲁嫩德罗纳特（Arunendranaath）+苏绍毗妮（Sushaobhinee）——1子3女：

1. 洛莉达（Lalitaa）+甘诺达毗拉姆·博鲁亚（Gannadaabhiraam Baruyaa）；

2. 莎戈丽嘉（Saagarikaa）+拉门德罗·毛利克（Raamendra Maulik）；

3. 科妮嘉（Kanikaa）+苏尼多马陀波·泰戈尔（Suneetamaathaba Thaakur）；

4. 奥金德罗纳特（Ajeendranaath）+奥米达（Amitaa）。

七、诗人的大侄女绍罗嘉荪多丽（Sharojaasundaree）+ 摩西尼莫洪·丘多巴泰（Mohineemohan Chattopaadhyaay）——7 个子女：

1. 摩西莫洪（Maheemohan）+ 普罗克丽蒂（Prakriti）；

2. 诺雍莫洪（Nayanmohan）+ 莫莫姐（Mamataa）；

3. 绍坤多拉（Shakuntalaa）+ 代博布罗多·穆科巴泰（Debabrata Mukhobadhyaaya）；

4. 苏莫娜（Sumanaa）+ 诺利尼莫洪·婆达恰尔焦（Nalineemohan Bhattaachaarja）；

5. 多波诺莫洪（Tapanamohan）+ 乌尔米拉（Oormilaa）；

6. 吉姐（Geetaa）；

7. 蒂普蒂（Deepti）。

八、诗人的三侄子苏廷德罗纳特（Sudheendranaath）+ 嘉璐芭拉（Charubaalaa）——5 个子女：

1. 罗玛（Ramaa）+ 吉林德罗纳特·穆科巴泰（Gireendranaath Mukhopaadhyaaya）；

2. 埃娜（Enaa）+ 拉金德罗纳特·拉伊（Raajendranaath Raaya）；

3. 绍乌门德罗纳特（Daumyendranaath）+ 斯里摩蒂（Shreematee）；

4. 绍林德罗纳特（Svreendranaath）；

5. 齐特拉（Chitraa）。

九、诗人的二侄女乌莎波蒂（Ooshaabatee）+ 罗摩尼莫洪·丘多巴泰（Ramaneemohan Chattopaadhyaaya）——4 个子女：

1. 穆罗拉（Muralaa）+ 普雷芒舒·丘克罗波尔迪（Premaangshu Chakrabartee）；

2. 罗久多莫洪（Rajatamohan）+ 乌玛（Umaa）+ 久特斯娜摩伊

（Jyotsnaamayee）；

3. 科鲁娜（Karunaa）+ 德基纳龙窘·穆科巴泰（Dakshinacharan Mukhopaadhyaaya）；

4. 久戈特莫洪（Jagatmohan）+ 波蒂妮（Padminee）。

十、诗人的二哥绍登德罗纳特（Sadyendranaath）+ 甘丹侬蒂妮（Gaandaanadinee）——3 个子女：

1. 苏棱德罗纳特（Surendranaath）+ 松甘（Sanggan）——6 个子女（见列表十一）；

2. 印蒂拉（Indiraa）+ 普罗摩特纳特·乔杜里（Pramathanaath）——无后嗣；

3. 科宾德罗纳特（Kabeendranaath）。

十一、诗人的二哥之子（侄子）苏棱德罗纳特（Surendranaath）+ 松甘（Sanggan）——6 个子女：

1. 苏比棱德罗纳特（Subeerendranaath）+ 布尔尼玛（Poornimaa）；

2. 蒙久斯丽（Manjushree）+ 齐迪什普罗萨德·丘多巴泰（Kshiteeshprasaada Chattopaadhyaaya）；

3. 久耶斯丽（Jayashree）+ 库洛普罗萨德·森（Kulaprasaada Sen）；

4. 普罗比棱德罗纳特（Prabeerendranaath）+ 奥妮玛（Animaa）；

5. 米希棱德罗纳特（Mihirendranaath）+ 莉拉（Leelaa）；

6. 苏姆里登德罗纳特（Sumritendranaath）+ 绍蒂拉妮（Sateeraani）。

十二、诗人的三哥海门德罗纳特（Hemendranaath，1844—1884）+ 妮波摩伊（Neepamayee，？—1910）——11 个子女：

1. 普罗蒂葩苏多丽（Pratibhaasundaree）+ 阿舒多什·乔杜里

（Aashutosh Chaudhuree）——5个子女（4子1女）：阿尔久库马尔（Aarjakumaar）、奥湿尼库马尔（Ashvineekumaar）、奥绍嘉（Ashokaa）、石波库马尔（Shibakumaar）、代博库马尔（Debakumaar）；

2. 希登德罗纳特（Hitendranaath）+ 绍罗吉妮（Sarojinee）——3个子女（2子1女）：伽耶特丽（Gaayatree）、梅塔（Medhaa）、赫里丁德罗纳特（Hridindranaath）；

3. 齐丁德罗纳特（Kshiteendranaath）+ 特里蒂莫伊（Dhritimayee）+ 苏哈斯妮（Suhaasinee）——3个子女（1子2女）：伽尔姬（Gaargee）、芭妮（Baanee）、凯门德罗纳特（Kshemendranaath）+ 苏哈希妮（Suhaasinee)——布罗丁德罗纳特（Brateendranaath）；

4. 梨登德罗纳特(Ritendranaath)+奥洛佳(Alakaa)——5个子女（4男1女）：梨廷德罗纳特（Riddheendranaath）、蒂碧迦（Deepikaa）、苏泊根德罗纳特（Subhagendranaath，简称"苏蔓"）、斯滕德罗纳特（Siddhendranaath）、巴斯本德罗纳特（Baasbendranaath）；

5. 普罗甘苏多丽（Pragaansundaree）+ 洛齐纳特·贝久波鲁亚（Lakshmeenaath Bejabaruyaa）——4个子女（3女1男）：苏罗毗（Surabhi）、奥鲁娜（Arunaa）、罗特娜（Ratnaa）、女儿（夭折）；

6. 奥毗甘（Abhigaan）+ 代本德罗纳特·丘多巴泰（Debendranaath Chttopaadhyaaya）——无后嗣，奥毗甘死后，她妹妹莫妮莎嫁给了姐夫；

7. 莫妮莎（Maneeshaa）+ 代本德罗纳特·丘多巴泰（Debendranaath Chttopaadhyaaya）——5个子女：绍罗绍蒂（Sarasvatee）、迪本德罗纳特(Dibyendranaath)、绍克蒂(Shakti)、吉登德罗纳特（Jitendranaath）、迪普蒂（Deepti）；

8. 绍婆娜苏多丽（Shobhanaasundaree）+ 诺根德罗纳特·穆克巴泰（Nagendranaath Mukhopaadhyaaya）；

9. 孙俪妲（Sunritaa）+ 侬德拉尔·高沙尔（Nandalaal Ghoshaal）；

10. 苏绍玛荪多丽（Sushamaasundaree）+焦根德罗纳特·穆科巴泰（Jogendranaath Mukhopaadhyaaya）——7个子女：焦丁德罗纳特（Joteendranaath）、洛肯德罗纳特（Lokendranaath）、松科罗纳特（Shankaranaath）、婆尔格纳特（Bharganaath）、苏米特拉（Sumitraa）、帕斯科尔（Bhaaskar）、葩罗蒂（Bhaaratee）；

11. 苏德齐纳特（Sudakshinaa）+贾拉普罗萨德·般德（Jvaalaaprasaada Paande）——焦迪普罗萨德（Jyotiprasaada，抱养）。

十三、诗人的三叔吉林德罗纳特（Gireendranaath，1820—1854）+焦格玛雅（Jogamaayaa）——4个子女：

1. 诗人的大堂哥戈嫩德罗纳特（Ganendranaath，1841—1869）+绍尔诺库玛丽（Svarnakumaaree）；

2. 诗人的大堂姐迦东碧妮（Kaadambinee）+焦根什普罗迦什·贡戈巴泰（Jangenshiprakaashi Gangopaadhyaaya）；

3. 诗人的二堂姐库姆蒂妮（Kumudinee）+尼洛科莫尔·穆科巴泰（Neelakamal Mukhopaadhyaaya）；

4. 诗人的二堂哥古嫩德罗纳特（Gunendranaath，1847—1881）+绍乌达米妮（Saudaaminee）。

十四、诗人的二堂哥古嫩德罗纳特（Gunendranaath）+绍乌达米妮（Saudaamine）——6个子女（4子2女）：

1. 大堂侄子戈格嫩德罗纳特（Gaganendranaath）+普罗莫德库玛丽（Pramodakumaaree）；

2. 二堂侄子绍莫棱德罗纳特（Samarendranaath）+妮湿芭拉（Nishibaalaa）；

3. 三堂侄子奥波宁德罗纳特（Abaneendranaath）+苏哈西妮（Suhaasinee）——7个子女（3男4女）：乌玛（Umaa）、科鲁娜

（Karunaa）、绍葩（Shaobhaa）、奥洛肯德罗纳特（Alokendranaath）、多鲁嫩德罗纳特（Tarunendranaath）、苏鲁葩（Suroopaa）、马宁德罗纳特（Maaneendranaath）；

4. 大堂侄女比诺伊妮（Binayinee）+ 舍申德罗普松·丘多巴泰（Sheshendrabhooshan Chattopaadhyaaya）——4 个子女（见列表十五）；

5. 二堂侄女苏诺伊妮（Sunayanee）+ 罗久尼莫洪·丘多巴泰（Rajaneemohan Chattopaadhyaaya）——7 个子女：碧娜芭妮（Beenaapaanee）+ 迪嫩德罗纳特（Dinendranaath，诗人大哥的孙子）、普罗葩蒂（Prabhaatee）+ 奥婆耶波德（Abhayapada Raaya）、奥奴嘉（Anujaa）+ 奥罗宾多纳特·泰戈尔(Arabindanaath Thaakur)、罗东莫洪（Ratanmohan）+ 科兰妮（Kalyaanee）、马摩莫洪（Manomohan）+ 摩妮玛拉（Manimaalaa）、苏莫洪（Sumohan）+ 碧娜芭妮（Beenaapaani）、斯里莫洪（Shreemohan）+ 阿罗迪（Aarati）；

6. 四堂侄子库马棱德罗纳特（Kumaarendranaath），未婚。

十五、诗人的大堂侄女比诺伊妮（Binayinee）+ 舍申德罗普松·丘多巴泰（Sheshendrabhooshan Chattopaadhyaaya）——4 个子女：

1. 奥米娅（Amiyaa）+ 尼齐洛龙窘·穆科巴泰（Nikhilaranjan Mukhopaadhyaaya）；

2. 普罗蒂玛（Puradimaa）+ 尼拉纳特·穆科巴泰（Neelaanaath Mukhopaadhyaaya）+ 罗廷德罗纳特·泰戈尔（Rathindranaath Thaakur）；

3. 迦利达斯（Kaalidaas）+ 琼德罗玛（Chandaramaa）；

4. 奥波尔娜（Aparnaa）+ 赫莫琼德罗·马宗达（Hemachandra Majumdaar）。

董友忱

2023 年 8 月 8 日

后记 ────○

最近这三天下午的气温高达 41 摄氏度，是北京市历史上有气象记录以来最炎热的温度之一。今天是 2023 年 6 月 26 日星期一，气温降低到 35 度，感觉好受一点儿。正值这个高温炎热季节，《傍晚捻亮一盏灯：泰戈尔家书》最后一遍校改工作结束了，我顿时觉得轻松了不少。

翻译这部书稿的两年多来，我深切地感受到了书信中那一股沁人心脾的清新溪流，它那么纯真，那么清爽，仿佛在时时净化我的心灵，涤荡我身心中的污垢。这股溪流带给我无穷的精神享受，与其说我在辛勤劳作，不如说我在享受大诗人泰戈尔赐予我的快乐。

在翻译过程中我也遇到过一些困难，诗人使用的个别词语在孟加拉语词典中找不到，有些短语在理解方面有困难。每逢遇到这种情况，我就只好寻求朋友们的帮助。在这方面对我帮助最多的是孟加拉国的珊达·玛丽亚女士。她是位学识渊博的学者，从 3 岁起就开始阅读泰戈尔的作品，所以对泰戈尔的作品比较熟悉。她曾经在中国国际广播电台工作过一年多，又在云南民族大学任教达三年之久。十多年前我就与她相识，最近几年我们建立有微信联系，每当我在翻译中遇到问题，就把我的问题拍成照片，通过微信发给她，每次她都及时给予我翔实的解答。国际广播电台孟加拉语部于广悦主任也给我不少帮助。我的好朋友石景武先生通读了全部译稿。我对上述朋友们的帮助，一直心存感激。

我还要感谢中央党校出版社已退休的王彩琴编审。她是一位文学修养很高的编审，做事非常细心，我请她帮助我审校《傍晚捻亮一盏灯：泰戈尔家书》书稿，她欣然同意。王彩琴编审仔细认真地审校了这部书稿，提出了一些中肯的意见，修正了一些差错，她的审校为这部书稿增色不少。在此，我对王彩琴编审表示衷心的感谢。

文汇雅聚陈雪春总编和唐棣编辑为出版这部书稿花费了很多心血，我也要向他们表达我深深的谢意！

董友忱

2023 年 6 月 26 日星期一

于北京寓所

图书在版编目（CIP）数据

傍晚捻亮一盏灯：泰戈尔家书 / (印) 罗宾德罗纳特·泰戈尔著、绘；董友忱编译. -- 北京：北京时代华文书局，2024.4
ISBN 978-7-5699-5358-9

Ⅰ. ①傍⋯ Ⅱ. ①罗⋯ ②董⋯ Ⅲ. ①泰戈尔 (Tagore, Rabindranath 1861—1941) — 书信集 Ⅳ. ① K833.515.6

中国国家版本馆 CIP 数据核字 (2024) 第 026888 号

BANGWAN NIANLIANG YI ZHAN DENG: TAIGEER JIASHU

出 版 人：陈 涛
项目策划：文汇雅聚
责任编辑：李 兵
特约编辑：唐 棣
装帧设计：陈 辰 李树声
责任印制：訾 敬

出版发行：北京时代华文书局 http://www.bjsdsj.com.cn
　　　　　北京市东城区安定门外大街 138 号皇城国际大厦 A 座 8 层
　　　　　邮编：100011　电话：010-64263661 64261528

印　　刷：北京盛通印刷股份有限公司
开　　本：880 mm×1230 mm 1/32　　成品尺寸：145 mm×210 mm
印　　张：17　　　　　　　　　　　字　　数：479 千字
版　　次：2024 年 4 月第 1 版　　　　印　　次：2024 年 4 月第 1 次印刷
定　　价：89.00 元